Kodex 13 · 2024–2025

Kodex

Jahrbuch der Internationalen Buchwissenschaftlichen Gesellschaft

Herausgegeben von
David-Christopher Assmann und Christine Haug

13 · 2024–2025

Harrassowitz Verlag · Wiesbaden

Titelpraktiken

Akteure - Formate - Geschichten

Herausgegeben von
David-Christopher Assmann und Raul Calzoni

Harrassowitz Verlag · Wiesbaden

Manuskriptangebote bitte an:
PD Dr. David-Christopher Assmann, david-christopher.assmann@uni-bamberg.de
Prof. Dr. Christine Haug, christine.haug@germanistik.uni-muenchen.de

Gedruckt mit freundlicher Unterstützung durch die Fritz Thyssen Stiftung.

Bibliografische Information der Deutschen Nationalbibliothek
Die Deutsche Nationalbibliothek verzeichnet diese Publikation in der Deutschen Nationalbibliografie; detaillierte bibliografische Daten sind im Internet über https://www.dnb.de/ abrufbar.

Bibliographic information published by the Deutsche Nationalbibliothek
The Deutsche Nationalbibliothek lists this publication in the Deutsche Nationalbibaliografie; detailed bibliographic data are available in the internet at https://www.dnb.de/.

Informationen zum Verlagsprogramm finden Sie unter
https://www.harrassowitz-verlag.de/

Gedruckt auf alterungsbeständigem Papier
Druck und Verarbeitung: Memminger MedienCentrum AG
Printed in Germany

ISSN 2193-4983
ISBN 978-3-447-18496-0

In eigener Sache

Vor fünfzehn Jahren erschien das erste Heft von *Kodex*. Christine Haug und Vincent Kaufmann gründeten das Jahrbuch der Internationalen Buchwissenschaftlichen Gesellschaft 2011 zwischen München und St. Gallen. Ihr Ziel war es, ein international ausgerichtetes, ebenso interdisziplinäres wie praxisnahes buchwissenschaftliches Diskussionsforum aufzubauen. Die Gründung von *Kodex* sollte es ermöglichen, so Haug und Kaufmann in ihrem Vorwort zum ersten Heft, »aktuellen Fragen zur Entwicklung der gegenwärtigen und zukünftigen Buch- und Medienwelt«[1] in einem buchwissenschaftlichen Publikationsorgan nachzugehen. Mit seinen mittlerweile insgesamt über 150 Beiträgen (das vorliegende Heft mitgezählt) hat sich *Kodex* als eine respektierte Veröffentlichungs- und Diskussionsplattform der Buchwissenschaft eingerichtet. Als solche trägt das von Anfang an bei Harrassowitz in Wiesbaden erscheinende Jahrbuch maßgeblich bei zur fachinternen wie interdisziplinären und Praxisfelder integrierenden Beschäftigung mit buchwissenschaftlichen Themen und Gegenständen, Theorien und Methoden sowie aktuellen und historischen Entwicklungen, die mit dem Medium ›Buch‹ verbunden sind. »*Kodex* hat sich als eine dynamische, originelle Publikation etabliert, der es gelingt, eine Lücke an der Schnittstelle zwischen Buch- und Kulturwissenschaften zu schliessen.«[2] Das, was Haug und Kaufmann im Vorwort zum sechsten Heft (2016) festhalten, gilt heute mehr denn je.

Das Jahrbuch prägt seit seiner Gründung eine theoretisch-methodische und auf seine Gegenstände um das Medium ›Buch‹ bezogene Offenheit in der programmatischen Ausrichtung. Die gewöhnlich jeweils an einem Themenschwerpunkt orientierten Hefte vermessen das Feld und die Nischen der Buch-, Medien- und Literaturgeschichte von den Anfängen der Buchkultur bis zu deren Transformationen in den mittlerweile mitunter schon wieder als ›nachdigital‹ bezeichneten Gegenwartsgesellschaften. Die Beiträge untersuchen die sozialen, kulturellen und ökonomischen Voraussetzungen der Buchproduktion, -vermittlung und -rezeption und diskutieren deren institutionelle Rahmenbedingungen genauso wie konkrete Buchformen. Groß und vielfältig ist rückblickend die Bandbreite der bisher behandelten Themen: von der digitalen Bibliothek über die Bestsellerforschung bis zu Formen der Buchzerstörung; von Facetten des geisteswissenschaftlichen Buchs über die Entwicklung der Buchkultur in China bis zu Fragen der Zensur und der Medienkontrolle; vom Verhältnis zwischen Buch und Islam über Aspekte der Materialität und der Digitalität des Buchmediums bis zu Fragen des Unikats und buchwissenschaftlichen Perspektiven auf den Heftroman. Stets suchte und sucht *Kodex* eine ausgewogene Balance: zwischen der Analyse

1 Christine Haug und Vincent Kaufmann, Vorwort, in: Kodex. Jahrbuch der Internationalen Buchwissenschaftlichen Gesellschaft 1 (2011), S. VII–VIII, hier S. VII.

2 Christine Haug und Vincent Kaufmann, Vorwort der Herausgeber, in: Kodex. Jahrbuch der Internationalen Buchwissenschaftlichen Gesellschaft 6 (2016), S. [X].

einzelner buchförmiger Gegenstände, deren Verortung in historischen und gegenwärtigen Kontexten und der Auseinandersetzung mit buchtheoretischen und medienhistorischen Konzepten. So gegenstandsorientiert die Beiträge auch gewöhnlich ausgerichtet sind, stets greifen sie aktuelle theoretisch-methodische Herausforderungen der Buchwissenschaft auf, und zwar so gut wie immer aus einer interdisziplinären Perspektive, sei es im Dialog mit der Literatur- oder Kulturwissenschaft, sei es unter Einbeziehung der Bibliothekswissenschaft, der Soziologie, der Rechtswissenschaft oder der Digital Humanities. So lassen sich die *Kodex*-Bände auch als ein Archiv verstehen, das über die disziplinären Trends – und die blinden Flecke – der buchwissenschaftlichen Praxis Aufschluss ermöglicht.

Wie das programmatische Konzept kennzeichnet die Herausgeberschaft des Jahrbuchs sowohl Kontinuitäten als auch notwendige Weiterentwicklungen. Mit dem fünften Heft (2015) wurde die Gastherausgeberschaft eingeführt, die sich als Arbeits- und Publikationsformat bewährt hat und auch zukünftig beibehalten werden soll. Nachdem Gerhard Lauer seit dem Doppelheft 2021/22 neben Christine Haug als Mitherausgeber fungierte, übernimmt mit dem vorliegenden Heft David-Christopher Assmann diese Aufgabe ebenso wie die der Redaktionsleitung. Gemeinsam mit den zukünftigen Gastherausgebenden soll das Programm von *Kodex* fortgesetzt und weiterentwickelt werden. Den bisherigen Mitherausgebern ebenso wie allen Gastherausgeber:innen gilt unser herzlicher Dank. Mit dem neuen Herausgabeduo Assmann/Haug beginnt für *Kodex* ein neues Kapitel, verbunden mit dem Anspruch, der Buchwissenschaft eine lebendige Plattform zu erhalten. *Kodex* bleibt das Forum, in dem zentrale Entwicklungen des Mediums ›Buch‹ ebenso gegenwartsaffin wie historisch sensibel, ebenso theoretisch-methodisch avanciert wie an Praxisfeldern orientiert diskutiert werden.

David-Christopher Assmann & Christine Haug
Bamberg/München, im Februar 2026

Inhalt

Titelpraktiken zur Einführung

David-Christopher Assmann / Raul Calzoni

Der Einführungsbeitrag entwirft Elemente einer praxeologische Semiotik des Titels, die diesen nicht als bloßes Textelement, sondern als Ergebnis, Werkzeug und Träger historisch kontingenter, materiell fundierter und sozial eingebetteter Praktiken versteht. Im Mittelpunkt stehen drei Analyseperspektiven: Akteure, die Titel herstellen, aushandeln und verwenden; Formate, in denen Titel als textmaterielle Objekte erscheinen und wirken; sowie Geschichten, in denen Titel literarisch beobachtet und funktionalisiert werden.

The introductory essay outlines elements of a praxeological semiotics of the title, which conceives of the title not merely as a textual element, but as the outcome, instrument, and carrier of historically contingent, materially grounded, and socially embedded practices. It centers on three analytical perspectives: the actors who produce, negotiate, and use titles; the formats in which titles appear and operate as text-material objects; and the stories through which titles are reflected upon and functionalized within literature.

1 Ohne Titel

Titel sind »obligatorisch[e]«[1] Bestandteile des *doing books* und *doing literature*. Als Elemente der paratextuellen Organisation spielen sie – gerade auch im gegenwärtigen Umgang mit literarischen Texten, seien diese buchförmig oder nicht – eine kaum zu überschätzende Rolle. Titel sind ein ebenso strategisch eingesetztes wie literarästhetisch vielfältiges peri- oder epitextuelles Element der Benennung, Ergänzung und Deutung von (buchförmiger) Literatur, dem deshalb eine nicht unerhebliche Autorität im literarischen Feld zukommt.[2] Besonders deutlich wird das in der Negativprobe: Fehlt ein Titel, fällt das auf, nicht nur, aber besonders beim Hantieren mit Büchern, zum Beispiel am Schreibtisch oder in der Bibliothek, aber auch etwa auf Social Media: Unter den zahlreichen Bücherregalen, die auf *Instagram* oder auf der Plattform, die einst *Twitter* hieß, kursieren, finden sich immer wieder auch solche, die gezielt mit der Abwesenheit von Titeln operieren.[3] Mindestens zwei Varianten dieser Praxis lassen sich unterscheiden. Die erste Variante firmiert unter dem Hashtag #backwardsbooks. Hier werden Bücher mit dem Vorderschnitt nach außen ins Regal gestellt (vgl. Abb. 1 und 2). Der üblicherweise auf dem Buchrücken abgedruckte Titel – ebenso wie der Name der Autor:innen, die Verlagsangabe oder auch typographisch-farbliche Gestaltungsmerkmale – bleibt dem Blick entzogen. Im Zusammenspiel mit weiteren, ähnlich positionierten Büchern entsteht ein Effekt der Unkenntlichmachung, ja Anonymisierung des konkreten Buches

1 Gérard Genette: Paratexte. Das Buch vom Beiwerk des Buches. Mit einem Vorwort von Harald Weinrich. Aus dem Französischen von Dieter Hornig. 3. Aufl. Frankfurt am Main: Suhrkamp 2008, S. 60.

2 Vgl. zu dieser Unterscheidung Dietrich Rolle: Titel und Überschrift. In: Gutenberg-Jahrbuch 61 (1986), S. 281–294.

3 Zur Inszenierung von Büchern siehe auch Ute Schneider: Bücher zeigen und Leseatmosphären inszenieren – vom Habitus enthusiastischer Leserinnen und Leser. In: Text + Kritik XII (2018), S. 111–120.

Abb. 1: Fehlende Buchtitel als neutrale Wand[4]

und seines Titels. Zugleich orientiert sich die Präsentation an einem minimalistischen Gestaltungsideal: Das Lesen des diskursiven Anteils der Bücher und ihres Peritextes tritt in den Hintergrund, zugunsten der ästhetischen Wirkung einer monochromen Wand – »von Reinweiß bis zart vergilbt«.[5]

Die zweite Variante verleiht diesem Titel-Minimalismus eine rustikale Wendung. An die Stelle der einzelnen Bücher treten hier Holzblöcke in verschiedenen Formaten (vgl. Abb. 3 und 4). Aus der Distanz entsteht der Eindruck eines Bücherregals, doch wird das Buchmedium nur noch imitiert; von den paratextuellen Formen bleibt nur der dreidimensionale Eindruck.[6] Präsentiert wird eine haptisch erfahrbare Silhouette. Bücher und ihre Titel erscheinen auch in diesem Fall nicht als Träger diskursiver Texte, sondern als objekthafte,

4 https://www.instagram.com/p/B8ZBxIsnZsG/?utm_source=ig_embed&ig_rid=0530b7b5-130a-4bb7-bb6e-219781c88abd (14. März 2025).

5 Aleks Gallardo: Instagram-Trend: Warum immer mehr Bibliotheken ihre Bücher jetzt von hinten zeigen. In: ad-magazin.de (28. Januar 2022), https://www.ad-magazin.de/artikel/instagram-trend-buecher-sortieren-umgedreht-backwardsbooks (15. September 2025).

6 Zur Unterscheidung des Buches als Medium und Form vgl. Georg Stanitzek: Buch: Medium und Form – in paratexttheoretischer Perspektive. In: Ursula Rautenberg (Hg.): Buchwissenschaft in Deutschland. Ein Handbuch. Bd. 1. Berlin/New York: de Gruyter 2010, S. 157–200.

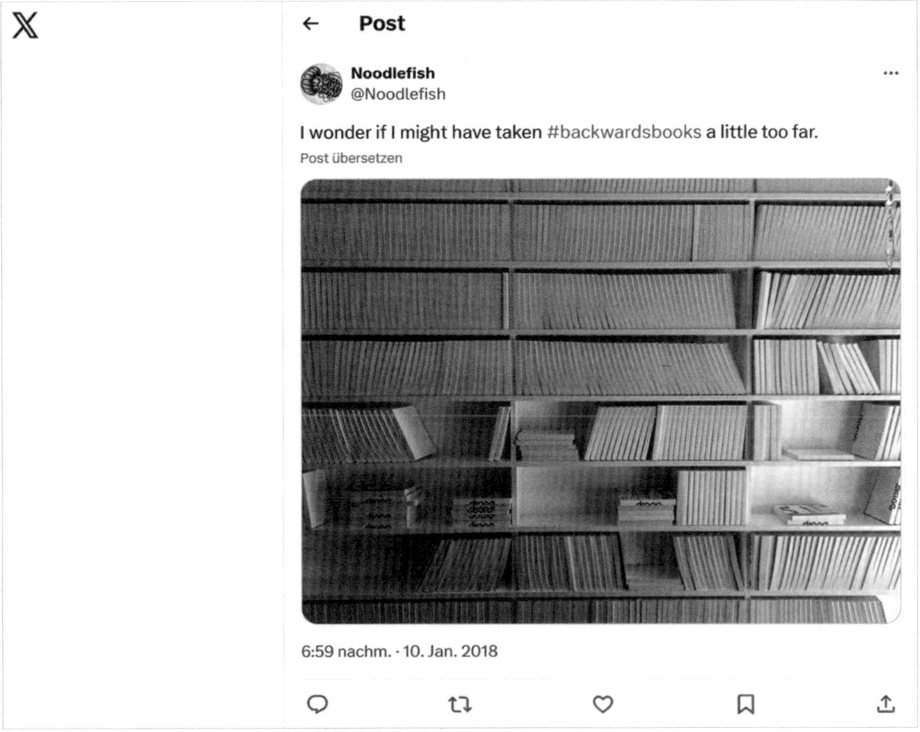

Abb. 2: Fehlende Buchtitel als monochrome Wand[7]

designfähige Gegenstände. Dabei wird der Verzicht auf den Titel fast naturkulturell, mithin auf seine natürliche, aber kulturell überformte Ressource zurückbezogen: Die Präsentation erscheint bräunlich, haptisch erfahrbar, womöglich sogar spezifisch olfaktorisch wahrnehmbar. Wie im Fall der #backwardsbooks entzieht auch diese Variante der Präsentation von Büchern im Regal (und dann im Internet) die Leerstelle des Titels einem pragmatischen Zugriff auf die aufbewahrten buchmateriellen Objekte. Stattdessen wird sie auch hier Teil eines gestalterischen Wohnkonzepts. In den präsentierten Regalen fungieren fehlende Titel nicht als Orientierungshilfen, sondern als Marker dafür, welcher »Stilgemeinschaft[]«[8] man sich zugehörig fühlt. Gerade ihre Abwesenheit wird im Zusammenspiel mit den anderen abgeblendeten peritextuellen Formen zum ästhetischen Statement und zum Ausdruck eines durch Design geprägten Wohn- und Lebensstils.

7 https://x.com/Noodlefish/status/951151465845882880 (14. März 2025).

8 Jochen Venus: Die Erfahrung des Populären. Perspektiven einer kritischen Phänomenologie. In: Marcus S. Kleiner/Thomas Wilke (Hg.): Performativität und Medialität populärer Kulturen. Theorien, Ästhetiken, Praktiken. Wiesbaden: Springer VS 2013, S. 49–74, hier S. 67.

Abb. 3 und 4: Titel als dreidimensionale, haptisch erfahrbare Silhouette[9]

Die buch- und literaturwissenschaftliche Forschung hat sich für die Sozialdimension des Titels, wie sie durch die präsentierten Bücherregale *ex negativo* angezeigt wird, bisher nur punktuell interessiert. Vor allem im romanistischen und anglistisch-amerikanistischen Bereich verortet, beschreibt und analysiert sie das paratextuelle Element insbesondere in seiner semiotischen Gestalt, unterscheidet zwischen verschiedenen Titel-Typen[10] und untersucht deren literatur- und buchgeschichtliche Evolution[11] vor und nach der titelgeschichtlichen »Wende«[12] im späten 18. Jahrhundert. Weitgehend unberücksichtigt geblieben ist, dass und inwiefern Titel maßgeblich den »body of conventions«[13] des alltäglichen Umgangs mit Büchern und Literatur seit dem 18. Jahrhundert bis heute prägen, dass und inwiefern ihre Verwendung von diesem Gemenge an sozialen Aktivitäten aber auch konkret abhängig ist.

9 Abb. 3: https://x.com/JoyceCarolOates/status/1814299193059442956 (14. März 2025); Abb. 4: https://x.com/AbbieRuzicka/status/1748517002908471687 (14. März 2025).

10 Vgl. exemplarisch Anne Ferry: The Title to the Poem. Stanford: Stanford University Press 1996; Arnold Rothe: Der Doppeltitel. Zu Form und Geschichte einer literarischen Konvention. Wiesbaden: Steiner 1970; Arnold Rothe: Der literarische Titel. Funktionen, Formen, Geschichte. Frankfurt am Main: Klostermann 1986 (= Das Abendland NF 16).

11 Vgl. Herbert Volkmann: Der deutsche Romantitel (1470–1770). Eine buch- und literaturgeschichtliche Untersuchung. In: Börsenblatt für den Deutschen Buchhandel – Frankfurt Ausgabe 42 (26. Mai 1967), S. 1081–1170.

12 Arnold Rothe: Der literarische Titel (Anm. 10), S. 266.

13 Howard S. Becker: Art Worlds. Berkeley u. a.: University of Carlifornia Press 1982, S. 131.

Die Beiträge dieses *Kodex*-Heftes setzen an dieser Stelle an und erweitern die buch- und literaturwissenschaftliche Titel-Forschung um eine praxeologische Dimension. Sie nehmen das spezifische Zusammenwirken von text- und paratextmateriellen Praktiken in den Blick, die Titel erzeugen und erzeugbar machen. Durch die fallstudienbezogene Analyse von Rückkopplungsbewegungen zwischen Texten und Paratexten und den mit diesen verbundenen »typisierte[n], routinisierte[n] und sozial ›verstehbare[n]‹ Bündel[n] von Aktivitäten«[14] sucht das Heft Antworten auf die Frage, wie welche mikrosozialen Regelhaftigkeiten, Vorstellungen und Effekte von als ›Titel‹ bezeichneten paratextmateriellen Formen sich seit der zweiten Hälfte des 18. Jahrhunderts im deutschsprachigen literarischen Feld ausbilden und den Umgang mit und die Form von (buchförmigen) Texten bis in die Gegenwart prägen.

2 Akteure, Formate, Geschichten

Mit dieser programmatischen Ausrichtung positioniert sich das Heft im Kontext aktueller literatur- und buchwissenschaftlicher Studien, die das Verhältnis von Literatur, Sozialität und Materialität in den Blick nehmen. Es greift literatur-, buch- und sozialgeschichtlich orientierte Fragestellungen und Forschungsergebnisse auf, macht sie für die Analyse von Titeln fruchtbar und entwickelt daraus eine Perspektive, die als praxeologische Semiotik des Titels bezeichnet werden kann.[15] Diese richtet ihr Interesse auf die vielgestaltigen Verwicklungen zwischen Titeln, ihren Formen, Formaten und Praktiken in der deutschsprachigen Literatur seit dem 18. Jahrhundert bis in die Gegenwart. Entfaltet wird sie entlang von drei heuristisch unterscheidbaren Analysedimensionen: *Erstens* fragt eine praxeologische Semiotik des Titels nach den Akteuren, die mit paratextuellen Elementen hantieren, und nach dem praktischen Können, den Techniken und Routinen, die das Herstellen, Vermitteln und Rezipieren von (buchförmiger) Literatur mittels Titeln ermöglichen und zugleich begrenzen. *Zweitens* untersucht sie die Formen und Formate des Titels und nimmt diese im Wortsinn als in Praxiszusammenhänge eingelassene textmaterielle Objekte in den Blick. *Drittens* geht sie der Frage nach, inwiefern (Buch-)Titel als in soziale Praktiken verwickelte Paratexte in der Literatur beobachtet, verhandelt und mit dieser vielfach unauflöslich verflochten werden.

2.1 Akteure

Die erste Dimension einer praxeologischen Semiotik des Titels richtet die Aufmerksamkeit auf die Akteursgruppen, die am Hantieren mit dem paratextuellen Element beteiligt sind, und zwar jenseits einer rein typologischen Unterscheidung abstrakter Funktionsrollen.

14 Andreas Reckwitz: Grundelemente einer Theorie sozialer Praktiken. Eine sozialtheoretische Perspektive. In: Zeitschrift für Soziologie 32.4 (2003), S. 282–301, hier S. 289.

15 Vgl. David-Christopher Assmann: Elemente zu einer praxeologischen Semiotik des Titels (Ingo Schulze, Frank Witzel). In: Zeitschrift für deutsche Philologie 142 (Sonderheft 2023), S. 59–86.

Titel lassen sich aus dieser Perspektive nur dann adäquat erfassen, wenn sie als in einen historisch zu kontextualisierenden Sozialzusammenhang eingebettet beobachtet werden. Dieses jeweilige Praxisgefüge ist geprägt von netzwerkartig organisierten kollaborativen Routinen, Tätigkeiten und Techniken.[16] Titel entstehen nicht im luftleeren Raum, sondern durch das konkrete Handeln unterschiedlicher Akteure, deren Beteiligung jeweils spezifische Folgen für die Form eines Titels nach sich zieht. Ohne den Bezug auf literarische Netzwerke, Verlagskorrespondenzen oder den brieflichen Austausch mit Freund:innen, Kolleg:innen oder Konkurrent:innen lässt sich die paratextuelle Praxis des Titels nur unzureichend verstehen. Unmittelbar einsichtig ist, dass Titelpraktiken im Rahmen schriftstellerischer Inszenierungsstrategien eine wichtige Funktion übernehmen, indem sie zur Positionierung von Autor:innen im literarischen Feld beitragen. Ihre Formung ist mithin nicht zuletzt strategisch-programmatisch ausgerichtet, insofern sie mit der Autor:innenposition korreliert (vgl. den Beitrag von THOMAS WEGMANN).[17] Neben die auktorialen Peri- und Epitext-arrangements[18] treten weitere Akteurskollektive. Titel erweisen sich als bedeutsam für alle mit Literatur befassten Akteure, etwa im Lektorats- (vgl. den Beitrag von JÖRG DÖRING und KATHARINA KNORR) oder Übersetzungsprozess (siehe den Beitrag von ALESSANDRA GOGGIO). Die Untersuchung von Korrespondenzen in Verlagszusammenhängen verspricht daher nicht – oder zumindest nicht nur – jenen Aufschluss über den »Mikrokosmos«[19] des buchförmigen Kunstwerks, den Theodor W. Adorno annimmt, sondern vielmehr auch Einblicke in die sozialen ›Mikrokosmen‹ des literarischen Feldes. Infrage gestellt wird mit dem Interesse für Titelpraktiken eine der wirkmächtigsten Vorstellungen literarischer

16 Vgl. grundsätzlich zur Vorstellung kollaborativer Praxiszusammenhängen im literarischen Feld Steffen Martus/Carlos Spoerhase/Erika Thomalla (Hg.): Werke in Relationen. Netzwerktheoretische Ansätze in der Literaturwissenschaft. Berlin u. a.: Lang 2019 (= Zeitschrift für Germanistik NF 29.1); Carlos Spoerhase/Erika Thomalla (Hg.): Kollaborative Autorschaft. Berlin: Schmidt 2020 (= Zeitschrift für deutsche Philologie 139.2); vgl. auch Daniel Ehrmann: Wir. Prekäre Erscheinungsweisen kollektiver Autoren und Werke um 1800. In: Martin Gerstenbräun-Krug/Nadja Reinhard (Hg.): Paratextuelle Politik und Praxis. Interdependenzen von Werk und Autorschaft. Wien/Köln: Böhlau 2018, S. 123–146.

17 Vgl. Christoph Jürgensen/Gerhard Kaiser (Hg.): Schriftstellerische Inszenierungspraktiken – Typologie und Geschichte. Heidelberg: Winter 2011 (= Beihefte zum Euphorion 62).

18 Vgl. Till Dembeck: Texte rahmen. Grenzregionen literarischer Werke im 18. Jahrhundert (Gottsched, Wieland, Moritz, Jean Paul). Berlin/New York: de Gruyter 2007; Dirk Niefanger: Sfumato. *Traditionsverhalten* in Paratexten zwischen ‚Barock' und ‚Aufklärung'. In: Zeitschrift für Literaturwissenschaft und Linguistik 25.98 (1995), S. 94–118; Torsten Voß: „Drumherum geschrieben?" Zur Funktion auktorialer Paratexte für die Inszenierung von Autorschaft um 1800. Hannover: Wehrhahn 2019; Thomas Wegmann: Der Dichter als »Letternkrämer«? Zur Funktion von Paratexten für die Organisation von Aufmerksamkeit und Distinktion im literarischen Feld. In: Das achtzehnte Jahrhundert 36.2 (2012), S. 238–249; Uwe Wirth: Die Geburt des Autors aus dem Geist der Herausgeberfiktion. Editoriale Rahmung im Roman um 1800: Wieland, Goethe, Brentano, Jean Paul und E. T.A. Hoffmann. München: Fink 2008 (= Trajekte).

19 Theodor W. Adorno: Titel. Paraphrasen zu Lessing. In: Ders.: Noten zur Literatur. Frankfurt am Main: Suhrkamp 2003, S. 325–334, hier S. 326.

Produktion, die seit dem späten 18. Jahrhundert das Verständnis von Literatur wesentlich prägt: die Idee einer solitär am Schreibtisch operierenden Autorschaft.[20] Der Blick auf Titelpraktiken lässt sich demgegenüber nur als auf eine »Kollektivität von Verhaltensweisen«[21] gerichtete Perspektive begreifen. In mikrosozialen Kooperationszusammenhängen etablieren sich Routinen der Aushandlung von Titeln, die für das Verständnis konkreter paratextueller Formen zentral sind (vgl. mit Blick auf die Begutachtung von Literatur in der DDR den Beitrag von Francesca Goll). Literaturvermittelnde Akteure verfügen über ein spezifisches, häufig implizites Wissen im Umgang mit Titeln, mithin über ein Know-how, das sich sowohl auf ihre Gestaltung als auch auf ihre Interpretation und Verwendung bezieht. Titel beeinflussen Routinen des Lesens und richten sich an ein bestimmtes Publikum, dessen Erwartungen sie entweder zu erfüllen oder zu unterlaufen suchen (vgl. zu Praktiken paratextueller Irreführung den Beitrag von Nora Ramtke).

2.2 Formate

Als elementare Bausteine von »Verpackungen der Literatur«[22] verfügen Titel über eine zweite und dritte Dimension. Typographische Fachliteratur hat stets auf ihre spezifische Schriftbildlichkeit und visuelle Gestaltung hingewiesen (vgl. den Beitrag von Ralf de Jong).[23] Gerade angesichts der Vielfalt an Texten, die mit oder ohne Titel einsetzen (oder noch nicht eingesetzt haben),[24] sind nicht erst die Titel der Gegenwartsliteratur (vgl. den Beitrag von Judith Niehaus) ohne medientheoretisches Vokabular in ihrer visuellen Form nicht hinreichend zu verstehen. Titel sind zwar ohne Frage »an das Medium der Schriftlichkeit gebunden«[25] und als »sprachliche[s] Zeichen«[26] zu beschreiben, verfügen jedoch zugleich über einen visuell-ikonischen Aspekt. Sie erscheinen auf aufmerksamkeitswirksamen

20 Vgl. Pierre Bourdieu: Die Regeln der Kunst. Genese und Struktur des literarischen Feldes. Übersetzt von Bernd Schwibs und Achim Russer. 3. Aufl. Frankfurt am Main: Suhrkamp 2005.

21 Andreas Reckwitz: Grundelemente einer Theorie sozialer Praktiken (Anm. 14), S. 289.

22 Ronald Röttel: Verpackungen der Literatur. Typografische und materielle Oberflächen literarischer Texte seit 1960. Bielefeld: Transcript 2024. Vgl. darüber hinaus Klaus Detjen: Außenwelten. Zur Formensprache von Buchumschlägen. Göttingen: Wallstein 2018 (= Ästhetik des Buches 9).

23 Vgl. Andrea Polaschegg: Literatur auf einen Blick. Zur Schriftbildlichkeit der Lyrik. In: Sybille Krämer/Eva Cancik-Kirschbaum/Rainer Totzke (Hg.): Schriftbildlichkeit. Wahrnehmbarkeit, Materialität und Operativität von Notationen. Berlin: Akademie 2012 (= Schriftbildlichkeit 1), S. 245–264; Susanne Wehde: Typographische Kultur. Eine zeichentheoretische und kulturgeschichtliche Studie zur Typographie und ihrer Entwicklung. Tübingen: Niemeyer 2000 (= Studien und Texte zur Sozialgeschichte der Literatur 69).

24 Vgl. Andrea Polaschegg: Der Anfang des Ganzen. Eine Medientheorie der Literatur als Verlaufskunst. Göttingen: Wallstein 2020; Jacques Derrida: Title (To Be Specified). In: SubStance 10.31 (1981), S. 4–22, hier S. 6.

25 Burkhard Moennighoff: Goethes Gedichttitel. Berlin/New York: de Gruyter 2000 (= Quellen und Forschungen zur Literatur- und Kulturgeschichte 16 [250]), S. 47.

26 Ingrid Kühn: Titel und Titelhandlung als semiotische Form. In: Zeitschrift für Germanistik NF 2.3 (1992), S. 621–627, hier S. 624.

Buchumschlägen oder in leselenkenden Inhaltsverzeichnissen (vgl. für den Fall didaktisch ausgerichteter schulischer Lesebücher den Beitrag von SOPHIE MODERT und PETER C. POHL); sie treten als listenförmige Notizen auf Zetteln oder als Randvermerke am Seitenrand auf – oder als Metadaten (vgl. den Beitrag von ANKE VOGEL). Die mit der flächigen Anordnung verknüpften Formate lassen sich mithin nicht nur am ›eigentlichen‹ Buch untersuchen, sondern ebenso auf anderen medialen Trägern: in Manuskripten, in der Verlagswerbung oder in branchenspezifischen Ankündigungstexten wie Messekatalogen (siehe den Beitrag von MICHAEL PILZ). In all diesen Erscheinungsformen sind Titel nicht nur Text und nicht nur zweidimensionale Formen, sondern Elemente textmaterieller Objekte, mit denen konkret hantiert wird: am Schreibtisch, im Buchladen, im digitalen Raum eines Zoom-Meetings oder im analogen Kontext archivarischer Recherche. Titel sind insofern auch als dreidimensionale Objekte zu beschreiben. In ihren buchmateriellen Formaten werden sie räumlich entworfen.[27] Unter Berücksichtigung des materiellen Trägermediums zeigt sich, dass sich mit Titeln nicht nur argumentieren oder diskutieren lässt; man kann sie knicken, weitergeben, aufbewahren, verwerfen, sammeln oder in ein bewusst arrangiertes Bücherregal einfügen. Unterschiedliche Formate – von der Gestaltung des Buchcovers bis zur innertextlichen Segmentierung – bringen jeweils spezifische Affordanzen mit sich und greifen auf ein implizites Wissen zurück, das von Akteuren im literarischen Feld geteilt wird und deren Handeln mitstrukturiert. Titel sind Teil symbolischer Ordnungen und aktiv an Routinen der textuellen Strukturierung und Wissensorganisation beteiligt (vgl. mit Blick auf das Format des Handbuchs den Beitrag von ALRUN SCHMIDTKE).

2.3 Geschichten

Die Sozialdimension des Titels, die mit ihm befassten Akteure sowie seine unterschiedlichen typographischen Formen und textmateriellen Formate führen zu Verflechtungen, in denen die Unterscheidung zwischen ›eigentlichem Werk‹ und ›paratextuellem Beiwerk‹ mitunter so eng wird, dass sie selbst in den Hintergrund tritt. Der Titel ist zwar eine ›Übergangszone‹,[28] aber eine praxeologisch reformulierte: eine Zone, in der sich die Bedingungen und Folgen der Annahme, paratextuelle Praktiken könnten Aufmerksamkeit generieren, Lektüren lenken, literarische Texte zu ›Werken‹[29] machen und damit literarische Kommunikation strukturieren,[30] in ihrer Kontingenz und historischen Genese

27 Vgl. Carlos Spoerhase: Das Format der Literatur. Praktiken materieller Textualität zwischen 1740 und 1830. Göttingen: Wallstein 2018; Christian Benne: Die Erfindung des Manuskripts. Zur Theorie und Geschichte literarischer Gegenständlichkeit. Berlin: Suhrkamp 2015.

28 Vgl. Uwe Wirth: Paratext und Text als Übergangszone. In: Wolfgang Hallet/Birgit Neumann (Hg.): Raum und Bewegung in der Literatur. Die Literaturwissenschaften und der Spatial Turn. Bielefeld: Transcript 2009. S. 167–177.

29 Vgl. speziell zum Zusammenhang von Werk und Titel Hazard Adams: Titles, Titling, and Entitlement to. In: The Journal of Aesthetics and Art Criticism 46.1 (1987), S. 7–21.

30 Vgl. Georg Stanitzek: Texte, Paratexte, in Medien: Einleitung. In: Klaus Kreimeier/Georg Stanitzek

analysieren lassen. So lässt sich der Titel als paratextuelles Medium verstehen, das mit dem vermeintlichen oder tatsächlichen Gegensatz von Vermarktungsansprüchen und literarästhetischer Ambition nur unzureichend beschrieben ist. Besonders deutlich wird dies in den Grenzbereichen des literarischen Feldes: in der mit spezifischen Titelformen ausgestatteten Kolportageliteratur des späten 19. Jahrhunderts etwa (vgl. den Beitrag von PHILIP AJOURI) oder in der Kinder- und Jugendliteratur, die sich nicht zuletzt über Titel als Feld ausdifferenziert (vgl. den Beitrag von THOMAS BOYKEN). In romantischen Programmen – etwa in Jean Pauls *Leben des vergnügten Schulmeisterlein Maria Wutz in Auenthal* oder E. T.A. Hoffmanns *Lebens-Ansichten des Katers Murr* – rückt der Titel als paratextuelles Element demgegenüber ins Zentrum literarischer Inszenierung und literarästhetischer Programmbildung. Solche literarischen Überformungen setzen sich bis in die Gegenwart fort, etwa bei Frank Witzel, Ingo Schulze oder Wolf Haas, wo Titel nicht nur benannt, sondern narrativ funktionalisiert und formal ausgestellt werden. Literarische Texte erzählen nicht nur von Titeln, sondern machen sie selbst zum Medium erzählerischer Strukturierung.[31] In diesen Fällen übernehmen Titel eine doppelte Funktion: Sie wirken sowohl auf der Ebene der erzählten Geschichte (*histoire*) als auch auf der Ebene der Darstellung (*discours*). Thematisierungen von Titeln innerhalb des Erzählens stehen dabei mitunter in einem spannungsreichen Verhältnis zur peritextuellen Rahmung des Textes, der sie thematisiert; nicht selten überlagern sich Thematisierung und Funktion, Operation und Beobachtung. Auf diese Weise entwirft die Literatur selbst eine Form praxeologischer Semiotik des Titels: Sie beobachtet, wie Titel gemacht, gebraucht und verstanden werden und wie sich in ihrer Form und Handhabung soziale, ästhetische und mediale Praktiken bündeln.

3 Gesteigerte Sensibilität

Wie lassen sich die #backwardsbooks auf diesem Hintergrund praxeologisch-semiotisch beschreiben und einordnen? In einer kulturkritischen Perspektive liegt es zunächst vielleicht nahe, die titellosen Bücherregale auf *Instagram* und *Twitter* einmal mehr als Belege für eine zwischenzeitlich aus dem Ruder gelaufene Aufmerksamkeitsökonomie auch und gerade im Feld des Umgangs mit Büchern zu verstehen. Die Fotos der Interieurs wären dann der vorläufige Höhepunkt einer gut 250-jährigen Entwicklung. Mit der Ausdifferenzierung des »Markt[s] für Jedermannslektüre«[32] Mitte des 18. Jahrhunderts ist der Titel nicht nur ein »obligatorisch[es]« Element der paratextuellen Einbettung von Büchern. Folgt

(Hg.): Paratexte in Literatur, Film, Fernsehen. Unter Mitarbeit von Natalie Binczek. Berlin: Akademie 2004, S. 3–19, hier S. 12.

31 Vgl. David-Christopher Assmann: Titelgeschichten (Adorno, Kaschnitz und andere). In: Zeitschrift für Literaturwissenschaft und Linguistik 55.4 (2025), S. 765–788.

32 Heinrich Bosse: Der Strukturwandel des Publikums im 18. Jahrhundert. In: Zeitschrift für Literaturwissenschaft und Linguistik 47.4 (2017), S. 505–523, hier S. 518.

man Arnold Rothe, wird der Titel unter den sozialstrukturellen Bedingungen einer »mit Reizwörtern operierende[n] Unterhaltungsindustrie«[33] spätestens Ende des 20. Jahrhunderts auch zunehmend zu einem heteronomen »Blickfang«[34] degradiert. Im Anschluss an Rothes Diagnose könnte man folglich sagen, dass die in den sozialen Medien präsentierten titellosen Bücherregale eine Verfallsgeschichte fortsetzen. Die ausgestellten Buchobjekte entkoppeln demnach den ›eigentlichen‹ Text und den bloß ›beiläufigen‹, nun aber aus gleichsam unlauteren Motiven heraus überbetonten Paratext. Die Buchaufstellenden und die *Instagram*-User interessieren sich in dieser Perspektive gar nicht mehr für die ›eigentlichen‹ Texte, sondern nur noch für deren Verpackung – und das meint in diesem Fall die lediglich noch als Leerstelle markierten, gerade deshalb aber besonders auffallenden rahmenden »Reizwörter[]«.

Das ist aber nur ein möglicher Blick auf den Umgang der *Instagram*-Bücherregale mit Titeln. In Gegenrichtung zu dieser kulturkritischen Perspektive liegt es mindestens genauso nahe, die fehlenden Titel als Beleg für eine gewisse Sensibilität der beteiligten Akteure für die Formen und Funktionen des paratextuellen Elements und dessen Einbindung in gegenwärtige Praxisgefüge zu lesen. Das betrifft die Bücherbesitzenden; das betrifft aber auch die Rezeptionsseite. So könnte man sagen, dass gerade das Fehlen des Titels auf der Seite des Publikums eine literarästhetische Wirkung zeitigen soll. Nicht zuletzt provozieren die #backwardsbooks die Frage, was mit einem buchförmigen Text eigentlich passiert, wenn man seinen Titel abblendet – und welche Konventionen, welche Routinen und welches Wissen dabei im Spiel sind. In dieser Sichtweise ist nicht allein der ›eigentliche‹ Text auf eine wie auch immer ›literarisch‹ zu nennende Weise geformt. Es lohnt sich vielmehr darüber hinaus, auch die paratextuelle Rahmung und mehr noch die mit dieser verbundenen sozialen Praktiken genauer in den Blick zu nehmen. Während Titel im literarischen Feld mitunter und geradezu klischeehaft als etwas zwar aus Marketingsicht Wichtiges, literarästhetisch aber Nebensächliches behandelt werden, wertet die spezifische Gestaltung der Bücherregale sie offenkundig auf.

Solcherart für das alltägliche Hantieren mit Titeln sensibilisiert, sei zumindest angedeutet, dass die #backwardsbooks auf *Instagram* offenkundig so etwas wie eine soziale Grammatik voraussetzen, der zufolge Bücher im Regal nun einmal mit dem Rücken nach außen aufzustellen sind, so dass Autor:innenname und Titel auf einen Blick erkannt werden können. Diese Konvention ist historisch kontingent. So wurden Bücher im 16. und frühen 17. Jahrhundert durchaus mit dem Vorderschnitt nach außen aufgehoben. William Cartwright etwa präsentiert sich im Peritext zu seinem 1651 erschienenen Band *Comedies, Tragi-comedies, with other Poems* sitzend vor einem Regal, in dem Bücher mit dem Vorderschnitt nach außen aufbewahrt werden (Abb. 5). Eine Variante dieser aus heutiger Sicht ungewöhnlichen Buchaufbewahrungspraxis findet sich in dem *Ritratto del legale Francesco*

33 Arnold Rothe: Der literarische Titel (Anm. 10), S. 107.
34 Ebd., S. 105.

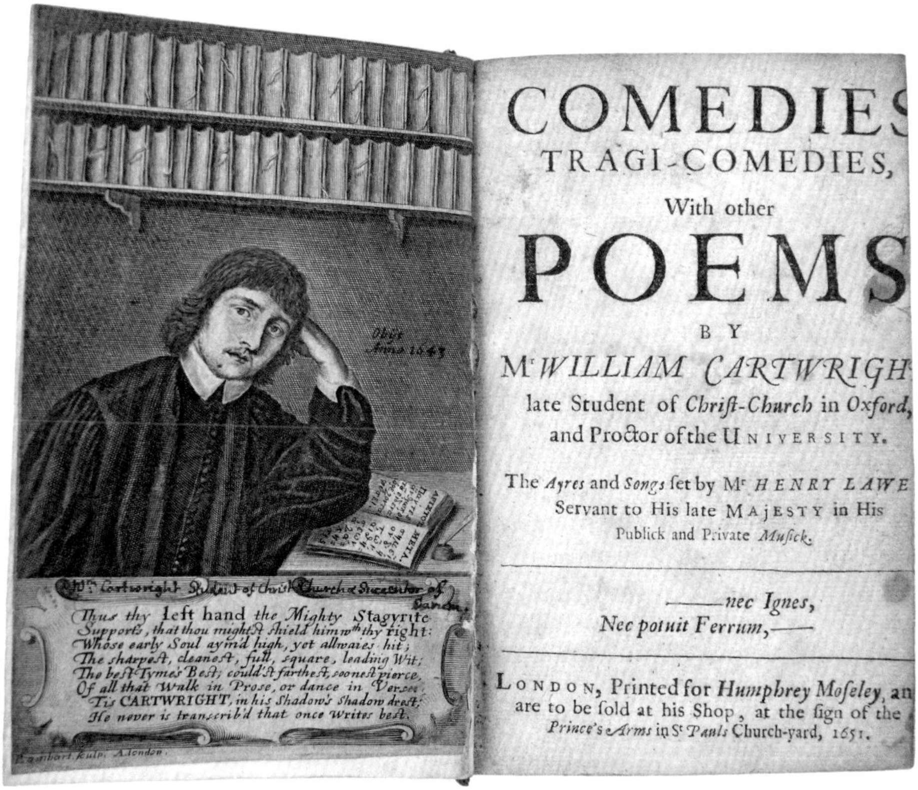

COMEDIES
TRAGI-COMEDIES,
With other
POEMS
BY
Mr WILLIAM CARTWRIGHT
late Student of Christ-Church in Oxford,
and Proctor of the UNIVERSITY.
The Ayres and Songs set by Mr HENRY LAWES
Servant to His late MAJESTY in His
Publick and Private Musick.

——nec Ignes,
Nec potuit Ferrum,——

LONDON, Printed for Humphrey Moseley, and
are to be sold at his Shop, at the sign of the
Prince's Arms in St Pauls Church-yard, 1651.

Thus thy left hand the Mighty Stagyrite
Supports, that thou mightst shield him wth thy right:
Whose early Soul aym'd high, yet allwaies hit;
The sharpest, cleanest, full, square, leading Wit;
The best Tyme's Best; could'st farthest, soonest pierce,
Of all that Walk in Prose, or dance in Verse.
Tis CARTWRIGHT, in his Shadow's Shadow drest;
He never is transcrib'd that once Writes best.

Abb. 5: William Cartwright: Comedies, Tragi-comedies, with other Poems (1651)[35]

Righetti von Guercino (Giovanni Francesco Barbieri) von 1626/1628 (vgl. Abb. 6). Auch dort ist im Hintergrund ein Bücherregal zu sehen. Und auch dort werden Bücher nicht mit dem Buchrücken, sondern mit dem Schnitt, genauer: mit dem unteren Schnitt nach außen gelagert, und zwar nicht zuletzt, weil dort jeweils der Titel notiert ist. In seiner Studie zu Bücherregalen sieht Henry Petroski den Grund für diese aus heutiger Perspektive ungewöhnliche Anordnung von Büchern im Regal vor allem in dem Umstand, dass Bücher in der Bibliothek angekettet waren, so etwa in der Chained Library at Hereford Cathedral (vgl. Abb. 7). Die beste Stelle für das Anbringen der Kette an einem vertikal aufgestellten Buch sei die Vorderkante des Einbands. Damit die Kette vor dem Regal herunterhängt und

35 William Cartwright: Comedies, Tragi-comedies, with other Poems. London: Moseley 1651, Paratext. Hier zitiert nach https://fineart.hallsgb.com/auction/lot/lot-40---cartwright-william-comedies-tragi-comedies-with-other-poems-humphrey-moseley-1651-portrait-frontis-by-lombart-lard-down/?lot=156844&sd=1 (10. November 2025).

Abb. 6: Giovanni Francesco Barbieri: Ritratto del legale Francesco Righetti von Guercino (1626/1628)[36]

Abb. 7: Chained Library at Hereford Cathedral[37]

die anderen Bücher möglichst wenig stört, sei es naheliegend gewesen, die Bücher mit der Vorderkante nach außen aufzubewahren.[38] Ob diese historische Erklärung stichhaltig ist,

36 Giovanni Francesco Barbieri: Ritratto del legale Francesco Righetti von Guercino (1626/1628). Hier zitiert nach https://www.ufficiostampa.provincia.tn.it/Comunicati/Il-Guercino-della-collezione-Cavallini-Sgarbi-e-arrivato-in-val-di-sole (10. November 2025).

37 https://www.herefordcathedral.org/chained-library (14. März 2025).

38 Vgl. Henry Petroski: The Book on the Bookshelf. New York: Vintage Books 2000, S. 78–80.

Abb. 8: #backwardsbooks als Thema auf *Instagram*[39]

kann an dieser Stelle nicht erörtert werden (Hinweise sind willkommen!). Wichtig ist, dass die #backwardsbooks eine sozialgeschichtliche Dimension haben. Sie sind keinesfalls nur eine Mode auf *Instagram*, sondern historisch eingeübt, was übrigens genau dort mittlerweile auch thematisiert wird (vgl. Abb. 8).

Nimmt man Titel im Sinne einer praxeologischen Semiotik in den Blick, hat man es mit einem unübersichtlichen Feld zu tun, das sich weder durch die Rekonstruktion der *einen* Geschichte des Titels noch durch stark ausdifferenzierte Typologien angemessen vermessen lässt. Diese These, die die bisherige Titel-Forschung einigermaßen auf den Kopf stellt, findet sich angedeutet schon Anfang des 19. Jahrhunderts: in einem 1804 in Halle im Verlag von Johann Christian Hendel ohne Verfasserangabe erschienenen Band mit dem Titel *Critik der Titel, oder wie soll man die Büchertitel einrichten?* Im Modus einer »an den Leser« gerichteten Legitimationsgeste betont der Herausgeber dort, der für die *Critik* verantwortliche Autor habe

39 https://www.instagram.com/reel/DG0vZVoImMg/?igsh=dDA0eXFtYjF4NHB2 (14. März 2025).

es vermieden, von dem Titel eine eigentliche Definition oder auch nur etwas diesen ähnliches zu geben, und das nicht ohne hinlänglichen Grund, da er die Frage, was der Titel eigentlich seyn solle, immer noch gewissermaßen als problematisch betrachten mußte, und seine Definition auf einen großen Theil der Titel nach ihrer bisherigen Einrichtung schlechterdings nicht gepaßt haben würde.[40]

Dass der Titel nicht einfach ›definierbar‹ sei, verweist auf jene epistemische Unschärfe, die das paratextuelle Element aus praxeologischer Sicht auszeichnet. Die bewusst vermiedene Definition macht deutlich, dass Titel weniger durch normative Setzungen als durch konkrete Praktiken konstituiert sind. Ihre Formen und Funktionen gewinnen sie nicht aus abstrakten Begriffsbestimmungen, sondern aus situativen Handlungen und historischen Gebrauchskontexten. Insofern nimmt die Passage das vorweg, was eine praxeologische Semiotik des Titels zum Ausgangspunkt nimmt: dass Titel keine festen Entitäten sind, sondern relationale Elemente innerhalb eines sich wandelnden Gefüges von Akteuren, Formaten und Praktiken. Die vermeintliche Definitionslücke ist mithin kein Mangel, sondern Symptom eines dynamischen Praxiszusammenhangs, in dem der Titel stets neu erzeugt, verwendet und interpretiert wird, und zwar als textmaterielles Objekt, als kommunikativer Mittler und als literarästhetische Form.

Die Beiträge dieses Heftes knüpfen hier an. Sie decken ein breites, gleichwohl selbstredend sehr löchriges historisches und systematisches Spektrum von Titelpraktiken ab: von der frühen Neuzeit bis in die Gegenwart, und zwar – um es noch einmal zu betonen – ohne *eine weitere* Titel-Typologie zu entwerfen oder *die eine* Geschichte des Titels schreiben zu wollen.[41] Im Zentrum stehen vielmehr vielfältige Geschichten des mikrosozialen Hantierens mit Titeln: Es geht um typographische Aspekte des Titels, um Messkataloge, um Aspekte des Übersetzens von Titeln und die Frage, was sich ›Handbuch‹ nennen kann oder muss; um Titel im Taschenbuch, Titel in der Romantik und solche in der Kinder- und Jugendliteratur, um die sozialen Netzwerke, in die Titel eingelassen sind, um Titel als Vermarktungsinstrument und um Titel als Medium paratextueller Lektürelenkung. Untersucht werden Kolportageromane, Übersetzungen und Gutachten, ebenso wie Schulbücher und die Funktion von Titeln in literarischen Programmen. Die dadurch in den Blick kommende praxeologische Semiotik des Titels versteht sich nicht zuletzt als komplementärer Zugriff zu neueren titelbezogenen Studien, die im Modus des quantitativen Distant Reading[42] oder des

40 Critik der Titel, oder wie soll man die Büchertitel einrichten? Ein Versuch zum Vortheil der Litteratur. Halle: Hendel 1804, S. VI–VII. Folgt man Arnold Rothe, handelt es sich bei dem Verfasser der *Critik der Titel* um I. H. Barda. Vgl. den kurzen Hinweis bei Arnold Rothe: Der literarische Titel (Anm. 10), S. 432.

41 Für eine komplementär-alternative Sammlung von Beiträgen, die im Zeichen einer praxeologischen Semiotik des Titels stehen, vgl. David-Christopher Assmann/Lorella Bosco (Hg.): Name, Rock, Blickfang. Historische Semantiken und Praktiken des Titels. Berlin/Boston: de Gruyter 2026 (= Paratext-Studien 3) (i. E.).

42 Vgl. Franco Moretti: Style Inc.: Überlegungen zu 7000 Titeln (Britische Romane, 1740–1850). In: Ders.: Distant Reading. Aus dem Englischen übersetzt von Christine Pries. Konstanz: Konstanz University Press 2016, S. 163–190. Vgl. aber auch bereits schon Arnold Rothe: Der literarische Titel (Anm. 10),

Wörterbuchs[43] arbeiten und klassische Unterscheidungen – wie etwa jene zwischen sogenannten (barocken) Langtiteln und (modernen) Kurztiteln, wie sie die ältere Literatur- und Buchgeschichte formuliert[44] – produktiv operationalisieren. Daran lässt sich anknüpfen.

***

Die Beiträge dieses Heftes gehen zurück auf Vorträge, die im März 2025 im Rahmen der Tagung »Titelpraktiken. Akteure – Formate – Geschichten« der Internationalen Buchwissenschaftlichen Gesellschaft am Dipartimento di Lingue, Letterature e Culture Straniere der Università degli Studi di Bergamo gehalten wurden. Antonia Raßmus danken wir für die Unterstützung bei der Einrichtung der Beiträge, der Fritz Thyssen Stiftung und dem Dipartimento di Lingue, Letterature e Culture Straniere für die großzügige Förderung, Christine Haug für ihr unvermitteltes Interesse am Thema und allen Beiträger:innen dafür, mit uns über Titelpraktiken diskutiert zu haben.

zum Beispiel S. 292–293. Siehe für eine historisch orientierte Studie neuerdings auch Marie Gunreben: Deutschsprachige Romane um 1700 – Versuch eines Distant Reading. In: Zeitschrift für deutsche Philologie 142.4 (2023), S. 477–502.

43 Vgl. Hendrikje Schauer/Marcel Lepper (Hg.): Titelpaare. Ein philosophisches und literarisches Wörterbuch. Stuttgart/Weimar: Works & Nights 2018.

44 Vgl. Peter Bekes: Poetologie des Titels. Rezeptionstheoretische Überlegungen zu einigen Dramentiteln in der ersten Hälfte des 18. Jahrhunderts (1730–1755). In: Poetica 11.1/2 (1979), S. 394–426; Hans J. Wulff: Zur Geschichte des Buchtitels. Eine Skizze. In: Neohelicon 8.2 (1981), S. 307–324.

Textform und Titelgestaltung
Eine Übersicht über die typografische Fachliteratur aus vier Jahrhunderten

Ralf de Jong

Im Titelsatz wird ein das Buch repräsentierender Metatext zur eigenständigen visuellen Einheit verdichtet, der Titelseite. Aus Sicht des Setzers unterscheidet diese sich in mehrfacher Hinsicht von allen übrigen Seiten: Durch ihre Position am Anfang des Seitenlaufs ist sie prominent sichtbar. Inhaltlich wie visuell ist sie als in sich geschlossene Einheit konzipiert. Bedingt durch die (relativ) geringe Textmenge kann die Weißraumverteilung der Textseiten nicht auf die Titelseite übertragen werden. Gestalterisch und satztechnisch stellt die Titelseite so einen Sonderfall dar. Doch wie werden Entscheidungen zur typografischen Ausgestaltung getroffen, von welchen Kriterien werden sie geleitet und welche Hilfsmittel und Vorbilder stehen dabei zur Verfügung? Dieser Beitrag möchte zeigen, wie sich der Funktionswandel der Titelseite in den schriftlich festgelegten Anweisungen zum Titelsatz niederschlägt. Ausgehend von typografischen Hand- und Lehrbüchern aus vier Jahrhunderten wird untersucht, auf welche Hilfsmittel und Vorbilder Druckherren, Faktoren, Setzer, Autoren und Verleger in ihrer jeweiligen Zeit zugreifen konnten.

In the title page, a metatext representing its book is condensed into an independent visual unit. From the typesetter's point of view, this page differs from all other pages in several respects: Its prominent position at the beginning of the book makes it uniquely visible. In terms of both content and visual appearance, it is designed as a self-contained unit. Due to the (relatively) small amount of text, the distribution of white space cannot be rolled over from the text pages to the title page. In terms of design and typesetting, the title page is therefore a special case. But how are decisions on typographic design made, what criteria guide them, and what points of reference and models are available? This article aims to show how the functional change of the title page is reflected in handbooks and manuals on typography from four centuries. It examines points of reference and models that printers, factors, typesetters, authors and publishers had access to in their respective eras.

Betrachten wir die Titelgestaltung im Spiegel der Fachliteratur zu Satz und Druck, so analysieren wir keine fertige Gestaltungslösung, sondern sehen die zu bewältigende Aufgabe. Deren Lösung dient, um mit Stanley Morison zu sprechen, der Erreichung eines »hauptsächlich utilitaristischen und höchstens zufällig auch ästhetischen« Ziels.[1] Zwar wird dieses Ziel mit typografisch-gestalterischen Mitteln verfolgt, der Grad der Zielerreichung bemisst sich in der Praxis jedoch eher am kommerziellen Erfolg als an der formalästhetischen Durcharbeitungsqualität. Die gestalterische Selbstverwirklichung »des Druckherrn, Factors

1 Stanley Morison: On First Principles of Typography. In: The Fleuron vii (1930), S. 61. Meine Übersetzung; RdJ.

oder des Verfassers«[2] spielt höchstens eine untergeordnete Rolle.[3] Dabei geht es bei der Titelgestaltung immer um mehr als nur die sprachliche Ebene, wäre doch sonst jede Form von schmückendem Beiwerk unnötig. Das Beiwerk kündet nicht nur von der besonderen, über das Notwendige hinausgehenden Mühe in der Buchherstellung: Gotische Fleuronné, griechische Mäander, Arabesken oder das Aldusblatt in allen Variationen beeinflussen die Textrezeption und konnotieren die Hauptsache. So gesehen ist die Geschichte der Titelseite durch die Jahrhunderte viel mehr als ein Panoptikum individueller Formvorlieben, nämlich die größere Erzählung von Entstehung, Wandel und Ausdifferenzierung von Absatzmärkten (und Vertriebskanälen) für das (gedruckte) Buch. Und dieser größere Zusammenhang erst verleitet Morison zu der Feststellung: »Die Geschichte der Typografie, das ist in großen Teilen die Geschichte der Titelseite.«[4]

In der Entwicklungsgeschichte des gedruckten Buches kommen dem Titelblatt unterschiedliche Funktionen zu. Unbedruckt dient es dem physischen Schutz der gefalzten und kollationierten Druckbögen; Frühformen der Titelseite im engeren Sinne – Nennung des Werktitels, dem Textbeginn vorgeschaltet – erleichtern Lagerhaltung und Vertrieb. In beiden Fällen ist der Nutzen unabhängig von der typografischen Form. Diese gewinnt an Bedeutung, als der ausführliche, häufig reich geschmückte Titel zum Repräsentanten des Buchobjektes wird. Visuelle Marker ermöglichen eine zielgruppenspezifische Ansprache. Mit zunehmender Textmenge entsteht Ordnungs- und Gliederungsbedarf, der durch die Nutzung des Titelblatts als Werbemittel verstärkt wird. Als Textplakat muss es sich an der Anschlagtafel visuell behaupten. Die Buchhandlung selbst ist zunächst kein visueller Ort. Bücher liegen im Halbdunkel in deckenhohen Regalen. Erst im 19. Jahrhundert öffnen sich die Fassaden: Schaufenster lassen Licht ein und lenken die Blicke auf den Schutzumschlag, während der Buchkörper im Laden angeblättert werden kann. Es entsteht das Ideal buchkünstlerischer Einheit von Schutzumschlag, Verlagseinband, Titelei und Text, wobei die werbliche Funktion auf den Umschlag übergeht. Diese wechselnden Funktionen und die sich daraus ergebenden gestalterischen Anforderungen hinterlassen Spuren in der Literatur des typografischen Fachs.

2 Benjamin Krebs: Handbuch der Buchdruckerkunst. Frankfurt am Main: Andräische Buchhandlung 1827, S. 308 (Digitalisat bsb). Insbesondere »die Herrn Schriftsteller« kommen bei Krebs schlecht weg. Indem sie immer wieder auf »närrische[] Weise auf diese oder jene Eigenheiten hartnäckig bestehen«, pfuschen sie ihm zufolge den Setzern ins Handwerk (ebd., S. 308).

3 »Dem Buchgestalter bietet [der Buchanfang; RdJ] den größten Gestaltungsspielraum« – und dieser Raum muss gefüllt werden. Vincent Steer: Printing Design and Layout. The Manual for Printers, Typographers and all Designers and Users of Printing and Advertising. London: Virtue & Co. Publishers [1934], S. 282. Meine Übersetzung; RdJ.

4 Stanley Morison: On First Principles of Typograph (Anm. 1), S. 67. Meine Übersetzung; RdJ.

1 Das 17. Jahrhundert: Inhaltliche Zusammenhänge visualisieren

Nach Frühformen der typografischen Fachliteratur wie Schriftmustern, Formatbüchern und Korrekturanweisungen erscheint 1683/84 in Fortsetzungen Joseph Moxons *Mechanick Exercises*[5] als erstes vollständiges Hand- und Lehrbuch der Typografie, der zweite (und letzte) Band einer ursprünglich größer angelegten Reihe zur Beschreibung der technischen Berufe. Moxon bietet auf über 400 Seiten präzise Beschreibungen von Werkzeugen, Geräten und Arbeitsabläufen, jedoch nur spärliche Hinweise zu gestalterischen Fragen.[6] Technische Details werden mit Bildtafeln veranschaulicht, auf die Visualisierung möglicher Textanordnungen wird verzichtet. Daran wird sich im Laufe der kommenden Jahrhunderte wenig ändern. Noch 1902 schreibt Theodore Low De Vinne: »Die ungeschriebenen Regeln für den Satz von Titelseiten sind abzuleiten aus den offensichtlichen Normierungsversuchen, die in frühen Drucken erkennbar sind. Und doch sind diese Regeln niemals deutlich und mit Abbildungen versehen in englischsprachigen Büchern dargelegt worden.«[7] Als Informationsquellen für den Setzer kommen einzig Titelseiten der ihm zugänglichen Bücher in Betracht, und das sind im 17. Jahrhundert nicht viele.

Zum Titelsatz offenbaren die *Mechanick Exercises* wenig Wissenswertes, doch aus diesem Wenigen erschließt sich eine absichtsvolle Weiterentwicklung der Titelform. Frühere Titel (des 16. und frühen 17. Jahrhunderts) zeigen mehrheitlich eine streng flächig konzipierte Textanordnung. Wie in der mittelalterlichen Malerei dominieren geometrische Formen,[8] geschlossene Flächen und ausgewogene Proportionen.[9] Diesem Ideal werden sprachlich-inhaltliche Sinnzusammenhänge und die Integrität des Wortbildes untergeordnet. Später findet das in der frühneuzeitlichen Kunst erwachende Interesse an der individuellen Form, an Räumlichkeit und Tiefenwirkung seinen Widerhall in der Titelgestaltung. Starke Kontraste

5 Vgl. Joseph Moxon: Mechanick Exercises: Or, the Doctrine of handy-works. Applied to the Art of Printing. London: Moxon 1683/1684.

6 »Moxon ignoriert die typografische Gestaltung beinahe vollständig«. Frans A. Janssen: The first English and the first Dutch printer's manual: a comparison. In: Technique & design in the history of printing. t'Goy-Houten: HES & De Graaf Publishers 2004, S. 187–193, hier S. 192. Meine Übersetzung; RdJ.

7 Theodore Low De Vinne: A Treatise on Title-Pages. New York: The Century Co. 1902, S. xviii. Meine Übersetzung; RdJ.

8 Einen guten Eindruck von der Verbreitung des Formsatzes auf der Titelseite vermittelt die Grafik Nr. 13 (meine Übersetzung; RdJ): »Berkemeyer-förmige Absätze auf Titelseiten von Ausgaben in niederländischer resp. lateinischer Sprache, veröffentlicht in den südlichen Niederlanden 1541–1660 (n = 1,308)«. Goran Proot: Converging Design Paradigms: Long-Term Evolutions in the Layout of Title Pages of Latin and Vernacular Editions Published in the Southern Netherlands, 1541–1660. In: The Papers of the Bibliographical Society of America 108.3 (2014) S. 269–305, hier S. 292. Meine Übersetzung; RdJ.

9 Zu Fragen von Herkunft und möglichem Nutzen des Formsatzes vgl. zum Beispiel Paul Lehmann: Figurale Schriftflächen. In: Zeitschrift für Buchkunde I.2 (1924), S. 74–77, hier S. 74. Digitalisat https://zs.thulb.uni-jena.de/rsc/viewer/jportal_derivate_00251110/Zeitschrift_Buchkunde_129463779_1_1924_0084.tif (26. Februar 2025).

und ein deutlicher Rhythmus dynamisieren die Fläche, inhaltliche Zusammenhänge werden mit typografischen Mitteln visualisiert und klare Bedeutungshierarchien erleichtern die Orientierung. Diese gestalterischen Neuerungen korrelieren mit einem Wandel in der Textrezeption: So lange Texte vorwiegend auditiv über den Umweg des lautierenden Lesens bzw. das Vorlesen rezipiert werden,[10] sind Weißräume als visuelle Marker (nahezu) entbehrlich, jedoch ist der stille Leser in hohem Maße auf sie angewiesen. Nicht weniger bedeutend sein dürfte die neue Funktion des Titelblatts, das, losgelöst vom Buchkörper, zum werbenden Aushang für das Buch wird.[11] Die Wahrnehmung als Textplakat im (halb-)öffentlichen Raum, die Ablenkung durch das lebendige Straßentreiben und der im Vergleich zur häuslichen Lektüre deutlich erhöhte Leseabstand erfordern starke (Helligkeits-)Kontraste und eine lebendige Flächengestaltung – Merkmale, die auch dem stillen Lesen förderlich sind.

Gleich zu Beginn des Kapitels zu den Aufgaben des Setzers legt Moxon diese neuen Prämissen der Textgestaltung dar.[12] Ein guter Typograf soll demnach, und zwar in dieser Reihenfolge, erstens die vom Autor intendierte Textbedeutung sichtbar machen, zweitens den Text attraktiv gestalten und drittens den Prozess des Lesens unterstützen (gemeint ist ganz offensichtlich das stille Lesen).[13] Textumbruch, Interpunktion und Textauszeich-

10 »Bis weit ins Mittelalter gingen die Schriftsteller davon aus, dass ihre Leser den Text vorrangig hören würden. [...] Da Bücher hauptsächlich laut vorgelesen wurden, mussten die Buchstaben nicht in phonetische Einheiten gegliedert werden, sondern wurden ohne Zwischenräume zu Sätzen aneinandergehängt.« Alberto Manguel: Eine Geschichte des Lesens. Berlin: Volk & Welt 1998, S. 62.

11 Alfred Forbes Johnson schreibt über das 17. Jahrhundert: »Es [war; RdJ] üblich geworden, möglichst viele Informationen über den Buchinhalt und die Qualifikationen des Autors, Herausgebers usw. zu geben. Zweifellos ist die Verwendung des Titelblatts als Werbeplakat dafür teilweise verantwortlich. Materielle Zeugnisse belegen, dass diese Methoden zur Bewerbung von Büchern in England und Deutschland üblich waren, und wahrscheinlich war dies auch in anderen Ländern der Fall«. A. F. Johnson: 100 Title-Pages 1500–1800. London: John Lane the Bodley Head Ltd 1928, S. xiii. Meine Übersetzung; RdJ. So auch in A. F. Johnson: Title-Pages: Their Forms And Development. In: Ders.: Selected Essays on Books And Printing. Hg. von Percy H. Muir. Amsterdam: Van Gendt & Co 1970 [1971], S. 297.

12 Das Manuskript als Grundlage für die Tätigkeit des Setzers ist alles andere als eindeutig und entsprechend ist seine Übertragung in den Satz keine rein mechanische Tätigkeit. Für eine Diskussion der Freiheiten des Setzers zu Moxons Zeit vgl. Adrian Johns: The Nature of the Book. Chicago: The University of Chicago Press 1998, S. 87–88.

13 »Ein guter Setzer ist bestrebt, dem Leser die Absichten des Autors nahezubringen und sein Werk gleichzeitig angenehm für das Auge und lesefreundlich zu gestalten«. Joseph Moxon: Mechanick Exercises (Anm. 5), S. 202. Meine Übersetzung; RdJ. Der Umbruch nach Sinneinheiten setzt allerdings weitgehendes Textverständnis voraus, das nach Täubel selbst bei vernakularsprachlichen Texten nicht selbstverständlich vorausgesetzt werden kann: »Wenn man die [Manuskripte; RdJ], welche manche Schriftsteller zur Druckerey liefern, betrachtet, so sollte man fast glauben, sie hielten ihre Buchdrucker für allwissende Universalgeister oder lebendige Lexica, so unleserlich und verwirrt sehn solche zuweilen aus, so daß man sie oft eher für chinesische Carricatur-Zeichnungen und verwirrte abgebildete ungarische Tanz-Phantasien halten könnte, als für ein aufgezeichnete Sammlung von vernünftigen, zusammenhängenden Gedanken und Worten!« (Christian Gottlob Täubel: Orthotypographischen

nungen stehen im Dienste des Autors und werden auf die Lesekompetenz der Zielgruppe abgestimmt. Moxon schlägt folgendes Vorgehen vor: Der Setzer liest und analysiert den Text des Titelbogens. Er identifiziert die dem eigentlichen Titel oder Namen des Werks vorangehenden Textteile, umbricht sie und weist ihnen Schriftgrad und Satzart zu (ausgefüllten oder mittelaxialen Satz). Dann folgt der eigentliche Werktitel, möglichst auf die volle Satzbreite ausgetrieben,[14] durch Schriftgrad und Farbwert hervorgehoben. Anschließend werden die horizontalen und vertikalen Weißräume festgelegt mit dem Ziel, die Begrenzungslinien der Kolumne in beiden Dimensionen anzudeuten, ein Nachhall auf das Ideal der geschlossenen Fläche. Worttrennungen im Titelsatz, insbesondere aber die nach Joran Proot besonders hinderlichen »typografischen Diskontinuitäten«,[15] lassen sich so weitestgehend vermeiden.

Moxon schreibt nicht explizit, welche Schriften auf der Titelseite zum Einsatz kommen und wie Schriftwahl und Bedeutungshierarchie korrespondieren. Allerdings impliziert er durchaus eine Rangfolge, wenn er beschreibt, mit welchen Mitteln der Setzer die Titelzeile auf die volle Satzbreite austreibt: »Er verfügt über einige Hilfsmittel, die großen Grade der Minuskeln, alternativ Majuskeln, aufrecht oder kursiv, oder die gotische Schrift, in einem passenden Grad, wie es ihm am besten gefällt oder der gegenwärtigen Mode entspricht.«[16] An anderer Stelle wird ausgeführt, dass »auch stark betonte Wörter in der Kursiven gesetzt werden«, jedoch »Majuskeln Würde ausdrücken wo immer sie gesetzt werden, und Weißraum und Distanz ebenfalls stattlich wirken«.[17] Die hier angedeutete Schrifthierarchie schreibt die etablierte Praxis der Handschriftenzeit fort: Große Schriftgrade gehen den kleinen voran, Majuskelsatz ist stärker betont als gemischter Satz, während die Kursive zwar der Antiqua nachfolgt, beide jedoch inhärent gleichwertig sind, also Unterscheidungen innerhalb einer Bedeutungsebene ermöglichen.[18]

Moxon fordert im Titelsatz – unabhängig von der jeweiligen Textvorlage, Wortlänge oder Zeichenzahl – nicht nur sinnfördernde Zeilenumbrüche, auch soll der eigentliche

Handbuch. Halle/Leipzig: Täubel 1785. Reprint Hg. von Martin Boghardt u. a. Darmstadt: Raecke 1984, S. 263).

14 Versalsatz wird spationiert »um die Zeile auszutreiben«. Gleichzeitig wird der Wortzwischenraum erweitert »um eine sichtbare und proportionale Unterscheidung zwischen einem Wort und dem nächsten zu schaffen«. (Joseph Moxon: Mechanick Exercises (Anm. 5), S. 220. Meine Übersetzung; RdJ).

15 Der Begriff bezeichnet die Folge einer Worttrennung, bei der die beiden Wortteile in ihren jeweiligen Zeilen typografisch unterschiedlich formatiert werden (Schriftgrad, Schriftschnitt, Farbe etc.). Vgl. den Abschnitt »Typographical discontinuity« in Goran Proot: The Officina Plantiniana from »Renaissance« to »Baroque«: a typographical transition (1555–1670). In: A century of typographical exellence. Christophe Plantin & the Officina Plantiniana (1555–1655). Paris/Dilbeek: Bibliothèque Mazarine, Cultura Fonds Library 2020, S. 50–97, hier insbesondere Graph 25, S. 90.

16 Joseph Moxon: Mechanick Exercises (Anm. 5), S. 221. Meine Übersetzung; RdJ.

17 Ebd., S. 225. Meine Übersetzung; RdJ.

18 Der Setzer setzt Eigennamen von Personen oder Ortsbezeichnungen »in der Kursiven, wenn der Fließtext in der Aufrechten gesetzt ist, oder in der Aufrechten, wenn der Fließtext in der Kursiven gesetzt ist (ebd. Meine Übersetzung; RdJ).

Werktitel auf die volle Satzbreite ausgetrieben und müssen die Bedeutungsabstufungen unter Berücksichtigung der konventionalisierten Hierarchie der Satzschriften abgebildet werden. Die Erreichung der inhaltlichen und formalästhetischen Zielsetzungen macht den Einsatz verschiedener Schriftformen und -grade erforderlich. So lassen sich Wort- und Zeilenlänge steuern; und gegebenenfalls – wenn die Zeile einen deutlichen Größenkontrast nicht zulässt – werden durch die Mischung von heller Antiqua mit dunkler Gotisch Betonungen gesetzt.[19] Dabei müssen wir stets von einer eingeschränkten Verfügbarkeit der großen Grade ausgehen. Initialschriften verfügen nicht über Minuskelformen und sind häufig unvollständig. Zudem ist der Letternvorrat stets zu gering und deckt mitunter nicht einmal eine kurze Titelzeile ab. Vollständige Schriften mit Majuskeln und Minuskeln in großen Graden sind aufwändig in der Herstellung, empfindlich in der Handhabung und vor allem aufgrund ihres hohen Gewichtes sehr teuer.[20] Entsprechend bleiben sie den bedeutenderen Offizinen vorbehalten. Moxons Betrachtungen schließen mit einem Disclaimer: Die Art der Titelgestaltung variiere, weswegen es keine festen Regeln geben könne.[21]

Wer sind Moxons Adressaten und welchen Nutzen ziehen sie aus seinem Werk? Dem Setzer vermittelt Moxon Gestaltungsziele und schlägt ein Vorgehen vor, das inhaltliche Gliederungen und Betonungen in typografische Auszeichnungen überträgt. Dem Autor macht er die Absicht des Setzers verständlich und bietet ihm gleichzeitig an, selbst die Kontrolle zu übernehmen: »Für kursive Wörter ziehe er darunter eine Linie wie diese; für gotische Schrift ziehe er darunter zwei Linien wie diese; und für Majuskeln eine Punktlinie wie diese, oder sonst eine Linie mit roter Tusche.«[22]

Bald nach Veröffentlichung der *Mechanick Exercises* erscheinen weitere Hand- und Lehrbücher der Typografie in englischer, französischer und deutscher Sprache.[23] Frans A. Janssen warnt jedoch ausdrücklich davor, den Einfluss der Druckerhandbücher zu überschätzen.[24] Ein Zusammenhang zwischen diesen Veröffentlichungen und der Qualität

19 Abgesehen davon werden auch archaische Ausdrücke in der Gotischen gesetzt (vgl. ebd., S. 224). Fette Schriftschnitte und Displayschriften sind im 17. Jahrhundert unbekannt.

20 Die größten bei Moxon erwähnten Schriften, die »Great-Cannon«, entsprechen ca. 48 pt. Sie kommen »gewöhnlich im Titelsatz zum Einsatz« (ebd., S. 17. Meine Übersetzung; RdJ). Für die historischen englischen Schriftgrade vgl. Talbot Baines Reed: A History of The Old English Letter Foundries. Hg., überarbeitet und erweitert von A. F. Johnson. Folkestone: Dawsons 1974, insbesondere das Kapitel »The English Type-Bodies and Faces«, S. 27–50. Eine hilfreiche Tabelle auf S. 32 setzt die unterschiedlichen kontinentaleuropäischen Bezeichnungen der Schriftgrade in Bezug zueinander.

21 Joseph Moxon: Mechanick Exercises (Anm. 5), S. 222. Meine Übersetzung; RdJ.

22 Ebd., S. 265 im »Advertisement to Autors«. Meine Übersetzung; RdJ. Die Linie unter »Linie mit roter Tusche« ist im Original rot.

23 Die »Beschijving der Boekdrukkunst« von David Wardenaar (Rotterdam 1801) ist nur als Manuskript überliefert.

24 »Den Einfluss des Druckerhandbuchs auf die praktische Ausübung der Typografie sollte man jedoch nicht zu hoch ansetzen: Dass es in der Zeit vor 1800 in England, Frankreich und Deutschland jeweils verschiedene Druckerhandbücher gab, während ein solches Werk in den Niederlanden zu der Zeit

der Druckproduktion in den jeweiligen Sprachgebieten ist nicht nachweisbar. Bis in das 20. Jahrhundert hinein setzen diese Handbücher keine Standards, sondern beschreiben den *Status quo* der guten handwerklichen Praxis. Der Gebrauchsnutzen der Druckerhandbücher für Setzer und Faktoren ist anderswo zu suchen, zum Beispiel in der Visualisierung von Druckformzusammenstellungen, in Tabellen zur Umfangberechnung und in den Listen und Verzeichnissen zu unterschiedlichen Spezialgebieten (wie die Auflösung lateinischer Abbreviaturen oder Regeln für den Fremdsprachensatz). Doch auch die Ausführungen zur Titelgestaltung erfüllen eine Funktion. Sie machen die Ergebnisse – bis zu einem gewissen Grade – vorhersehbar und reduzieren die Gefahr des wiederholten Neusatzes wegen ausufernder Änderungswünsche der Autoren. Autorenkorrekturen können einen erheblichen Teil der Gesamtrechnung ausmachen und die Abgrenzung gegenüber Satzfehlern (die vom Setzer ohne zusätzliche Entlohnung zu korrigieren sind) ist nicht immer eindeutig. Moxon schreibt dazu:

> Denn auf keinen Fall sollte [der Autor; RdJ] hoffen, das Manuskript im Korrekturabzug zu verbessern, hierzu ist kein Setzer verpflichtet. Und es kann nicht vernünftigerweise erwartet werden, dass er sich gutmütig dieser Mühe unterzieht und Änderungen vornimmt, die der Autor im zweiten Anlauf diktiert, es sei denn, er wird sehr gut dafür bezahlt, über die mit dem Druckherrn vereinbarte Summe hinaus.[25]

2 Das 18. Jahrhundert: Plakative Textwirkung

Unbeeinflusst von Moxons Text erscheint in St. Omer, tief in der französischen Provinz, 1723 Martin Dominique Fertels *La Science pratique de L'Imprimerie*.[26] Zum ersten Mal werden hier Probleme des gestaltenden (Titel-)Satzes ausführlich und praxisnah erläutert. Die besondere Leistung Fertels liegt darin, dass er den praktischen Nutzen visueller Vorbild- und Beispiellösungen erkennt. Seine Ausführungen zum Titelsatz beginnen mit 17 Anweisungen, denen dann auf neun Doppelseiten illustrierte Beispiele folgen. Anders als Moxon, der den Titelsatz an den Anfang seiner Ausführungen zu den Aufgaben des Setzers stellt, behandelt Fertel die Konstruktion des Titels als eigenständiges Thema. Übereinstimmend mit Moxon unterwirft Fertel den Zeilenumbruch inhaltlichen Kriterien, neu ist sein Fokus auf dem alternierenden Wechsel langer und kurzer Zeilen. Die Nummern 1, 2, 5, 8 und 10 seiner Anweisungen behandeln dieses Thema sehr ausführlich. Die sich daraus unmittelbar ergebende (und bei Moxon nur implizierte) Notwendigkeit zur Steuerung der Zeilenlänge

fehlte, hatte keinen nachweisbaren Einfluss auf die Qualität der typografischen Produktion in diesen Ländern« (Zetten en drukken in de achttiende eeuw. Hg. und mit einer Einleitung von Frans A. Janssen. Haarlem: Joh. Enschedé en zonen 1986, S. 11–12. Meine Übersetzung; RdJ).

25 Joseph Moxon: Mechanick Exercises (Anm. 5), S. 222. Meine Übersetzung; RdJ.

26 Herzlichen Dank an Dr. Joran Proot für die Übersetzung aus dem Französischen.

durch unterschiedliche Schriftgrade wird in den Nummern 2, 3, 7, 9 und 11 diskutiert.[27] Fertels Anweisungen wechseln immer wieder zwischen dem Allgemeinen und dem Speziellen hin und her, sie sind schlecht strukturiert und undeutlich formuliert. Deshalb kommt den fiktiven Mustertiteln mit den ausführlichen Kommentaren große Bedeutung zu.

Im Frankreich des frühen 18. Jahrhunderts gelten die großen Grade im gemischten Satz (auf die sich Moxon an mehr als einer Stelle bezieht) bereits als nicht mehr zeitgemäß: Für Fertel ist Titelsatz gleichbedeutend mit Majuskelsatz. Auf seinen Beispielseiten dominiert aufrechter Majuskelsatz, von Zeile zu Zeile im Schriftgrad wechselnd, mit kursiven Majuskeln nur als Scharnier zwischen zwei Titelgruppen. Dabei unterscheidet Fertel zwischen Majuskeln und Kapitälchen, letztere werden als platzsparende Alternative verwendet. Betonte Zeilen und Wortgruppen werden zentriert. Nur nachgeordnete Gruppen werden im Blocksatz (mit und ohne Einzug) bzw. Formsatz gesetzt. Diese starke visuelle Struktur ist nötig, um große Textmengen[28] aufzubereiten. Betrachtet man Fertels Satzbeispiele, sieht man dynamische Titelseiten, die gute Textplakate abgeben. Die gesamte Fläche ist aktiviert und durch den Wechsel kurzer und langer Zeilen entsteht ein lebendiger Rhythmus. Die Mischung der Schriftgrade bringt einen bemerkenswerten tonalen Reichtum an Grauwerten hervor, der die Seite belebt.

Das erste deutschsprachige Handbuch, das diesen Namen verdient, bezieht sich ausdrücklich auf Fertel: Christian Friedrich Gessners *Der in der Buchdruckerei wohlunterrichtete Lehr-Junge*.[29] Gessner fasst Fertels Regeln zum Titelsatz folgendermaßen zusammen:

> Weil nun von denen Autoribus keiner leichtlich vorgeschrieben wird, aus was vor Schrifften man diese oder jene Zeile nehmen soll, so ist nöthig, daß man selbst erdichtet, was zum Wohlstande erfordert wird. Dahero befleißige man sich, und bediene sich diesen Vortheils: 1. Lese man selbigen fleißig durch, 2. theile man ihn in Theile ab, 3. suche man die Hauptzeile, (oder Hauptwort) welches in die Augen fallen soll, denn nach der müssen die andern Zeilen alle gerichtet werden, 4. mache keine Zeile der andern gleich, (es sey denn, daß Worte in einer Serie nach einander in eine Spitze müßten gebracht werden,) welches sonst einen Übelstand machet. 5. Überhaupt bediene dich nicht allzu fetter Lettern, denn je heller ein Titul gesetzt ist, je besser er aussieht.[30]

In didaktischer Hinsicht geht Gessner eigene Wege. Er vertraut auf seine knapp formulierten Ausführungen. Da die Abfolge der Schriften – »keine Zeile der andern gleich« – vom

27 Die Nummern 6 und 12 sind der Proportionierung des (Weiß-)Raums gewidmet, die Nummern 13–17 der Reihenfolge der bibliografischen Angaben am Fuß der Titelseite.

28 Auf der Titelseite von Moxon zählen wir ca. 200 Anschläge einschließlich der Wortzwischenräume; bei Fertel sind es ca. 760 (jeweils ohne Impressum).

29 Vgl. Christian Friedrich Gessner: Der in der Buchdruckerei wohl unterrichtete Lehr-Junge Oder: bey der Löblichen Buchdruckerkunst Nöthige und nüzliche Anfangsgründe, Darinnen alles, was bey selbiger in Acht zu nehmen und zu lernen vorfällt, von einem Kunstverwandten mitgetheilet wird. Leipzig: Gessner 1743.

30 Ebd., S. 111–112.

Hauptwort ausgeht, widmet er sich den alternativen Schriftbildern unter dem Gesichtspunkt des Platzbedarfs:

> Gleichwie man nun durch viele Zeit-Verschwendung sich Mühe giebt, ein solches Haupt-Wort durch gegossene Lettern zu erzwingen, und es bald aus der, bald aus einer andern probiret, und dennoch seinen Zweck nicht erreichet; habe ich mir Mühe gegeben, durch die gebräuchlichsten Formate, solche Hauptzeilen und Wörter dir vor Augen zu legen, dadurch du gleich ersehen kanst, wenn in dergleichen Format ein Wort von so viel Buchstaben dir vorkommt, ob du es durch gegossene Littern, oder durch eine in Holz geschnittene Hauptzeile behaupten kanst; und wann du es auch mit gegossenen Littern leisten köntest, so wird dir es doch an Grösse oder Fettigkeit der Buchstaben, als sie hier stehen, fehlen.[31]

Es schließen sich zwölf Seiten an, auf denen Beispielwörter in den unterschiedlichen Satzschriften und Graden gezeigt werden, ergänzt durch in Holz geschnittene Wörter und Wortgruppen – werblich-plakative Wortmarken, wie wir heute sagen würden.

Im 18. Jahrhundert ist der Drucker noch in allererster Linie Buchdrucker. Nur Fertel widmet sich neben dem Buch bereits den ephemeren Drucksachen wie Aushängen, Anschlägen, Bekanntmachungen etc. Doch gegen Ende des Jahrhunderts verschieben sich die Verhältnisse: »In dem Maße, in dem die Wirtschaftstätigkeit stieg, tat dies auch die Nachfrage nach Geschäftspapieren, Rechnungsvordrucken, Ankündigungen, Handzetteln und anderen Drucksachen die benötigt wurden, um die Geschäfte zu fördern und festzuhalten.«[32] Dies ist für den Buchdruck in mehr als einer Beziehung relevant.

3 Das 19. Jahrhundert: Originalität und Eklektizismus

Unter dem Einfluss der Industrialisierung verändern sich Ausbildungserfahrung und Arbeitsumfeld der Setzer massiv. Betriebsgrößen nehmen zu, das zünftisch geprägte Ausbildungssystem mit der Lebensgemeinschaft des Druckherrn und seiner Familie unter einem Dach mit den Auszubildenden löst sich auf. Größere Betriebe spezialisieren sich im Buch- und Zeitungsdruck oder im Akzidenzdruck. Auch die Berufsbilder ›Setzer‹ und ›Drucker‹ trennen sich. Die Art und Weise der Wissensvermittlung ändert sich, das zu vermittelnde Wissen wächst im Gleichschritt mit den technischen Entwicklungen und differenziert sich immer stärker aus.

Die Überlieferungstradition des typografischen Hand- und Lehrbuches setzt sich im Laufe des 18. und des 19. Jahrhunderts fort. Sie speist sich im Wesentlichen aus den drei bereits erwähnten Entwicklungslinien Moxon (1683/84), Fertel (1723) und Gessner (1743),[33]

31 Ebd., S. 112.

32 David Jury: Graphic Design Before Graphic Designers. London: Thames & Hudson 2012, S. 10. Meine Übersetzung; RDJ.

33 Für eine Übersicht sei auf Frans A. Janssens aufschlussreiche Grafik verwiesen. Vgl. Zetten en Drukken in de Achttiende Eeuw (Anm. 24), S. 34.

weshalb wir auch in den späteren Titeln kaum originäre Inhalte und schon gar keine originellen Ideen zur Titelgestaltung finden. Buchpublikationen können bald nicht mehr mit dem Tempo der technischen Entwicklungen (und ihrer Anwendungen) mithalten. Periodisch erscheinende Fachzeitschriften füllen diese Lücke und informieren über neue Möglichkeiten und Trends.[34] Aus manchen regelmäßigen Rubriken erwachsen dann wiederum eigenständige Buchpublikationen. Ende des 19. Jahrhunderts wird das zunehmend diverse Angebot an Fachpublikationen ergänzt um die ersten umfangreichen Jahrbücher des grafischen Gewerbes,[35] die von Jahr zu Jahr den technischen Fortschritt in Satz, Druck und Reprografie nachzeichnen. Darüber hinaus zeigen sie aber auch mustergültige Arbeiten und stellen zeitgenössische Gestalterpersönlichkeiten vor. Die Mischung aus technischen und gestalterischen Themen wird regelmäßig ergänzt durch historische Beiträge zur Geschichte des Buches und der Schrift. Diese zahlreichen Einflüsse, insbesondere aber auch die Gleichzeitigkeit von Alt und Neu, begünstigen einen gestalterischen Eklektizismus. Die Schrifthersteller bedienen die resultierende Nachfrage nach vielfältigem Satzmaterial, nach verspielten Display-Schriften vom Zeichenbrett ebenso wie nach Revivals historischer Schriften, wobei die Nachfrage maßgeblich aus der Werbung kommt. Display-Typografie[36] boomt und zahlreiche Setzer, die sich (auch) an Buchtiteln versuchen, haben ihr Handwerk im Akzidenzsatz gelernt.

Das 19. Jahrhundert verlangt nicht mehr nach ›Harmonie‹ oder ›Klarheit‹, sondern es verehrt ›Originalität‹. Benjamin Krebs schreibt dazu in seinem *Handbuch der Buchdruckerkunst*, dass sich »über dies sehr selten die Büchertitel ähnlich sehen, weil Jeder nach einem auffallenden Titel zu haschen und das Gewöhnliche zu vermeiden strebt«.[37] Einzigartigkeit als gestalterisches Ziel hat ihren Ursprung natürlich nicht im konservativen Buchdruck, sondern in der Werbung. Am konsequentesten propagiert wird sie in den Vereinigten Staaten. Oscar H. Harpel's *Typograph*[38] ist eine der ersten Publikationen, die den gestaltenden Entwurf explizit thematisiert: »Die Fähigkeit, eine Drucksache zu planen

34 Exemplarisch zu nennen sind für Deutschland das *Archiv für Buchdruckerkunst und verwandte Geschäftszweige* (1864–1899) und sein Nachfolgeblatt, das *Archiv für Buchgewerbe* (1899–1919); für Großbritannien *The British Printer* (1888–2000); für die USA *The Inland Printer* (1883–1958), zusammen mit *The American Printer* (seit 1885 unter dem Titel *The American Bookmaker*) weitergeführt als *The American Printer and Lithographer*, seit 1982 *American Printer*, 2011 eingestellt.

35 Das britische *The Penrose Annual* ist das älteste dieser Jahrbücher der grafischen Industrie, erschienen von 1895 (noch unter dem Namen *Process Work Yearbook – Penrose's Annual*) bis 1982; im Klimsch Fachverlag in Frankfurt am Main erschien zwischen 1900 und 1940 *Klimschs Jahrbuch*. Ebenfalls dem Charakter nach einem Jahrbuch vergleichbar (obschon broschiert in Magazinform erschienen) ist *Kerstnummer Drukkersweekblad en Autolijn* (Grafisch Nederland), erschienen zwischen 1911 und 2006.

36 Die Display-Typografie ist benannt nach den verwendeten Schriften in Schaugrößen ab ca. 16 pt im Gegensatz zu den kleineren Lesegrößen, die im Satz von Mengentext zum Einsatz kommen.

37 Benjamin Krebs: Handbuch der Buchdruckerkunst (Anm. 2), S. 308.

38 Vgl. Oscar H. Harpel: Typograph or Book of Specimens Containing Useful Informations, Suggestions And a Collection of Examples of Letterpress Job Printing Arranged for the Assistance of Master Printers,

oder zu entwerfen [...] kann man nur durch Talent, Planung, Vergleich, praktische Übung und Studium erlangen«.[39] Harpel bezeichnet sich selbst auf dem Titelblatt seines Buches als »Typographic Designer and Printer«. Folglich trennt er – und das macht seinen Text so bemerkenswert – ausdrücklich den Entwurf eines typografischen Drucks von seiner handwerklich-technischen Umsetzung. Dabei skizziert er eine dreistufige Vorgehensweise, in der sich, wenn auch nur vage, moderne Vorstellungen vom Entwurfsprozess andeuten: 1. ›Planung‹, die visuelle Antizipation des Ergebnisses. Harpel lädt den Leser ausdrücklich dazu ein, den Zeichenstift in die Hand zu nehmen: »Ein guter Weg, um zu einem Entwurf zu kommen, ist die Skizze auf einem Blatt Papier. Selbst bescheidene Grundkenntnisse im technischen Zeichnen werden sich dabei als äußerst nützlich erweisen.«[40] 2. ›Vergleich‹ als Erarbeitung von und Abgleich zwischen alternativen Lösungen. 3. ›Praktische Übung‹ und ›Studium‹, zeichnerische und intellektuelle Weiterentwicklung, zum Beispiel durch die Betrachtung herausragender Arbeiten und den Erwerb einer visuellen Referenzbibliothek. Tatsächlich sind Harpels Beispiele mit ihren ausufernden Rahmungen und sonstigen Schmuckelementen in mehreren Farben derart elaboriert, dass sie sich ohne gründliche Vorbereitung kaum realisieren lassen. Doch auch bei sorgfältiger Planung bleibt der Autor mit seiner Titelformulierung eine Schwachstelle:

> Das zum Druck gegebene Manuskript ist häufig wenig geeignet für die Realisation im Satz entsprechend den Regeln und Traditionen des Fachs. Der Drucker muss dann sein Bestes geben. Verleger und Autoren würden davon profitieren, dem Drucker Texteingriffe zu erlauben, um die Regeln anwenden und die Seite besser gestalten zu können.[41]

Die älteste gedruckte Abhandlung über die typografische Entwurfsskizze erscheint meines Wissens im *American Printer* in einer Folge von Beiträgen zu entwurfsrelevanten Themen, bevor sie 1905 unter dem Titel *The American Manual of Typography*[42] in eigenständiger Form publiziert wird. Von den 24 Artikeln stammen 16 aus der Feder von Edmund Geiger Gress,[43] auch das Kapitel zur Entwurfsskizze[44] mit einer der frühesten mir bekannten Reproduktionen einer solchen Skizze. Gestaltung als Denken in Alternativen (ebenso wie den gestalterischen Eklektizismus dieser Epoche) illustriert Theodore Low De Vinnes

Amateurs, Apprentices, and Others. Cincinnati: Harpel 1870. Auf der Titelseite sind 15 Textzeilen in ebenso vielen (unterschiedlichen) Schriften zu sehen, dreifarbig und mit viel Schmuckmaterial gedruckt.

39 Ebd., S. 16. Meine Übersetzung; RdJ.

40 Ebd., S. 17. Meine Übersetzung; RdJ.

41 John Southward: Modern Printing. London: Raithby, Lawrence & Company 1921, S. 283. Meine Übersetzung; RdJ.

42 The American Manual of Typography. An exhaustive exposition of the various phases of type-composition. A Text-Book for the ambitious typographer; a guide and reference volume for the lay-out man, forman, superintendent & employing printer. New York: Oswald Publishing Company 1905.

43 Gress veröffentlichte später mehrere einflussreiche Fachbücher, allen voran Edmund Geiger Gress: The Art an Practice of Typography. New York: Oswald Publishing Company 1917.

44 The American Manual of Typography (Anm. 42), »The Preleminary Sketch«, S. 93–98.

A Treatise on Title-Pages,[45] der dritte Teil seiner fünfteiligen Reihe *Practice of Typography*. Es ist vollständig der Titelseite gewidmet und betritt wiederum didaktisches Neuland, indem es unterschiedliche gestalterische Ansätze für eine einzige Titelgestaltung vergleichend nebeneinanderstellt.[46] Abgebildet sind Titelvarianten zu Charles Jacobi's *Notes on Books and Printing*,[47] vom Autor zum eigenen Vergnügen und als Unterrichtsmaterial entworfen und gedruckt.[48]

Die Skizze als Werkzeug im typografischen Entwurf etabliert sich nur langsam. In der typografischen Fachliteratur wird einerseits versucht, Angehörigen des grafischen Gewerbes die notwendigen Mittel an die Hand zu geben, ihre zeichnerischen Fähigkeiten zu entwickeln. Andererseits drängen zunehmend ausgebildete Künstler in den wachsenden Markt für die (buch-)künstlerische Ausgestaltung von Bucheinband, Titelseite sowie Illustrationen und Buchschmuck im weiteren Sinne. Diese Entwicklung muss vor dem Hintergrund der Industrialisierung und dem wachsenden Unbehagen an der Form industriell hergestellter Massenartikel seit der Mitte des 19. Jahrhunderts gesehen werden: Gute Gestaltung wird als Wettbewerbsvorteil erkannt. Zeichnen als Kulturtechnik beschränkt sich nicht länger auf Adel und Oberklasse, dem die künstlerische Betätigung schon lange als schicklicher Zeitvertreib gilt. John Ruskin als Lehrer[49] und bedeutender Verfechter des Zeichenunterrichts in England ist auch eine der Schlüsselfiguren des Arts and Crafts Movement, dessen Ideen und Ideale auf dem Kontinent zum Beispiel von den Wiener Werkstätten (1903) und dem Deutschen Werkbund (1907) vertreten werden. Insbesondere das Private Press Movement als Auswuchs des Arts and Crafts Movement weckt erhebliches öffentliches Interesse für

45 Theodore Low de Vinne: A Treatise on Title-Pages (Anm. 7). Zuerst veröffentlicht 1901 in limitierter Auflage für die Mitglieder des Grolier Clubs, New York; hier erweitert und an die Bedürfnisse des praktischen Druckers angepasst.

46 »De Vinnes Title-Pages [...] ist das früheste mir bekannte Buch, das typografische Titelanlagen sowohl unter historischen (de Vinne war ein Kenner der Druckgeschichte), als auch vergleichenden und ästhetischen Kriterien untersucht und illustriert. De Vinne war kein Genie, [...] aber er verkörpert den konventionellen guten Geschmack seiner Zeit«. Ruari McLean: How Typography Happens. London: The British Library 2000, S. 23. Meine Übersetzung; RdJ.

47 Charles Jacobi: Some Notes on Books and Printing. 3. Aufl. London: Charles Whittingham 1912. Um möglichen Fragen vorzubeugen, sei angemerkt, dass Jacobi zur Titelseite nur wenig zu sagen hat: »Titelseiten sollten aus Majuskeln derselben Schriftfamilie gesetzt sein, die auch im Innenteil Verwendung findet, und bei ihrer Gestaltung sollten möglichst wenige Schriftgrade eingesetzt werden« (ebd., S. 33. Meine Übersetzung; RdJ).

48 »Dieses Experiment, ausgehend vom Titelblatt eines seiner lehrreichen Bücher, wurde gekonnt durchgeführt von Herrn Charles T. Jacobi von der Chiswick Press in London, England, zur Unterrichtung seiner Schüler an einer berufsbildenden Schule sowie auch zu seinem eigenen Vergnügen. Die vollständige Serie ist niemals publiziert worden, aber mit seiner Erlaubnis werden hier zehn dieser Titelblätter [...] als Ausweis von Geschicklichkeit und Einfallsreichtum präsentiert, die es verdient haben, studiert zu werden« (Theodore Low de Vinne: A Treatise on Title-Pages (Anm. 7), S. 450. Meine Übersetzung; RdJ).

49 Vgl. hierzu John Ruskin: The Elements of Drawing. In Three Letters to Beginners. London: Smith, Elder & Co. 1857.

den Buchdruck. William Morris' Kelmscott Press (1890) beeinflusst den Buchdruck in Europa und in den Vereinigten Staaten in erheblichem Maße und wird so zum wichtigen Vorläufer der Pressendruckbewegung in Kontinentaleuropa. Das neu erwachte Interesse an der Form des gedruckten Buches findet seinen Ausdruck zum Beispiel in der Gründung des Deutschen Buchgewerbe Museums in Leipzig 1884 und lässt sich weiterverfolgen bis zur Internationalen Ausstellung für Buchgewerbe und Grafik Bugra in Leipzig 1914. Über zwei Millionen Besucher sehen diese als Weltausstellung angelegte Leistungsschau des grafischen Gewerbes, bevor die Messe wegen des Kriegsausbruchs in Europa vorzeitig schließen muss.[50]

Wenn die Zeichnung – nicht nur im typografischem Entwurf – an Boden gewinnt (und mit ihr die Systematisierung des Entwurfsprozesses), sind die Möglichkeiten für das Studium (nach Harpel) mustergültiger typografischer Drucke zunächst noch rar. Harpels *Typograph* dürfte nicht wegen seines Textes, sondern wegen der zahlreichen farbigen und äußerst aufwändigen Satzproben so einflussreich gewesen sein. Wo sonst kann ein Setzer jenseits der Zentren der Buchkunst und der großen Bibliotheken einen Eindruck von Formfreude und Leistungsfähigkeit des (Buch-)Drucks gewinnen? Initiativen wie *The International Printer's Exchange*[51] (1860–1888) vermitteln einen Eindruck von den Schwierigkeiten. Das Prinzip der *Printer's Exchange* beruht darauf, dass führende Drucker eine Teilauflage besonders gelungener Arbeiten der eigenen Offizin zur Verfügung stellen und im Gegenzug dafür die Berechtigung zum Bezug eines Albums mit einer Vielzahl von Arbeitsproben führender Drucker aus Europa und den Vereinigten Staaten erhalten. Dieser aufwändige Austausch von Arbeitsproben bleibt alternativlos, bis sich nach 1900 der Foto-Halbtonrasterdruck im Hochdruck etabliert und immer preiswerter wird. Nun erst können illustrierte Jahrbücher, Magazine und Journale mühelos und zu vertretbaren Kosten einen visuellen Eindruck von der Produktion anderer Länder vermitteln.

4 Das 20. Jahrhundert: Die Akademisierung von Typografie und Buchgestaltung

Bald steht Setzern und interessierten Laien gleichermaßen eine Auswahl an Bildbänden zur Verfügung, die fotografische Reproduktionen von Seiten (darunter überproportional viele Titelseiten[52]) historischer und zeitgenössischer Bücher zeigen. Monumental ist die

50 Vgl. Lothar Poethe: Jahrmarkt, Fachausstellung, Innovation und Nostalgie – eine Weltkulturschau. In: Ernst Fischer/Stephanie Jacobs (Hg.): Die Welt in Leipzig. Bugra 1914. Hamburg: Maximilian Gesellschaft 2014, S. 179–198, hier S. 194.

51 Vgl. hierzu Matthew McLennan Young: The Rise and Fall of the Printers' International Specimen Exchange. New Castle DE: Oak Knoll 2012.

52 »Seit dem Ende der Inkunabelzeit ist die Titelseite ein bedeutendes typografisches Merkmal des Buches. Nicht nur bietet sie sich an für Kunstfertigkeit und Vielfalt in der typografischen Gestaltung, sondern sie spiegelt auch die typografische Qualität des gesamten Buches« (Oliver Simon: Introduction to Typography. London: Faber and Faber 1947, S. 60. Meine Übersetzung; RdJ).

Folioausgabe von Stanley Morison's *Four Centuries of Fine Printing* von 1924 mit über sechshundert Lichtdrucktafeln. Die zweite Ausgabe im Octavformat hat immerhin noch zweihundert Beispielseiten von Büchern zwischen 1465 und 1924,[53] während A. F. Johnson nur die titelgebenden »One Hundred Title-Pages« zeigt.[54] Aus dem Rahmen fallen die beiden Sammlungen *Pages from Books*:[55] Keines der beiden Bücher zeigt auch nur eine einzige Titelseite. Dennoch stehen sie exemplarisch für eine neue Entwicklung auf dem Gebiet der typografischen Fachliteratur. Denn in der ersten Jahrhunderthälfte werden die Unternehmenspublikationen der Satzmaschinenhersteller (die gleichzeitig auch die Schriften für den Buch- und Zeitungssatz stellen) zu wichtigen Informations- und Inspirationsquellen. Schriftmuster, instruktive Handbücher und Beispielsammlungen finden sich unter den Publikationen der wichtigsten Anbieter, allen voran Monotype und Linotype.[56]

Nach den Exzessen des ausgehenden 19. Jahrhunderts werden die Titel wieder schlichter.

> Die Titelseite vermittelt dem Leser einen Eindruck vom Wert des gesamten Werkes. [...] Primäres Ziel ist es, dass die drei wesentlichen Informationen sofort ins Auge fallen: der Titel des Buches, der Name des Autors und der Verlag. [...] Die Titelseite sollte möglichst wenig weitere Informationen umfassen. [...] Die Verwendung unterschiedlicher Schriftfamilien ist beinahe immer schlecht und Erfolg damit hat höchstens gelegentlich ein Genie.[57]

Diese Ansicht teilt Oliver Simon: »Im Laufe dieses Jahrhunderts sind Titelblätter sowohl in ihrer Gestaltung als auch in der Wortwahl deutlich einfacher geworden.«[58] Den Grund dafür nennt er auch: »Auffällige und dekorative Akzente scheinen sich nunmehr auf dem Schutzumschlag zu konzentrieren, der als Werbemittel und als unmittelbarer Blickfang für Buchhändler und Buchkäufer eine weitaus größere Bedeutung erlangt hat als je zuvor.«[59] Fraglich bleibt, ob sich in der ablehnenden Haltung gegenüber Schriftmischung

53 Stanley Morison: Four Centuries of Fine Printing. 2. Aufl. London: Ernest Benn Limited 1949. Zwischen beiden Ausgaben liegt Stanley Morison: The Art of the Printer. 250 Title & Text Pages Selected from Books Composed in the Roman Letter Printed from 1500 to 1900. London: Ernest Benn Limited 1925. Erweiterte Neuausgabe Stanley Morison: The Typographic Book 1450–1935. London: Ernest Benn Limited1963.

54 One Hundred Title-Pages 1500–1800. Hg., eingeführt und mit Anmerkungen versehen von A. F. Johnson. London: John Lane the Bodley Head Limited 1928.

55 Vgl. Gerard T. Meynell: Pages from Books. London: The Lanston Monotpe Corporation 1927. 1931 erscheint ein zweiter Band.

56 Vgl. zum Beispiel The Manual of Linotype Typography. Brooklyn: Mergenthaler Linotype Company 1923. Bemerkenswert ist der aufwändig produzierte, inhaltlich wie ästhetisch anspruchsvolle *Monotype Recorder* als periodisch erscheinende Druckschrift; eher technisch kommt *The L & M News. A Monthly Journal Primarily Devoted to L & M Machinery and its Uses* der britischen Linotype daher.

57 The Manual of Linotype Typography (Anm. 56), S. xiv. Meine Übersetzung; RdJ.

58 Oliver Simon: Introduction to Typography (Anm. 52), S. 60. Meine Übersetzung; RdJ.

59 Ähnlich äußert sich Huib van Krimpen: Boek over het maken van boeken. Arnhem: Van Loghum Slaterus 1966, S. 305. Meine Übersetzung; RdJ: »Nichtsdestotrotz ist der Titel in diesem Jahrhundert viel nüchterner geworden, was zweifelsohne eine Folge des verbreiteten Gebrauchs des Schutzumschlags ist, der in mancherlei Hinsicht die Funktion des Titels übernommen hat.«

und Schmuck auf der Titelseite ästhetischer Purismus äußert, oder ob sie den technischen Beschränkungen der Satzsysteme geschuldet ist.

Im typografischen Gewerbe trennen sich die Wege der technisch-ausführenden und der gestalterisch-planenden Tätigkeitsfelder endgültig. Beatrice Warde schreibt dazu: »Über einen Zeitraum von fünf Jahrhunderten wurde in der Satzstube vermittelt, *wie* man etwas macht, und möglichst wenig darüber nachgedacht, *warum* man es so und nicht anders macht.«[60] Die Fragen ›Wie?‹ und ›Warum?‹ markieren vielleicht die Sollbruchstelle zwischen Typografie als Handwerk und als gestaltender Disziplin. In der zweiten Hälfte des 19. Jahrhunderts[61] beginnt die Institutionalisierung der Ausbildung in typografischer Gestaltung. An die Stelle der Satzstube treten Lehrwerkstatt und Seminarraum. Doch zunächst treffen an schulischen Bildungsstätten im weitesten Sinne (in berufsvorbereitenden bzw. berufsbegleitenden Kursen in Vollzeit, Teilzeit oder als Abendunterricht) angehende Handwerker, Kunsthandwerker und Künstler noch aufeinander.[62] In London etwa bietet J. H. Mason an der 1896 gegründeten Central School of Arts and Crafts ab 1905 Abendkurse in typografischer Gestaltung an.[63] Rückblickend schreibt er 1935 über seine Arbeit:

> Zunächst war mein Ziel im weitesten Sinne pädagogischer Natur [...] Zweitens (oder eigentlich gleichzeitig) wollte ich [dem Schüler; RdJ] die Liebe und Freude an diesem Handwerk vermitteln. [...] Zu allem Überfluss wollte ich auch noch seinen Sinn für Design fördern und ihm die intensive Freude und sogar Nervenkitzel vermitteln, die entstehen, wenn sich die Gestaltungsfähigkeit weiterentwickelt und in die Umsetzung mündet [...].[64]

Die Durchlässigkeit zwischen berufspraktisch-handwerklichen und künstlerisch-wissenschaftlichen Bildungswegen endet nach dem Zweiten Weltkrieg mit der Akademisierung der gestalterischen Ausbildung, die zunächst an den Kunsthandwerkerschulen und Fachhochschulen, später auch an Kunsthochschulen und Universitäten angesiedelt wird. Da die Vermittlung der praktischen Grundlagen nun organisiert ist, können sich neue Lehrbücher verstärkt theoretischen Fragestellungen widmen: ›Was ist Originalität und wie entstehen Ideen?‹

60 Beatrice Warde: Artists and Craftsmen. In: Dies.: The Chrystal Goblet. Hg. von Henry Jacob. Cleveland/New York: The World Pblishing Company 1956, S. 93–114, hier S. 99. Meine Übersetzung; RdJ.

61 Den Anfang machen in Deutschland die Provinzial-Kunst- und Gewebeschule in Königsberg 1790 bzw. die Königliche Kunst- und Gewerbeschule in Breslau 1791. Erst in der zweiten Jahrhunderthälfte erfolgen zahlreiche Neugründungen im gesamten Reichsgebiet.

62 »Man muss bedenken, dass zu dieser Zeit (1896) die durchschnittliche Kunstschule eine laienhafte Veranstaltung ohne berufspraktischen Schwerpunkt in Unterricht oder Ausrichtung war« (Leslie Owens: J. H. Mason 1875–1951. Scholar-Printer. London: Frederick Muller Limited 1976, S. 42. Meine Übersetzung; RdJ).

63 Vgl. hierzu das iii. Kapitel »At the Central School of Arts and Crafts« (ebd., S. 40–72). Noch etwas älter ist die 1894 gegründete St. Bride Foundation in London. Sie wird nicht nur als Schule für die grafischen Fächer mit dem Ziel der praktischen Unterrichtung errichtet, die dazugehörende 1895 eröffnete St. Bride Library (früher bekannt als St. Bride Printing Library bzw. St. Bride Typographical Library) dient auch der theoretischen Bildung bzw. der visuellen Veranschaulichung.

64 Leslie Owens: J. H. Mason (Anm. 62), S. 45. Meine Übersetzung; RdJ.

Erste tastende Antworten bietet Alfred Tolmer:

> Gedanken, Träume und Erinnerungen, hervorgerufen und erweckt von Alltagsgegenständen, Landschaften und Bauwerken, die wir mit dem Auge sehen, erzeugen einen inneren Wiederhall [von quasiliterarischer Intensität; RdJ]. Diese Mischung aus realem und imaginiertem Leben, Gegenwart und Vergangenheit, Möglichem und Unmöglichem, konnte man bisher nur in surrealistischer Poesie und im cinematografischen Film zum Ausdruck bringen. Heute ist es die mächtige Triebkraft des Layouts.[65]

Paul Rand's Klassiker *Thoughts on Design* nimmt typografische Gestaltung nicht länger als technische Herausforderung war, sondern als Teil einer größeren intellektuellen Anstrengung:

> Dass ein Designer für ein erfolgreiches Layout einfach die ihm zur Verfügung gestellten Materialien ansprechend arrangieren müsse, ist eine Fehlannahme. Damit wird im Grunde das Pferd von hinten aufgezäumt, denn das Arrangement oder das Layout ist fast immer eine Wirkung und nicht die Ursache.[66]

Was hat all das mit der Titelgestaltung nach 1950 zu tun? Während sich das Kommunikationsdesign der Umschlaggestaltung annimmt, bleibt dem Setzer (und später dem Mediengestalter) die Verantwortung für den Buchblock. Ernst genommen wird nur der Umschlag, der als relevant für den Verkaufserfolg angesehen wird. Häufig sind auch innerhalb des Verlags die Zuständigkeiten geteilt: Der Umschlag wird von der Marketingabteilung verantwortet, die Innengestaltung von der Herstellung. So kommt es, dass Umschlag und Innenleben weitestgehend unabhängig voneinander geplant und umgesetzt werden: Die Einheit von Buchblock, Einband und Umschlag in der buchkünstlerischen Durcharbeitung ist Vergangenheit, die alte buchgestalterische Maxime, nach der Bücher von innen nach außen gestaltet werden, gilt nicht mehr. Mitunter verkehren sich die Dinge sogar ins Gegenteil: Dann wird das Schriftbild des Schutzumschlags für den Einband übernommen und gegebenenfalls auch noch auf dem Haupttitel wiederholt. Das Ergebnis wird in der Regel befremdlich anmuten und der Brückenschlag in den Textteil hinein kann kaum gelingen.

In neueren Fach- und Lehrbüchern wird die Titelgestaltung nur noch selten überhaupt thematisiert. Gelehrt werden stattdessen vorwiegend Techniken und Methoden mit einem klaren Schwerpunkt auf experimentellen Formen des Umgangs mit Schrift. Insofern überhaupt einzelne Medien behandelt werden, spielt das Buch bzw. die Vermittlung von Traditionen und Konventionen der Buchtypografie keine große Rolle. Wo die Vermittlung von Regeln und Gesetzmäßigkeiten an Bedeutung abnimmt, da ersetzen zahlreiche und mühelos verfügbare Beispieltitel jede längere textliche Ausführung.[67] Eine Ausnahme ist Hans Peter

65 Alfred Tolmer: Mise en Page. The Theory and Practice of Lay-Out. London/New York: The Studio 1931. Meine Übersetzung: RdJ.

66 Paul Rand: Thoughts on Design. New York: Wittenborn and Company 1947. Meine Übersetzung; RdJ.

67 Vgl. zum Beispiel Jost Hochuli/Robin Kinross: Bücher machen: Theorie und Praxis. St. Gallen: VGS 1996, S. 88: »[H]ier, auf dem Titelblatt, zeigt sich der Gestalter. Im Innern eines Buches kann man sich, wenn die Gestaltungskraft versagt, an bewährte Regeln halten [...]; für die Titelseite jedoch gilt lediglich die Forderung, daß sie sich den Gestaltungsprinzipien des ganzen Buches zu unterziehen

Willbergs *Lesetypographie*, die ausgehend vom Buch eine Systematik der Lesearten entwickelt.[68] Doch auch hier hat sich eine Mischung aus knappen Texten und umfangreicher Bebilderung durchgesetzt.

Typografie als Teildisziplin des Grafikdesigns bzw. der Visuellen Kommunikation geht beinahe vollständig in der visuellen Kultur des späten 20. Jahrhunderts auf. Das Buch büßt seine Rolle als kulturelles Leitmedium ein, die literarischen Verlage sinken in die wirtschaftliche Bedeutungslosigkeit und verlieren als Arbeitgeber ihre Attraktivität. Und die Titelgestaltung? Die spielt nicht einmal im Laden noch eine Rolle. Das eingeschweißte Buch verkauft sich über die Kombination aus Frontalpräsentation und Rückentext. Wegen der großen Bedeutung digitaler Absatzwege – sei es als eBook, Hörbuch oder konventionell gedrucktes Buch – verliert nicht nur die Titelseite weiter an Bedeutung, auch ist die Umschlaggestaltung zunehmend nicht mehr an der Wirkung des physischen Buchobjektes im Ladengeschäft ausgerichtet, sondern an der briefmarkengroßen Abbildung auf den Webseiten. Überhaupt werden in jüngster Zeit Bücher mit Bestsellerpotenzial immer häufiger wie globale Markenprodukte behandelt. Die Umschlagabbildung, im Marketing-Jargon das ›Key-Visual‹, wird dann möglichst weltweit für alle Übersetzungen beibehalten. Komplexität, Mehrdeutigkeit und subtile Anspielungen (die sich häufig nicht über Sprachraumgrenzen hinweg vermitteln) sind hier eher hinderlich. Gestaltung reduziert sich auf einen knappen Titel, ein möglichst eindeutiges Foto oder eine Illustration mit starken Kontrasten. In der *Süddeutschen Zeitung* ist dazu zu lesen:

> Ein knallig kurzes Wort, ein berühmter Autor oder eine Autorin und ein tolles Foto – das sollte schon reichen in einer Zeit, da die Menschen kaum noch einen Satz herausbekommen, geschweige denn einen so langen Text wie diesen hier durchhalten. Und ist gerade Hoffnung nicht genau das, was wir im Moment brauchen?[69]

habe.« Ähnlich knapp: Albert Kapr/Walter Schiller: Gestalt und Funktion der Typografie. Leipzig: VEB 1983, im Kapitel »Buchtypografie«, S. 336–347, hier S. 338: »[M]it dem Haupttitel müßte dann die Grundmelodie erkennbar werden, die sich abwandelnd durch das ganze Werk zieht.«

68 Vgl. Hans Peter Willberg/Friedrich Forssman: Lesetypographie. Mainz: Schmidt 1997.

69 Martin Zips: Ein Mann, ein Buch. Titel von Autobiografien. In: Süddeutsche Zeitung, Nr. 9 (12. Januar 2025), S. 10.

(Ent)Täuschende Titel
Grenzen und Lizenzen peritextueller Irreführung

Nora Ramtke

Der Beitrag diskutiert in einer Verbindung aus juristischen, literatur- und buchgeschichtlichen Perspektiven Praktiken der peritextuellen Irreführung. Vor der Verrechtlichung des Literatursystems hatte die Kritik an täuschenden Titeln ihren Kontext im gelehrten Betrugsdiskurs und wurde mit der Erhöhung der Buchproduktion im 18. Jahrhundert in Zusammenhang gebracht. Auf der anderen Seite stellten irreführende Titelpraktiken eine spezifische Möglichkeitsbedingung literarisch-kritischer Kommunikation dar, die eng mit anonymen Publikationspraktiken verbunden war. Heutzutage, wo Werktitel durch § 15 des Markengesetzes geschützt sind, gelten Auseinandersetzungen um Titel meist ökonomischen Interessen.

The article discusses practices of peritextual deception from a combined legal, literary, and book-historical perspective. Before the juridification of the literary system, criticism of deceptive titles was situated within the discourse on scholarly fraud and was linked to the expansion of book production in the eighteenth century. At the same time, misleading title practices constituted a specific precondition for literary-critical communication, closely connected to anonymous publication practices. Today, with work titles protected under § 15 of the German Trademark Act, disputes over titles are primarily driven by economic interests.

Ist das Titelblatt die ›Adresse‹ eines gedruckten Buchs, so ist der Titel sein ›Name‹. Er dient nach Genette dazu, ein Buch »zu benennen, das heißt, es so genau und unmißverständlich wie möglich zu bezeichnen«, womit die Probleme – das gibt auch Genette zu – gleich anfangen.[1] Denn das Benennen schließt zwei unterschiedliche Handlungen mit ein, die »Wahl eines Namens«, um ein Werk zu ›taufen‹, und die Verwendung eines Namens zum Zwecke der Identifikation. Beides lässt Raum für Mehrdeutigkeiten, Missverständnisse, Täuschungen, und zwar potenziell in zweierlei Hinsicht. Stimmt der Inhalt eines Werks nicht mit dem überein, was ein Titel zu versprechen scheint, berührt das die deskriptive Titelfunktion, wenn ein Titel hingegen nicht das Werk bezeichnet, das er zu bezeichnen scheint, läuft seine Identifizierungsfunktion ins Leere.

Täuschende Titel stellen ein Problem dar für alle, denen an einer eindeutigen Adressierung von Informationen gelegen ist. Bibliothekare, Bibliographen, Rezensenten, Editoren, Verleger, Buchhändler, Zensoren und Zitierende, Autoren und Rechteinhaber, sie alle haben ein Interesse daran, Werke eindeutig über ihren Titel zu identifizieren. Doch auch die anderen – (ent)täuschende Titel, die nicht halten, was sie versprechen, etwas anderes

1 Gérard Genette: Paratexte. Das Buch vom Beiwerk des Buches. Mit einem Vorwort von Harald Weinrich. Aus dem Französischen von Dieter Hornig. Frankfurt am Main: Suhrkamp 2001, S. 81; vgl. ebd. das Kapitel ›Titel‹, S. 58–102. Zur Vorstellung des Titelblatts als ›Adresse‹ vgl. Michael Giesecke: Der Buchdruck in der frühen Neuzeit. Eine historische Fallstudie über die Durchsetzung neuer Informations- und Kommunikationstechnologien. Frankfurt am Main: Suhrkamp 1998, S. 420–425.

enthalten oder von denen man nicht weiß, was man von ihnen halten soll – bieten Anlass zu grundsätzlicheren Verunsicherungen, denn sie berühren die Frage, was und wie man lesen soll. Diese Frage zu moderieren und zugleich die Risiken falscher Adressierung zu mitigieren, dient nach Genette der Paratext. Er stellt eine »Schwelle« dar, eine »Möglichkeit zum Eintreten oder Umkehren«, ohne doch selbst eine feste Grenze zu haben oder zu sein.[2] Geradezu als Parodie *avant la lettre* auf diese Schwellenmetaphorik liest sich die kolportierte oder wahrscheinlich eher erfundene Anekdote eines »Sonderling[s]«, der sich einem geordneten Übergang verweigert:

> Es war einmal ein Sonderling, der ließ sich ein schönes Haus bauen; alle Theile desselben waren gut eingerichtet, aber er verbot schlechterdings eine Hausthür oder irgend einen Eingang anzubringen. Er selbst und alle die zu ihm kamen mußten auf Leitern zu den Fenstern ein- und wieder hinaus steigen. [...] Ist denn nun wohl der Unterschied zwischen einem Haus ohne Thür, und einem Buch ohne Titel, oder mit einem unverständlichen, folglich unbrauchbaren Titel, so gar groß?[3]

Täuschende Titel, so könnte man sagen, stellen sich manchmal als irreführende Adresse, manchmal als abwegiger Zugang heraus.

1 Winnetous Rückkehr: Markenrechtlicher und urheberrechtlicher Werktitelschutz

Die moderne Gesetzgebung stellt Instrumente bereit, um täuschende Titel einzuhegen und der ›Unmissverständlichkeit‹ zu ihrem Recht zu verhelfen. Freilich muss auch hier im Einzelfall ausgefochten werden, welcher Titel welches Werk bezeichnen darf und wo die Grenze zur Täuschung verläuft. Das zeigt *Winnetous Rückkehr*, die im Jahr 1998 das ZDF feierte. Eigentlich war er längst tot: Sowohl die Karl-May-Verfilmungen der 1960er Jahre enden mit dem Tod des Häuptlings der Apachen als auch Karl Mays 1898 erschienene Trilogie; auch in den zuvor veröffentlichten verschiedenen Zeitschriftenfassungen wird schon gestorben. Trieb schon zeitgenössisch Karl Mays Leserinnen und Leser die Frage um, in welchem Alter und wann Winnetou genau gestorben sei, so brachte der überwältigende popkulturelle und kommerzielle Erfolg der späteren Verfilmungen der Rialto-Film GmbH in den 1960er Jahren das Problem mit sich, dass der Tod der Hauptfigur als handlungslogisch unhintergehbares Ende einer möglichen Fortsetzung entgegensteht – und die lag sowohl im Interesse der Produzenten als auch im Interesse des Publikums.[4] Der Wunsch nach einem

2 Vgl. Gérard Genette: Paratexte (Anm. 1), S. 10.

3 [Johann Gabriel Bernhard Büschel]: Ueber die Charlatanerie der Gelehrten seit Menken. Leipzig: Büschels Wittwe 1791, S. 75.

4 Vgl. Wilhelm Brauneder: Wann starb Winnetou eigentlich? In: Mitteilungen der Karl-May-Gesellschaft 120 (1999), S. 48–51. Eine Analyse der Sterbeszenen legt Ulrich Scheinhammer-Schmid vor: »Wenn ich sterbe, werden Millionen Taschentücher naß«. Winnetous Tod im Erzähltext und im Film. In: Helmut Schmiedt/Dieter Vorsteher (Hg): Karl May. Werk – Rezeption – Aktualität. Würzburg: Königshausen & Neumann 2009, S. 188–201.

Aufschub des unvermeidlichen Endes fand 1965 ihren Ausdruck in einer regelrechten Kampagne der Jugendzeitschrift *Bravo*, die mit Postern, Interviews, Star-Schnitten und Mustern für Indianer-Kostüme an der Winnetou-Welle partizipiert und die Figur und ihren Darsteller Pierre Brice als Star mit aufgebaut hatte. Unter der Überschrift »Laßt Winnetou nicht sterben!« druckte die *Bravo* Zuschriften ihrer verzweifelten jugendlichen Leser und Leserinnen ab, doch natürlich stürzt sich der edle Held dennoch vor die tödliche Kugel, um seinen Blutsbruder Old Shatterhand das Leben zu retten. *Winnetou Teil 3* feierte am 14. Oktober 1965 Premiere, die Dreharbeiten für den nächsten Film waren da längst im Gange. *Old Surehand 1. Teil* kam noch im selben Jahr ins Kino und ist ein Beispiel dafür, dass der Tod einer Hauptfigur keineswegs zwangsläufig das Ende ihrer seriellen Verwertung bedeutet.

Für *Winnetous Rückkehr* im und durch den ZDF-Zweiteiler greifen die Drehbuchschreiber dagegen tief in die erzähltechnische Trickkiste und lassen Winnetou buchstäblich wieder auferstehen: Der scheinbar tote Häuptling war nur verletzt und lebte, nachdem er von einem Medizinmann gesund gepflegt worden war, als Einsiedler in den Bergen. Mit dieser narrativen Wendung – die von Rinaldo Rinaldini bis Sherlock Holmes nicht ohne Vorbilder ist – schließt die freie Fortsetzung genau wie ihr rekursiver Titel direkt an das Ende von *Winnetou III* an. Dieser Titel, *Winnetous Rückkehr*, führte zu einem komplizierten Rechtsstreit, der bis zum Bundesverfassungsgericht ging und in dessen Zentrum die Frage nach der werkunterscheidenden Funktion von Titeln steht. Der Karl-May-Verlag hatte die Produktionsfirma Ziegler Film GmbH & Co. KG verklagt, da er seine Titelrechte an den von ihm verlegten Winnetou-Romanen verletzt sah. Konkret ging es darum, ob der Titel eines Werkes weiterhin rechtlich geschützt sein kann, auch wenn das Werk selbst inzwischen gemeinfrei ist.[5]

Bekanntschaft mit dem seit Jahrzehnten »stets eifersüchtig auch auf die juristische Verteidigung seines Verkaufsmonopols bedacht[en]« Karl-May-Verlag musste auch RTL machen.[6] Der Sender plante 2015 eine Neuverfilmung der Winnetou-Geschichten durch die Rat Pack Filmproduktion (in Co-Produktion mit Rialto Film und weiteren) und wollte dafür die bekannten Buch- bzw. Filmtitel nutzen. Hatten schon die Verfilmungen der 1960er Jahre die Romanvorlagen für ihre Zwecke angepasst, so lehnen sich die Drehbücher der dreiteiligen RTL-Produktion *Winnetou – Der Mythos lebt* höchstens noch lose an Karl Mays Romane an. Das erwies sich in rechtlicher Hinsicht als Problem, denn auch hier machte der Karl-May-Verlag seine Titelrechte geltend.

5 BGH Urteil vom 23.1.2003, Az. I ZR 171/00 – Winnetous Rückkehr.

6 Jürgen Wehnert: Zur abenteuerlichen Textgeschichte Karl Mays. In: Helmut Schmiedt (Hg.): Karl May. Frankfurt am Main: Suhrkamp 1983, S. 310–336, hier S. 325. Schon vor und mit Auslaufen der urheberrechtlichen Schutzfrist nach 1962 versuchte der Karl-May-Verlag durch eine aggressive Ausgaben- und Lizenzpolitik seine Marktanteile zu erhalten, vgl. ebd. S. 324–325 sowie die Fn. 55. Zum Karl-May-Verlag vgl. zudem Jürgen Wehnert: Der Karl-May-Verlag. In: Gert Ueding (Hg.): Karl-May-Handbuch. 2. erweiterte und bearbeitete Aufl. Würzburg: Königshausen & Neumann 2001, S. 554–558.

Werktitel sind heutzutage nach deutscher Rechtslage als eine Form der geschäftlichen Bezeichnung geschützt. Dieser rechtliche Schutz ergibt sich aus § 5 Abs. 1 des Markengesetzes: »Als geschäftliche Bezeichnungen werden Unternehmenskennzeichen und Werktitel geschützt.« Das Recht schützt also Werktitel als »die Namen oder besonderen Bezeichnungen von Druckschriften, Filmwerken, Tonwerken, Bühnenwerken oder sonstigen vergleichbaren Werken« (§ 5 Abs. 3 MarkenG). Die Namensfunktion des Werktitels dient dazu, ein Werk von anderen Werken unterscheidbar zu machen. Um Titelschutz zu genießen, muss ein Werktitel Unterscheidungskraft besitzen, das heißt er muss geeignet sein, ein Werk sicher von anderen zu unterscheiden: »Titelschutz entsteht originär dann, wenn der betreffende Titel ein Mindestmaß an Individualität aufweist, das dem Verkehr die Unterscheidung des mit diesem Titel versehenen Werks von anderen Werken gleicher oder ähnlicher Art erlaubt«.[7]

Der kennzeichenrechtliche Werktitelschutz und der urheberrechtliche Werkschutz sind dabei rechtlich gesehen zwei verschiedene Paar Schuhe: Das Urheberrecht begründet sich im Akt der Werkschaffung, es ist an die Person des Urhebers gebunden und erlischt 70 Jahre nach dessen Tod (§§ 64ff. UrhG). Dann ist das Werk gemeinfrei. Im Fall von Karl May griff sogar noch die kürzere Schutzfrist von 50 Jahren: 1963 war der urheberrechtliche Schutz der Werke des 1912 verstorbenen Autors ausgelaufen, Winnetou wurde gemeinfrei. Auf den Titel eines Werks erstreckt sich das Urheberrecht allerdings nicht, obwohl es grundsätzlich denkbar ist, dass auch ein Werktitel urheberrechtliche Schutzfähigkeit erreicht. Die entscheidende Voraussetzung dafür ist jedoch, dass der Titel selbst eine individuelle geistige Schöpfung nach § 2 Abs. 2 UrhG darstellt, in der die Persönlichkeit des Urhebers zum Ausdruck kommt, was angesichts der Kürze der meisten Werktitel meistens nicht der Fall sein dürfte.[8]

Unabhängig davon, ob ein Werktitel die erforderliche Schöpfungshöhe erreicht, um urheberrechtlich schutzfähig zu sein, entsteht der kennzeichenrechtliche Werktitelschutz nach dem Markenschutzgesetz durch den Verkehr, also mit der Ingebrauchnahme bei Erscheinen eines Werks: »Der Schutz des Werktitels entsteht [...] durch die schlichte Aufnahme der Benutzung des Titels«, kann aber darüber hinaus in das Register des Deutschen Patent- und Markenamts eingetragen werden.[9] Durch eine Titelschutzanzeige – eine öffentliche Ankündigung eines Werks unter seinem geplanten Titel – kann der Zeitpunkt der tatsächlichen Ingebrauchnahme eines Titels innerhalb einer angemessenen Frist vorverlegt werden. Solche Titelschutzanzeigen, die etwa im *Börsenblatt des deutschen Buchhandels* oder in der darauf spezialisierten Zeitschrift *Der Titelschutzanzeiger* publiziert werden, dienen der Minimierung des wirtschaftlichen Risikos, dass jemand anderes einen gleichen oder ähnlichen

7 Alexander R. Klett: Urheber- und wettbewerbsrechtlicher Werktitelschutz. In: Artur-Axel Wandtke (Hg.): Medienrecht Praxishandbuch, Bd. 3: Wettbewerbs- und Werberecht. 2. Aufl. Berlin/Boston: de Gruyter 2011, S. 379–397, hier S. 387, Rn 34; vgl. § 8 Abs. 2 MarkenG: »Von der Eintragung ausgeschlossen sind Marken, denen für die Waren oder Dienstleistungen jegliche Unterscheidungskraft fehlt«,

8 Alexander R. Klett: Urheber- und wettbewerbsrechtlicher Werktitelschutz (Anm. 7), S. 396, Rn 70.

9 Ebd., S. 380, Rn 3.

Werktitel kurz vor einer geplanten Veröffentlichung nutzt.[10] Anders als das Urheberrecht, das an die Person des Urhebers gebunden ist und daher nach dessen Tod, bzw. nach der Schutzfrist von 70 Jahren zugunsten der Erben erlischt, gilt dieser kennzeichenrechtliche Werktitelschutz so lange, wie ein Titel im geschäftlichen Verkehr genutzt wird: Ist ein Werk noch lieferbar oder wird es regelmäßig neu aufgelegt, so bleibt der Titel geschützt.

Mit Blick auf die Frage nach täuschenden Titeln ist zudem insbesondere § 15 MarkenG relevant, wonach es untersagt ist, Werktitel »im geschäftlichen Verkehr unbefugt in einer Weise zu benutzen, die geeignet ist, Verwechslungen mit der geschützten Bezeichnung hervorzurufen« oder »die Unterscheidungskraft oder die Wertschätzung« eines Titels auszunutzen oder zu beeinträchtigen.[11] Werktitel sind damit gegen eine unmittelbare Verwechslungsgefahr geschützt, wobei im Zweifelsfall entscheidend ist, ob es tatsächlich zu einer Werkverwechslung kommen könnte.

Bezogen auf die von ZDF und RTL angestrengten Versuche, Winnetou zurück auf den Bildschirm zu holen, heißt das: Die Rechtmäßigkeit einer Bearbeitung der Werke Karl Mays – sei es als Neuauflage, Neuverfilmung, Adaption oder narrative Fortsetzung der fiktionalen Handlung – steht angesichts ihrer Gemeinfreiheit grundsätzlich außer Frage, wie auch schon im Falle der Winnetou-Verfilmungen der 1960er Jahre. Dieses Recht bezieht sich allerdings nicht auf die freie Nutzung der Titel. Zwar steht es jedem frei, diese für eine Neuauflage der gemeinfreien Werke zu nutzen, nicht aber für neue, andere Werke, da der Anspruch des Karl-May-Verlags auf Titelschutz unabhängig von der Gemeinfreiheit der Werke Karl Mays besteht.[12] Der Bundesgerichtshof, vor den der Fall *Winnetous Rückkehr* gegangen ist, unterscheidet in seiner Urteilsbegründung vom 23. Januar 2003 zwischen dem urheberrechtlichen Schutz des Werkes und dem markenrechtlichen Schutz des Titels:

10 Ebd., S. 383–387, Rn 17–33. Vgl. das Titelschutz Archiv des Börsenblatts, https://www.boersenblatt.net/service/titelschutz-archiv (10. Dezember 2025); und den Titelschutz Anzeiger, www.titelschutzanzeiger.de (10. Dezember 2025).

11 Siehe § 15 MarkenG: »(2) Dritten ist es untersagt, die geschäftliche Bezeichnung oder ein ähnliches Zeichen im geschäftlichen Verkehr unbefugt in einer Weise zu benutzen, die geeignet ist, Verwechslungen mit der geschützten Bezeichnung hervorzurufen. (3) Handelt es sich bei der geschäftlichen Bezeichnung um eine im Inland bekannte geschäftliche Bezeichnung, so ist es Dritten ferner untersagt, die geschäftliche Bezeichnung oder ein ähnliches Zeichen im geschäftlichen Verkehr zu benutzen, wenn keine Gefahr von Verwechslungen im Sinne des Absatzes 2 besteht, soweit die Benutzung des Zeichens die Unterscheidungskraft oder die Wertschätzung der geschäftlichen Bezeichnung ohne rechtfertigenden Grund in unlauterer Weise ausnutzt oder beeinträchtigt.«

12 Vgl. das BGH Urteil vom 23.1.2003, Az. I ZR 171/00 – Winnetous Rückkehr: »Jedermann darf zwar Nachdrucke des gemeinfreien Werkes unter seinem Titel veröffentlichen und vertreiben. Es entfällt jedoch weder das Recht des ursprünglich Titelschutzberechtigten noch das eines sonstigen Verwenders des Titels im Zusammenhang mit dem Werk. Diese können Rechte aus dem Titel geltend machen, wenn dieser für ein neues, ein anderes Werk benutzt wird«.

> Der kennzeichenrechtliche Werktitelschutz nach §§ 5, 15 MarkenG hat auch dann weiterhin Bestand, wenn das mit dem Titel bezeichnete ursprünglich urheberrechtlich geschützte Werk gemeinfrei geworden ist; es kommt allein darauf an, ob der Titel weiterhin Unterscheidungskraft besitzt und benutzt wird.[13]

Die Frage, ob eine Verwechslungsgefahr besteht, also ob *Winnetous Rückkehr* ein täuschender Titel ist, verneint der BGH:

> Der Schutz des Rechts an einem Werktitel bestimmt sich nach dessen Funktion der bloßen Werkunterscheidung. Die gegenüberstehenden Titel stimmen hinsichtlich des Namens ›Winnetou‹ der Hauptfigur der Romane wie des Films überein. Der Verkehr, dem der Titel eine nähere Identifikation des Werks ermöglichen soll, sieht sich deshalb veranlaßt, den zusätzlichen Bezeichnungen der einzelnen Werke sein Augenmerk zu schenken, bei den Romanen der Bezifferung ›I‹, ›II‹ und ›III‹ sowie dem Zusatz ›Erben‹, beim Filmtitel dem Hinweis ›Rückkehr‹. Diese weisen untereinander keinerlei klangliche, schriftbildliche oder begriffliche Übereinstimmung auf. Bei dieser Sachlage kann eine Gefahr der Verwechslung der einander gegenüberstehenden Titel zur Identifizierung des jeweiligen Werkes nicht angenommen werden.[14]

Anders liegen die Dinge im Falle des Dreiteilers *Winnetou – Der Mythos lebt*, für die RTL die Titel *Winnetou und Old Shatterhand*, *Winnetou und der Schatz im Silbersee* und *Winnetous Tod* nutzen wollte, bei denen der Karl-May-Verlag nach wie vor Werktitelschutz geltend machen kann. Für diese Produktion untersagt das Landgericht Nürnberg-Fürth in einem Urteil vom 23. Dezember 2015 die Nutzung der Titel: Da sich der Film inhaltlich nur lose an der Romanvorlage orientiert, stelle er ein eigenes Werk dar, das nicht unter den eingeführten Titeln in Verkehr gebracht werden dürfe. Kurzum: »Zwischen den Buchtiteln der Klägerin und den Filmtiteln der Beklagten, wie sie auf den vorgelegten Drehbüchern erscheinen [...] besteht Verwechselungsgefahr«.[15] In der Folge musste RTL auf die neugeschaffenen Titel *Winnetou – Eine neue Welt*, *Winnetou – Das Geheimnis vom Silbersee* und *Winnetou – Der letzte Kampf* ausweichen. Darüber hinaus scheint es eine außergerichtliche Einigung gegeben zu haben, darauf lässt jedenfalls die Tatsache schließen, dass der Verlagschef Bernhard Schmid als Executive Producer in den Credits genannt wird (vgl. Abb. 1).

13 Ebd.

14 Ebd.

15 LG Nürnberg-Fürth, Urteil vom 23.12.2015 – 4 HKO 1164/15, https://openjur.de/u/2285951.html (10. Dezember 2025). Schon zuvor hatte der Karl-May-Verlag versucht, sich den Begriff ›Winnetou‹ selbst als sogenannte Wortmarke, also als Warenzeichen, eintragen zu lassen. Der Bundesgerichtshof hat dies 2002 mit der Begründung untersagt, dass sich der Name aufgrund der Bekanntheit der Romanfigur zum Synonym für einen rechtschaffenen Indianerhäuptling entwickelt habe und ihm daher »jede Unterscheidungskraft für Druckereierzeugnisse und Dienstleistungen im Medienbereich« fehle (BGH Urteil vom 5.12.2002, Az. I ZB 19/00). Die Sache ist dann bis zum Europäischen Gerichtshof gegangen, da der Verlag unmittelbar vor diesem Urteil sich den Namen auch als europäische Wortmarke hat eintragen lassen, vgl. Birgit Clark: Showdown! – General Court annuls the annulment of the ›Winnetou‹ trade mark. In: Journal of Intellectual Property Law & Practice 11.8 (2016), S. 574–576.

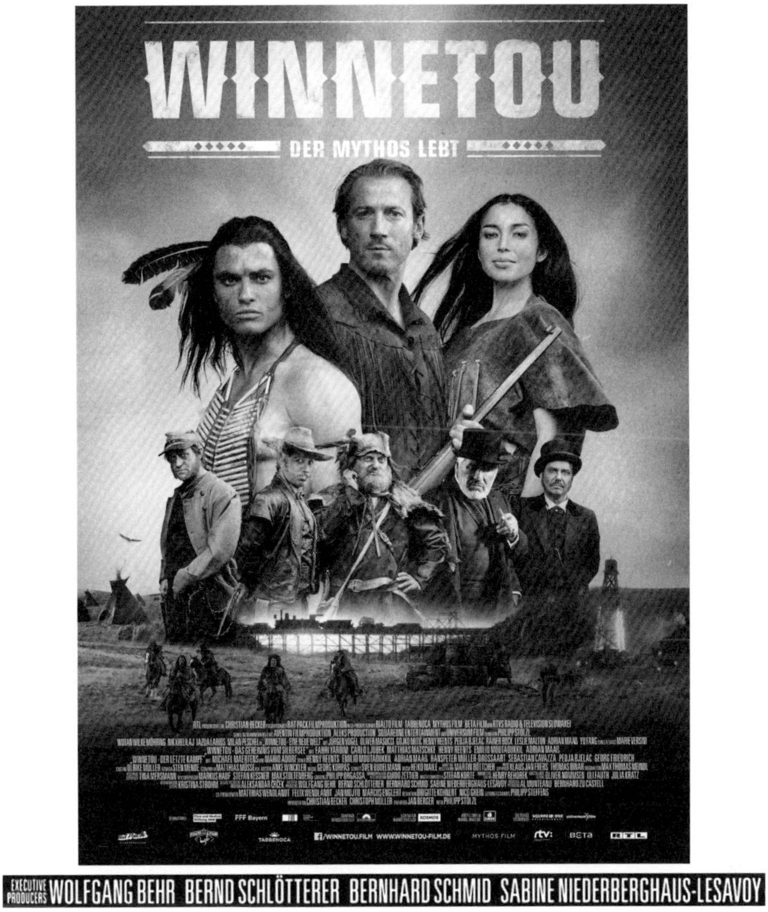

Abb. 1: Neue Titel und ein Deal[16]

Es ist kein Zufall, dass vor Gericht um jene Werktitel gestritten wird, bei denen es um viel Geld geht. Ohne Frage spielen ökonomische Interessen die entscheidende Rolle bei der Entwicklung des Werktitelschutzes.[17] Schon 1898 bemerkt Werner Brandis, der mit seiner Publikation *Rechtsschutz der Zeitungs- und Bücher-Titel. Ein Beitrag zur ungenügenden*

16 In den Credits werden die drei neugeschaffenen Titel genannt sowie als Executive Producer Bernhard Schmid, Geschäftsführer des Karl-May Verlags. *Winnetou – Der Mythos lebt.* In: RatPack Filmproduktion, https://ratpack-film.de/en/productions/winnetou-der-mythos-lebt (10. Dezember 2025).

17 Zur Geschichte des Titelschutzes im 19. und frühen 20. Jahrhundert vgl. Jan Görden: Vorgezogener Werktitelschutz. Tübingen: Mohr Siebeck 2009, S. 14–28; sowie Werner Brandis: Rechtsschutz der Zeitungs- und Bücher-Titel. Ein Beitrag zur ungenügenden Bekämpfung des unlauteren Wettbewerbs durch die Gerichte. Berlin: Franz Lipperheide 1898.

Bekämpfung des unlauteren Wettbewerbs durch die Gerichte die erste größere juristische Abhandlung über den seinerzeit noch nicht kodifizierten Werktitelschutz schrieb, dass die ersten Forderungen nach eindeutiger Zuordnung und rechtlichem Schutz nicht aus der Richtung der Autoren kamen, sondern von den Verlegern:

> Nachdem zu Anfang dieses [19.] Jahrhunderts der Schutz der Schriftsteller für ihre geistigen Erzeugnisse eine Anerkennung durch Bundestags-Beschlüsse und durch Gesetze erfahren hatte, machte sich bald die Ueberzeugung geltend, daß auch der Nachdruck nur des Titels eines Werkes für ein anderes Werk, das den nämlichen Gegenstand in anderer Art behandelt, ein Unrecht sei. Es ist charakteristisch, daß es weniger die Verfasser der Bücher, als die Buchhändler waren, welche diesen Standpunkt vertraten, wie ja überhaupt der Schutz des Autorrechts lediglich eine Folge der auf Schutz des Verlagsrechts gerichteten eifrigen Bestrebungen des deutschen Buchhandels ist.[18]

Brandis verweist in diesem Zusammenhang auf eine Umfrage auf dem XVII. Internationalen littererarischen und künstlerischen Kongress, der von der *Association Littéraire et Artistique Internationale* (ALAI) 1895 in Dresden veranstaltet wurde. Dort hatte der Rechtswissenschaftler Albert Osterrieth (1865–1926) einen Fragebogen von beteiligten Schriftstellern und Künstlern ausfüllen lassen, um deren Ansichten zu urheberrechtlichen Themen zu erfassen. Gefragt wurde unter anderem, welche Bedeutung ein Titel für ein literarisches Werk habe und ob er selbstständig oder als Teil des Werkes geschützt werden sollte.[19] Die wohl kaum repräsentativen Antworten, die nicht im vollen Wortlaut überliefert sind, gehen hinsichtlich der Schutzfähigkeit und -bedürftigkeit auseinander, doch scheinen beide Juristen, Brandis wie Osterrieth, nicht ganz zufrieden mit den unter juristischem Gesichtspunkt womöglich unterkomplexen Antworten der Literaten. Das ist nicht ganz überraschend, wurden doch täuschende Titel bis dahin kaum als justiziables Problem diskutiert, sondern als ein Anlass, Bedingungen legitimer Publikationspraktiken innerhalb des literarischen Feldes auszuhandeln.

2 Von der *Charlatanerie der Gelehrten* zur *Critik der Titel*

Schon vor der Verrechtlichung des Literatursystems im Laufe des 19. Jahrhunderts wurden täuschende Titel als Ärgernis beklagt und häufig mit der Entwicklung des Buchmarkts und insbesondere der Erhöhung der Buchproduktion in direkten Zusammenhang gebracht. Doch auch hier sind es eher nicht die Autorinnen und Autoren, die in Sachen täuschende Titel Handlungsbedarf sehen. Ganz im Gegenteil: Lessing bedauert im 21. Stück der

18 Ebd., S. 9.

19 Vgl. Beiträge zum Urheberrecht. Festgabe für den XVII. internationalen litterarischen und künstlerischen Kongress. Dresden 1895. Hg. mit Unterstützung des Königl. Sächs. Ministeriums des Innern und des Dresdner Centralausschusses vom Arbeitsausschuss. Berlin: Deutsche Schriftsteller-Genossenschaft 1895, S. 165–197, hier S. 170.

Hamburgischen Dramaturgie – dem gleichen Stück, in dem er den frühneuzeitlichen Langtitel als ›Küchenzettel‹ verabschiedet –, dass die Konventionen der kritischen Kommunikation auch in einem nicht-verrechtlichten Verhältnis Titel und Autor in einem Quasi-Eigentumsverhältnis aneinanderbinden und damit jeder genutzte Titel das Feld potenzieller Titelvarianten für zukünftige Werke beschneidet.[20]

Die Kritik des 18. Jahrhunderts an Praktiken der peritextuellen Irreführung durch täuschende Titel hat ihren größeren Kontext stattdessen zunächst in der Kritik des gelehrten Betrugs, die im Zuge von mediengeschichtlichen Entwicklungen und Auseinandersetzungen über die Legitimation von gelehrtem Wissen eine bedeutende Konjunktur im frühen 18. Jahrhundert erfährt.[21] In seinen *Reden von der Charlatanerie oder Marktschreyery der Gelehrten* (1716) bemerkt Johann Burckhard Mencke, dass auf den Büchertiteln »gewiß die Warheit ein seltsames Wildpret ist; sintemahl sie zwar insgemein herrlich eingerichtet sind, und viel grosses und sonderbahres versprechen, aber doch in der That selbst die Leser meistentheils hinters Licht führen.«[22] Die Kritik bezieht sich hier nicht auf die Verwechslungsgefahr als Konsequenz einer mangelnden Unterscheidungskraft von Titeln, sondern darauf, dass »Bücher-Schreiber viel ungereimte Titel zu Marckte bringen«, also allgemeiner auf die Täuschung der Leserschaft durch irreführende, unklare oder unlauter werbende Titel, die darauf abzielen, den Absatz eines Werkes zu erhöhen. So heißt es weiter in der *Charlatanerie der Gelehrten*:

> Es lohnet nicht vor die Mühe so vieler goldnen Haubt-Schlüssel, Königlicher Hand Leitungen, Parnassus-Staffeln, grosser und kleiner Welt-Meere, Wahrheits-Schilde, Weißheits-Schantzen, menschlicher Gehirn-Register und anderer viel hundert solcher Titul zu gedencken, durch welche man die unvorsichtigen Liebhaber betrüglicher Weise zu Kauffung der Bücher anzureitzen pfleget. Einige ziehren ihre Tittelblätter mit häuffigen Gleichnissen und weit gesuchten Figürlichen Redens-Arten aus,

20 »Was für ein Eigenthumsrecht erhält ein Dichter auf einen gewissen Charakter dadurch, daß er seinen Titel davon hergenommen? Wenn er ihn stillschweigend gebraucht hätte, so würde ich ihn wiederum stillschweigend brauchen dürfen, und niemand würde mich darüber zum Nachahmer machen. Aber so wage es einer einmal, und mache z. E. einen neuen Misanthropen. Wann er auch keinen Zug von dem Molierschen nimmt, so wird sein Misanthrop doch immer nur eine Copie heissen. Genug, daß Moliere den Namen zuerst gebraucht hat. Jener hat unrecht, daß er funfzig Jahr später lebet; und daß die Sprache für die unendlichen Varietäten des menschlichen Gemüths nicht auch unendliche Benennungen hat.« Gotthold Ephraim Lessing: Hamburgische Dramaturgie. Bd. 1. Hamburg: Cramer [1769], 21. Stück, S. 164–165. Zu Lessings Bonmot »Ein Titel muß kein Küchenzettel sein. Je weniger er von dem Inhalte verrät, desto besser ist er« vgl. David-Christopher Assmann: Lessings Titel und der Küchenzettel. Ein Kommentar zur *Hamburgischen Dramaturgie*, 21. Stück. In: Euphorion 117 (2023), S. 153–193.

21 Vgl. Marian Füssel: ›Charlataneria Eruditorum‹. Zur sozialen Semantik des gelehrten Betrugs im 17. und 18. Jahrhundert. In: Berichte zur Wissenschaftsgeschichte 27 (2004), S. 119–135.

22 Johann Burckhardt Mencke: Herrn Joh. Burckhardt Menckens Zwey Reden von der Charlatanerie oder Marcktschreyerey der Gelehrten, Nebst verschiedener Autoren Anmerckungen. Mit Genehmhaltung des Hn. Verfassers nach der letzten vollständigen Auflage übersetzt. Leipzig: Gleditsch 1716, S. 32–33. Erschienen zuerst lat. De Charlataneria Eruditorum Declamationes Duae. Leipzig: Gleditsch 1715.

wiewohl sie dieselben dadurch offt so undeutlich machen, daß man das Absehen des Verfertigers, und den Innhalt des Werckes, selbst, ungeachtet aller angewendeten Mühe unmöglich daraus errathen kan.[23]

In die gleiche Richtung zielt Georg Paul Hönns *Betrugs-Lexikon* von 1721, das sich zum Ziel setzt, die »meisten Betrügereyen in allen Ständen« aufzudecken. Darin heißt es über die »Bücherschreiber«, dass sie betrügen, »wenn sie ihren Büchern grosse, weitläufftige und sehr prächtige Titul geben, und darinnen mehr versprechen, als in dem Buch selbst praestiret wird und zu finden ist.«[24] Gleiches gelte für die Gelehrten, die einen analogen Eintrag bekommen und ebenfalls für täuschende Buchtitel gerügt werden.[25]

Neben diesen in Menckes Sinne marktschreierischen ›Charlatanerien‹ von »curieusen Tittel-Schmidten«, wie sie in Zedlers *Universal-Lexicon* genannt werden, kommen in Hönns *Betrugs-Lexikon* auch diverse zeitgenössisch übliche Verlagspraktiken zur Sprache, wie das Vordatieren von Titelblättern oder das Herstellen von Titelauflagen: »Bücherschreiber betriegen [...] Wenn sie ihren Büchern, so unter den ersten Tituln nicht abgehen wollen / andere Mäntelgen umthun und einen neuen Titul geben« oder »Wenn sie eine neuere Jahr-Zahl auf das Titul-Blat setzen, als das Buch herauskommen.«[26] Naheliegenderweise liest sich der Eintrag über die Buchhändler ganz ähnlich: Buchhändler betrügen, wenn sie Bücher als Neuauflage bewerben und nichts als den Titel ändern oder wenn sie »alten verlegenen und untüchtigen Büchern / so nicht abgehen wollen / einen neuen Titul geben / und / damit man solche vor Neue ansehen möge / dieselbe an den Seiten beraspeln / daß das schwartz-angelauffene Papier davon abgehe und hergegen das Weisse wieder hervor scheine«.[27] Diese materiale Dimension des Titel(blatt)betrugs findet ihr Pendant in der ebenfalls kritisierten Praxis, wenn Buchhändler für Titelblätter und die »auswendigen Lage-Bogen sauber und weisses, zu dem übrigen aber grobes und schwartzes Papier nehmen, mithin die Bücher nur den übertünchten Gräbern gleich machen«.[28] Näher an den weiter oben im Zusammenhang mit dem Werktitelschutz diskutierten Fragen der Verwechslungsgefahr dürfte der Fall liegen, wenn es darum geht, »den Titul eines Buchs von schon edirten und wohlabgehenden Schrifften ab[zu]borgen«, um so von einem eingeführten Titel zu profitieren.[29] Diese täuschenden

23 Ebd., S. 35–39.

24 Betrugs-LEXICON worinnen die meisten Betrügereyen in allen Ständen nebst denen darwider guten Theils dienenden Mitteln entdeckt von Georg Paul Hönn/ D. Fürstl. Sächs. Gemeinschafftl. Rath und Amtmann in Coburg. Coburg: Paul Günther Pfotenhauer 1721, S. 83.

25 Vgl. ebd. 168–169.

26 Ebd. S. 84–85. Siehe den Eintrag Titul, Lat. *Titulus*. In: Grosses vollständiges Universal-Lexicon aller Wissenschafften und Künste. Bd. 44. Halle/Leipzig: Johann Heinrich Zedler 1745, S. 471–473, hier S. 473.

27 Georg Paul Hönn: Betrugs-LEXICON (Anm. 24), S. 86.

28 Ebd., S. 87.

29 Ebd., S. 87–88.

Titelpraktiken zielen darauf, Werke einfacher oder erneut in Umlauf zu bringen, wobei der auf Tauschhandel beruhende Buchmarkt entsprechende Anreize gegeben haben dürfte.[30]

Überlegungen dazu, wie verschiedene auf Täuschung angelegte Titelpratiken mit der Organisation des deutschen Buchhandels und der Entwicklung des literarischen Marktes zusammenhängen, werden noch einmal gegen Ende des Jahrhunderts akut, als das Schreiben ›zum Broterwerb‹ erstmals eine ökonomische Option darstellt und die Dynamik von Angebot und Nachfrage zunimmt.[31] Christian Heinrich Schmied (1746–1800), wohl in seiner Funktion als leitender Bibliothekar der Bibliothek der Universität Gießen, macht im *Journal von und für Deutschland* in einem 1790 erschienenen Aufsatz »Über die Wahl der Büchertitel, ein Beytrag zu der Charakteristik der neuesten deutschen Literatur« die territoriale Ordnung und dezentrale Siedlungsstruktur des Reichs und die damit einhergehende Partikularisierung des deutschen Buchmarkts dafür verantwortlich, dass Buchtiteln eine ungleich größere Wichtigkeit für den Erfolg oder Misserfolg eines Werks zukommt als in zentralistisch organisierten Ländern. Während etwa in England oder Frankreich die literarischen Zirkel der Hauptstadt den Ton über Neuerscheinungen angäben, müsse im territorial zersplitterten Deutschland, wo »die Bücherfreunde zum Theil sogar von Buchläden entfernt leben [...] [,] oft der Titel in den Meß- und Buchhändler-Verzeichnissen, ja wohl gar nur das Gerücht von dem Titel die erste Anlockung seyn.«[32] Schon der Buchhändler auf der Messe richte sich nur nach dem Titel und biete die Ware dann in seinem eigenen Katalog an, ohne weitere Anhaltspunkte für einen möglichen Erfolg.[33] Entsprechend naheliegend sei es unter diesen Umständen, »[d]aß es täuschende Titel gibt, die solche Käufer, welche nur nach den Titeln gehen, sehr irre führen, und die Bibliothekare, deren Kenntniß sich nicht über die Titel hinauserstreckt, zu lächerlichen Fehlern verleiten können«.[34] Polemisiert wird also vor allem gegen die Vorstellung, »der Titel müsse das Buch verkaufen«.[35]

Der Spielraum für Täuschungen ist umso größer, je weniger von einem Werk bekannt ist. Daher berührt die Kritik an Praktiken der peritextuellen Irreführung auch Fragen der Unterscheidbarkeit im Sinne einer Identifizierungsfunktion von Titeln. Zur Sprache

30 Vgl. Reinhard Wittmann: Geschichte des deutschen Buchhandels. München: Beck 1999, S. 82–120.

31 Vgl. ebd., S. 143–170.

32 Christian Heinrich Schmied: Über die Wahl der Büchertitel, ein Beytrag zu der Charakteristik der neuesten deutschen Literatur. In: Journal von und für Deutschland 7, 12. Stück (1790), S. 525–541, hier S. 526.

33 Vgl. ebd. sowie S. 529: »Der Buchhändler, der auf der Messe mit sich zu Rathe geht, wie viel Exemplare er wohl von jedem neuen Buche mit nach Hause nehmen wolle, kann, da er die Meßproducte nur erst dem Titel nach kennt, bloß nach der Beschaffenheit desselben, näch[st] dem darauf befindlichen Namen, und nach der Denkungsart seines Localpublicums in Ansehung dieser beyden Puncte seine Entschließung fassen.«

34 Ebd., S. 540.

35 Ueber die Charlatanerie (Anm. 3), S. 74. Zum historischen Kontext der pragmatischen und werbenden Funktionen von Buchtiteln vgl. Hans J. Wulff: Zur Geschichte des Buchtitels. Eine Skizze. In: Neohelicon 8.2 (1981), S. 307–324, insbesondere S. 319–321.

kommen sowohl verlegerische Titelpraktiken wie sie schon zu Beginn des 18. Jahrhunderts kritisiert wurden – doppelte Titel, geänderte Titel, Titelauflagen etwa – als auch solche, die auf das Konto der Verfasser gehen: Titel, die keinen eindeutigen Hinweis auf den Inhalt eines Buches geben; gelehrt, gesucht oder geheimnisvoll klingende Titel bzw. solche, die angesichts der »ganz unübersehliche[n] Anzahl schreibender Hände« und der »Concurrenz auf den gelehrten Märkten« nur dazu dienen, sich vom Rest abzusetzen. Dass ein Schriftsteller es nötig habe, »sich vor seinen Collegen durch irgend etwas, wäre es auch nur der Titel seines Buchs, auszuzeichnen, um bemerkt zu werden«, ist eine direkte Folge der Entwicklung des Buchmarktes.[36] Ein unverständlicher Titel ist »gewiß um keinen Grad besser als gar keiner«, heißt es in dieser Hinsicht in *Ueber die Charlatanerie der Gelehrten seit Menken* (1791), einem Update der berühmteren Kritik aus dem Beginn des Jahrhunderts.[37]

Solche Formen der Täuschung durch aufmerksamkeitsheischende Buchtitel werden auch in der *Critik der Titel oder wie soll man einen Büchertitel einrichten* von fehlenden oder irreführenden peritextuelle Hinweisen unterschieden. Die 1804 anonym erschienene Schrift macht den wohl ausführlichsten Rundumschlag in Sachen täuschende Titel und unterscheidet zwischen »Nachlässigkeit« und »Betrug«.[38] Unter die »absichtlich täuschende[n] Titel«, die darauf angelegt sind, »dass der Leser sie misverstehen, oder vielmehr, dass er dadurch von dem Inhalt des Buchs falsche Begriffe erhalten würde«, werden hier angeblich verbesserte Auflagen genannt, falsche Gattungsangaben, unterschlagene Angaben darüber, dass es sich um eine Übersetzung handelt oder eine Sammlung bereits gedruckter Schriften usw.; ebenso wird die Rolle der Anonymität und Pseudonymität für die zeitgenössische Publikationspraxis beleuchtet.[39] In diesen Zusammenhang gehören auch maskierende Titel, die die »obscönen Schriftsteller« wählen, »um die anstößige Absicht des Buchs vor Censoren und Fiscalen zu bemänteln«, das heißt die mit Blick auf die Zensur gewählt werden oder um Streitschriften, religiöse Kontroversliteratur oder Pasquille zu platzieren.[40]

Die Kritik des 18. Jahrhunderts an täuschenden Titeln ist im Wesentlichen eine moralische, entspringt aber einer grundsätzlichen Verunsicherung. In ihr spiegeln sich der ökonomische, der kulturelle und auch der soziale Wandel im Umgang mit Literatur, der mit

36 Christian Heinrich Schmied: Über die Wahl der Büchertitel (Anm. 32), S. 528.

37 Ueber die Charlatanerie der Gelehrten (Anm. 3), S. 75; vgl. den gesamten Abschnitt zu Büchertiteln, S. 44–80. Zu den Implikationen mehrdeutiger Titel vgl. David-Christopher Assmann/Lorella Bosco (Hg.): Mehrdeutige Titel. Lektüren einer paratextuellen Praktik. Berlin: Metzler 2025 (= Studien zur Literaturvermittlung 2); für die Zeit um 1800 insbesondere den Beitrag von David-Christopher Assmann: Überschrift, Ehren-Bezeugung, Urkunde. Zur historischen Semantik der paratextuellen Rahmung von Wielands *Novelle ohne Titel*, David-Christopher Assmann/Lorella Bosco (Hg.): Mehrdeutige Titel. Lektüren einer paratextuellen Praktik. Berlin: Metzler 2025 (= Studien zur Literaturvermittlung 2), S. 15–30.

38 Critik der Titel, oder wie soll man die Büchertitel einrichten? Ein Versuch zum Vortheil der Litteratur. Halle: Hendel 1804, S. 6, zu Praktiken der Täuschung in und durch Büchertitel vgl. insgesamt S. 6–51.

39 Ebd., S. 20.

40 Christian Heinrich Schmied: Über die Wahl der Büchertitel (Anm. 32), S. 540.

einem sich ausdifferenzierenden und expandierenden Buchmarkt einhergeht: »Je mehr unsre Litteratur sich empor geschwungen hat, unsre Kenntnisse erweitert worden sind, die Anzahl der Schriftsteller und Schriften sich vermehrt hat, je weiter hat man diesen Unfug [mit den Büchertiteln; NR] getrieben«, heißt es in der *Charlatanerie der Gelehrten seit Menken*.[41] Hinter all diesen Äußerungen steht das Ringen darum, die Verschiebungen in der Welt der Bücher und derjenigen, die sie produzieren und konsumieren, einzuordnen, zu bewerten und ganz praktisch zu beherrschen. Die Irritation, die von vermeintlichen oder tatsächlich täuschenden Titeln ausgeht, entlädt sich in Fantasien darüber, was passiert, wenn Titel ihre inhaltsangebende Funktion verlieren – »*wieviel* müßte man dann lesen?«, um überhaupt lesen zu können, das heißt das zu lesen, was von individueller Relevanz ist. Bibliothekare »müßten in Verzweiflung gerathen«, Herausgeber von Rezensionsorganen »hätten auch zu den nöthigsten Lebensverrichtungen schlechterdings keine Zeit«, weil sie alle Neuveröffentlichungen durchblättern müssten, bevor sie sich orientieren können.[42] Der befürchtete Funktionsverlust durch täuschende und enttäuschende Titel für den bibliographischen, kritischen und lektürepraktischen Umgang mit Texten steht solchermaßen in direktem Zusammenhang mit den quantitativen Dimensionen der zeitgenössischen Buchproduktion.

3 Titel täuschen: Peritextuelle Irreführungen

Die Sorge um eine angemessene und funktionale Darstellungs- und Identifizierungsleistung von Büchertiteln, die das 18. Jahrhundert umtreibt, gilt zum einen den Inklusions- und Exklusionsmechanismen des literarischen Feldes sowie zum anderen der Frage, wie der Buchmarkt als Kommunikationsraum gestaltet sein müsse, damit Buch und Leser oder Leserin passgenau zueinanderfinden. Der Verfasser der *Critik der Titel* zeigt sich überzeugt, dass nur »die genaue Uebereinstimmung des Titels mit dem Inhalt der Schrift« dafür sorgen könne, »trotz der grossen Fluth neuer Schriften dennoch ein jedes Werk den Lesern in die Hände zu bringen, für welche es zunächst bestimmt ist.«[43] Was aber, wenn die Täuschung selbst die Voraussetzung dafür darstellt, das Zielpublikum zu erreichen? Das betrifft natürlich zuerst die klandestine Literatur, deren Distribution auf Praktiken der peritextuellen Irreführung angewiesen war, aber etwa auch Pasquille.[44] So gibt es immer wieder Fälle, in denen durch

41 Ueber die Charlatanerie (Anm. 3), S. 45.

42 Ebd., S. 76. Zur Verabschiedung der inhaltsbezeichnenden Funktion von Titeln im 18. Jahrhundert vgl. David-Christopher Assmann: Lessings Titel (Anm. 20).

43 Critik der Titel (Anm. 38), S. 51. Vgl. auch ebd. S. 64: »Der jetzige Zustand der Litteratur ist sehr verschieden, von dem ehemaligen; das Gebiet der Wissenschaften ist unermesslich geworden [...]. Die vielfachen Vortheile, welche die Angabe des Inhalts durch den Titel mit sich führt, müssen allein schon uns veranlassen, diese Angabe als den vornehmsten Zweck des Titels zu betrachten.«

44 Vgl. Christine Haug/Franziska Mayer/Winfried Schröder (Hg.): Geheimliteratur und Geheimbuchhandel in Europa im 18. Jahrhundert. Wiesbaden: Harrassowitz 2011, darin insbesondere Christine Haug:

die Titelformulierung die Autorschaft einer bestimmten Person nahegelegt wird, die dann in der Schrift selbst angegriffen wird. Ein Beispiel, das in der *Critik der Titel* angeführt wird, ist die Invektive *Freyherrn von Knigge Welt- und Menschenkenntniß. Ein Pendant zu dem Buche Umgang mit Menschen* von 1796, die offensichtlich darauf abzielt, Knigges prominent in der ersten Zeile platzierten Namen nicht als Teil des Titels, sondern als Autorschaftsangabe lesbar werden zu lassen (vgl. Abb. 2). Das entspricht zwar nicht den zeitgenössischen peritextuellen Gepflogenheiten, die eine Autorschaftsangabe üblicherweise eher unter dem Titel vorsieht, schließt aber an die Konvention frühneuzeitlicher Titelformulierungen an, die mit dem Verfassernamen im Genitiv beginnen, und nimmt gewissermaßen die moderne Reihenfolge von Autorname, Titel und Verlagsangaben vorweg. Tatsächlich handelt es sich bei der Publikation um eine Invektive, die Knigge als Person und Mitglied des Illuminatenordens angreift.[45]

In gleicher Weise stellen potenziell irreführende Titelformulierungen auch die Voraussetzung für das im 18. und 19. Jahrhundert weit verbreitete Phänomen der allographen Fortsetzungen dar. Diese spezifische Form peritextueller und narrativer Bezugnahme zielt darauf ab, durch konsekutive Titel einen Werkzusammenhang zwischen Werken von verschiedener Hand nahezulegen.[46] Bei Schmied heißt es in der bereits zitierten Schrift »Über die Wahl der Büchertitel«:

> Ein bekanntes Hilfsmittel junger und minder bekannter Schriftsteller ist es, sich dadurch an berühmte Männer anzuschließen, und ihnen gleichsam auf die Schultern zu steigen, daß sie ihr Werk als Fortsetzung, Ergänzung, Seitenstück, Gegenstück, Beylage, Nachtrag zu bekannten Schriften auf dem Titel ausgeben, oder doch ihren Titel so einrichten, daß er sich auf den Titel eines bekannten und beliebten Buchs bezieht.[47]

Ein zeitgenössisches Beispiel, das Schmied in diesem Zusammenhang unter mehreren nennt, ist *Sophiens Reise von Memel nach Sachsen*, einen der verbreitetsten Romane der 1770er Jahre, mit dessen verschiedenen Auflagen der Autor Johann Timotheus Hermes (1738–1821) und sein Leipziger Verleger Johann Friedrich Junius sehr strategisch den Buchmarkt bespielen.[48]

Einleitung. Topographie des literarischen Untergrunds im Europa des 18. Jahrhunderts: Produktion, Distribution und Konsumption von »verbotenen Lesestoffen«, S. 9–47.

45 Vgl. Critik der Titel (Anm. 38), S. 22. Knigge verwahrt sich in einer Anzeige im Hamburgischen Correspondenten (4. Mai 1796, Nr. 72, unpag.) gegen die Publikation in durchaus satirischer Weise.

46 Vgl. dazu die ausführliche Studie von Matthew H. Birkhold: Characters before Copyright. The Rise and Regulation of Fan Fiction in Eighteenth-Century Germany. Oxford: Oxford University Press 2019; sowie für eine systematische Übersicht Nora Ramtke: Allographe Fortsetzungen als prätendierte Werkeinheiten. In: Lutz Danneberg/Annette Gilbert/Carlos Spoerhase (Hg.): Das Werk. Zum Verschwinden und Fortwirken eines Grundbegriffs. Berlin/Boston: de Gruyter 2019, S. 303–326.

47 Christian Heinrich Schmied: Über die Wahl der Büchertitel (Anm. 32), S. 540–541.

48 Vgl. Urszula Bonter: Die drei Fassungen von *Sophiens Reise von Memel nach Sachsen* von Johann Timotheus Hermes im Spiegel der Briefe des Autors an seinen Verleger Junius in Leipzig und andere Zeitgenossen. Ein Beitrag zur Buch- und Verlagsgeschichte des 18. Jahrhunderts. In: Archiv für Geschichte des Buchwesens 65 (2010), S. 172–212.

Abb. 2: »Man konnte nicht anders glauben, als dass der Inhalt des Buchs den durch den Titel erregten Vorstellungen entsprechen werde«[49]

Zu diesem Bestseller erschienen verschiedene allographe Fortsetzungen und Adaptionen (vgl. Abb. 3), so *Einer jüngern Sophie Reise, aber nicht von Memel nach Sachsen* (1800) sowie schon 1776 ein *Anhang zu Sophiens Reise*, in dessen Vorrede der anonyme Verfasser sich »ein Wort vom Titel« erlaubt. Es benennt die Täuschung, um sie – performativ durchaus widersprüchlich – umständlich zurückzuweisen: »Man wälte also die vorstehende Aufschrift, nicht etwa, um das Publikum zu hintergehen, und es glauben zu machen, daß Herr Hermes Verfasser des Werkchens sei, sondern weil es ohnstreitig die angemessenste war.«[50]

49 Critik der Titel (Anm. 38), S. 22. [Ludwig Adolf Christian von Grolmann]: *Freyherrn von Knigge Welt- und Menschenkenntniß. Ein Pendant zu dem Buche Umgang mit Menschen*. Exemplar der Bayerischen Staatsbibliothek München, Sig. Ph.pr. 714 b, https://mdz-nbn-resolving.de/urn:nbn:de:bvb:12-bsb11415076-2; *Über den Umgang mit Menschen. Von A. Freyherrn von Knigge*. Exemplar der Staatsbibliothek zu Berlin, Sig. Np 16373, http://resolver.staatsbibliothek-berlin.de/SBB0001F50B00010000.

50 Anhang zu Sophiens Reise. Leipzig: Adam Friedrich Böhme 1776, fol. A2^{v}f. Vgl. dazu auch Matthew H. Birkhold: Characters before Copyright (Anm. 48), S. 239; 241–242.

Abb. 3: »Man wälte also die vorstehende Aufschrift, nicht etwa, um das Publikum zu hintergehen«[51]

Es gibt also ein genuin literarisches Interesse an peritextueller Irreführung, wie auch der »unächte Meister« zeigt, eine Publikation von 1821 unter dem Titel *Wilhelm Meisteres Wanderjahre*, über die es in einer Rezension kurz und bündig heißt: »Titel täuschen«.[52] Es handelt sich dabei um eine bei Gottfried Basse anonym erschienene allographe Fortsetzung von Goethes *Wilhelm Meisters Lehrjahren*, die zweifelsohne unter die »mörderischen Weiterführungen« gehört, wie Genette »thematisch untreue« Fortsetzungen nennt.[53] Wie eine solche Täuschung aufgehen kann, zeigt die handschriftliche Notiz auf dem Titelblatt der Begleitpublikation *Wilhelm Meisters Tagebuch*, in der der Anspruch der anonymen *Wanderjahre* nicht Parodie, sondern Fortsetzung zu sein, ausführlich begründet wird (vgl. Abb. 4).

51 Johann Timotheus Hermes: *Sophiens Reise von Memmel nach Sachsen*. Exemplar der Staatlichen Bibliothek Passau, Sig. S nv/La (b) 456-1, https://mdz-nbn-resolving.de/urn:nbn:de:bvb:12-bsb11342305-0; *Anhang zu Sophiens Reise*. Exemplar der Bayerischen Staatsbibliothek München, Sig. P.o.germ. 2033 e, https://mdz-nbn-resolving.de/urn:nbn:de:bvb:12-bsb10129047-5; *Einer jüngern Sophie Reise, aber nicht von Memel nach Sachsen*. Exemplar der Universitäts- und Landesbibliothek Sachsen-Anhalt, Sig. Goe 2535, http://dx.doi.org/10.25673/81273.

52 Wilhelm Meisters Wanderjahre [Rezension]. In: Literarisches Conversations-Blatt, Nr. 178 (3. August 1821), S. 709–711, hier S. 709. Vgl. zu dem Fall ausführlich: Nora Ramtke: Anonymität – Onmyität. Autorname und Autorschaft in Wilhelm Meisters ›doppelten Wanderjahren‹. Heidelberg: Winter 2016, insbesondere S. 143–186.

53 Gérard Genette: Palimpseste. Die Literatur auf zweiter Stufe. Aus dem Französischen von Wolfram Bayer und Dieter Hornig. Suhrkamp: Frankfurt am Main 2008, S. 268.

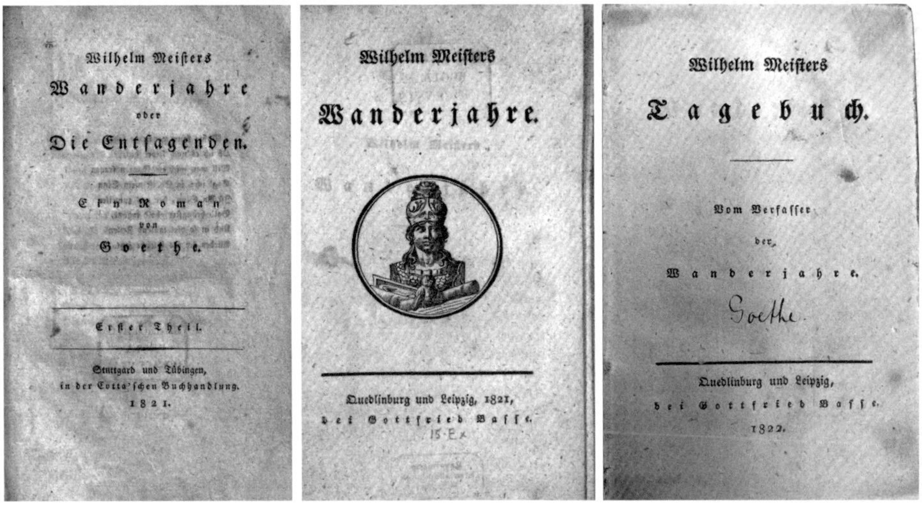

Abb. 4: Ein Roman von Goethe?[54]

Der Sog, den der Titel *Wilhelm Meisters Lehrjahre* entfaltet, ist kein geringer, ihm wohnt eine Konsekutivität inne, die *Wilhelm Meisters Wanderjahre* und *Wilhelm Meisters Meisterjahre* semantisch unmittelbar nahelegt und den Schritt zur Trilogie in den Raum stellt. Kurz darauf erscheinen denn auch im gleichen Verlag ebenfalls anonym *Wilhelm Meisters Meisterjahre*, und es bedarf keines besonderen Gespürs für peritextuelle Zusammenhänge, um in diesen *Meisterjahren* eine Fortsetzung der anonymen *Wanderjahre* zu vermuten (vgl. Abb. 5). Angesichts der semantischen und typographischen Ähnlichkeit kam für die Öffentlichkeit nur Pustkuchen als Autor der *Meisterjahre* in Frage. Ist man allerdings erst einmal in diese peritextuelle Falle getappt, erwartet einen eine höchst kuriose Fortsetzung der Goetheschen, *nicht* der anonymen *Wanderjahre*, die zugleich als verdeckter Angriff auf ihren scheinbaren Vorgänger lesbar ist. Auf diesen anonymen Angriff kann der Anonymus nicht anders reagieren, als mit der Preisgabe seines Namens: Johann Friedrich Wilhelm Pustkuchen (1793–1834), Pastor im westfälischen Lieme, bei Lemgo.[55]

54 [Johann Friedrich Wilhelm Pustkuchen]: *Wilhelm Meisters Wanderjahre*. Dritter Theil. Exemplar der Bayerischen Staatsbibliothek München, Sig. P.o.germ. 1106 q-3, https://mdz-nbn-resolving.de/urn:nbn:de:bvb:12-bsb10116537-8; *Wilhelm Meisters Meisterjahre*. Exemplar der Bayerischen Staatsbibliothek München, Sig. P.o.germ. 1106 r-1, https://mdz-nbn-resolving.de/urn:nbn:de:bvb:12-bsb10116543-2.

55 Vgl. Nora Ramtke: Anonymität – Onymität (Anm. 52), S. 227–260.

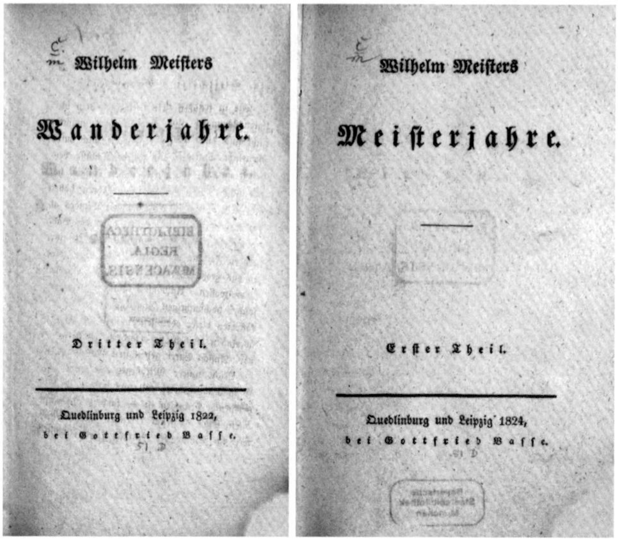

Wilhelm Meisters

Wanderjahre.

Dritter Theil.

Quedlinburg und Leipzig 1822,
bei Gottfried Basse.

Wilhelm Meisters

Meisterjahre.

Erster Theil.

Quedlinburg und Leipzig 1824,
bei Gottfried Basse.

Abb. 5: Anonyme Titelmimikry: Wanderjahre vs. Meisterjahre[56]

Diese recht unterschiedlichen Beispiele eint, dass die Möglichkeit einer falschen Attribution die Voraussetzung dafür ist, dass sich die intendierte literarische Wirksamkeit entfalten kann: Die täuschenden Titel sind hier ein Mittel der kritischen literarischen Kommunikation, und es ist klar, dass der Spielraum für diese Art der Täuschung in dem Maße schwindet, wie Titelblätter standardisiert, Attributionen vereindeutigt und Praktiken der peritextuellen Irreführung rechtlich eingehegt werden.

56 [Johann Friedrich Wilhelm Pustkuchen]: *Wilhelm Meisters Wanderjahre.* Dritter Theil. Exemplar der Bayerischen Staatsbibliothek München, Sig. P.o.germ. 1106 q-3, https://mdz-nbn-resolving.de/urn:nbn:de:bvb:12-bsb10116537-8; Wilhelm Meisters Meisterjahre. Exemplar der Bayerischen Staatsbibliothek München, Sig. P.o.germ. 1106 r-1, https://mdz-nbn-resolving.de/urn:nbn:de:bvb:12-bsb10116543-2.

Bibliographische Titel-Politik
Beobachtungen zur Praxis verlegerischer Titelanzeigen in den Leipziger Messkatalogen des 18. und frühen 19. Jahrhunderts*

Michael Pilz

In der Zeit um 1800 zählten die zweimal jährlich zu den Leipziger Buchmessen ausgegebenen Messkataloge zu den wichtigsten bibliographischen Informationsmedien des literarischen Feldes, in denen die Titel der aktuellen Novitäten-Produktion des deutschen Buchhandels annonciert wurden. Allerdings enthalten die Kataloge zahlreiche Anzeigen von Büchern, die entweder niemals produziert, oder aber unter abweichenden Titeln auf den Markt gebracht wurden. Der vorliegende Beitrag versucht anhand ausgewählter Beispiele darzustellen, dass die notorische Unzuverlässigkeit der bibliographischen Angaben in den Messkatalogen als Ergebnisse gezielter marktstrategischer Operationen betrachtet werden müssen, mit denen sowohl Verlage als auch Autoren unter wechselnden ökonomischen und/oder literarischen Gesichtspunkten (Werk-)Politik mit Titeln betrieben haben.

Around 1800, the Leipzig Book Fair Catalogues represents the most important bibliographic information media in the literary field. However, the catalogues contain numerous advertisements for books that were either never produced or were brought to market under different titles. This article attempts to prove that the notorious unreliability of the Leipzig catalogues should be considered as the result of strategic decisions made by publishers and authors seeking to establish their positions in the literary field.

Folgt man Gérard Genette, so hat der Titel seinen genuinen Ort im Peritext. Als solcher scheint er zuallererst ein Objekt der Typographie zu sein, der unter anderem die Gestaltung des Titelblatts eines Buches sowie der übrigen schriftlichen Elemente seines Äußeren obliegt. Tatsächlich denkt Genette den Titel konsequent typographisch von der Titelei her und damit in Analogie zum Autorennamen, über den er schreibt: »Sein kanonischer und offizieller Ort beschränkt sich auf die Titelseite und den Umschlag (erste Seite, mit eventueller Wiederholung auf dem Rücken oder der Umschlagseite vier).«[1] Allerdings gibt Genette zu, dass

* Der vorliegende Aufsatz stützt sich zum Teil wörtlich auf Michael Pilz: Praktiken der Verzeichnung. Bibliographie im literarischen Feld: Der Leipziger Messkatalog 1760–1860. Berlin: Metzler 2025 (= Studien zur Literaturvermittlung 3). Zu Einzelaspekten vgl. auch Michael Pilz: »Den 21. brachte Kant den Messkatalog«. Zur Praxeologie und Geschichte eines literarischen Informationsmediums im 18. Jahrhundert. In: Jahrbuch der Deutschen Schillergesellschaft 67 (2023), S. 15–43; sowie Michael Pilz: Paratext und Evidenz. Karl August Böttigers Leipziger Messereisen und die Verfahren literarischer Marktsichtung um 1800. In: Michael Pilz/Peter C. Pohl (Hg.): Dimensionen literarischer Mobilität. Theorie – Buchmarkt – Motiv – Genre. Berlin: de Gruyter 2024, S. 87–122.

1 Gérard Genette: Paratexte. Das Buch vom Beiwerk des Buches. Mit einem Vorwort von Harald Weinrich. Aus dem Französischen von Dieter Hornig. Frankfurt am Main: Suhrkamp 2001 (= Suhrkamp Taschenbuch Wissenschaft 1510), S. 42. – Analog dazu heißt es über den Ort des Titels ebd., S. 67–68: »Heutzutage verfügt der Titel über vier nahezu obligatorische und einigermaßen redundante Stellungen: die Umschlagseite eins, den Umschlagrücken, das Titelblatt und den Schmutztitel, der im Prinzip

Titel und Namen von dort aus auch »in den gesamten Epitext *aus[schwärmen]*«[2] können, etwa »in Annoncen, Prospekte, Kataloge, Artikel, Interviews«[3] usw., um gleich anderen epitextuellen Elementen »*anywhere out of the book*«[4] zu zirkulieren. Wie der Hinweis auf Annoncen, Prospekte und Kataloge zeigt, sind sie damit immer auch in den »verlegerischen Epitext« integriert, den Genette in seiner grundlegenden Studie allerdings ziemlich leichthändig als bloße Werbemaschinerie abtut, für die er sich nicht weiter zu interessieren vorgibt, da er sich vor allem auf die auktoriale Dimension der Paratextualität fokussiert.[5]

Sowohl mit der peritextuellen Konzeption des Titels als auch mit seinem weitreichenden Desinteresse an der ökonomischen Dimension der verlegerischen (Werbe-)Praxis ignoriert Genette allerdings die simple Tatsache, dass Titel gemeinhin nicht etwa vom Titelblatt aus in den verlegerischen Epitext ausschwärmen, sondern genau umgekehrt aus diesem herkommen, um das Titelblatt gewissermaßen zu besetzen, weil sie längst schon in »Annoncen, Prospekte[n], Kataloge[n]«[6] existieren und zirkulieren, bevor das physische Buch den Leserinnen und Lesern zu Gesicht respektive in die Hände kommt. So gesehen liegt der Ursprung der Titel aber nicht in der Typographie, sondern in der *Bibliographie*, sofern Letztere im Anschluss an Friedrich Nestler sowohl im Sinne einer Verzeichnungspraxis als auch von deren Ergebnissen verstanden werden kann,[7] für die die buchhändlerische wie die bibliothekarische Fachterminologie die Begriffe »Titelaufnahme« und/oder »bibliographische Beschreibung« zur Verfügung stellen.[8] Als alternative Bezeichnungen für ein Ensemble

nur ihn in abgekürzter Form enthält. Häufig wird er jedoch auf der Umschlagseite vier wiederholt und/oder auf dem Kolumnentitel, das heißt am oberen Seitenrand, eine Stellung, die er möglicherweise mit den Kapitelüberschriften teilt, wobei ihm üblicherweise die linke Seite vorbehalten bleibt. Wenn der Umschlag [recte: Einband; MP] durch einen Schutzumschlag verdeckt ist, wird er unweigerlich darauf wiederholt, oder, besser gesagt, angekündigt. [...] Die in Leder (oder Lederimitation) gebundenen Bücher lassen auf der Umschlagseite eins [gemeint ist auch hier: der vordere Einbanddeckel; MP] den Titel oft weg, behalten ihn aber aus einleuchtenden Gründen auf dem Rücken bei, der in einer Bibliothek und oft in der Buchhandlung als einziger zu sehen ist und damit heute nach dem Titelblatt der zweite obligatorische Anbringungsort sein könnte.«

2 Ebd., S. 42. Hervorhebung MP.

3 Ebd.

4 Ebd., S. 328. Hervorhebung im Original.

5 Vgl. ebd., S. 331: »Ich werde nicht auf den verlegerischen Epitext eingehen, für dessen hauptsächlich werbende und ›verkaufsfördernde‹ Funktion der Autor meist nur auf sehr bezeichnende Weise verantwortlich ist, indem er sich nämlich darauf beschränkt, vor den aufwertenden Hyperbeln, nach denen das Geschäft verlangt, offiziell die Augen zu verschließen.«

6 Ebd., S. 42.

7 Vgl. Friedrich Nestler: Einführung in die Bibliographie. Stuttgart: Hiersemann 2005 (= Bibliothek des Buchwesens 16), S. 25–26, der »Bibliographie [...] als soziale Erscheinung« zu bestimmen versucht, deren konkrete Praxis im »schriftliche[n] Nachweis literarischer Dokumente« besteht. Letzterer wird mittels »Beschreibung und [...] Enumeration, das heißt [...] Aufzählung der einzelnen Nachweise« erbracht.

8 Vgl. zum Beispiel die bibliothekarische Definition bei Dietmar Strauch/Margarete Rehm: Lexikon Buch, Bibliothek, Neue Medien. 2., aktualisierte und erweiterte Aufl. München: Saur 2007, S. 422: »Unter

von Metatexten (bzw. von metatextuellen Elementen) liefern sie Synonyme für bibliographischen Epitext, der den Peritext (bzw. die peritextuellen Elemente) eines bestimmten Mediums referenziert.[9] Entgegen geläufiger Definitionen im Bibliothekswesen griffe es im vorliegenden Zusammenhang allerdings zu kurz, bibliographische Daten ausschließlich als eine bloße *Reproduktion* von Peritext zu verstehen. Für eine literatursoziologisch motivierte Betrachtung des praktischen Umgangs mit Bibliographie im literarischen Feld, wie sie im Folgenden unternommen wird, soll unter einem bibliographischen Epitext stattdessen auch die mögliche *Antizipation* von Peritext subsumiert werden, wenn er sich auf ein Buch oder ein anderes Medium bezieht, das als physisches Artefakt respektive als ein materieller Gegenstand des Buchhandels noch gar nicht existiert, weil er als solcher noch nicht hergestellt und buchstäblich verhandelt worden ist – wobei keinerlei Garantie dafür besteht, dass genau dies geschehen wird, also das referenzierte Buch auch wirklich erscheint.[10]

Dass eine solche Begriffsbestimmung durchaus sinnvoll ist, zeigt bereits ein oberflächlicher Blick auf den Leipziger Messkatalog, der über mehrere Jahrhunderte hinweg als *das* bibliographische Leitmedium der buchhändlerischen Novitäten-Verzeichnung im literarischen Feld fungierte, obschon bereits August Heinrich Hoffmann von Fallersleben im Jahr 1836 davon spricht, dass seine Konsultation nur solchen Personen empfohlen werden könne, »die wissen wollen, welche Bücher zu der Oster- und Michaelis-Messe wirklich *nicht* erschienen waren oder *nie* erschienen sind.«[11] Die Kritik des Germanisten trifft hier freilich eine bibliographische Verzeichnungspraxis, die zu keinem Zeitpunkt philologischen Erwartungen zu entsprechen versuchte; sie hatte vielmehr verlagspraktischen Interessen zu folgen, die aus den ökonomischen Strukturzusammenhängen des Buchhandels resultierten.

Titelaufnahme versteht man die formale Beschreibung von Büchern zum Zweck ihrer Einordnung in den [...] Katalog. Titelaufnahme bezeichnet sowohl den Vorgang der [...] Formalerschließung als auch deren Ergebnis.« Letzteres liegt als »Bibliographische Beschreibung« vor, die ein Buch »nach formalen Merkmalen wie z. B. [...] Verfasser, [...] Sachtitel oder [...] Erscheinungsjahr« charakterisiert (ebd., S. 46).

9 Per definitionem bestehen Titelaufnahmen aus »Bibliographischen Angaben«, die sich als die Summe aller »ein Buch kennzeichnenden Details« definieren lassen: »Titel, evtl. Untertitel sowie vorhandene Nebentitel, Verfasser oder Herausgeber, Auflage, Erscheinungsort und -jahr, Verlag, Seiten- und Abb.-anzahl, Format, Einbandbezeichnung und Ladenpreis [...]« (Helmut Hiller/Stephan Füssel: Wörterbuch des Buches. 7., grundlegend überarbeitete Aufl. Frankfurt am Main: Klostermann 2006, S. 47). Bibliographische Beschreibungen beziehen sich folglich auf jene medialen Elemente, die nach Genettes einschlägiger Definition des Begriffs »Paratext« einen Text als Buch »im vollsten Sinne des Wortes [...] *präsentieren*: ihn *präsent* [...] machen, und damit seine Rezeption und seinen Konsum ermöglichen« (Gérard Genette: Paratexte (Anm. 1), S. 9. Hervorhebungen im Original), wobei der Schwerpunkt auf dem »verlegerischen Peritext« liegt (ebd., S. 22).

10 Vgl. dazu grundsätzlich Friedrich Pfäfflin: Vom Schreiben 5. Ankündigungen oder »Mehr nicht erschienen«. Marbach am Neckar: Deutsche Schiller-Gesellschaft 1997 (= Marbacher Magazin 80).

11 August Heinrich Hoffmann von Fallersleben: Die deutsche Philologie im Grundriss. Ein Leitfaden zu Vorlesungen. Breslau: Aderholz 1836, S. XXII. Hervorhebungen im Original.

Vom 16. Jahrhundert bis ins Jahr 1860 erschienen, verzeichneten die zweimal jährlich zu Ostern und zu Michaelis aufgelegten Messkataloge all jene Novitäten, die von den am Leipziger Handelsverkehr teilnehmenden deutschen Verlegern Halbjahr für Halbjahr auf die entsprechende Messe gebracht und als Neuerscheinungen annonciert wurden.[12] Als eine Kombination aus buchhändlerischem Informations- und Werbemittel enthielt jede Ausgabe des Katalogs im Kern zwei getrennte Rubriken: 1. für die Bücher, die angeblich »wirklich erschienen sind«, und 2. für jene, die »inskünftig noch erscheinen sollen« und damit für die jeweils folgende Messe angekündigt wurden.[13] Idealiter unterschieden diese Rubriken mithin bibliographischen Epitext, der auf den realen Peritext bereits physisch vorliegender Buchartefakte verwies, von solchen Datensätzen, für deren epitextuelle Titelangaben noch keine peritextuellen Entsprechungen vorhanden waren, da sie die bibliographischen Beschreibungen erst später herauskommender Novitäten antizipierten. Faktisch bestand das nicht nur aus Sicht strenger Philologen wie Hoffmann von Fallersleben gegebene Problem mit dieser Differenzierung allerdings darin, dass die Messkataloge auch in der Rubrik der (angeblich) wirklich erschienenen Bücher regelmäßig eine oft recht hohe Anzahl an reinen Phantom-Titeln verzeichneten, während unter den als kommende Novitäten angekündigten Büchern mindestens ebenso viele annonciert wurden, die entweder überhaupt nicht oder aber unter ganz anderen, zumindest aber veränderten Titeln in den Handel gelangten.

Während dieser Umstand von der bisherigen Forschung vor allem als notorische Fehlerhaftigkeit der Messkataloge markiert wurde, um deren zweifelhaften Quellenwert – etwa für die historische Statistik der deutschsprachigen Buchproduktion[14] – zu betonen, soll der

12 Die Geschichte der Messkataloge beginnt zunächst in den Jahren 1564 und 1573 mit den Verzeichnissen des Augsburger Buchhändlers Georg Willer, die anlässlich der Frankfurter Messen aufgelegt wurden; der erste Leipziger Messkatalog ist 1594 bei Henning Grosse erschienen. Nach dem Bedeutungsverlust des Frankfurter Messebetriebs im 18. Jahrhundert und dem Aufstieg Leipzigs zum dominierenden Zentrum des deutschen Buchhandelsverkehrs markiert das Jahr 1759 eine für die folgenden Zusammenhänge wesentliche Etappe in der Geschichte der Messkataloge, als ihre Verlagsrechte an die Weidmann'sche Verlagshandlung unter Philipp Erasmus Reich übergehen; vgl. dazu im Überblick Rudolf Blum: Vor- und Frühgeschichte der nationalen Allgemeinbibliographie. Frankfurt am Main: Buchhändler-Vereinigung 1959 (= Sonderdruck aus dem Archiv für Geschichte des Buchwesens 2); Rudolf Blum: Nationalbibliographie und Nationalbibliothek. Die Verzeichnung und Sammlung der nationalen Buchproduktion, besonders der deutschen, von den Anfängen bis zum Zweiten Weltkrieg. Frankfurt am Main: Buchhändler-Vereinigung 1990 (= Sonderdruck aus dem Archiv für Geschichte des Buchwesens 35); sowie Bernhard Fabian: Die Meßkataloge des achtzehnten Jahrhunderts. In: Ders.: Der Gelehrte als Leser. Über Bücher und Bibliotheken. Hildesheim: Olms 1998, S. 231–257.

13 Entsprechend lautete der volle Titel der bei Weidmann verlegten Kataloge ab dem Jahr 1760: *Allgemeines Verzeichniß derer Bücher, welche in der Frankfurter und Leipziger Ostermesse* [bzw. *Michaelismesse*; MP] *des* [...] *Jahres entweder ganz neu gedruckt, oder sonst verbessert, wieder aufgelegt worden sind, auch ins künftige noch herauskommen sollen*. Sie werden im Folgenden unter der Sigle MK (für ›Messkatalog‹) und der nachgestellten Angabe ›Ostern‹ oder ›Michaelis‹ zitiert.

14 Vgl. zum Beispiel Gustav Schwetschke: Codex Nundinarius Germaniae Literatae Bisecularis. Meß-Jahrbücher des Deutschen Buchhandels von dem Erscheinen des ersten Meß-Kataloges im Jahre 1564 bis

Katalog im Folgenden überhaupt nicht weiter als *Quelle* für die Beantwortung retrospektiver Recherchefragen betrachtet, sondern vielmehr in seinem Status als *Gegenstand* für eine praxeologisch und feldsoziologisch fundierte Literaturwissenschaft ernst genommen werden, vor deren Horizont seine vorgeblichen Fehler oder Schwächen als wesentliche Effekte eines bibliographischen Inszenierungsraums anzuerkennen sind, der sowohl von verlegerischer wie von auktorialer Seite bespielt wurde. Was sich mithin aus quellenkundlicher Sicht als bibliographische Unzuverlässigkeit darstellt, erweist sich unter verändertem Blickwinkel als das Ergebnis sehr bewusster aufmerksamkeitsökonomischer Strategien und Entscheidungen unterschiedlicher Akteure des literarischen Feldes, die im und mit dem Messkatalog Politik zu machen versuchten. Konkret handelt es sich dabei um Formen einer bibliographischen Titel-Politik, die in Hinblick auf die zeitgenössischen Autoren-Verleger-Beziehungen im weiteren Kontext dessen zu verorten ist, was mit Steffen Martus als »Werkpolitik« beschrieben werden kann.[15]

Der Begriff der bibliographischen Inszenierung von Büchern im Messkatalog ist dabei eng mit demjenigen ihres *Erscheinens* assoziiert, zumal sich im Anschluss an Martin Seel jegliche Praxis des Inszenierens als ein »Erscheinenlassen« definieren lässt.[16] Erscheinen neue Bücher im 18. Jahrhundert noch nicht beliebig über das Jahr verteilt, sondern gezielt zweimal jährlich zu den entsprechenden Messe-Terminen im Frühjahr und Herbst,[17] zu denen sie buchstäblich auf den Markt gebracht und über Leipzig in Umlauf gesetzt werden, so markiert die bibliographische Annoncierung ihrer Titel-Daten in den aktuellen Messkatalogen den Beginn eines Erscheinungs-Prozesses, der sich aus auktorialer Perspektive als eine Kette von Anschluss-Kommunikationen darstellt, über die ein Buch im Diskurs *sichtbar* und schließlich im Wortsinne *greifbar* wird. Christian Fürchtegott Gellert etwa stellt im Jahr 1748 über seine Partizipation am zeitgenössischen Büchermarkt fest: »Es ist

zu der Gründung des ersten Buchhändler-Vereins im Jahre 1765. Halle/Saale: Schwetschke 1850; sowie Gustav Schwetschke: Codex Nundinarius Germaniae Literatae Continuatus. Der Meß-Jahrbücher des Deutschen Buchhandels Fortsetzung, die Jahre 1766 bis einschließlich 1846 umfassend. Halle/Saale: Schwetschke 1877. – Zur grundlegenden Problematik entsprechender Statistiken vgl. den kritischen Forschungsbericht von Horst Meyer: Buchhandel. In: Werner Arnold/Wolfgang Dittrich/Bernhard Zeller (Hg.): Die Erforschung der Buch- und Bibliotheksgeschichte in Deutschland. Wiesbaden: Harrassowitz 1987, S. 188–260; sowie für die Frühe Neuzeit auch Oliver Duntze: Verlagsbuchhandel und verbreitender Buchhandel von der Erfindung des Buchdrucks bis 1700. In: Ursula Rautenberg (Hg.): Buchwissenschaft in Deutschland. Ein Handbuch. Berlin: de Gruyter 2010, S. 203–256.

15 Vgl. Steffen Martus: Werkpolitik. Zur Literaturgeschichte kritischer Kommunikation vom 17. bis ins 20. Jahrhundert. Mit Studien zu Klopstock, Tieck, Goethe und George. Berlin: de Gruyter 2007 (= Historica Hermeneutica 3).

16 Vgl. Martin Seel: Inszenieren als Erscheinenlassen. Thesen über die Reichweite eines Begriffs. In: Josef Früchtl/Jörg Zimmermann (Hg.): Ästhetik der Inszenierung. Frankfurt am Main: Suhrkamp 2001 (= Edition Suhrkamp/Aesthetica 2196), S. 48–62.

17 Vgl. dazu auch Michael Pilz: Paratext und Evidenz (Anm. *), S. 91–94.

gar zu hübsch, wenn man sich in dem Meßcatalogo, bald darauf in den Zeitungen und in den Journalen, und endlich in den Händen der Welt sieht.«[18]

Noch ein rundes Halbjahrhundert später entzündet sich das Glück der Autorschaft für Jean Pauls fiktiven Quintus Fixlein nicht etwa daran, die ausgedruckten Belegexemplare seines ersten selbst verfassten Buches in Händen halten zu können, sondern vielmehr daran, dessen bibliographische Titeldaten im Messkatalog zu registrieren, die das Erscheinen der physischen Artefakte ankündigen – und vorderhand noch substituieren:

> Er trug nur noch einige Gedankenstriche als Fäden der Rede nach und sah dann das Opus nicht mehr an, weil er es vergessen wollte, damit er nach dem Abdrucke über seine eignen Gedanken erstaunte. Nun konnt' er den Meßkatalog [...] ohne Seufzer aufschlagen: er war auch gedruckt wie ich.[19]

Zum angemessenen Verständnis dieser Zitate ist es unerlässlich, die temporale Sukzession von Katalogdruck, Messetermin und der tatsächlichen Greifbarkeit einer literarischen Novität im Sortiment für ein Publikum zu beachten, das idealiter über die schon mehrere Wochen vor Messebeginn ausgegebenen Kataloge bei seinem örtlichen Buchhändler Vorbestellungen machte, um die gewünschten Neuerscheinungen von den nach Leipzig reisenden Verlegersortimentern mitgebracht zu bekommen, sofern es nicht erst im Nachhinein – notabene wiederum kataloggestützt – seine Wünsche formulierte.[20] Konzeptionell jedenfalls fungierten die Messkataloge als die sprichwörtlichen »Herolde« einer jeden Messe, von denen etwa Karl August Böttiger zu Michaelis 1804 zu berichten wusste: »Auch die Gelehrsamkeit und Kunst hatte ihre Herolde vorausgeschikt [sic!]. Aus der Weidmannischen Handlung war der [...] Meßkatalog schon seit 3 Wochen ausgeflogen [...].«[21] Dasselbe Bild findet sich auch in der Geschäftskorrespondenz des Verlegers Georg Joachim Göschen wieder, der im Vorfeld der Ostermesse 1805 an seinen Autor Schiller schreibt: »Die Messe steht vor der Thür und der fette Meßcatalogus ist als ein fürchterlicher Herold schon eingerückt.«[22]

Die bibliographischen Beschreibungen der Messe-Novitäten zirkulierten damit in aller Regel schon geraume Zeit vor den Büchern selbst im literarischen Diskurs, deren Titel zunächst als Epitext (im Katalog) und nicht etwa als Peritext (über das Titelblatt) öffentlich in Erscheinung traten. Der zentralen Redaktion des Messkatalogs, für die seit 1759 die Leipziger Verlagsbuchhandlung Weidmann verantwortlich zeichnete, oblag es, die Titeldaten möglichst termingerecht von den messetreibenden Verlegern einzufordern, die sie postalisch

18 Christian Fürchtegott Gellert an Moritz Ludwig Kersten. Leipzig, 25.10.1748. In: C. F. Gellerts Briefwechsel. Hg. von John F. Reynolds. Bd. 1: 1740–1755. Berlin: de Gruyter 1983, S. 25–26.

19 Jean Paul: Leben des Quintus Fixlein [1796]. In: Ders.: Sämtliche Werke. Hg. von Norbert Miller. Abt. I, Bd. 4: Kleinere erzählende Schriften 1796–1801. München: Hanser 1975, S. 7–260, hier S. 89.

20 Vgl. Michael Pilz: Praktiken der Verzeichnung (Anm. *), S. 116–128.

21 Karl August Böttiger: Blike [sic!] auf die Leipziger Michaelismesse 1804. In: Allgemeine Zeitung, Nr. 325 (20. November 1804), S. 1297.

22 Georg Joachim Göschen an Friedrich Schiller. Leipzig, 28.4.1805. In: Schillers Werke. Nationalausgabe. Begründet von Julius Petersen. Bd. 40: Briefwechsel. Briefe an Schiller, 1.1.1803–17.5.1805, Teil 1: Text. Hg. von Georg Kurscheidt und Norbert Oellers. Weimar: Böhlau 1987, S. 318.

nach Leipzig schickten, ohne dass die Redakteure selbst Einsicht in die anzuzeigenden Bücher genommen hätten.[23] Ihre Verzeichnungspraxis beruhte also nicht etwa auf Autopsie, sondern beschränkte sich auf die bloße Kopie von Titelkopien sowie auf deren enumerative Anordnung und Rubrizierung gemäß der geltenden Katalogordnung. Die bibliographische Qualität respektive die relative Vollständigkeit oder Unvollständigkeit wie auch der schlichte Wahrheitsgehalt der Einträge war im Wesentlichen vom Zustand der paratextuellen Angaben abhängig, die die Verleger übermittelten. Letztere waren folglich als die eigentlichen »Verfasser« eines bibliographischen Mediums zu adressieren,[24] über dessen Datenbestand sie insofern einen hohen Grad an Verfügungsgewalt behielten, als die Katalogredaktion bei der Manuskripterstellung auf Korrekturen, Ergänzungen oder sonstige Eingriffe in die übersandten Meldungszettel allein schon aus terminlich-pragmatischen und arbeitsökonomischen Gründen weitgehend verzichtete. Auch die Frage, ob die eingesandten Titel unter die bereits »Fertig gewordenen Schriften« oder aber in die Liste der »Schriften, welche künftig herauskommen sollen« eingerückt werden sollten, beruhte auf der Vorentscheidung der Verleger, die dies gegenüber der Katalogredaktion zu vermerken hatten. Bei fehlenden Hinweisen auf eine Vorankündigung ist jedoch davon auszugehen, dass die entsprechenden Bücher redaktionsseitig prinzipiell als ›fertige‹ verzeichnet wurden – unabhängig davon, ob dies tatsächlich zutraf oder nicht.[25]

Diese fehlende Kontrolle durch die Katalogredaktion führte spätestens in der zweiten Hälfte des 18. Jahrhunderts dazu, dass die bibliographischen Titelanzeigen in den Messkatalogen immer deutlicher von den Tatsachen der realen Bücherproduktion, wie sie auf die Messen gebracht wurde, abzuweichen begannen. Im August 1797 etwa schätzte der Breslauer Verlagsbuchhändler Johann Friedrich Korn d. Ä. anhand des aktuellen Messkatalogs die

> Menge neuer Bücher [...], von denen viele noch gar nicht existiren, manche noch nicht im Manuskript entworfen sind, verschiedene erst in langer Zeit im Druck beendigt werden, viele ganz im Druck unterbleiben, viele unter andern Titeln, als im Kataloge angezeigt ist, nachhher erscheinen [...], in der Oster-Messe auf eine Zahl von hundert und darüber.[26]

Gemäß einer anderen zeitgenössischen Berechnung von Karl August Böttiger belief sich im ersten Jahrfünft des 19. Jahrhunderts die durchschnittliche Menge der im Messkatalog »als fertig angezeigten Bücher, [die] dies noch lange nicht sind«, auf rund ein Drittel der Gesamttitelzahl pro Halbjahresverzeichnis.[27]

23 Vgl. Michael Pilz: Praktiken der Verzeichnung (Anm. *), S. 90–97.

24 Entsprechend wandte sich 1822 auch der neue Verleger des Messkatalogs, Georg Andreas Reimer, in einer seiner programmatischen Vorreden expressis verbis »an die Verfasser des Mess-Catalogs (ich meine die Verleger)« (MK 1822 Michaelis, S. I).

25 Vgl. Michael Pilz: Praktiken der Verzeichnung (Anm. *), S. 96–97.

26 Johann Friedrich Korn d. Ä.: Warnungs-Anzeige an die Herren Skalen-Meister des Wachsthumes der Schriftstellerei, und der Ausbreitung der Gelehrsamkeit in jedem Fache derselben. In: Allgemeiner litterarischer Anzeiger, Nr. 100 (22. August 1797), Sp. 1017–1018.

27 Karl August Böttiger: Blike [sic!] auf die Leipziger Michaelismesse 1802. In: Allgemeine Zeitung,

In der Einschätzung, dass es sich dabei um einen »Missbrauch«[28] des Katalogs durch die Verleger handelte, war sich die publizistische Öffentlichkeit um 1800 weitestgehend einig. Neben den Kundinnen und Kunden des Buchhandels, die ihre bibliographisch angefütterten Erwartungen an die Novitäten-Produktion von Messe zu Messe oft genug enttäuscht sahen,[29] zeigten sich vor allem die Autorinnen und Autoren selbst über die gängige Praxis ihrer Verleger irritiert, in den Messkatalogen Titelankündigungen vorzunehmen, die offenkundig mit ihnen als den Urhebern der annoncierten Werke nicht weiter abgesprochen waren:

> Was die neue Redaktion meiner frühern Kunstansicht zur Sammlung meiner Werke betrifft, so ist es allerdings Ernst damit, obwohl Hitzig, der früher aus Mangel am *nervus rerum gerendarum* sehr zögerte, jetzt mit einemmale den zweiten Theil sogar in den Meßkatalog als fertig ganz ohne mein Wissen hat setzen lassen[,]

schreibt etwa Friedrich Schlegel am 10. November 1810 an Sulpiz Boisserée über das Vorgehen seines Berliner Verlegers Julius Eduard Hitzig,[30] der sich damit nicht sonderlich ungewöhnlich verhielt – im Gegenteil: Die Autoren-Briefwechsel des 18. und frühen 19. Jahrhunderts sind voll mit Klagen und Beschwerden der Verfasser über ihre buchhändlerischen Geschäftspartner, die in den Messkatalogen gleichsam bibliographische Fakten schufen, ohne sie mit den auktorialen Interessenlagen ausreichend akkordiert zu haben. In manchen Fällen entsteht dabei der Eindruck, dass sich das verlegerische Bemühen, gegenüber dem Publikum bibliographische Sichtbarkeit für ein projektiertes Verlagsprodukt zu erzeugen, mit der Absicht gegenüber den Autoren verband, einen gewissen Druck für die Fertigstellung eines in Arbeit befindlichen Manuskripts aufzubauen.[31] So heißt es etwa in einem Brief des Erfolgsschriftstellers Johann Martin Miller an Johann Heinrich Voß vom 19. September 1776 über ein schmales Bändchen mit dem Titel *Predigten fürs Landvolk*, das dessen Verleger Weygand – der zu allem Überfluss Millers Vetter war[32] – zur zurückliegenden Ostermesse zunächst noch als künftige Neuerscheinung sowie zur Michaelismesse als bereits fertig gewordene Schrift in den Katalog gesetzt hatte:

Nr. 342 (8. Dezember 1802), S. 1381–1382; sowie Karl August Böttiger: Blike [sic!] auf die Leipziger Michaelismesse 1804. In: Allgemeine Zeitung, Nr. 362 (27. Dezember 1804), S. 1445.

28 Karl August Böttiger: Blike [sic!] auf die Leipziger Michaelismesse 1804. In: Allgemeine Zeitung, Nr. 362 (27. Dezember 1804), S. 1445.

29 Vgl. Michael Pilz: Praktiken der Verzeichnung (Anm. *), S. 66.

30 Friedrich Schlegel an Sulpiz Boisserée. Wien, 10.11.1810. In: Sulpiz Boisserée: Briefwechsel, Tagebücher. Mit einem Nachwort von Heinrich Klotz. Bd. 1. Stuttgart: Cotta 1862, S. 89–92, hier S. 90. Vgl. dazu die Anzeige in MK 1810 Michaelis, S. 356: »Schlegel, Fr. [...] sämmtliche Werke. 2r Bd. Briefe über die Kunst. Auf Schreib-Post-Velin u. geglätt. Schweizervelin-Pap. gr. 8. Berlin, Hitzig«.

31 Vgl. Michael Pilz: Praktiken der Verzeichnung (Anm. *), S. 99–102.

32 Vgl. Reinhard Wittmann: Der Verleger Johann Friedrich Weygand in Briefen des Göttinger Hains. In: Archiv für Geschichte des Buchwesens 10 (1970), Sp. 319–344.

Ich schrieb die Predigten in aller Eile, weil sie Weyg[and]. dem ich einmal davon sagte, schon im Meß-Catalogus angezeigt hatte. Hätt er nicht in mich gedrungen, hätt ichs liegen lassen – doch mag auch manch gutes drinn seyn.[33]

Mochte der bibliographisch induzierte Termindruck, den Miller hier namhaft macht, im kollegialen Austausch zugleich als mögliche Ausrede für manch weniger gelungenes Prosastück ins Feld geführt werden, sahen sich andere Autoren als Betroffene einer mitunter rigorosen Titel-Politik durch die messetreibenden Verleger zu öffentlichem Widerspruch provoziert. Ein sicherlich extremes Beispiel stellt dabei der Fall des Greifswalder Juristen und Universitätsprofessors Karl Theodor Gutjahr dar, der unter dem Datum des 16. Mai 1808 die folgende Erklärung in das Intelligenzblatt der *Allgemeinen Literatur-Zeitung* einrücken ließ:

Ich bin es der Wahrheit und mir selbst schuldig, zu erklären, daß von mir jetzt *kein* ›allgemeines Gesellschaftsrecht‹ geschrieben, und ein dergleichen Buch unter meinem Namen ganz ohne und gegen meinen Willen in den neuesten Meßkatalog gesetzt worden ist.[34]

Tatsächlich war ein entsprechender Titel unter Gutjahrs Namen im Katalog der Ostermesse 1808 durch den Leipziger Verleger Martini als bereits »fertig gewordene Schrift« angezeigt worden.[35]

Die Gründe für ein solches Fingieren von Titeln waren in erster Linie marktstrategischer Natur, wie Johann Friedrich Korn d. Ä. anno 1797 im *Allgemeinen litterarischen Anzeiger* erläuterte: Zum einen dienten sie den Verlegern als Versuchsballons zur Sondierung der Nachfragesituation im Messehandel wie bei den Endkunden im Sortiment;[36] und zum anderen würden jene Buchhändler, die auf der Messe auch nach Einführung des Konditionshandels weiterhin am Tauschgeschäft festhielten, durch die Anzeige noch unfertiger oder projektierter Ware im Katalog versuchen, »Change-Kredit zu machen«.[37] Auch Karl August Böttiger legt die wirtschaftlichen Zusammenhänge offen, die um 1800 dazu führten, den traditionellen Buch- in einen regelrechten Titelhandel zu verwandeln, nach dessen Maßgaben die zur Messe reisenden Verleger Spekulationsgeschäfte mit Paratexten betrieben:

33 Johann Martin Miller an Johann Heinrich Voß. Ulm, 19.9.1776. In: Der Briefwechsel zwischen Johann Martin Miller und Johann Heinrich Voß. Hg. von Manfred von Stosch unter Verwendung von Vorarbeiten von Alain Faure. Berlin: de Gruyter 2012, S. 42.

34 Intelligenz des Buch- und Kunsthandels. In: Allgemeine Literatur-Zeitung, Nr. 165 (4. Juni 1808), Sp. 297–304, hier Sp. 304. Hervorhebung MP.

35 Vgl. MK 1808 Ostern, S. 72: »Gutjahr's, Dr. K. Th., allgemeines Gesellschaftsrecht. 8. Leipzig, Martini.«

36 Vgl. Johann Friedrich Korn d. Ä.: Warnungs-Anzeige (Anm. 26), Sp. 1018. – In diesem Sinne schreibt beispielsweise Friedrich Arnold Brockhaus am 12.5.1807 an Karl August Böttiger über ein nicht realisiertes Zeitschriftenprojekt: »Im MessCatalog haben wir es setzen laßen um aus den NachFragen der deutschen Buchhandlungen darnach einigermaßen das Publikum zu pulsen! – Wenn unser Gehülfe von Leipzig zurückkommt, werden wir näher sehen!« (Karl August Böttiger/Friedrich Arnold Brockhaus: Briefwechsel 1807–1823. Hg. von Bernhard Fischer und Claudia Taszus. Leipzig: Lehmstedt 2024, S. 15–17; vgl. dazu auch Michael Pilz: Paratext und Evidenz (Anm. *), S. 97).

37 Johann Friedrich Korn d. Ä.: Warnungs-Anzeige (Anm. 26), Sp. 1018.

> Die Novitäten-Wappen vieler Buchhändler bestehen oft nur in schöngedruckten Titeln, die man zwar mit verrechnet, aber oft erst Monate lang hinten drein abliefert [...]. Und wie oft wird nicht dasselbe Gericht unter verschiedenen Benennungen aufgeschüsselt?[38]

Laut Böttigers Darstellung würden die deutschen Verleger von Messe zu Messe weit weniger Aufmerksamkeit in die Fertigstellung neuer Bücher als in die Lancierung bibliographischer Daten investieren, da sich ein stets »titelvolle[r], doch buchleere[r] Meßkatalog«[39] für das Betreiben von Vorschussgeschäften und/oder für die klandestine Umetikettierung von Alt- in Neuware nutzen ließ. Von der »ungeheuern Titel-Vervielfältigung«[40] von Messkatalog zu Messkatalog könne daher nicht zwangsläufig auch auf eine tatsächliche Potenzierung des Angebots an neuen literarischen Werken geschlossen werden, da die bibliographischen Manipulationen der Verleger neben der Annoncierung faktisch ungedeckter Ankündigungen (das heißt Titel *ohne* Buch) auch die mehrfache paratextuelle Rahmung ein und desselben Werkes (das heißt mehrere Titel für *ein* Buch) vorsehen konnte. Tatsächlich finden sich in den Messkatalogen neben zahlreichen nie erschienenen auch »eine Menge alter Bücher« angezeigt, die – wie Johann Friedrich Korn d. Ä. monierte –

> nichts weiter als Artikel aus dem Makulatur-Verlage der Herren Buchhändler sind, welche den Verlust nicht verschmerzen können, und *remedium restitutionis* darin suchen, daß sie Modetitel wählen, darunter alten Wust aufzuputzen, und auf den Schaden der Gelehrten- und Lesewelt ihren Ersatz, auch wohl ihr Glück zu gründen suchen. Manchen gelingt diese Spekulation; ich nenne es Betrug, weil sie bei der Anzeige des neuen Titels im Meß-Kataloge nicht zugleich anzeigen, wie der erste, auch manchmal der zweite Titel, unter dem es nicht abgehen wollte, geheißen hat.[41]

Im aufmerksamkeitsökonomischen Kontext eines literarischen Feldes, dessen Diskursteilnehmern mit Ludwig Börne polemisch unterstellt werden konnte, dass sie selbst von der Existenz der Bibel nicht eher Notiz nehmen würden, »als bis sie im Leipziger Meßkatalog unter den Büchern verzeichnet steht, ›die wirklich fertig geworden sind‹«,[42] musste die bibliographische Vervielfältigung der Titelangaben für ein und dasselbe Buch allerdings nicht zwangsläufig auf betrügerischen Absichten beruhen. Mitunter konnte sie auch nur darauf zurückgeführt werden, dass der Aushandlungsprozess über die endgültige Titelwahl zwischen Verleger und Autor zum nächstmöglichen Messetermin noch nicht zum Abschluss gekommen war, so dass sich die bibliographische Annoncierung in den Katalogen von der Vorankündigung bis zum endgültigen Erscheinen wiederholt veränderte.[43] Ein prominentes

38 Karl August Böttiger: Uebersichten der Leipziger Jubilatemesse 1803. In: Allgemeine Zeitung, Nr. 231 (19. August 1803), S. 921.

39 Karl August Böttiger: Blike [sic!] auf die Leipziger Michaelismesse 1804. In: Allgemeine Zeitung, Nr. 325 (20. November 1804), S. 1297.

40 Karl August Böttiger: Uebersichten der Leipziger Jubilatemesse 1803 (Anm. 38).

41 Johann Friedrich Korn d. Ä.: Warnungs-Anzeige (Anm. 26), Sp. 1017.

42 Ludwig Börne: Altes Wissen, neues Leben. In: Ders: Sämtliche Schriften in vier Bänden. Hg. von Inge und Peter Rippmann. Bd. 1. Düsseldorf: Melzer 1964, S. 707–725, hier S. 724.

43 Vgl. zum Folgenden Michael Pilz: Praktiken der Verzeichnung (Anm. *), S. 107–108.

Beispiel dafür liefert Johann Peter Hebels *Schatzkästlein des rheinischen Hausfreundes*, dessen Verleger Cotta im Katalog der Ostermesse von 1810 die folgende Titelanzeige in der Rubrik der »Fertig gewordenen Schriften« veröffentlicht hatte:

> Hebel's, (Verf. der allem. Gedichte) Schatzkästlein aus den Papieren des deutschen Hausfreundes. 8. Tübingen, Cottasche Buchhandlung.[44]

Angesichts der Tatsache, dass auch das *Schatzkästlein* zum gegebenen Zeitpunkt längst noch nicht »fertig geworden« war, sondern der Autor noch immer über der Textrevision saß, formulierte Hebel am 9. Juni 1810 in einem Brief an den Verleger höfliche, aber zugleich sehr bestimmte Einwände:

> Nur den Titel: Schatzkästlein des rheinländischen Hausfreundes sähe ich nicht gern mit demienigen vertauscht, den Sie im Meßkatalog aufgeführt haben. Das Prädikat des deutschen Hausfreundes rechtfertigt sich durch nichts, weder durch den Namen einer früheren Schrift, aus welcher die Aufsätze zusammen getragen sind, noch durch den Innhalt. Hausfreund einer großen Nation klingt ohnehin ein wenig zu eng und zu weit neben einander. Es müßte eher deutscher Volksfreund oder Bären Anbinder heißen.[45]

Cotta zeigte sich einsichtig und berichtigte sein verlegerisches Vorgreifen gegenüber den auktorialen Titelinteressen prompt im Katalog der nächstfolgenden Michaelismesse. Dort erschien – nun auch in der zutreffenden Rubrik der »Schriften, welche künftig herauskommen sollen« – die korrekte Ankündigung:

> Hebel's Schatzkästlein des rheinischen Hausfreundes. 8. Tübingen, Cotta'sche Buchhandlung[46]

Das Buch wurde schließlich zu Ostern 1811 ausgeliefert, mit einem vollen Jahr Verzögerung gegenüber der übereilten Erstanzeige.[47]

Das Beispiel Hebels zeigt zweierlei: Zum einen, dass, wenn Autorschaft »Werkherrschaft« meint,[48] diese nicht nur um 1800 auch bedeutet, die Herrschaft über die bibliographischen Daten zu behalten, mit denen ein Werk in der Öffentlichkeit kommuniziert wird. Und zum anderen, dass es vonseiten der Autoren durchaus nicht unmöglich war, auf die verlegerische Anzeige der Titeldaten im Messkatalog Einfluss auszuüben. Eine solche Möglichkeit war vor allem dort gegeben, wo das Verhältnis zwischen Autor und Verleger – wie im Falle Cottas – idealiter auf einen freundschaftlichen Umgang reflektierte, welcher aus der Perspektive des letzteren dem Konzept verpflichtet blieb, nicht allein in Bücher, sondern eben in *Autoren* zu investieren, die es langfristig an den Verlag zu binden und daher

44 MK 1810 Ostern, S. 71. Die Ziffer 8 zwischen Titel und Verlagsort bezeichnet das Buchformat (Oktav).

45 Johann Peter Hebel an Johann Friedrich Cotta, 9.6.1810. In: Ders.: Briefe. Gesamtausgabe. Hg. von Wilhelm Zentner. Bd. 2. Karlsruhe: Müller 1957, S. 469.

46 MK 1810 Michaelis, S. 410.

47 Vgl. Michael Pilz: Praktiken der Verzeichnung (Anm. *), S. 107.

48 Heinrich Bosse: Autorschaft ist Werkherrschaft. Über die Entstehung des Urheberrechts aus dem Geist der Goethezeit. Neue, mit einem Nachwort von Wulf D. von Lucius versehene Ausg. München: Fink 2014.

auch möglichst entgegenkommend zu behandeln galt. Dass dabei mancher Schriftsteller, der sich seines Marktwerts bewusst war, seinerseits nicht davor zurückschreckte, mit fingierten Titelmeldungen die eigene Position auf dem literarischen Markt zu verbessern, zeigt niemand besser als Friedrich Schiller, der noch vor seinem Wechsel zu Cotta die Rolle des Messkatalogs als Instrument der Werkpolitik für den Verkehr mit seinen Verlegern erkannt und (wenn auch erfolglos) strategisch einzusetzen versucht hatte.[49]

Wie alle Akteurinnen und Akteure des literarischen Feldes um 1800 zählte auch Schiller zu den regelmäßigen Beobachtern des Messkatalogs,[50] bei dessen Durchsicht er zur Ostermesse 1788 auf die Anzeigen von Neuausgaben sowohl seiner *Verschwörung des Fiesco zu Genua* als auch von *Kabale und Liebe* gestoßen war. Die Titeleinträge verwiesen nicht etwa auf Raubdrucke, deren Verzeichnung im Messkatalog grundsätzlich unterbunden worden war,[51] sondern ganz im Gegenteil auf »Neue Originalausgaben« des Erstverlegers Schwan in Mannheim, die auch als solche hinreichend gekennzeichnet waren.[52] Allerdings hatte es Schwan respektive dessen Compagnon Götz weder für nötig erachtet, Schiller vorab über die Neuverwertung seiner Werke in Kenntnis zu setzen, noch konnte der Autor überhaupt mit einem Honorar für die Nachauflagen rechnen. In einem Brief an seinen neuen Verleger Göschen klagt Schiller am 19. April 1788 zwar deutlich genug über diese Missachtung seiner Geschäftsinteressen durch Schwan und Götz, entwickelt aber gleichzeitig gegenüber ihrem Leipziger Konkurrenten auch den Plan zu einer konzertierten Gegenaktion:

> Ich will mich also dießmals meines Vortheils bedienen und, wenn *Sie* mit mir einverstanden seyn wollen, eine Neue durchaus verbeßerte [...] Auflage meiner Schauspiele für die Michaëlis Messe ankündigen, welche in Ihrem Verlage herauskommen soll. Dabey thun Sie mir nur den Gefallen und bekennen sich gegen Götzen zum Verleger, laßen ihn dabey merken, wie schändlich er mit mir umgegangen sey. [...] Eigentlich ist mein Plan nicht, daß es diese Michaelismeße geschehen soll; aber ich will Götzen damit in Furcht setzen der mir für beide Stücke zusammen die er jetzt ohne mein Wißen auf die Meße gebracht 100 rth. bezahlen soll.[53]

Gleichzeitig mit diesem Brief an Göschen hatte Schiller sich auch direkt an den Mannheimer Verlag gewandt, wie er eine knappe Woche später an Körner berichtet:

> Ich habe [...], nach dem Anrathen aller meiner hiesigen Freunde, ein Schreiben an Herrn Götz ergehen lassen, und ihm darinn die Wahl gegeben ob er mir diese Edition mit 100 rth. bezahlen, oder es darauf

49 Vgl. zum Folgenden Michael Pilz: Praktiken der Verzeichnung (Anm. *), S. 108–110.

50 Vgl. ebd., S. 13–17.

51 Vgl. ebd., S. 138.

52 Vgl. MK 1788 Ostern, S. 65 (*Kabale und Liebe*) und S. 124 (*Die Verschwörung des Fiesco zu Genau*); die bibliographischen Angaben dort jeweils mit dem Zusatz: »Neue Originalausgabe«.

53 Friedrich Schiller an Georg Joachim Göschen. Weimar, 19.4.1788. In: Schillers Werke. Nationalausgabe. Begründet von Julius Petersen. Bd. 25: Briefwechsel. Schillers Briefe, 1.1.1788–28.2.1790. Hg. von Eberhard Haufe. Weimar: Böhlau 1979, S. 44–45. Hervorhebung im Original.

ankommen lassen wolle, daß ich selbst eine verbeßerte Auflage meiner Stücke [...] für die Michaelismesse veranstalte und noch in *dieser* ankündige.[54]

Bereits die *rhetorische* Ankündigung einer *bibliographischen* Ankündigung eines Titels im Messkatalog dient Schiller also als Druckmittel, um seiner finanziellen Forderung nach einer angemessenen Vergütung seiner Jugendwerke das nötige Gewicht zu verleihen. Die Option einer tatsächlichen Anzeige zu Michaelis 1788 – die freilich ebenso wenig erfolgt ist, wie sich Götz und Schwan auf die Zahlung der geforderten Honorar-Summe eingelassen haben[55] – soll dabei als Spielstein in der Hinterhand des Autors verbleiben, um weitere Schritte setzen zu können, ohne dass die tatsächliche Realisierung des Konkurrenz-Projekts zum angegebenen Zeitpunkt überhaupt ernsthaft in Erwägung gezogen wird. Schillers Formulierungen zeigen im Gegenteil deutlich, dass der Autor die Nichtpublikation des anzukündigenden Buches trotz seiner geplanten Annoncierung explizit mit einkalkuliert. Nicht um die termingerechte Veröffentlichung einer neuen Dramenausgabe ist es ihm mithin zu tun, sondern lediglich um die Platzierung ihrer bibliographischen Daten, die sich gleichsam als taktisches Instrument der Werkpolitik verselbständigen, um die gegnerischen Akteure damit »in Furcht« und die eigenen Ansprüche durchsetzen zu können.

Unabhängig von Schillers Misserfolg im konkreten Fall folgt sein Agieren einem Muster der strategischen Indienstnahme des Messkatalogs bzw. seiner Einträge zu auktorialen Positionierungszwecken, das sich auch bei anderen Schriftstellern der Zeit ausmachen lässt.[56] Ein besonders instruktives Beispiel soll hier am Ende der Betrachtung stehen: Es betrifft mit Friedrich Nicolai einen Autor, der – obwohl in Personalunion auch als Verleger tätig – in diesem Fall gerade *nicht* verlegerisch, sondern primär im Sinne einer auktorialen Positionierung agierte. Während nämlich der *Buchhändler* Nicolai in der Korrespondenz mit seinen Geschäftspartnern den medialen Charakter des Messkatalogs am liebsten auf dessen kaufmännischen Gebrauch beschränkt sehen wollte,[57] scheute der *Schriftsteller* Nicolai im Rahmen seiner öffentlichen Auseinandersetzung mit dem Hallenser Gelehrten Christian Adolph Klotz keineswegs davor zurück, den Katalog von einem Verweisungsapparat auf merkantile Erzeugnisse kurzerhand in ein Trägermedium für Literatur umzuprogrammieren.

In den auf breiter Front zwischen Nicolais *Allgemeiner deutscher Bibliothek*, Lessing und Herder auf der einen Seite sowie der Fraktion um Klotz und seine *Deutsche Bibliothek der schönen Wissenschaften* auf der anderen Seite ausgetragenen Positionierungskämpfen der späten 1760er Jahre, auf die an dieser Stelle nicht weiter eingegangen werden kann, agierte Nicolai teilweise in der Gestalt eines fiktiven »Lic. Simon Ratzeberger«. Unter

54 Friedrich Schiller an Christian Gottfried Körner. Weimar, 25.4.1788. In: Schillers Werke. Nationalausgabe. Begründet von Julius Petersen. Bd. 25: Briefwechsel. Schillers Briefe, 1.1.1788–28.2.1790. Hg. von Eberhard Haufe. Weimar: Böhlau 1979, S. 47. Hervorhebung im Original.

55 Vgl. Michael Pilz: Praktiken der Verzeichnung (Anm. *), S. 109.

56 Vgl. zum Folgenden ebd., S. 113–116.

57 Vgl. ebd., S. 60–61.

dessen Namen verfasste er mehrere parodistische Dedikationen, die jeweils den Einzelbänden der Anekdotensammlung *Vade Mecum für lustige Leute* vorangestellt wurden und in diesem Rahmen auch einen Angriff auf Klotz enthielten.[58] Klotz reagierte darauf mit der öffentlichen Enttarnung von Nicolais Pseudonym, was diesen wiederum dazu veranlasste, die Fiktion »Ratzeberger« dadurch aufrecht zu erhalten, dass er letzteren als Autor einer Verteidigungsschrift in den Messkatalog importierte. Damit kam zu Michaelis 1768 der folgende Titeleintrag unter den »Fertig gewordenen Büchern« zum Abdruck:

> Ratzebergers, Sim. Verfassers des Vademecum für lustige Leute, ernsthafte Abwendung der tückischen Beschuldigungen und listigen Fündlein, womit seine Widersacher ihm bösen Leumund zu erregen suchen. 8. Altona, bey dem Verfasser in der Elbstraße wohnhaft.[59]

Vor dem Hintergrund der öffentlichen Kontroverse mit Klotz konnte sich Nicolai sicher sein, mit einer solchen Annoncierung sowohl bei dessen Anhängern als auch bei seinen eigenen Koalitionären gehörige Aufmerksamkeit zu erregen. Dass dem so war, wurde ihm kurz darauf durch einen Brief Lessings vom 7. Oktober 1768 bestätigt, der sich bei seinem Freund und Buchhändler nähere Aufschlüsse über die angezeigte Schrift erhoffte: »In dem Meßkatalogo habe ich Verschiednes gefunden, worüber ich Nachricht haben möchte. [...] Was ist Ratzebergers Vertheidigung für ein Schartekchen?«[60]

Nicolai antwortete postwendend am 18. Oktober noch vom Messeplatz Leipzig aus, indem er sich als der verantwortliche Urheber zu erkennen gab und einen gedrängten Inhaltsentwurf lieferte:

> Sie merken doch wohl, daß das Werkchen von mir ist – oder vielmehr sein wird; denn noch ist das Kind in seines Vaters Lenden. Ich werde darin dem Hrn. Geheimenrat [Klotz; MP] die Wahrheit noch ein wenig ausführlicher sagen, als in der bewußten Dedication. Er hat in der Jenaischen Zeitung bekannt machen lassen, daß ich der Verfasser dieser Dedication sei. Dawider verteidigt sich Ratzeberger als wider eine Verleumdung. Er versichert, daß er selbst der Verfasser der Dedication sei, daß er notorischer Weise in Altona wohne, daß er vielen Leuten und insbesondere dem Hrn. Geheimenrat bekannt sei. Mit diesem stehe er in vertrauter Correspondenz [...] u. d. gl. Sie merken nun wohl, was für eine Wendung die Schnurre ungefähr nehmen kann.[61]

58 Vgl. Richard Schwinger: Friedrich Nicolais Roman »Sebaldus Nothanker«. Ein Beitrag zur Geschichte der Aufklärung. Weimar: Felber 1897 (= Litterarhistorische Forschungen 2), S. 16–20.

59 MK 1768 Michaelis, S. 1027.

60 Gotthold Ephraim Lessing an Friedrich Nicolai. Hamburg, 7.10.1768. In: Ders.: Werke und Briefe in zwölf Bänden. Hg. von Wilfried Barner u.a. Bd. 11.1: Briefe von und an Lessing, 1743–1770. Hg. von Helmuth Kiesel unter Mitwirkung von Georg Braungart und Klaus Fischer. Frankfurt am Main: Deutscher Klassiker-Verlag 1987 (= Bibliothek deutscher Klassiker 17), S. 545–546.

61 Friedrich Nicolai an Gotthold Ephraim Lessing. Leipzig, 18.10.1768. In: Gotthold Ephraim Lessing: Werke und Briefe in zwölf Bänden. Hg. von Wilfried Barner u.a. Bd. 11.1: Briefe von und an Lessing, 1743–1770. Hg. von Helmuth Kiesel unter Mitwirkung von Georg Braungart und Klaus Fischer. Frankfurt am Main: Deutscher Klassiker-Verlag 1987 (= Bibliothek deutscher Klassiker 17), S. 552–555, hier S. 553.

Zumal Nicolai auch knappe zwei Monate später Lessing gegenüber noch nicht einmal den Beginn der Niederschrift seiner avisierten »Schnurre« bestätigen konnte – »*Ratzeberger* soll auch kommen, sobald ich nur Zeit gewinne«[62] –, muss allerdings fraglich bleiben, ob er überhaupt jemals ernsthaft in Betracht gezogen hatte, dem Titeleintrag im Messkatalog einen entsprechenden Text folgen zu lassen. Oder ob es nicht vielmehr von Anfang an zur Strategie gezählt hatte, die gesamte Aktion in jenes Ergebnis münden zu lassen, das Nicolai Jahrzehnte später mit der lapidaren Bemerkung kommentierte: »Das Ding blieb nachher ungedruckt.«[63]

Immerhin ließ sich bereits mit der Platzierung der bibliographischen Daten unter Ratzebergers Namen das gegnerische Lager in Aufregung versetzen und womöglich zu weiteren Aktionen provozieren. Kenner und Beobachter der laufenden Debatte konnten jedenfalls aus den Informationen, die die Anzeige im Messkatalog bereithielt, mit hinlänglicher Eindeutigkeit auf die Stoßrichtung der annoncierten Schrift schließen: Vom Verweis auf das *Vade Mecum für lustige Leute* bis hin zur Positionierung Ratzebergers als real adressierbare Person aus »Altona, [...] in der Elbstraße wohnhaft«, konnten allein schon die gelieferten Titeldaten als ein selbständig rezipierbares Kondensat dessen gelesen werden, was Nicolai im Briefwechsel mit Lessing als potentiellen Inhalt seiner »Schnurre« angegeben hatte.

Unabhängig davon, ob Nicolai nun einen entsprechenden Text hinter seiner Anzeige plante oder nicht: Als Ankündigung eines Buches, das realiter weder geschrieben noch gedruckt worden ist, bleibt die »Ratzeberger«-Annonce im Umfeld des Messkatalogs als eine Fiktion bestehen, deren Platzierung unter den »fertig gewordenen Schriften« der Michaelis-Messe von 1768 sehr bewusst jenseits des Faktischen operierte. Was sie in dieser Hinsicht von den zahlreichen anderen fingierten Katalogeinträgen unterscheidet, die ihr seit Gründung des Katalogs vorangegangen waren und später noch folgen sollten, ist die Tatsache, dass sich ihre ursächliche Existenz nicht mehr aus den *kaufmännischen* Gepflogenheiten des Buchhandels ableiten ließ, sondern vielmehr aus den *literarischen* Grabenkämpfen der Zeit: Selbst für den Verleger Nicolai, der dabei als solcher überhaupt nicht in Erscheinung trat, war sie nicht deshalb entworfen und publiziert worden, um im ökonomischen Raum des Messebetriebs zu funktionieren – etwa, um durch die Anzeige eines noch unfertigen Buches als bereits fertiggestelltes bei den Messepartnern »Change-Kredit« zu erwirken oder die konkreten Absatzchancen auszuloten. Stattdessen diente sie einzig und allein dazu, im Rahmen symbolischer Kommunikationsprozesse eine Position im literarischen Feld zu markieren.

62 Friedrich Nicolai an Gotthold Ephraim Lessing. Berlin, 6.12.1768. In: Gotthold Ephraim Lessing: Werke und Briefe in zwölf Bänden. Hg. von Wilfried Barner u.a. Bd. 11.1: Briefe von und an Lessing, 1743–1770. Hg. von Helmuth Kiesel unter Mitwirkung von Georg Braungart und Klaus Fischer. Frankfurt am Main: Deutscher Klassiker-Verlag 1987 (= Bibliothek deutscher Klassiker 17), S. 571–573, hier S. 573. Hervorhebung im Original.

63 Friedrich Nicolai: [Fußnote]. In: Gotthold Ephraim Lessings Briefwechsel mit Karl Wilhelm Ramler, Johann Joachim Eschenburg und Friedrich Nicolai. Nebst einigen Anmerkungen über Lessings Briefwechsel mit Moses Mendelssohn. Hg. von Friedrich Nicolai. Berlin: Nicolai 1794 (= Gotthold Ephraim Lessings sämmtliche Schriften 27), S. 166.

Titelgebung als paratextuelle Praxis in literarischen Netzwerken um 1800: Programme, Verstecke, Intertitularität

Thomas Wegmann

Der Beitrag untersucht literarische Titel um 1800 als paratextuelle Praktiken und versteht sie als zentrale Schnittstellen zwischen Werk, Autorintention und literarischem Feld. Ausgehend von Gérard Genettes Paratexttheorie wird gezeigt, dass Titel nicht nur Orientierung bieten, sondern auch poetologische Programme, ästhetische Positionen und soziale Zugehörigkeiten markieren. Ausgehend von Beispielen aus Schillers und Goethes Werk sowie aus zeitgenössischen Reaktionen auf populäre Prosa entfaltet der Beitrag eine Typologie verschiedener Titelfunktionen. Im Mittelpunkt stehen dabei wechselseitige Bezugnahmen, die es erlauben, literarische Netzwerke, Konkurrenzverhältnisse und feldinterne Positionierungen sichtbar zu machen. Die Untersuchung zeigt, wie Titel als kondensierte Bedeutungsräume fungieren, die gleichermaßen das Verständnis eines Werkes präfigurieren wie dessen spätere Rezeption beeinflussen. Das Konzept der ›Intertitularität‹ wird als heuristische Kategorie eingeführt, um diese Titelbezüge systematisch zu erfassen und ihre Rolle in der ästhetischen und literatursoziologischen Dynamik der ›Sattelzeit‹ (Koselleck) zu bestimmen.

This article examines literary titles around 1800 as paratextual practices and understands them as central interfaces between the work, its author and the literary field. Based on Gérard Genette's paratext theory, it shows that titles not only provide orientation, but also mark poetological programmes, aesthetic positions and social affiliations. Using examples from Schiller's and Goethe's works as well as contemporary reactions to popular prose, the article develops a typology of different title functions. The focus is on reciprocal references that make it possible to reveal literary networks, competitive relationships and positions within the field. The study shows how titles function as condensed spaces of meaning that both prefigure the understanding of a work and influence its later reception. The concept of ›intertitularity‹ is introduced as a heuristic category in order to systematically capture these title references and determine their role in the aesthetic and literary-sociological dynamics of the so-called ›Sattelzeit‹ (Koselleck).

Wiewohl Titel im Vergleich zu den auf sie folgenden Texten meist kurz sind, erweist sich ihre Genese, Funktion und Wirkung bei näherer Betrachtung als ein komplexes Konglomerat. Zudem sind sie häufig das Erste, womit potenzielle Käufer und Rezipientinnen eines Druckerzeugnisses konfrontiert werden – und das nicht von ungefähr, nehmen sie doch auf einem Buchumschlag in der Regel den meisten Raum und die größte Schrift ein, bei literarischen Texten dicht gefolgt von oder knapp hinter dem Autornamen. Wie intrikat Titeleien ausfallen und sich dabei aufeinander beziehen können, hat der deutsch-baltische Schriftsteller Werner Bergengruen 1960 in einer launigen Typologie aufzuzeigen versucht, die selbst schon durch ihren ausführlichen Titel auffallen möchte: *Titulus. Das ist: Miszellen, Kollektaneen und fragmentarische, mit gelegentlichen Irrtümern durchsetzte Gedanken zur Naturgeschichte des deutschen Buchtitels. Oder: Unbetitelter Lebensroman eines Bibliotheksbeamten* – ein eher verspielter als systematisch-substanzieller Versuch sich den Titeln von Texten anzunähern, wobei Bergengruen ihrem Rhythmus, vor allem dem vierfüßig trochäischen, zentrale Bedeutung zuschreibt: »Nein, das eigentliche Merkmal eines Titels ist weder seine Qualität noch das von ihm Ausgedrückte. Es ist sein Rhythmus und nichts anderes. Der Rhythmus […] ist das, was zur Nachahmung lockt und nachgeahmt wird. Der Rhythmus bildet Schule und macht Epoche.«[1]

In der literaturwissenschaftlichen Taxonomie von Gérard Genette zählen Titel zu den Paratexten, wie er in einem einschlägig gewordenen Werk ausführt, dessen Buchgeschichte selbst Auskunft über die Wirkung von Titeln gibt.[2] Es erschien 1987 in der Éditions du Seuil unter dem Titel *Seuils*. Wörtlich lassen sich ›seuils‹ mit ›Hüllen‹, ›Schalen‹ oder ›Schwellen‹ übersetzen, so dass der Titel auf den Paratext als textuellen Schwellenraum zwischen Werk und Nicht-Werk verweist, auf eine Übergangszone zwischen dem Außen des Textes und dem Text selbst. Damit wiederum ist nicht zuletzt Jacques Derridas auf die Bildende Kunst bezogenes Konzept des Parergons alludiert, das er 1978 in *La Vérité en peinture* (dt. *Die Wahrheit in der Malerei*, 1992) ausgeführt hat. Er betont darin die wechselseitige Abhängigkeit von Werk und Beiwerk (Rahmen, Signaturen etc.), die letztlich auf einer fehlenden Autarkiefähigkeit des Ergons beruhe. So besitze jedes Ergon einen Mangel, der durch das Parergon behoben werde – zumindest partiell. Derrida begreift das Parergon als gleichermaßen schützenden wie exponierenden Rahmen des Ergons, der nicht nur wesentlich die Rezeption eines Werks beeinflusst, sondern sieht es auch in einer fortwährend oszillierenden Interaktion inbegriffen, bei dem sich das Parergon in das Werk (Ergon) einschreibt und sich so als *Par*ergon auslöscht. Damit wird es zum vermittelnden, die Kommunikation erst ermöglichenden Element, das gedanklich vom *Ergon* zu trennen ist, und zum gleichermaßen praktischen wie theoretischen Ort, an dem sich die Kunst als das Schöne ereignet.[3]

Die deutsche Übersetzung von *Seuils* erschien 1989 unter dem Titel *Paratexte. Das Buch vom Beiwerk des Buches*, übersetzt von Dieter Hornig im Campus-Verlag. Der Haupttitel *Paratexte* geht auf den Verlag zurück, der Untertitel wird vom Übersetzer eingeführt[4] und spielt mit dem Begriff des ›Beiwerks‹ ebenfalls, wenn auch auf andere Weise als *Seuils*, auf Derridas ›Parergon‹-Begriff als im Inneren des Texts wirkendes Schwellenphänomen an. Die Übernahme des Paratextbegriffs in den Titel der deutschen Ausgabe setzt indes andere

1 Werner Bergengruen: Titulus. Das ist: Miszellen, Kollektaneen und fragmentarische, mit gelegentlichen Irrtümern durchsetzte Gedanken zur Naturgeschichte des deutschen Buchtitels. Oder: Unbetitelter Lebensroman eines Bibliotheksbeamten. München: Nymphenburger Verlagshandlung 1960, S. 13.

2 Gérard Genette: Paratexte. Das Buch vom Beiwerk des Buches. Mit einem Vorwort von Harald Weinrich. Aus dem Französischen von Dieter Hornig. Frankfurt am Main: Suhrkamp 2001. Vgl. zum Folgenden Thomas Wegmann/Torsten Voß/Nadja Reinhard: Auktoriale Paratexte um 1800. Einleitung. In: Torsten Voß: »Drumherum geschrieben?« Zur Funktion auktorialer Paratexte für die Inszenierung von Autorschaft um 1800. Hannover: Wehrhahn 2019, S. 7–33.

3 Jacques Derrida: Die Wahrheit in der Malerei. Wien: Passagen 1992, S. 56–58.

4 Vgl. dazu Georg Stanitzek: Buch: Medium und Form – in paratexttheoretischer Perspektive. In: Ursula Rautenberg (Hg.): Buchwissenschaft in Deutschland. Ein Handbuch. Bd. 1: Theorie und Forschung. Berlin/New York: de Gruyter 2010, S. 160, Anm. 11.

Akzente, da weniger die von Genette betonte Funktionsweise als Schwellen, sondern eher die Heterogenität der Erscheinungsweisen des Paratextes herausgestellt wird. In jedem Fall aber gilt, was Derrida in *Préjugés* (1982) zur Rolle von Titeln ausführt: »Aufgrund des Platzes, den er besetzt, und des Kontextes, den er strukturiert, ist der Titel zugleich der Eigenname des Diskurses oder Werkes, das bzw. den er betitelt, und der Name dessen, wovon das Werk spricht oder handelt.«[5] An der paratextuellen Doppelung der Originalausgabe (*Seuils* erschienen in der Éditions du Seuil) sowie an Titel und Untertitel der deutschen Übertragung zeigt sich außerdem bereits die leserlenkende Funktion paratextueller Rahmungen. In der Einleitung konstatiert Genette grundlegend: »Der Paratext ist also jenes Beiwerk, durch das ein Text zum Buch wird und, allgemeiner, vor die Öffentlichkeit tritt.«[6]

Folgt man nun Genettes einschlägig gewordener Formel »Paratext = Peritext + Epitext«,[7] zählen Titel und Untertitel zu den Peritexten, die wie auch Verfasser- und Gattungsangabe, Klappentext, Widmung, Danksagung, Motto, Vor- oder Nachwort mit dem Basistext materiell – etwa durch den Buchkorpus – verbunden und in seinem unmittelbaren Umfeld situiert sind. Zwar sollen Genette zufolge Paratexte der Absicht des Autors entsprechen, also von ihm stammen oder zumindest durch ihn legitimiert sein; doch nicht immer oder bisweilen mit großer zeitlicher Verzögerung ist distinkt zu ermitteln, welche Teile des paratextuellen Apparats vom Autor stammen und welche nicht. So erschien beispielsweise Erich Kästners erster Roman 1931 unter dem Titel *Fabian. Die Geschichte eines Moralisten*. Dieser ging indes auf den Verlag zurück, der Autor selbst hatte den Titel *Der Gang vor die Hunde* favorisiert, womit die Frage evoziert ist, ob und inwieweit die in der Forschung häufig zu findende Charakterisierung des Protagonisten als eines handlungsunfähigen Moralisten letztlich auf einem verlegerischen, gegen den Autor durchgesetzten Paratext basiert. Zudem musste Kästner auf Drängen seines Lektors einige drastische Passagen streichen bzw. entschärfen, und auch die von ihm für die Buchausgabe verfassten Nachworte wurde in dieser nicht berücksichtigt. Erst 2013 wurde das vom Autor ursprünglich vorgesehene Textkonvolut unter dem von Kästner gewählten Titel von Sven Hanuschek publiziert – und um ein weiteres Nachwort des nunmehrigen Herausgebers ergänzt, in dem er die Motive und Hintergründe der Neuausgabe erläutert.[8] Ein weiteres Beispiel für den Einfluss von Titeln auf die Rezeption.

Vor diesem Hintergrund möchte ich im Folgenden – ohne Anspruch auf Vollständigkeit – einen ersten Entwurf für eine Taxonomie literarischer Titel vorstellen, die verschiedene Genres umfasst und sich dabei auf das 18. und frühe 19. Jahrhundert konzentriert,

5 Jacques Derrida: Préjugés. Vor dem Gesetz. Wien: Passagen 1992, S. 15.

6 Gérard Genette: Paratexte (Anm. 2), S. 11.

7 Ebd., S. 13.

8 Erich Kästner: Der Gang vor die Hunde. Hg. von Sven Hanuschek. Zürich: Atrium 2013. Vgl. auch Christoph Jürgensen: Arbeitstitel. Literaturarchäologische Überlegungen am Beispiel von *Zettel's Traum* und *Fabian*. In: David-Christopher Assmann/Lorella Bosco (Hg.): Mehrdeutige Titel. Lektüren einer paratextuellen Praktik. Berlin: Metzler 2025 (= Studien zur Literaturvermittlung 2), S. 109–127.

also grosso modo auf den Zeitraum, den Reinhard Koselleck dereinst als »Sattelzeit« bezeichnete.[9] Dabei wird sich weisen, wie divers die Signale ausfallen können, die von Titeln ausgehen, und mit welch unterschiedlichen Rollen sie bedacht werden. Konzentrieren werde ich mich auf den auktorialen Aspekt dieses zentralen Peritextes, um wechselseitige Bezüge und Verweise auf Seiten der Autorinnen und Autoren in Werktiteln aufzuzeigen und auf diese Weise literarische Netzwerke um 1800 zu konturieren, die nicht nur auf poetologischer Kooperation, sondern auch auf Abgrenzung und Konkurrenz basieren können. Denn auch für die Macht- und Positionskämpfe von ko-präsenten Kräften im literarischen Feld spielen Titel eine Rolle, wie noch zu zeigen sein wird.

Beginnen möchte ich jedoch mit einem allgemeinen Befund: Buchgeschichtlich erfuhren Titel im Verlauf des 18. Jahrhunderts vor allem im Bereich der erzählenden Prosa eine signifikante Veränderung, namentlich in der zunächst eher verpönten, später dann nachhaltig nobilitierten Gattung ›Roman‹. Johann Gottfried Schnabels 1738 anonym erschienener Roman *Der im / Irr=1738 Garten der Liebe / herum taumelnde / CAVALIER* ist nicht nur dem Modell des Galanten verpflichtet, sondern folgt auch bei der Gestaltung des Titels den Usancen seiner Zeit. Der lautet nämlich vollumfänglich: *Der im / Irr=Garten der Liebe / herum taumelnde / CAVALIER. / Oder / Reise= / Und / Liebes=Geschichte / Eines vornehmen Deutschen von Adel, / Herrn von St.*** / Welcher nach vielen, so wohl auf Reisen, als auch bey / andern Gelegenheiten verübten Liebes-Exzessen, endlich erfahren / müssen, wie der Himmel die Sünden der Jugend / im Alter zu bestraffen pflegt. / Ehedem zusammen getragen / durch den Herrn / E.v.H. / Nunmehro aber allen Wollüstigen zum Beyspiel und / wohlmeinender Warnung in behörige Ordnung gebracht, / und zum Drucke befördert / Von einem ungenannten / Warnungsstedt, / Verlegts Siegmund Friedrich Leberecht, / Anno 1738.*[10] Was heute bandwurmartig anmutet, entsprach durchaus den damaligen Gepflogenheiten. Ein ausführlicher Titel fungierte als Inhaltsangabe bzw. Klappentext und setzte die potenziellen Leser und Leserinnen über die zu erwartende Lektüre in Kenntnis, übernahm also Funktionen, die gegenwärtig auf andere Elemente des Paratextes verteilt sind bzw. von Metatexten wie Rezensionen übernommen werden. Mit Christian Fürchtegott Gellerts Roman *Leben der Schwedischen Gräfinn von G**** (1747/48) erschien keine zehn Jahre später nicht nur der erste Roman, den angeblich »eine ehrbare Bürgersfrau lesen konnte«,[11] sondern der auch paratextuell neue Maßstäbe setzte: Der schlichte Titel bietet statt einer spektakulären Inhaltsangabe, wie sie der alte Romantypus pflegte, nur wenige und zudem ungewisse Informationen.

9 Reinhart Koselleck: Einleitung. In: Otto Brunner/Werner Conze/Reinhart Koselleck (Hg.): Geschichtliche Grundbegriffe. Bd. 1. Stuttgart: Klett-Cotta 1979, S. XIII–XXVII, hier S. XV.

10 Siegmund Friedrich Leberecht war ein Pseudonym des Verlegers und Buchhändlers Johann Heinrich Groß aus Nordhausen. Vgl. Stadtarchiv Nordhausen (Hg.): Nordhäuser Persönlichkeiten aus elf Jahrhunderten. Horb am Neckar: Geiger 2009, S. 107.

11 Erich Schön: Der Verlust der Sinnlichkeit oder Die Verwandlungen des Lesers. Mentalitätswandel um 1800. Stuttgart: Klett-Cotta 1987, S. 47.

Neben ihrer informierenden Bedeutung spielten Titel seit ihren gedruckten Anfängen auch eine werbende Rolle, war und ist doch das gedruckte Buch nicht nur Kulturgut, sondern auch Ware. Mit ihm kam jedenfalls in der Mitte des 15. Jahrhunderts erstmals ein Produkt auf den Markt, das seriell, ergo in absolut identischen Exemplaren, vergleichsweise schnell und tendenziell massenhaft produziert werden konnte und für das sehr bald auch schon Reklame betrieben wurde – genauer: per Titelreim warb das Buch für sich selbst: »So kauf mich frei und lese mich / Das wird gereuen nimmer dich.«[12] Die ersten Anzeigen für Bücher waren direkte Ansprachen möglicher Käufer durch ihre Titel, die bis heute nicht *nur*, aber *auch* aufmerksamkeitsökonomischen Regularien unterstellt sind. Sie wollen auffallen, gern auch gefallen, und ein Buchtitel wie *Mein äusserst schwer erziehbarer schwuler Schwager aus der Schweiz* von Max Goldt dürfte nicht nur der üppigen Alliterationen wegen beiden Kriterien genügen – zumindest bei einer bestimmten Zielgruppe.

1

Die im Verlauf des 18. Jahrhunderts zunehmend komprimierten Titel sollen in knapper Form dennoch Substanzielles über die darunter subsumierten Texte aussagen, über deren Ausführungen und Thesen, Figuren und Handlungen, Orte und Zeiten. Nicht selten – und das ist die erste Gruppe von Titeln, mit denen ich mich beschäftige – deuten Titel dabei in nuce ein poetologisches oder philosophisches Programm an, mit denen sich Autorinnen und Autoren im literarischen Feld zu positionieren gedenken, wie ich im Folgenden an Beispielen aus dem Werk Friedrich Schillers zeigen möchte.

Zu den von Schiller obsessiv verfolgten, immer wieder bearbeiteten und durchdachten Ambivalenzen gehört die von Sichtbarkeit und Unsichtbarkeit, von Anschaulichem und Abstraktem, Denk- und Wahrnehmbarem. Schon in seiner frühen, 1786 in der *Thalia* zunächst unter dem Titel *Verbrecher aus Infamie, eine wahre Geschichte* erschienenen Erzählung heißt es in diesem Zusammenhang: »[W]ir müssen ihn [den Kriminellen; TW] seine Handlung nicht bloß vollbringen, sondern auch wollen sehen«[13]. Formuliert ist damit nicht zuletzt ein Problem des anthropologischen Wissens, das sowohl für die Literatur als auch für die Jurisprudenz der damaligen Zeit von wachsender Relevanz wird. Denn wie kann man Wollen sehen, wie kann man den Willen sichtbar machen? Die Frage führt ins Zentrum der neuen empirischen Anthropologie. Sie bildet die Klammer zwischen Jurisprudenz

12 Mit solchen oder ähnlichen Titelreimen priesen sich zahlreiche Bücher in der Frühdruckzeit selbst an. Zitiert nach Michael Giesecke: Der Buchdruck in der frühen Neuzeit. Eine historische Fallstudie über die Durchsetzung neuer Informations- und Kommunikationstechnologien, Frankfurt am Main: Suhrkamp 1991, S. 645.

13 Friedrich Schiller: Der Verbrecher aus verlorener Ehre. In: Ders.: Sämtliche Werke in fünf Bänden. Hg. von Peter-André Alt u.a. Bd. 5. München: dtv 2004, S. 13–35, hier S. 14.

und Literatur; ihre mitunter drastische Metaphorik – erinnert sei an Schillers »Leichenöffnung des Lasters«[14] – stellt Sichtbares in Aussicht, als könnte der per se unsichtbare Wille experimentell sichtbar gemacht werden. Aus diskursanalytischer wie medienhistorischer Perspektive fungiert dieses Versprechen empirischer Unmittelbarkeit dagegen als eine Invisibilisierungsstrategie gegenüber den eigenen und eigentlichen Verfahren. Denn allen landläufigen Formulierungen zum Trotz bleibt das Innere des Delinquenten unsichtbar, es gibt keine Apparate, die dort eindringen, sehen machen und aufzeichnen könnten. Was bleibt, sind stattdessen Zeichen und Symbole, ist etwas weniger Unmittelbares, dafür weitaus Komplexeres: Der Wille wird nämlich nicht visibilisiert, sondern alphabetisiert. Er lernt Sprechen und Schreiben. Folglich verlangt die erzähltheoretische Einleitung nicht nur »in das Buch der Gesetze«, sondern vor allem in die »Gemütsverfassung des Beklagten«[15] zu schauen, wobei »schauen« poetologisch ›erzählen‹ meint. Denn in Schillers Text sind es erzähltechnische Mittel, die den Willen zur Tat zumindest schreib- und lesbar machen. Somit ist es weniger der Umstand, dass Schillers literarischer Text auf einem realen Fall basiert, nämlich auf dem des 1760 hingerichteten Raubmörders Friedrich Schwan aus Ebersbach an der Vils, die den auch in der zweiten Fassung beibehaltenen Untertitel *Eine wahre Geschichte* legitimiert; es ist vielmehr das poetologische Verfahren, die Motive und Befindlichkeiten des Delinquenten lesbar werden zu lassen, das den Anspruch begründet, die Wahrheit über ein Verbrechen und einen Verbrecher zu liefern.

In diesen Zusammenhang lässt sich auch Schillers Gedicht mit dem sprechenden Titel *Das Ideal und das Leben* stellen. Es zählt zu seinen philosophischen Gedichten bzw. zu seiner Reflexionspoesie und bewegt sich in 15 Strophen »auf eigentümlich mäandrische Weise durch einen Stoff [...], der alles andere als anschaulich ist«,[16] obwohl er sich mit mythologischen Gegensätzen wie dem von Olymp und Hades darum bemüht. In jedem Fall legt schon die Überschrift *Das Ideal und das Leben* nahe, in diesem Gedicht Schillers die Darstellung zweier oppositioneller Kräfte zu erwarten. Zugleich illustriert sie, wie nicht zuletzt in der Lyrik der Titel die Lesart und am Ende auch die Interpretation eines mehrfach codierten Textes maßgeblich beeinflusst. Und das, obwohl das Gedicht zunächst unter dem Titel *Das Reich der Schatten* 1795 in den *Horen* erschien. Da hatte es sogar noch drei Strophen mehr, führte aber offenbar zu Fehlinterpretationen, indem es allzu strikt einzig mit dem Totenreich verbunden wurde.[17] 1800 erschien es dann in der ersten Sammlung der Schiller'schen Gedichte unter der Überschrift *Das Reich der Formen*, bevor es dann seinen endgültigen Titel *Das Ideal und das Leben* erhielt, der seine Verse zwischen Realität und Idealität oszillieren lässt und auf das auktoriale Bemühen verweist, Gedanken sichtbar

14 Ebd., S. 15.

15 Ebd., S. 17

16 Helmut Koopmann: Mythologische Reise zum Olymp. In: Wulf Segebrecht (Hg.): Gedichte und Interpretationen. Bd. 3: Klassik und Romantik. Stuttgart: Reclam 1984, S. 83–98, hier S. 83.

17 Vgl. ebd. S. 96.

werden zu lassen – eine Poetik, die Schiller zuvor in Briefen an August Wilhelm Schlegel und Wilhelm von Humboldt ausführlich zu erläutern versucht hat, wohl nicht zuletzt auch sich selbst. Der noch heute gültige Titel steht also am Ende eines längeren Findungsprozesses, an dem neben dem Autor auch andere Personen beteiligt waren, und steuert seitdem die Auslegung der Verse – und zwar im Sinne Schillers, der dafür im Titel sein sprachliches Konzentrat gefunden hat.

In wiederum engem Zusammenhang damit steht sowohl bezüglich der Titelpraxis als auch der Thematik das vermutlich im Frühjahr 1799 entstandene Gedicht *Nänie*. »Naenia« oder »Nenia« hieß im republikanischen Rom das zur Flöte gesungene Klagelied bei einem Leichenzug,[18] und mit einer programmatischen Klage lässt auch Schiller seine Verse beginnen: »Auch das Schöne muß sterben!« Nach dem Gedicht *Das Reich der Schatten* und nach der fundamentalästhetischen Abhandlung *Über naive und sentimentalische Dichtung* hatte Schiller den äußersten Punkt einer idealistischen, nicht-realistischen Kunstphilosophie erreicht. Fortan scheint die hochfliegende, mythologisch fundierte Theorie einer Schönheit-Wahrheit-Amalgamierung in einem diesseitigen Elysium nicht mehr haltbar und die dichterische Form, in der sich solche Einsichten vermitteln lassen, die Elegie zu sein. Programmatisch dafür steht sein Gedicht *Nänie*, wobei anzunehmen ist, dass

> Schiller 1798/99 ein Gedicht der Dichterin Louise Brachmann, einer Freundin von Novalis, kennenlernte, das *Nänie auf Novalis* überschrieben ist [...]. Darin werden die Musen um die Gabe des lieblichen Gesanges angefleht:
> Musen, o gießet dann auch in meine Leier den süßen
> Zauber! daß lieblich ihr Klang dringe zum nächtlichen Reich![19]

Doch während Brachmann schon im Titel signalisiert, was bzw. wer in den folgenden Versen beklagt wird, nämlich Novalis, kommt Schillers *Nänie* ohne ein weiteres Epitheton aus, was den Schluss erlaubt, dass sie identisch ist mit der Gattung bzw. Dichtart, die sie vertritt, dem Klagelied bzw. der Elegie. Deren formale Anforderungen erfüllt sie jedenfalls tadellos, besteht sie doch aus sieben ungereimten Doppelversen, sogenannten Distichen, deren jedes sich aus einem Hexameter und einem Pentameter zusammensetzt.[20] Dabei geht Schiller zwar exemplarisch auf die Klagen um den ›göttlichen Held‹ Achill ein, der vor Trojas Westtor fiel, doch der eigentliche Gegenstand von Schillers *Nänie* ist die Klage selbst: Sein Klagelied beklagt nichts anderes als die Misere der schönen Klage, ihre Zeitlichkeit

18 Vgl. dazu und zum Folgenden Norbert Oellers: Das verlorene Schöne in bewahrender Klage. Zu Schillers *Nänie*. In: Wulf Segebrecht (Hg.): Gedichte und Interpretationen. Bd. 3: Klassik und Romantik. Stuttgart: Reclam 1984, S. 182–195.

19 Ebd., S. 187. Brachmann parodiert in dem Gedicht das elegische Versmaß und kommentiert scherzhaft den Wechsel des Freundes vom Jurastudium zum Studium der Bergbauwissenschaften.

20 Im *Musen-Almanach für das Jahr 1797* findet sich auch Schillers bekannter Merkvers zum Distichon »Im Hexameter steigt des Springquells silberne Säule, / Im Pentameter drauf fällt sie melodisch herab.« Friedrich Schiller: Das Distichon. In: Ders. (Hg.): Musen-Almanach für das Jahr 1797. Tübingen: Cotta 1796, S. 67.

und Vergänglichkeit und den Umstand, dass sich das wirklich-gegenwärtige Schöne nie ins Idealisch-Schöne verwandeln lässt: eine Elegie auf die Elegie. Und da das Schöne stirbt, ist zumindest der Klage aufgegeben, es zu bewahren: als sentimentalische Dichtung, welche die nicht-entfremdete Existenz des Mythos zwar nicht in der Wirklichkeit, wohl aber in der Poesie gleichermaßen bewahrt und auf neue Weise erschafft. Der prägnante, lediglich aus einer Gattungsbezeichnung bestehende Titel legt jedenfalls nahe, dass im Folgenden genau diese elegische Gattung befragt und beklagt, aber letztlich auch bewahrt wird.

Nicht nur bei Schiller sind es gerade die Titel von Gedichten, die so gestaltet werden, dass sie auf programmatische Weise ästhetische oder philosophische Positionen, manchmal auf klandestine Weise auch Persönliches signalisieren. Letzteres gilt beispielsweise für die insgesamt 17 Gedichte, die Johann Wolfgang Goethe in dem Komplex *An Lida* zusammenfasste,[21] darunter auch das einzelne Gedicht mit dem Titel *An Lida* (1781):

> Den Einzigen, Lida, welchen du lieben kannst,
> Forderst du ganz für dich, und mit Recht.
> Auch ist er einzig dein.
> Denn seit ich von dir bin,
> Scheint mir des schnellsten Lebens
> Lärmende Bewegung
> Nur ein leichter Flor, durch den ich deine Gestalt
> Immerfort wie in Wolken erblicke:
> Sie leuchtet mir freundlich und treu,
> Wie durch des Nordlichts bewegliche Strahlen
> Ewige Sterne schimmern.[22]

In einem Gedicht von 1820 mit dem bezeichnenden Titel *Zwischen beiden Welten* wird Lida sogar in einem Atemzug mit Shakespeare genannt und dem kaum zu überschätzenden Einfluss der beiden auf die Werkbiografie des Dichters gehuldigt:

> Einer Einzigen angehören,
> Einen Einzigen verehren,
> Wie vereint es Herz und Sinn!
> Lida! Glück der nächsten Nähe,
> William! Stern der schönsten Höhe,
> Euch verdank ich, was ich bin.[23]

Doch wofür steht Lida, wer verbirgt sich hinter diesem Namen? Die Mythologie kennt zwar eine Leda, aber keine Lida. Noch 1848, als Viktor Hehn seine Vorlesungen über Goethes

21 Vgl. dazu und zum Folgenden Siegfried Unseld: Goethe und seine Verleger. Frankfurt am Main/Leipzig: Insel 1991, S. 98–111.

22 Johann Wolfgang von Goethe: An Lida. In: Goethes Schriften, Bd. 8. Leipzig: Göschen, 1789, S. 172.

23 Johann Wolfgang von Goethe: Zwischen beiden Welten. In: Goethes Werke. Vollständige Ausgabe letzter Hand, Bd. 1–4: Gedichte. Stuttgart/Tübingen: Cotta 1827.

Gedichte hielt, erschien ihm die Identität Lidas ein Rätsel: »Wer jene Lida eigentlich gewesen, läßt sich noch nicht sagen. Sie gehörte der höchsten Region an, so viel ist gewiß. Goethe selbst hat den Schleier, der auf dieser Liebe ruht, nicht zu lüften gewagt.«[24] Doch nachdem Adolf Schöll kurze Zeit später damit begann, Goethes Briefe an Charlotte von Stein in drei Bänden zu publizieren (1848–1851), meinte die literarisch interessierte Öffentlichkeit nun zweifelsfrei zu wissen, wer sich hinter Lida verbirgt.

Doch Titel dienten Goethe nicht nur als ein Versteck für intime Geheimnisse, die durchaus gefunden werden wollten, wenn auch nicht zwingend zu Lebzeiten des Autors; wie bei Schiller konnten sie auch Programmatisches vermitteln, etwa Goethes naturwissenschaftliche Weltanschauung und den hohen Stellenwert, welche die Mineralogie darin einnimmt. So sollte etwa ein hymnischer Aufsatz mit dem Titel *Granit* eine Vorstudie für einen avisierten Roman des Weltalls sein.[25] Granit wird für Goethe zum Urgestein aller Gebirgsbildung, und von nun an gilt das Präfix ›Ur‹ für ihn als Hauptwort. *Urworte. Orphisch* überschrieb er denn auch programmatisch 1817 eine Sammlung von fünf Stanzen, welche die »Grundmächte« Daimon (Dämon), Tyche (Das Zufällige), Eros (Liebe), Ananke (Nötigung) und Elpis (Hoffnung) versammelt, die für ihn das menschliche Leben bestimmen. Auch die Widmung, mit der er 1821 ein Hegel geschenktes Weinglas versah, kommt ohne ein ›Ur‹ nicht aus: »Dem Absoluten empfiehlt sich schönstens zu freundlicher Aufnahme das Urphänomen.«[26] Das Urgestein und die Urworte werden somit leicht modifiziert zur Identifikationsfigur und Titulatur ihres Autors – und dieser selbst zum Urphänomen alles Dichterischen in seiner Zeit.

2

Und damit komme ich zu einem zweiten Titel-Typus, der sich unmittelbar auf bereits bestehende Titel und Publikationen bezieht. Als diesbezüglicher Prätext besonders erfolgreich waren 1774 *Die Leiden des jungen Werthers*, die zahlreiche auf dieses Buch anspielende Titel nach sich zogen, die so genannten ›Wertheriaden‹, die meisten kritisch oder parodierend, einige aber auch affirmativ, wie die Erzählung *Der Waldbruder, ein Pendant zu Werthers Leiden* von Jakob Michael Reinhold Lenz, die 1776 entstand, aber zunächst unveröffentlicht blieb. Erst 1797 – fünf Jahre nach dem Tod des Dichters – ließ Goethe das Fragment in der Zeitschrift *Die Horen* drucken. Der Protagonist trägt den sprechenden Namen Herz, und auch in seinem Leben sind Liebe und Leid durch mehr als eine Alliteration verbunden.

24 Zitiert nach Siegfried Unseld: Goethe und seine Verleger (Anm. 21), S. 194.

25 Vgl. dazu und zum Folgenden ebd., S. 84.

26 Brief Goethes an Hegel vom 13. April 1821. In: Briefe von und an Hegel. Hg. von Johannes Hoffmeister. Bd. 2: 1813–1822. Hamburg: Meiner 1953, S. 258.

Bereits im Alter von elf Jahren gerät er an eine »wirklich liederliche Weibsperson«,[27] die Mätresse eines alten Grafen. Seine zweite Liebe, die Nichte eines Kaufmanns in Lion, ist vor allem kokett. In Leipzig hofft er darauf, eine Schöne zu treffen, wie er sie aus zeitgenössischen Romanen, namentlich von Goethe und Wieland kennt. Ein solches Mädchen, Tochter eines Landpredigers, trifft er auch, ertappt sie jedoch »bei einer starken Vertraulichkeit mit einem dicken runden Studenten«.[28]

Lenzens kongeniale Fortschreibung von Goethes Roman blieb eine Ausnahme, es überwogen die skeptischen Wertheriaden, die vor allem Anstoß nahmen an Werthers radikalem Individualismus, der weder Regeln noch Grenzen berücksichtigt. Besonders eifrig erwies sich diesbezüglich der Kameral- und Polizeiwissenschaftler Johann August Schlettwein, der 1775 mit *Briefe an eine Freundinn über die Leiden des jungen Werthers* und *Des jungen Werthers Zuruf aus der Ewigkeit an die noch lebende Menschen auf der Erde* gleich zwei Schriften mit unmissverständlichen Titeln vorlegte, die zusammen mit den Auslassungen des berüchtigten Hauptpastors Johann Melchior Goeze den ebenso berüchtigten Band *Werther in der Hölle* bildeten,[29] der wohl drastischste Titel unter den Wertheriaden. In der Untätigkeit Werthers, der statt schweißtreibender Arbeit nur tränenreiche Schwärmerei zustande bringt, sieht Schlettwein ein um sich greifendes Phänomen, das aus seiner Sicht die bürgerliche Erwerbstüchtigkeit ernsthaft gefährdet. Und da er die Werther-Briefe nicht mehr an dessen Absender zurückschicken kann, bleibt dem handelskundigen Kameralisten nur die Verfertigung eines Konkurrenzprodukts, mit dem er das Schlimmste zu verhindern sucht: »Liebenswürdige Freundinn! wie sehr sollte es mich freuen, wenn ich die Nachricht von ihnen erhielte, daß meine Briefe mit ein Heilungsmittel gegen den tödtenden Brand gewesen seyn sollten, womit Werthers Leiden die arme Brust eines Unglücklichen entzündet.«[30] In *Des jungen Werthers Zuruf aus der Ewigkeit an die noch lebende Menschen auf der Erde* wiederum bedauert Werther seine Tat und sucht die Menschen zu überzeugen, es ihm nicht nachzumachen.

Verdichtet und exemplarisch finden sich fast alle wesentlichen Einwände und Positionen aus dem Lager der Aufklärer in Friedrich Nicolais Schrift *Freuden des jungen Werther*. Diese im Januar 1775 erschienene Nach- und Gegendichtung des einflussreichen Berliner Buchhändlers, Schriftstellers und Kritikers parodiert formal mit einer Fülle von Ellipsen und Aphäresen den Wertherstil und verschreibt auf der Inhaltsebene dem Einsamen von

27 Jakob Michael Reinhold Lenz: Der Waldbruder, ein Pendant zu Werthers Leiden. In: Ders.: Werke und Briefe in drei Bänden. Hg. von Sigrid Damm. Frankfurt am Main: Insel 2005, S. 380–412, hier S. 410.

28 Ebd.

29 Vgl. dazu und zum Folgenden Thomas Wegmann: Tauschverhältnisse. Zur Ökonomie des Literarischen und zum Ökonomischen in der Literatur von Gellert bis Goethe. Würzburg: Königshausen & Neumann 2002, S. 126–136.

30 Johann August Schlettwein: Briefe an eine Freundinn über die Leiden des jungen Werthers. 2. Aufl. Karlsruhe: Michael Macklot 1775, S. 55.

Wahlheim ein Resozialisierungsprogramm, um das herauszustellen, was der Titel verspricht: gleichermaßen eine Korrektur und Parodie der Werther-Fabel. Im ersten Teil erkennt Albert, dass die Liebe zwischen Werther und Lotte stärker ist, und erklärt Lotte seinen Verzicht. Die todbringenden Pistolen übergibt er zwar Werther, lädt diese aber zuvor mit Hühnerblut. Nach dem vermeintlich tödlichen Schuss findet sich Werther somit nicht im eigenen, sondern in fremdem (Hühner-) Blut wieder, bleibt auf groteske Art am Leben und heiratet schließlich Lotte, die einen Sohn gebiert. Der zweite Teil bringt eine ganze Serie sogenannter Schicksalsschläge, die von wirtschaftlichen Krisen bis zu Krankheit und Tod reichen und schließlich zur Trennung des Paares führen. Auf Vermittlung Alberts kommt es im dritten Teil mit dem Titel *Freuden Werthers des Mannes* zur Versöhnung. Statt leidenschaftlicher Liebe wartet nun ruhiges Familienglück mit acht Kindern und einem kleinen Bauerngut. Lediglich ein »Genie« als »schlechter Nachbar«[31] stört vorübergehend noch einmal die auf Arbeit und Fleiß gegründete Idylle. Dabei tauscht Albert mit und durch seinen Verzicht Liebe in Freundschaft ein und legt so den Grundstein für ein funktionierendes Dreiecksverhältnis. Seine Botschaft ist dabei unmissverständlich: »Hohe überschweifende Empfindung, lieber Werther, steht gut im Gedicht, aber macht schlechte Haushaltung.«[32] Strategische Klugheit auf der Basis ökonomischer Prinzipien ist es, die aus Leiden Freude macht und somit den Titel legitimiert. Das 1776 erschienene Drama *Das Werther-Fieber, ein unvollendetes Familienstück* von Ernst August Anton von Göchhausen (1740–1824) endet ebenfalls nicht mit dem Selbstmord des Protagonisten; der Vater hatte diesen kurzerhand nach Amerika geschickt.

Doch auch literarische Texte, die für eine gute Haushaltung werben, indem sie den Mann hinaus ins »feindliche Leben« schicken, während drinnen die »züchtige Hausfrau« waltet,[33] sind vor Parodien nicht gefeit. Schillers *Lied von der Glocke* (1799) etwa zählt zu den populärsten, meist interpretierten und parodierten Gedichten, wurde von Generationen von Gymnasiasten bis weit ins 20. Jahrhundert hinein auswendig gelernt, während einige Frühromantiker in Jena schon im Oktober 1799 beim Vorlesen vor Lachen fast von den Stühlen fielen, wie Caroline Schlegel berichtet.[34] Im Anschluss daran schrieb August Wilhelm Schlegel drei kleine Parodien, die sich schon durch ihre Titel als solche zu erkennen geben: *Apropos de cloches*, *Kritik eines Küsters* und *Der idealische Glockengießer*, der auf Schillers Idealisierung der Glockenproduktion mit einer Ironisierung dieses Verfahrens antwortet:

> Nicht Zinn und Kupfer, nach gemeiner Weise,
> Nein, Wortgepräng und Reim, mühsam in eins verschmelzt,

31 Friedrich Nicolai: Freuden des jungen Werthers. Leiden und Freuden Werthers des Mannes. Voran und zuletzt ein Gespräch (1775). Faksimile. München: Roland 1922, S. 55.

32 Ebd., S. 49.

33 Friedrich Schiller: Das Lied von der Glocke. In: Ders.: Sämtliche Werke in fünf Bänden. Hg. von Peter-André Alt u.a. Bd. 1. München: dtv 2004, S. 429-442, hier S. 432, 433.

34 Vgl. Theodore Ziolkowski: Vorboten der Moderne. Eine Kulturgeschichte der Frühromantik. Stuttgart: Klett-Cotta 2006, S. 132.

Bis sich die zähe Mass in Strophen weiter wälzt:
Das ist im Glockenlied die edle Glockenspeise.[35]

Überhaupt hat der frühromantische Kreis nicht nur generell Poetisches, sondern auch literarischen Spott hervorgebracht. Als man beispielsweise in Jena erfuhr, dass der baltische Schriftsteller Garlieb Merkel »ungebührlich von uns rede«, wie August Wilhelm Schlegel am 1. November 1799 an Friedrich Schleiermacher schreibt,

> beschlossen wir den Menschen exemplarisch zu strafen, – und wie Gott sich immer geringer Mittel und Werkzeuge zu seinen Zwecken bedient, so ist hieraus eine Erweiterung der Deutschen Poesie hervorgegangen nämlich beykommendes *Sonetto à la burchiellesca*, das Tieck und ich an einem Abend gemeinschaftlich fabrizirt. Den Verfälschungen des Abschreibens vorzubeugen, haben wir eine kleine Auflage von 120 Exemplaren davon veranstaltet. Sie erhalten hier 40, worein Sie sich mit Fichte und Bernhardi theilen *mögen*.[36]

Unter dem Namen ›poesia burchiellesca‹ ist in der italienischen Literatur eine besondere Art des Dichtens in ›verschlüsselter‹ Sprache bekannt, die sich durch obszöne Doppeldeutigkeiten auszeichnet. Sie war vom frühen 15. bis weit ins 16. Jahrhundert hinein *à la mode*. Schlegel und Tiecks Gedicht wird also schon über den ursprünglichen Titel *Sonetto à la burchiellesca* in eine poetische Tradition gestellt, der es nicht nur mit dem Reimpaar »Merkeln« und »ferkeln« bereitwillig folgt, auch wenn es in Schlegels spätere Werkausgabe mit der harmlos klingenden Überschrift *Sonett* aufgenommen wurde.[37] Insofern lässt sich mit Titeln auch Literaturpolitik machen, insbesondere wenn es um Parodien und Spott geht.

3

Und dann sind da noch jene Titel, die zugleich berühmt und zum Inbegriff einer ganzen Gattung wurden, wie etwa *Wilhelm Meisters Lehrjahre*, die sich im Lauf ihrer über 200-jährigen Rezeptionsgeschichte zunehmend und sui generis als Synonym schlechthin für den Bildungsroman etablierten.[38] Um sie herum – und darum geht es mir im Folgenden – gruppiert

35 Zitiert nach ebd.

36 August Wilhelm Schlegel: Digitale Edition der Korrespondenz [Version-01-22]. Datengeber: Berlin, Archiv der Berlin-Brandenburgischen Akademie der Wissenschaften, NL F. D. E. Schleiermacher, Nr. 372.1. Bl.5–7r (Handschrift), hier Digitalisat S, https://august-wilhelm-schlegel.de/version-01-22/briefid/4272 (18. November 2025).

37 August Wilhelm Schlegel, Ludwig Tieck: Sonett. In: August Wilhelm von Schlegel's sämmtliche Werke. Hg. von Eduard Böcking. 16 Bände. Leipzig: Weidmann 1846–1848, Bd. 2, S. 201, https://www.digitale-sammlungen.de/de/view/bsb10605445?page=214,215 (18. November 2025).

38 Es sei in diesem Zusammenhang daran erinnert, dass der Bildungsroman nicht als ein Subgenre mit statischen Merkmalen zu verstehen ist: »Es handelt sich […] vielmehr um eine gesellschaftlich konsekrierte, weil institutionell bald gestützte, merkmalsbezüglich gleichwohl instabile und heterogene

sich ein reiches Beziehungsgeflecht zeitgenössischer Titel, die sich textuell und peritextuell in unterschiedlicher Weise auf diesen Roman beziehen; die einen wollen ihn umschreiben, ihn mit einem neuen poetologischen Ansatz versehen und auf diese Weise verbessern, ohne ihm die Reverenz zu versagen. Das gilt vor allem für zwei Frühromantiker. Andere eignen sich den Text einfach an, schreiben ihn im Windschatten seines aufmerksamkeitsökonomischen Erfolgs fort, nicht ohne ihn aber nun gegen Goethe und dessen Ästhetik zu wenden. In den meisten Fällen signalisiert bereits der Titel den Bezug zu *Wilhelm Meister*.

Zur ersten Gruppe gehört zweifellos Novalis, der sich intensiv mit Goethes Roman beschäftigte und seine Lektüreeindrücke zumindest skizzenhaft festhielt. Sie geben Auskunft über eine Rezeption, die sich vom affirmativen Beeindrucktsein zu einer zunehmend skeptischen, ablehnenden Position entwickelte, wie in folgendem Verdikt: »Das Romantische geht darinn zu Grunde – auch die Naturpoësie, das Wunderbare – [...] Es ist eine poëtisirte *bürgerliche und häusliche Geschichte*.«[39] Novalis' immer polemischer werdende Haltung manifestierte sich nicht zuletzt im Bemühen, sprechende Alternativtitel zu finden, die das Eigentliche des ganzen Unterfangens bloßstellen sollen, wie etwa: »Wilhelm Meisters Lehrjahre, oder die Wallfahrt nach dem Adelsdiplom.«[40] Gerade für solch verbale Konzentrate mit ironischer Tendenz sind Titel und titelähnliche Formulierungen besonders geeignet. Die Praxis der Verschlagwortung von Titeln scheint zur Generierung von Schlagworten zu motivieren.

Novalis begnügte sich indes nicht mit einer polemischen Auseinandersetzung, er wollte Goethes Roman ein eigenes Konkurrenzprodukt an die Seite stellen, dessen kompetitives Ziel er selbst so formulierte: »Goethe wird und muß übertroffen werden!«[41] *Heinrich von Ofterdingen* kann denn auch in vielfacher Hinsicht als direkte Antwort auf Goethes *Wilhelm Meister* gelesen werden, ja als dessen forcierte Potenzierung. Der Text sollte nach dem ausdrücklichen Willen des Autors sogar beim selben Berliner Verleger Johann Friedrich Unger, mit dem schon zu Lebzeiten Hardenbergs ein entsprechender Vertrag geschlossen worden war, und in der gleichen Aufmachung erscheinen, um die prätendierte Reihenbildung auch typographisch-materiell sowie verlegerisch institutionell zum Ausdruck zu bringen.[42] Gegenüber *Wilhelm Meisters Lehrjahren*, die ihm als zentrales poetisches Paradigma dienten,

literarische Reihenbildung.« Norbert Christian Wolf: »Göthe wird und muß übertroffen werden«. Novalis' *Heinrich von Ofterdingen* und die Gattungsbegründung durch *Wilhelm Meisters Lehrjahre*. In: Elisabeth Böhm/Katrin Dennerlein (Hg.): Der Bildungsroman im literarischen Feld. Neue Perspektiven auf die Gattung mit Bourdieus Feldtheorie. Berlin/Boston: de Gruyter 2016, S. 55–106, hier S. 65.

39 Novalis: Schriften. Hg. von Paul Kluckhohn und Richard Samuel. Dritte, nach den Handschriften ergänzte, erweiterte und verbesserte Aufl. in vier Bänden und einem Begleitband. Bd. 3: Das philosophische Werk 1. Darmstadt: WBG 1981, S. 638–639 (Frg. Nr. 505).

40 Ebd., S. 646–647 (Frg. Nr. 536).

41 Novalis: Schriften (Anm. 39), Bd. 2: Das philosophische Werk 2, S. 642.

42 Vgl. Norbert Christian Wolf: »Göthe wird und muß übertroffen werden« (Anm. 38), S. 75. Der Roman erschien dann aufgrund des frühen Todes von Novalis erst posthum und unvollendet mit folgendem Titelblatt: Heinrich von Ofterdingen. Ein nachgelassener Roman von Novalis. Zwei Theile. Berlin: In der Buchhandlung der Realschule 1802.

an dem es sich abzuarbeiten galt, sollte die profane Welt in Poesie überführt werden. Hinsichtlich der Gattungsfrage im engeren Sinn schrieb Novalis am 27. Februar 1799 an Caroline Schlegel, sein in Arbeit befindlicher Roman könne »vielleicht Lehrjahre einer *Nation* enthalten«, aber: »Das Wort *Lehrjahre* ist falsch – es drückt ein bestimmtes *Wohin* aus. Bey mir soll es aber nichts, als – ÜbergangsJahre vom Unendlichen zum Endlichen bedeuten. Ich hoffe damit zugleich meine historische und philosophische Sehnsucht zu befriedigen.«[43]

Entsprechend verzichtet Novalis auf die *Lehrjahre* im Titel, den er einzig mit dem Namen seines Protagonisten füllt, und entwirft gegen Goethes lineare Zeitordnung eine zirkuläre Struktur, in der jedes Teil das Ganze spiegelt und Bekanntes verwandelt und gesteigert wiederkehrt. Sein Überbietungswille lässt sich auch am geplanten Aufbau des Romans ablesen: So sollte er nach den überlieferten Plänen aus zwei Teilen bestehen, deren erster den Untertitel *Die Erwartung* trägt und neun Kapitel umfasst, während im zweiten mit dem Untertitel *Die Erfüllung* nur das Anfangskapitel (mehr oder weniger) ausgeführt werden konnte. In dieser Zweiteilung hat man eine Strukturanalogie zu keinem geringeren als dem Buch der Bücher, der Bibel, erkannt.[44] Zudem radikalisiert Novalis die im *Wilhelm Meister* bereits implizit angelegte und von Friedrich Schlegel programmatisch eingeforderte »progressive Universalpoesie«, um »alle getrennte[n] Gattungen der Poesie wieder zu vereinigen, und die Poesie mit der Philosophie und Rhetorik in Berührung zu setzen«,[45] was er mit zahlreichen Liedern sowie Träumen, Gesprächen, Reflexionen und Berichten in ein damals beispielloses Extrem treibt. Mit dem Titel spielt Novalis zudem auf das in der Romantik nobilitierte und programmatisch gegen die klassische Antike gewendete Mittelalter an: Der sagenhafte Heinrich von Ofterdingen geistert als Minnesänger durch die Jahrhunderte. Die *Große Heidelberger Liederhandschrift (Codex Manesse)* aus dem 13. Jahrhundert behandelt den Sängerkrieg auf der Wartburg, worin Heinrich im Wettstreit mit Walter von der Vogelweide und Wolfram von Eschenbach steht. Anders als bei diesen nachweisbaren Künstlern gibt es aber von Heinrich keine Liedzeile, keine historische Spur. Für Novalis offenbar gute Voraussetzungen, ihn zum Titel eines dem Wunderbaren verpflichteten Romans zu machen.

Auch Friedrich Schlegel wollte mit *Lucinde* (1799) die Gattung des Romans romantisieren, und auch er arbeitete sich dabei an den *Lehrjahren* ab. Lange Zeit galt der Roman als Skandalon, auch in der Literaturwissenschaft: »Ich beabsichtige nicht zu beweisen, daß der Roman Friedrich Schlegels sowohl unsittlich als dichterisch formlos und verwerflich ist. Diese Einsicht bedarf keiner Begründung mehr«, bemerkte Wilhelm Dilthey noch zu Beginn des 20. Jahrhunderts in seiner Schleiermacher-Biographie[46] und schrieb damit fort,

43 Novalis: Schriften (Anm. 39), Bd. 4: Tagebücher, Briefwechsel, zeitgenössische Zeugnisse: [Lebensdokumente], S. 281.

44 Vgl. Norbert Christian Wolf: »Göthe wird und muß übertroffen werden« (Anm. 38), S. 77.

45 Friedrich Schlegel: Athenäums-Fragment Nr. 116. In: Kritische Friedrich-Schlegel-Ausgabe. Hg. von Ernst Behler. Abt. 1: Kritische Neuausgabe. Bd. 2: Friedrich Schlegel. Charakteristiken und Kritiken I (1796–1801). München/Paderborn/Wien: Schöningh 1967, S. 182–183, hier S. 182.

46 Wilhelm Dilthey: Leben Schleiermachers. 2. Aufl. Berlin/Leipzig: de Gruyter 1922, S. 530. Dass

was schon innerhalb der zeitgenössischen Rezeption begonnen hatte.[47] Dazu trug maßgeblich eine als Roman getarnte, 1799 anonym unter dem Titel *Vertraute Briefe von Adelheid B. an ihre Freundin Julie S.* erschienene, von Friedrich Nicolai stammende Enthüllungsschrift bei, in der es kaum verklausuliert und gespickt mit Zitaten aus dem *Athenäum* um das Liebesverhältnis zwischen Dorothea Veit und dem acht Jahre jüngeren Friedrich Schlegel geht. Nicolai wartet sogar mit einem angeblichen »Billet-doux der geschiedenen Madam Veit, jüdischer Nazion, nunmehr halberverehelichten Friedrich Schlegel, an Herrn Friedrich Schlegel, über seinen Roman Lucinde« auf, wobei in der Anmerkung erklärt wird: »Madame Veit, welcher Herr Friedrich Schlegel in Berlin kennen lernte, und die deshalb von ihrem bisherigen Ehemanne nach eilfjähriger Ehe, geschieden ward. Das Gelächter über den Roman *Lucinde*, verbunden mit dieser Geschichte, war in Berlin allgemein«.[48] Nicolais polemische Publikation trug maßgeblich dazu bei, dass *Lucinde* von den meisten Zeitgenossen als Schlüsselroman gelesen wurde.

Konzipiert hatte ihn Schlegel als Demonstration für sein Konzept der Universalpoesie, in dem das Motiv der Entgrenzung eine zentrale Rolle spielt: Entgrenzung der literarischen Gattungen genauso wie Entgrenzung von Leben und Kunst, weswegen Nicolais Enthüllungen Schlegels Poetik diesbezüglich durchaus in die Karten spielten, wenn auch ungewollt. Von Schlegel gewollt war dagegen eine Lesart, die seinen Roman als Auseinandersetzung mit und Abgrenzung zu Goethes *Lehrjahren* begreift, was einmal mehr bei den Titeln beginnt: Der Untertitel *Bekenntnisse eines Ungeschickten* spielt ironisch auf das Kapitel »Bekenntnisse einer schönen Seele« aus den *Lehrjahren* an, deren Titel wiederum Schlegel zu einer Kapitelüberschrift in *Lucinde* inspirierte: »Lehrjahre der Männlichkeit« ist der mittlere Teil des Romans überschrieben, der jedoch die Entwicklungsgeschichte des gebildeten, finanziell unabhängigen und in der Kunst dilettierenden jungen Mannes auf die Entwicklung seiner Liebesfähigkeit reduziert. Insofern fußt Schlegels Entgrenzungsästhetik letztlich auf einer – feldtheoretisch formuliert – Abgrenzungsstrategie, die in Ansätzen schon in der Titelgebung manifest wird.

Es sind vor allem die ästhetisch innovativen und zugleich erfolgreichen Romane, deren Titel rezeptionsgeschichtlich zu einer Art *trade mark* werden, welche für die jeweilige Mischung aus Originalität und Popularität steht. *Wilhelm Meisters Lehrjahre* war so ein Titel mit programmatischer Ausstrahlung, an dem sich nicht nur Novalis und Schlegel abarbeiteten. Auch ein gewisser Johann Friedrich Wilhelm Pustkuchen (1793–1834), seines Zeichens ein jung verstorbener evangelischer Geistlicher, wurde offenbar von diesem Titel merklich getriggert. Jedenfalls schrieb er unaufgefordert eine Fortsetzung von Goethes

ausgerechnet Schleiermacher mit seinen *Vertrauten Briefen über Friedrich Schlegels Lucinde* zu den wenigen Ausnahmen innerhalb der zeitgenössischen Rezeption gehörte, die den Roman positiv würdigten, ohne dessen Schwächen zu unterschlagen, sei hier zumindest angemerkt.

47 Vgl. dazu Julia Bobsin: Von der Werther-Krise zur Lucinde-Liebe. Studien zur Liebessemantik in der deutschen Erzählliteratur 1770–1800. Tübingen 1994, S. 185–188.

48 Zitiert nach Theodore Ziolkowski: Vorboten der Moderne (Anm. 34), S. 35.

Roman, deren erster Band zur Frühjahrsmesse 1821 unter dem Titel *Wilhelm Meisters Wanderjahre* im Verlag von Gottfried Basse in Quedlinburg und Leipzig zeitgleich mit Goethes eigener Fortsetzung (*Wilhelm Meisters Wanderjahre oder Die Entsagenden*, 1821) erschien.[49] Diese Publikationsumstände lösten einen Literaturskandal aus, der maßgeblich dadurch befeuert wurde, dass die Fortsetzung des goetheschen Romans zugleich eine sittlich-ästhetisch begründete Kritik an Goethe war – und gleichzeitig der Anfang einer ganzen Manufaktur, denn noch im selben Jahr veröffentlichte Pustkuchen Band 2 der *Wanderjahre*, 1822 erschienen Band 3 sowie die beiden Begleitpublikationen *Wilhelm Meisters Tagebuch* und *Gedanken einer frommen Gräfin*. Fortgesetzt, aber nicht abgeschlossen, wurden *Wilhelm Meisters Wanderjahre* von Pustkuchen mit einem 4. (1827) und 5. Band (1828), die im Gegensatz zu den ersten Teilen aber keine öffentliche Aufmerksamkeit mehr fanden. Peer Trilcke schreibt:

> Was insbesondere den frühen Bänden eine für einen Schriftsteller vom Formate Pustkuchens doch erhebliche Resonanz verschaffte, war der publikationsstrategisch gewitzte Schachzug, dem Publikum, das auf Goethes Fortsetzung der *Lehrjahre* wartete, in einer Parallelaktion einen Text unterzuschieben, der, zunächst anonym publiziert, auf den ersten (allerdings auch nur auf den ersten) Blick durchaus mit der erwarteten Fortsetzung aus der Feder des Klassikers verwechselt werden konnte. Denn: Pustkuchens *Wanderjahre* schließen unmittelbar an das Ende der *Lehrjahre* an, greifen Teile des Personals, vor allem natürlich Wilhelm, auf und erzählen in einem stark an Goethes Stil und Erzählweise angelehnten Duktus die weitere Entwicklung des Helden. Wie Goethes *Lehrjahre*, doch in wesentlich größerem Umfang, enthalten Pustkuchens *Wanderjahre* zudem ausführliche Gespräche über Fragen der Ästhetik und der Poesie, wobei sich die Gespräche bei Pustkuchen immer wieder um einen Autor drehen – nämlich um Goethe, über dessen Dichtung aus moralischen, religiösen und patriotischen Gründen der Stab gebrochen wird.[50]

Eine illegitime Fortschreibung hatte Jahrzehnte früher bereits *Anton Reiser* von Karl Philipp Moritz erfahren, der als Untertitel *Ein psychologischer Roman* trug und von 1785 bis 1790 in vier Bänden publiziert wurde. Doch dann erschien 1794 bei Wilhelm Vieweg in Berlin ein Buch, das den fünften und letzten Teil des Romans *Anton Reiser* verspricht.[51] Das Titelblatt ist an die Titelblätter der Bände des 1793 verstorbenen Karl Philipp Moritz angelehnt. Allein die Angabe des Autors hat sich verändert: An die Stelle »[h]erausgegeben von Karl Philipp Moritz« wird nun »Karl Friedrich Klischnig« gesetzt. Eingerahmt ist das Titelblatt durch Seiten, die Näheres über Klischnig und sein Werk verraten: Der fünfte Band des *Anton Reiser* enthalte »Erinnerungen aus den zehn letzten Lebensjahren meines Freundes Anton Reiser« als »ein Beitrag zur Lebensgeschichte des Herrn Hofrath Moritz« und sei »[a]llen

49 Vgl. dazu und zum Folgenden Peer Trilcke: Pustkuchens Pseudo-*Wanderjahre* in der Feldgeschichte des Bildungsromans. In: Elisabeth Böhm/Katrin Dennerlein (Hg.): Der Bildungsroman im literarischen Feld. Neue Perspektiven auf die Gattung mit Bourdieus Feldtheorie. Berlin/Boston: de Gruyter 2016, S. 107–143.

50 Ebd., S. 119.

51 Vgl. dazu und zum Folgenden Nacim Ghanbari: Patronage und deutsche Literatur im 18. Jahrhundert. Göttingen: Wallstein 2024, S. 257.

wahren Freunden des Verstorbenen gewidmet, die sein gutes Herz kannten, die Talente seines Geistes schätzten, und den Verlust bedauern, den die deutsche Litteratur durch seinen Tod erlitten«.[52] In Klischnigs Worten taucht der betrauerte Freund in mehrfacher Gestalt auf: verschmolzen mit der Romanfigur Anton Reiser, als Würdenträger und als Autor, der sich bereits einen Platz in der deutschen Literaturgeschichte erkämpft hat. Fakt und Fiktion, Romanfigur und Autor werden von Klischnig zu einer untrennbaren Einheit amalgamiert, die maßgeblich zu einer autobiografischen Lesart des *Anton Reiser* beigetragen haben dürfte.

Am Ende wirken die durch ihre Titel als Fortschreibung erfolgreicher Romane markierten Texte nolens volens auf ihre literarischen Bezugsgrößen zurück und beeinflussen deren Rezeption, obwohl es sich meist um illegitime Aneignungen, zumindest aber um gewiefte Täuschungsmanöver handelt. So gewinnt etwa »der Bildungsroman als Projekt einer (symbolisch) kapitalstarken und entsprechend deutungsmächtigen bürgerlichen ›Kaste‹ (wie Pustkuchen gesagt hätte) sein soziales Profil« gerade »in der Abgrenzung von Pustkuchens *Wanderjahren*, in der Markierung einer Differenz zwischen ihnen und den *Lehrjahren* Goethes. [...] Pustkuchens *Wanderjahre* sind, in aller Kürze, genau das, was der Bildungsroman in den Augen seiner Verfechter ›um 1820‹ auf keinen Fall sein durfte.«[53] Zudem lässt sich konstatieren, dass die intertextuellen Verweise zwischen den verschiedenen Werktiteln, wie ich zu zeigen versucht habe, die Bezugnahme auf bestimmte Texte über die Titelgestaltung nicht zuletzt die literarischen Netzwerke der damaligen Zeit abbilden und damit die Kraftlinien und Beziehungsgeflechte des literarischen Feldes um 1800; man könnte diesbezüglich durchaus von ›Intertitularität‹ sprechen. Denn gerade die Untersuchung von Werktiteln und ihrer Kontexte gibt gleichermaßen Auskunft über die ästhetischen bzw. poetologischen Positionierungen von Autorinnen und Autoren wie über die Positionskämpfe im literarischen Feld, die sich nicht zuletzt über Bezugnahmen und wechselseitige Beeinflussungen in Titeln manifestieren, seien sie affirmativ oder abgrenzend.

52 Ebd.
53 Peer Trilcke: Pustkuchens Feldzug (Anm. 49), S. 108.

Lost in translation?
Zur ›Tradition‹ des Titelübersetzens aus dem Deutschen im italienischen Literaturbetrieb

Alessandra Goggio

Die Kulturspezifik des Titels, deren Konventionen sowohl auf der (nationalen) literarischen Tradition (einschließlich der des Betitelns) als auch auf spezifischen Praktiken des Literaturbetriebs beruhen, stellt eine besondere Herausforderung für Übersetzer_innen sowie weitere Akteur_innen dar, die am Prozess der Titelgebung beteiligt sind. Denn (übersetzte) Titel sollen nicht nur ihre ursprüngliche Bedeutung bewahren, sondern auch bestimmte Funktionen erfüllen und Affordanzen bereitstellen können. Der Beitrag möchte am Beispiel ausgewählter Titel literarischer Werke aus der Sattelzeit, die aus dem Deutschen ins Italienische übersetzt wurden, einige kultur- bzw. traditionsspezifische Aspekte der Praxis des Titelübersetzens im italienischen Literaturbetrieb herausarbeiten, die die Rezeption nicht nur einzelner Titel (und Werke), sondern der gesamten deutschsprachigen Literatur beeinflusst haben (könnten).

The cultural specificity of titles, whose conventions are based both on the (national) literary tradition (including that of titling) and on specific practices in the literary world, poses a particular challenge for translators and other actors involved in the process of titling. This is because (translated) titles should not only preserve their original meaning but also fulfil certain functions and provide affordances. Using the example of selected titles of literary works from the *Sattelzeit* period that have been translated from German into Italian, this article aims to highlight some culture- and tradition-specific aspects of the practice of title translation in the Italian literary world that have (or could have) influenced the reception not only of individual titles (and works) but of German-language literature as a whole.

1 Literarische Titel und Übersetzung: eine vergessene Beziehung?

Titel sind nicht nur »bemerkenswerte[] Zeitdokument[e]«,[1] an denen sich literatur- sowie buchgeschichtliche Entwicklungen ablesen lassen, sondern auch kulturspezifische Erscheinungen, die auf literarischen und literaturbetrieblichen Konventionen beruhen und deren Übersetzung zwangsläufig zu Interferenzen zwischen translationalen und national-kulturellen Faktoren führt. Der Übergang aus einer Sprache in eine andere stellt einerseits eine besondere Herausforderung für Übersetzer_innen sowie weitere Akteur_innen dar – etwa Lektor_innen und Verleger_innen, die am Prozess der (sekundären) Titelgebung beteiligt sind. Andererseits lässt er kulturspezifische Gepflogenheiten und Praktiken der Titelvergabe sichtbar werden, die von dem geprägt werden, was man als Buchkultur eines Landes oder einer Sprachgemeinschaft bezeichnet, also jene »Gesamtheit der buchbezogenen Praktiken,

1 Herbert Volkmann: Der deutsche Romantitel (1470–1770). Eine buch- und literaturgeschichtliche Untersuchung. In: Archiv für Geschichte des Buchwesens 57 (1967), S. 1081–1170.

Institutionen, Gesetze und Regeln sowie Strukturen und Prozesse«,[2] die die Buchproduktion regulieren. Damit Titel nicht nur ihre ursprüngliche Bedeutung und Wirkung bewahren, sondern auch ihre Funktion erfüllen und bestimmte Affordanzen bereitstellen können, muss bei ihrer Übersetzung gleichzeitig auf zwei (Buch-)Kulturen geachtet werden – nämlich auf jene des ›Originals‹ sowie auf jene, die im jeweiligen neuen literarischen Feld und Markt vorherrscht.

Titel – insbesondere literarischer Werke – scheinen allerdings die Stiefkinder der Übersetzungstheorie zu sein. Stöbert man in den mittlerweile zahlreichen Beiträgen zur Übersetzung literarischer Werke, stößt man kaum auf Studien, die sich exklusiv der Übersetzung von Titeln widmen. Nur in seltenen Fällen – auf die in Kürze eingegangen wird – treten Titel und deren Übersetzung in den Mittelpunkt der Analyse. Ansonsten erscheinen sie eher am Rande – entweder dort, wo eine oder mehrere Übersetzungen eines Werkes analysiert werden, als ob es unabdingbar und beinahe unhöflich wäre, nicht mit dem Titel zu beginnen, oder aber dort, wo grobe Fehler und Ungereimtheiten oder im Fall einer Neuübersetzung grundlegende Neuerungen auftauchen, die man nicht übersehen darf (und oft zugleich kritisieren möchte). In diesem Zusammenhang könnte man – Lawrence Venutis Worte[3] aufgreifend und auf das paratextuelle Element ›Titel‹ anwendend – von einer gewissen ›Unsichtbarkeit‹ des übersetzten Titels und von einer Lücke in den *Translation Studies* sprechen, die zu schließen wäre.

Wie allerdings bereits erwähnt, lassen sich im Bereich der ›Paratranslation‹ – wie einige Forscher_innen die Theorie und Praxis der Übersetzung paratextueller Elemente neuerdings getauft haben[4] – einzelne wissenschaftlich-systematische Ansätze ausmachen, die die funktionale und kulturelle Praxis des Titelübersetzens in den Blick nehmen und zur Analyse übersetzter Titel sowie gewisser Tendenzen und Konventionen in einzelnen sprachlichen oder nationalen Kontexten beitragen. Als prominentes deutsches Beispiel seien hier die Forschungen von Christiane Nord im Bereich des funktionalen Übersetzens genannt.[5] Diese Ansätze[6]

2 Christoph Bläsi/Dörthe Fröhlich: Internationale Vergleiche von Buch- und Lesekulturen. In: Axel Kuhn/Ute Schneider (Hg.): Theoretische Perspektiven und Gegenstände der Buchforschung. Ein interdisziplinäres Handbuch. Berlin/Boston: de Gruyter 2023, S. 556–583, hier S. 553.

3 Vgl. Lawrence Venuti: The Translator's Invisibility. In: Criticism 28.2 (1986), S. 179–212.

4 Dieser Begriff wurde 2010 von José Yuste Frías eingeführt, um ein bestimmtes Feld der Übersetzungstätigkeit zu bezeichnen; vgl. Christiane Nord: Translation und »Paratranslation«. Wie man das Fahrrad immer wieder mal neu erfinden kann. In: Lebende Sprachen 57.1 (2012), S. 1–8, hier S. 5: »Paratranslation nimmt aber nicht nur die ästhetischen, politischen, ideologischen und sozialen Einflüsse von (ausgangskulturellen) Paratexten in den Blick, die für die Interpretation des Ausgangstexts von Bedeutung sind, sondern auch das gesamte paratextuelle Umfeld jeglicher translatorischer Aktivität.«

5 Nords Forschungen reichen bis in die frühen 1990er Jahre zurück; als Summa ihrer langjährigen Beschäftigung mit diesem Thema sei hier auf ihre letzte monographische Studie hingewiesen: Christiane Nord: Titel, Texte, Translationen. Buchtitel und ihre Übersetzung in Theorie und Praxis. Berlin: Frank & Timme 2024.

6 An Nords kommunikativ-funktionalem Ansatz orientiert sich die Mehrheit der Forschungen in diesem

sind in der Regel allerdings stärker sprachwissenschaftlich und kommunikationstheoretisch ausgerichtet: Auch wenn sie die Kulturspezifik von Titeln betonen, konzentrieren sie sich primär auf deren sprachliche und äußere Form sowie auf die jeweiligen kommunikativen Funktionen, die Titel übernehmen. Damit lassen sich zweifellos interessante Rückschlüsse ziehen, die einige bemerkenswerte Eigenschaften von Titeln und deren Hauptfunktionen in verschiedenen kulturellen Gemeinschaften und Textgattungen beleuchten. Dennoch bleibt die Literarizität des Titels – verstanden als ein Metatext,[7] der nicht bloß über seinen Ko-Text informiert, sondern diesen auch ästhetisch-strukturell repräsentiert – in den meisten Fällen unberücksichtigt oder wird lediglich am Rande, etwa im Hinblick auf rhythmische Aspekte,[8] gestreift.

Ein besonders wichtiger Aspekt, den solche Ansätze kaum berücksichtigen, ist die von Genette eingeführte Unterscheidung zwischen thematischen und rhematischen Titeln.[9] Unter Letzteren versteht man nicht nur explizite Gattungsformeln oder gattungsähnliche Bezeichnungen, sondern auch eher implizite und verschleierte rhematische Benennungen, die teilweise auf semantischen Mehrdeutigkeiten beruhen und zugleich thematische Nuancen miteinbeziehen und andeuten. Gerade solche Titel sind in der Lage, aufschlussreiche literaturgeschichtliche (und buchwissenschaftliche) Phänomene aufzuzeigen. Sie sollten daher nicht nur im Zentrum von Analysen und Studien stehen, die sich mit der Semantik und Praxis des Titels und des Betitelns innerhalb einzelner kultursprachlicher Sphären oder Epochen beschäftigen, sondern auch unter dem Gesichtspunkt ihrer Übersetzung näher untersucht werden.

Genau in diesem Rahmen bewegt sich das Anliegen dieses Beitrags: Anhand der Betrachtung einiger Titel der deutschsprachigen Erzählliteratur der sogenannten Sattelzeit und deren Übersetzung ins Italienische sollen bestimmte Tendenzen beider Buchkulturen beleuchtet und zugleich einige kulturspezifische Aspekte der Praxis des Titelübersetzens im italienischen Literaturbetrieb aufgezeigt werden. Die zugrunde liegende These – die im Folgenden anhand konkreter Beispiele erläutert und abschließend auch durch einige theoretische Überlegungen gestützt wird – lautet: Wenn rhematische Titel deutschsprachiger Werke ins Italienische

Feld; siehe zum Beispiel Mauro Viezzi: Titles and Translation. In: Maria Eronen/Marinella Rodi-Risberg (Hg.): Haasteena näkökulma, Perspektivet som utmaning / Point of view as challenge / Perspektivität als Herausforderung. Vaasa: Vakki 2013, S. 374–384.

7 Christiane Nord: Titel, Texte, Translationen (Anm. 5), S. 35.

8 Ebd., S. 13. Eine weniger auf die kommunikativen Funktionen des Titels achtende Untersuchung (und umfangreiche Auflistung) liefert ebenfalls Werner Bergengruen, der den Rhythmus als »das eigentliche Merkmal eines Titels […], das, was zur Nachahmung lockt und nachgeahmt wird«, auszeichnet; vgl. Werner Bergengruen: Titulus. Das ist: Miszellen, Kollektaneen und fragmentarische, mit gelegentlichen Irrtümern durchgesetzte Gedanken zur Naturgeschichte des deutschen Buchtitels oder unbetitelter Lebensroman eines Bibliotheksbeamten. Zürich: Die Arche 1960, S. 13.

9 Gérard Genette: Paratext. Das Buch zum Beiwerk des Buches. Mit einem Vorwort von Harald Weinrich. Aus dem Französischen von Dieter Hornig. 8. Aufl. Frankfurt am Main: Suhrkamp 2016, S. 79–80.

übersetzt werden, erfahren sie häufig eine Ent-Rhematisierung, die den ersten Eindruck des jeweiligen Werks – und damit den gesamten Eindruck der deutschsprachigen Literatur – stillschweigend doch maßgeblich verändert und ihre Rezeption in der italienischen Kultur nachhaltig zu prägen scheint. Diese These enthält jedoch eine Ergänzung: Auch im Fall von Neuübersetzungen – ebenso wie bei Übersetzungen jüngerer Werke der deutschsprachigen Gegenwartsliteratur – gelingt es nur in Ausnahmefällen, den rhematischen Aspekt eines Titels zu bewahren, wobei selbst diese Ausnahmen oft rasch wieder durch neue, eher thematisch orientierte Titel verdrängt werden.

2 Die italienische »Tradition der Übersetzung«: einige Fallbeispiele

Der Ursprung dieser »Tradition der Übersetzung«,[10] wie sie die italienische Übersetzungswissenschaftlerin Laura Salmon nennt, liegt – was die deutsche Literatur und ihre Rezeption in Italien betrifft – möglicherweise in der Übersetzung des Titels des ersten Bestsellers der deutschen Literatur: *Die Leiden des jungen Werther* von Johann Wolfgang Goethe. Dieser Titel stellt ein herausragendes Beispiel für einen rhematischen Titel mit hoher Ambiguität dar, an dem sich das oben beschriebene Phänomen der Ent-Rhematisierung besonders deutlich veranschaulichen lässt. Das Wort *Leiden* lässt sich nämlich auf unterschiedliche Weise deuten: zunächst als thematische Anspielung auf den Schmerz und Kummer Werthers, der zugleich als ironische Spiegelung der Passion Christi[11] gelesen werden kann; darüber hinaus aber auch als versteckter rhematischer Hinweis auf die Struktur des Romans selbst, in dem die Erzählung durch eine Abfolge von Briefen voranschreitet – eben ähnlich den Stationen eines Leidenswegs –, sodass er als »blasphemische Säkularisierung eines religiösen Erbauungstextes«[12] gelesen werden kann.

Die erste italienische Übersetzung des Romans erschien 1782 in Poschiavo[13] in der italienischen Schweiz. Es handelte sich dabei jedoch um eine indirekte Übersetzung, denn der Mailänder Übersetzer Gaetano Grassi verwendete nicht die deutsche Originalfassung,

10 Als »Tradition der Übersetzung« erklärt die italienische Literatur- und Übersetzungswissenschaftlerin Laura Salmon das Überleben von Stil- und Formelementen, die die Übersetzung eines Titels so beeinflussen können, dass die ›Treue‹ zum Originaltitel zugunsten der Wiederholung von schon bekannten Mustern und Vorbildern missachtet wird; vgl. Laura Salmon: Sui titoli come onimi e sugli onimi dei titoli: onomasiologia creativa e traduzione dei »marchionimi« letterari. In: Il Nome nel testo. Rivista internazionale di onomastica letteraria IX (2007), S. 93–105, insbesondere S. 100. Meine Übersetzung; AG.

11 Gregor Schwering: Goethes Werther-Roman: Leidenschaft und Provokation. In: Sprache und Literatur 1 (2012) S. 2–20, hier S. 2–3.

12 Giuliano Baioni: Il giovane Goethe. Torino: Einaudi 1996, S. 228. Meine Übersetzung; AG.

13 Johann Wolfgang Goethe: Werther. Opera di sentimento del dottor Goethe, celebre scrittor tedesco. Übersetzt von Gaetano Grassi. Poschiavo: Giuseppe Ambiosioni 1782.

sondern die französische Übersetzung des Schweizer Journalisten Jacques George Deyverdun[14] als Vorlage. Wie sein Vorbild trug auch Grassis Version als Titel lediglich den Namen des Protagonisten und ließ damit keinen Raum für eine Anspielung auf dessen Leidensweg.

Eine zweite Übersetzung[15] erschien sechs Jahre später in England: Der deutsche Kaufmann Conrad Lüdger wählte den Titel *Gli affanni del giovane Verther* (*affanno* bedeutet im Italienischen etwa ›Kummer‹ oder ›Mühsal‹, verweist aber auch auf physische Erscheinungen wie Atemnot) – vermutlich unter dem Einfluss der englischen Übersetzung *The Sorrows of Werter*[16] sowie zweier französischer Versionen, die unter den Titeln *Les souffrances du jeune Werther*[17] und *Les passions du jeune Werther*[18] erschienen. Vor allem der zweite französische Titel wusste dank der Assonanz mit dem Ausdruck *Passion du Christ* den rhematischen Aspekt des Originals zu bewahren – im Italienischen hingegen trat dieser, obwohl der Titel nun vollständig übersetzt war, nicht in den Vordergrund.

Dass das Wort ›Leiden‹ im Titel eine zentrale Rolle spielte und als Anspielung auf den Leidensweg Christi zu verstehen war, erkannte im selben Jahr ein weiterer italienischer Übersetzer des Romans, Michiel Salom:

> Die italienische Sprache besitzt das eigentliche Äquivalent des deutschen Titels dieses Werkes. Die Leiden des jungen Werthers wäre zu übersetzen als: *La passione del giovinetto Verter*, aber um den wahren Geist zu vermitteln, wäre es angebracht, sogar zu sagen: *Il passio di Verter*.[19]

Die Ironie hinter der Wahl dieses Begriffs verkennend, zog Salom es schließlich vor, den Ausdruck aufgrund seiner im katholischen Italien als blasphemisch empfundenen ›Kühnheit‹ nicht zu übernehmen, sodass seine Übersetzung erneut lediglich den Namen des Protagonisten als Titel trug.

Erst 1858 – also 70 Jahre später – wurde der Titel erstmals als *I dolori del giovine Werther*[20] übersetzt: Wahrscheinlich unter dem Einfluss des deutschen Begriffs ›Weltschmerz‹ sowie von Leopardis Poetik des Schmerzes wurde *Leiden* in gewisser Weise wörtlich mit *dolori* (›Schmerzen‹) übertragen – auch wenn dieser Begriff, insbesondere heute, eher mit

14 Johann Wolfgang Goethe: Werther – Traduit de l'Allemand. Übersetzt von Jacques George Deyverdun. Maestricht: chez Jean-Edme Dufour et Philippe Roux, Imprimeurs et Libraires Associés 1776.

15 Johann Wolfgang Goethe: Gli affanni del giovane Verter. Übersetzt von Corrado Ludger. London: T. Hookman 1788.

16 Johann Wolfgang Goethe: The Sorrows of Werter: A German Story. Übersetzt von Anon. London: Dodsley 1789.

17 Johann Wolfgang Goethe: Les souffrances du jeune Werther. Übersetzt von Karl Siegmund von Seckendorf. Erlangen: Wolfgang Walther 1776.

18 Johann Wolfgang Goethe: Les passions du jeune Werther. Übersetzt von M. Aubry. Mannheim/Paris: Pissot 1777.

19 Johann Wolfgang Goethe: Verter, opera originale tedesca del celebre signor Goethe. Übers. von Michel Salom. Venezia: Giuseppe Rosa Editore 1788, S. 17. Meine Übersetzung; AG.

20 Johann Wolfgang Goethe: I dolori del giovine Werther. Übersetzt von Riccardo Ceroni. Firenze: F. Le Monnier 1858.

physischen als mit psychischen Vorgängen assoziiert wird und kaum noch eine rhematische Funktion erfüllt. Dieser Titel setzte sich jedoch dauerhaft durch: Selbst als der Verleger Giulio Einaudi 1938 den Übersetzer Alberto Spaini bat, einen neuen Titel zu erfinden, lehnte dieser mit der Begründung ab, der existierende Titel sei »das Schönste am ganzen Buch«[21] und dürfe daher nicht verändert werden. Dass auch in späteren Jahren – die jüngste Übersetzung stammt aus dem Jahr 2020[22] – keinerlei Versuche unternommen wurden, den Titel neu zu übertragen, zeugt nicht nur von der Macht und dem Gewicht der »Tradition der Übersetzung«, sondern auch von einem allgemeinen Desinteresse des italienischen Literaturbetriebs an möglichen rhematisch-strukturellen Informationen, die im Titel angegeben sein könnten – wie auch die folgenden Beispiele zeigen werden.

Kommen wir nun zu einem Titel, der in gewisser Weise sogar als Titelparodie betrachtet werden kann: Gemeint ist Jean Pauls Roman *Siebenkäs*, dessen vollständiger Titel lautet: *Blumen-, Frucht- und Dornenstücke oder Ehestand, Tod und Hochzeit des Armenadvokaten F. St. Siebenkäs im Reichsmarktflecken Kuhschnappel*. Noch stärker als im vorigen Fall handelt es sich hier um einen rhematischen Titel, der mit der ungewöhnlichen, barock-romantisch anmutenden Bezeichnung *Blumen-, Frucht- und Dornenstücke* sofort darauf hinweist, »dass es sich nicht nur um eine einzelne Geschichte, sondern um einen Komplex mehrerer Dichtungen handeln soll«.[23] In der Tat besteht der Roman aus unterschiedlichen Textsegmenten, die ein kaleidoskopisch-humoristisches Geflecht aus inter- und metatextuellen Verweisen erzeugen – Verweise, die keineswegs nur um den Protagonisten kreisen, der zugleich auch als Autor auftritt, wie die späte Nennung seines Namens im Titel implizit andeutet.

Die erste italienische Übersetzung dieses Romans, die fast ein Jahrhundert später – im Jahr 1883 – in Rom veröffentlicht wurde,[24] trägt dem rhematischen Aspekt des Titels keinerlei Rechnung. Erwähnt – und in gewissem Maße sogar italienisiert, da der Umlaut entfällt – werden lediglich die Berufsbezeichnung (wobei aus dem *Armenadvokaten* ein gewöhnlicher *avvocato* wird) sowie der Name des ›Protagonisten‹: *L'avvocato Siebenkas*. Die weitere Übersetzungsgeschichte dieses Romans in Italien liefert zudem einen klaren Beleg für die zuvor erwähnte Ergänzung meiner Hauptthese, denn im 20. Jahrhundert wurde er noch zweimal ins Italienische übertragen – jedes Mal mit einem neuen Titel. Die erste dieser Übersetzungen stammt aus dem Jahr 1948 und stellt tatsächlich eine gekürzte Ausgabe dar: *Siebenkäs. Fiori, frutti e spine, ossia vita coniugale, morte e nozze dell'avvocato dei poveri F. St. Siebenkäs*. Mit ihrem reduzierten Umfang und der vereinfachten Struktur sollte sie – wie die Übersetzerin Elena Craveri Croce, Tochter Benedetto Croces, betont – »die gewöhnlichen

21 Spainis Brief an Einaudi, zitiert in: Francesca Billiani: National Cultures and Foreign Narratives in Italy, 1903–1943. Cham: Palgrave Macmillan 2020. S. 202.

22 Johann Wolfgang Goethe: I dolori del giovane Werther. Übersetzt von Enrico Ganni. Torino: Einaudi 2020.

23 Walther Harich: Jean Paul. Eine Biographie. Berlin: Henricus 2018, S. 281.

24 Jean Paul: L'avvocato Siebenkas. Übersetzt von Anonym. Rom: Stabilimento Tipografico Italiano 1882.

Schmerzgrenzen des Lesers nicht überschreiten«.[25] Gerade weil es sich um eine Auswahl von Auszügen aus einem größeren Text handelt, erschien es offenbar angemessen, zumindest auf dem Titelblatt unter dem Namen des Protagonisten auch den vollständigen Titel in wörtlicher Übersetzung anzugeben. Die explizite Nennung von *fiori, frutti e spine* verweist dabei auf ein Geflecht – oder besser: einen Kranz – von Geschichten unterschiedlichen Ursprungs und Tons und macht so zumindest im Titel die grundlegende Struktur des hier bedauerlicherweise ›verstümmelten‹ Romans erkennbar.

Als jedoch exakt fünfzig Jahre später die Neuübersetzung von Umberto Gandini erschien,[26] verschwanden sämtliche Hinweise auf den rhematischen Teil des Titels – der nun vollständig übersetzte Roman trägt vielmehr die höchst ambivalente Überschrift *Setteformaggi*, eine wörtlich-komische Übersetzung des Namens des Protagonisten, der zudem im Originallaut in Klammern unter dem Titel angegeben ist, vermutlich zur besseren Wiedererkennbarkeit des Werks. Ziel war hier offenbar, das humoristische Element der Prosa Jean Pauls in den Mittelpunkt zu rücken und so die Neugier neuer potenzieller Leser_innen zu wecken – ohne weitere thematische oder rhematische Informationen bereitzustellen. In diesem Fall zeigt sich also besonders deutlich, wie rhematische Titel im italienischen Literaturbetrieb, wenn überhaupt, nur ein kurzes Leben genießen und bei nächster Gelegenheit wieder verdrängt werden.

Ein ähnliches Vorgehen begegnet uns bei der Übersetzung eines weiteren Werks mit langem, rhematischem Titel: E. T. A. Hoffmanns *Lebens-Ansichten des Katers Murr nebst fragmentarischer Biographie des Kapellmeisters Johannes Kreisler in zufälligen Makulaturblättern*. Hier ist zunächst auf die eigentümliche Rezeptionsgeschichte des Romans hinzuweisen, insbesondere da seine erste italienische Übersetzung Teil eines größeren und aus philologischer Sicht höchst fragwürdigen literaturbetrieblichen Projekts war. Anfang der 1920er Jahre beabsichtigte der italienische Verlag Carabba die Veröffentlichung einer ersten Werkausgabe Hoffmanns[27] und betraute daher die Germanistin Rosina Pisaneschi mit der Übersetzung mehrerer Werke des Autors, darunter auch des genannten Romans sowie des *Kreisleriana*-Zyklus aus den *Fantasiestücken*. Verleger und Übersetzerin entschieden allerdings gemeinsam – wie Pisaneschi später selbst erklärte –, den Kater-Roman zu zerlegen und zunächst lediglich die sogenannten Makulatur-Fragmente zu übersetzen, also jene Passagen, die das Leben des Komponisten behandeln. Dass der Titel dieses ›Monstrums‹ lediglich den zweiten Teil des Originaltitels wiedergibt – er lautet nämlich *Biografia frammentaria del direttore d'orchestra Giovanni Kreisler* – ist daher nicht verwunderlich. Ebenso wenig überrascht es, dass jede Erwähnung der ›zufälligen Makulaturblätter‹ unterlassen wird: Die

25 Jean Paul: Siebenkäs. Fiori, frutti e spine, ossia vita coniugale, morte e nozze dell'avvocato dei poveri F. St. Siebenkäs. Übersetzt von Elena Craveri Croce. Bari: Laterza 1948, S. 3.

26 Jean Paul: Setteformaggi. Übersetzt von Umberto Gandini. Milano: Frassinelli 1998.

27 Vgl. Michele Sisto: Rocco Carabba editore. In: Anna Baldini/Daria Biagi/Stefania De Lucia u. a. (Hg.): La letteratura tedesca in Italia. Un'introduzione (1900–1920). Macerata: Quodlibet 2018, S. 171–182, hier S. 181.

fragmentarische Natur des Textes wird hier als gegebene Tatsache präsentiert; die Hierarchie der Textteile – so unangemessen dieses Wort im Falle Hoffmanns auch sein mag – wird umgekehrt. Etwas, das im Original »nur aus Versehen mit abgedruckt«[28] wurde, rückt in den Mittelpunkt, wodurch jede Anspielung auf das hochgradig metaliterarische Spiel zwischen den zwei ›Seelen‹ des Romans verloren geht.

Der Grund für diese Entscheidung – neben der von Pisaneschi ausdrücklich angeführten (wohl frei erfundenen und falschen) Begründung, »dass man [die beiden Werke; AG] ohnehin nicht mehr zusammenliest und sie nichts miteinander zu tun haben«[29] – dürfte darin gelegen haben, dass die Übersetzung als werbewirksamer Auftakt zur Veröffentlichung der *Kreisleriana* dienen sollte. Diese wurden im darauffolgenden Jahr unter dem Titel *Kreisleriana. Scritti del maestro Giovanni Kreisler* herausgegeben,[30] wobei die zuvor übersetzten Fragmente nun als spätere Ergänzung und Erweiterung der ›fragmentarischen Biografie‹ des inzwischen bereits eingeführten Kapellmeisters gelesen werden konnten. Dies würde übrigens die Ausnahme zu der Hauptthese erklären, also warum in diesem Fall ausgerechnet ein ausgesprochen rhematisches Element – *Scritti*, das heißt Schriften – in der Titelübersetzung hinzugefügt wird. Doch damit nicht genug: Einige Jahre später übersetzte Pisaneschi auch die ›andere Hälfte‹ des Romans, die allerdings nicht bei Carabba, sondern bei einem anderen Verlag erschien. Die *Considerazioni filosofiche del gatto Murr* wurden 1930 vom Verlag Formiggini in der Reihe *Classici del ridere* (*Klassiker des Humors*) von Illustrationen begleitet veröffentlicht, wo – laut Pisaneschi – die ›philosophischen Betrachtungen‹ des berühmten Katers nun »in einer lesbaren, wenn auch sakrilegischen Form«[31] dem italienischen Publikum präsentiert werden sollten.

Die Rezeption von Hoffmanns Roman in Italien war damit zum Glück noch nicht abgeschlossen, denn zwei weitere Editionen – und folglich Übersetzungen – sind hier zu erwähnen, die für die bereits erläuterte These und ihre Ergänzung ebenfalls relevant sind. Zunächst sei an die Übersetzung von Carlo Pinelli erinnert, die 1969 im dritten Band der Gesamtausgabe der Erzählungen und Romane Hoffmanns bei Einaudi erschien:[32] Obwohl der Romantitel hier mit *Punti di vista e considerazioni del gatto Murr sulla vita nei suoi vari*

28 E. T. A. Hoffmann: Sämtliche Werke. Hg. von Wulf Segebrecht und Hartmut Steinecke. Bd. 5: Lebens-Ansichten des Katers Murr. Werke 1820–1821. Frankfurt am Main: Deutscher Klassiker Verlag 1992, S. 12.

29 E. T. A Hoffmann: Biografia frammentaria del direttore d'orchestra Giovanni Kreisler. Übersetzt von Rosina Pisaneschi. Lanciano: Rocco Carabba Editore 1922, S. 15.

30 E. T. A. Hoffmann: Kreisleriana. Scritti del maestro Giovanni Kreisler. Übersetzt von Rosina Pisaneschi. Lanciano: Rocco Carabba Editore 1923. 1984 wurde die Übersetzung dann dem Originaltitel treuer als *Kreisleriana: dolori musicali del direttore d'orchestra Giovanni Kreisler* neu veröffentlicht, wobei dem Vorbild von Werthers Leiden und dessen ›dolori‹ gefolgt wurde.

31 E. T. A. Hoffmann: Considerazioni filosofiche del gatto Murr. Übersetzt von Rosina Pisaneschi. Milano: Formiggini 1930, S. 7.

32 E. T. A. Hoffmann: Punti di vista e considerazioni del gatto Murr sulla vita nei suoi vari aspetti e biografia frammentaria del maestro di cappella Johannes Kreisler su fogli di minuta casualmente inseriti.

aspetti e biografia frammentaria del maestro di cappella Johannes Kreisler su fogli di minuta casualmente inseriti wiedergegeben wurde – wobei *Punti di vista e considerazioni sulla vita* sogar eine Art Verstärkung und Dopplung des rhematischen Elements des Originaltitels darstellt –, wurde der gesamte Band, der auch weitere Erzählungen wie *Klein Zaches* und *Prinzessin Brambilla* enthält, unter dem schlichten Titel *Il gatto Murr* veröffentlicht. Diese Entscheidung, die eine Fokussierung auf den Protagonisten und fingierten Autor des Romans impliziert und die strukturellen sowie formalen Eigenschaften des Textes in den Hintergrund treten lässt, wurde in der jüngsten Übersetzung noch weitergeführt. Diese nutzt das symbolische Kapital der Einaudi-Ausgabe und weist einen sogenannten Doppeltitel auf: *Il gatto Murr ovvero Opinioni e vita del gatto Murr comprensive della biografia frammentaria del maestro di cappella Johannes Kreisler in forma di casuali scartafacci*,[33] wobei der erste Teil – *Il gatto Murr* – grafisch hervorgehoben wird und als offizieller Titel gilt. Bemerkenswert ist in diesem Zusammenhang die Konjunktion *ovvero*, die zur Verbindung beider Titelteile verwendet wird. Sie kann sowohl ›oder‹ als auch ›und zwar‹ bedeuten, sodass bereits im Titel eine latente Spannung zwischen den beiden einander ergänzenden Teilen des Romans entsteht. Darüber hinaus verweist die Entscheidung, *Lebens-Ansichten des Katers Murr* als *Opinioni e vita del gatto Murr* zu übertragen, auf eine intertextuelle Anspielung auf Laurence Sternes Roman *The Life and Opinions of Tristram Shandy, Gentleman*, dessen italienische Übersetzung durchgehend *Vita e opinioni di Tristram Shandy, gentiluomo* lautet. Diese bewusste Anspielung dient vermutlich nicht nur als strategisches Mittel zur Erhöhung der Attraktivität dieses ansonsten weitgehend unbekannten Textes, sondern auch zur Andeutung seiner strukturellen Rahmung – ein Verweis, der freilich nur einem kleinen Kreis italienischer Leser_innen einleuchten dürfte.

Beim letzten Beispiel handelt es sich um einen Titel, der zugleich als Gattungsbezeichnung verstanden werden kann – also um einen rhematischen Titel im eigentlichen Sinn: *Reisebilder* von Heinrich Heine. Mit seinen satirisch-kritischen Reportagen, die ursprünglich unter dem Titel *Wanderbuch* erscheinen sollten, wollte Heine sich bewusst von den inhaltlichen und erzählstrukturellen Konventionen der Reiseliteratur seiner Zeit absetzen und eine neue Gattung schaffen, die auf größtmöglicher »diskursiver Offenheit«[34] beruhen sollte. Genau diese Offenheit spiegelt sich im letztlich gewählten Sammeltitel wider, der durch die Verbindung zweier an sich (auch für Titel) konventioneller Begriffe – ›Reise‹ und ›Bilder‹ – ein neues Kompositum bildet, hinter dem sich ein »höchst originelles Ganzes«[35] verbirgt. Dass es sich um ein ungewöhnliches Werk handelte, für das der Titel – in Deutschland

Übersetzt von Carlo Pinelli. In: Ders.: Romanzi e racconti. Bd. 3: Il gatto Murr. Hg. von Carlo Pinelli. Torino: Einaudi 1969.

33 E. T. A. Hoffmann: Il gatto Murr. Übersetzt von Matteo Galli. Roma: L'Orma 2016.

34 Sikander Singh/Christa Stöcker: Entstehung der Reisebilder Band I bis IV. In: Heinrich Heine: Säkularausgabe. Hg. von Klassik Stiftung Weimar/Centre National de la Recherche Scientifique. Bd. 5: Reisebilder I. Kommentar. Hg. von Sikander Singh und Christa Stöcker. Berlin: Akademie 2009, S. 21.

35 Ebd., S. 24.

wohl auch als Schutz vor Zensur – zugleich als Signal und Lockmittel fungierte, zeigt auch die erste französische Übersetzung aus dem Jahr 1834. Heines Prosatexte wurden dort in Form einer Selbstübersetzung unter dem »für Franzosen eher kuriosen Titel«[36] *Reisebilder. Tableaux de voyage*[37] veröffentlicht, wobei dem deutschen Originaltitel eine Art wörtliche Übersetzung hinzugefügt wurde, die mit dem Wort ›tableaux‹ die Polysemie von ›Bilder‹ gewissermaßen bewahrte. Anders verlief die Rezeption in Italien, wo Heine zunächst in die romantische Tradition und die klassische Reiseliteratur à la Goethe eingeordnet wurde: 1886 erschien in Genua eine Auswahl der *Reisebilder*, die den gattungsbezeichnenden, romantisch anmutenden Sammeltitel *Frammenti*[38] trug. Ein Jahr später wurden dann die ›italienischen‹ *Reisebilder* unter dem Titel *Viaggio in Italia* veröffentlicht[39] – was in deutlicher Anlehnung an Goethes *Italienische Reise* geschah, die 1875 unter dem Titel *Ricordi di viaggio in Italia 1786–87* erschienen war. Noch im selben Jahr wurde zudem die *Harzreise* unter dem Titel *Viaggio sul Harz*[40] publiziert, wobei im Untertitel ausdrücklich vermerkt wurde, dass dieser Text den *Reisebildern* entnommen sei. In Anlehnung an die französische Übersetzung wurde dort auch die italienische Entsprechung *Impressioni di viaggio* angegeben – ein Begriff, auf den später noch zurückzukommen sein wird.

Von diesem Punkt an entschied man sich in der Regel dafür, den Originaltitel beizubehalten und mit einer möglichst werkgetreuen italienischen Übersetzung zu kombinieren. So wurden die *Reisebilder* zunächst als *Schizzi di viaggio*[41] bezeichnet – eine Lösung, die jedoch die visuelle Dimension des Begriffs *Bilder* weitgehend vernachlässigte. In späteren Ausgaben wurde diese wieder betont, indem *Bilder* mit *figurine*,[42] *figure*[43] oder sogar *quadretti*[44] übersetzt wurde – Ausdrücke, die auf eine vermeintlich malerische Qualität der Texte anspielen.

36 Gerhard Höhm: Heine-Handbuch. Stuttgart/Weimar: Metzler 2004, S. 183.

37 Heinrich Heine: Reisebilder. Tableaux de voyage. Übersetzt von Heinrich Heine. Paris: Eugène Renduel 1834.

38 Heinrich Heine: Frammenti. Übersetzt von Giuseppe Nervi. Savona: Tipografia Francesco Bertolotto 1866.

39 Heinrich Heine: Viaggio in Italia. Übersetzt von Giuseppe Verdaro. Pistoia: Tipografia del Popolo Pistoiese 1887.

40 Heinrich Heine: Viaggio sul Harz. Da Reisebilder (impressioni di viaggio). Übersetzt von Vittorio Trettenero. Alessandria: Tip. Paolo Ragazzone 1887.

41 Heinrich Heine: Reisebilder. Schizzi di viaggio. Übersetzt von Antonino Cimino. Reggio Calabria: Ceruso 1891.

42 Heinrich Heine: Reisebilder. Figurine di viaggio. Übersetzt von Ferdinando Palazzi. Ancona: G. Puccini & figli editori 1912–1914. Benedetto Croce hatte übrigens 1887 eine Studie zu Goethes *Italienischer Reise* unter dem Titel *Figurine Goethiane* veröffentlicht, der möglicherweise als Vorbild für die Wahl dieser Bezeichnung diente.

43 Heinrich Heine: Reisebilder. Figure di viaggio. Übersetztvon Vittorio Trettenero. Milano: F.lli Treves 1913.

44 Heinrich Heine: Reisebilder. Quadretti di viaggio. Übersetzt von Fernando Palazzi. Milano: Bolla 1928.

Erst 1931 kam es im Zuge der zunehmend intensiven Beziehungen zwischen Italien und Deutschland zur ersten Übersetzung, die als Titel lediglich die Originalbezeichnung *Reisebilder* trug.[45] Diese wurde jedoch nach dem Ende des Zweiten Weltkriegs wieder verworfen, und ein älterer Titel trat erneut in Erscheinung: 1951 und 1956 veröffentlichte der Rizzoli-Verlag zwei Bände – einen mit den ›italienischen‹ und einen zweiten mit den ›deutschen und englischen‹ *Reisebildern*[46] –, die zwar im Haupttitel nur geographische Angaben enthielten, im Untertitel jedoch auf die bereits 1887 verwendete Formel *Impressioni di viaggio* zurückgriffen, die nun zugleich als Gattungsbezeichnung fungieren sollte. Obwohl diese Bezeichnung nicht völlig ohne rhematische Funktion ist, verleiht sie den Texten Heines, zumal sie in Klammern und ohne Nennung des Originaltitels angeführt wird, einen impressionistischen Anstrich. Dieser mag zwar für ein breiteres Publikum attraktiver erscheinen als der deutsche Titel, entspricht jedoch weder dem Geist des Werks noch dessen nur scheinbar episodisch-fragmentarischer Struktur. Wie prägend die italienische »Tradition der Übersetzung« ist, zeigt die Tatsache, dass dieser Titel bis heute als maßgeblich gilt und bislang kein Versuch unternommen wurde, die Reisebilder unter ihrem Originaltitel neu herauszugeben. Stattdessen erschien 1995 eine Neuübersetzung, deren Titel Heines Texte noch weiter von ihrem ursprünglichen Sinn entfernte: Rino Alessis *Visioni di viaggio*[47] suggeriert thematisch (und auch rhematisch) etwas, das Heines Texte weder liefern können noch wollen.

3 Eine lange Tradition?

Zahlreiche weitere Beispiele könnten angeführt werden, die die Tendenz zur Abschwächung oder gar vollständigen Tilgung der rhematischen Funktion eines deutschen Titels in dessen italienischer Übersetzung belegen. Zum Abschluss sollen jedoch kurz mögliche Gründe für dieses Phänomen skizziert werden. Neben sprachenpaarspezifischen Unterschieden, die hier aus Platzgründen nicht behandelt werden können, lassen sich drei eng miteinander verknüpfte Erklärungsansätze ausmachen: Erstens scheinen die italienische Literatur, die italienische Literaturwissenschaft und der Literaturbetrieb im Vergleich zu ihren deutschsprachigen Gegenstücken ein geringeres Interesse an der Textstruktur, insbesondere von Erzähltexten, und an der Gattungstheorie im Allgemeinen seit jeher zu zeigen – wie nicht zuletzt die exemplarische Kritik Benedetto Croces an literarischen Gattungen verdeutlicht.[48]

45 Heinrich Heine: Reisebilder. Übersetzt von Italo Maione. Torino: UTET 1931.

46 Heinrich Heine: Italia. Impressioni di viaggio. Übersetzt von Bruno Maffi. Milano: Rizzoli 1951; Heinrich Heine: Germania e Inghilterra. Impressioni di viaggio. Übersetzt von Bruno Maffi. Milano: Rizzoli 1956.

47 Heinrich Heine: Visioni di viaggio. Übersetzt von Rino Alessi. Milano: Frassinelli 1995.

48 Dass Croce seine fundamentale Ablehnung Gattungen gegenüber entwickeln konnte, verdankt sich allerdings auch einer Schwäche bzw. Lücke von Gattungskonzeptionen und -konzeptualisierungen in

Dies hat zur Herausbildung spezifischer Konventionen sowohl in der Schöpfung als auch in der Übersetzung von Titeln geführt,[49] die in der Regel die thematische Funktion betonen,[50] wobei rhematische Titel eher die Ausnahme sind oder in der Übersetzung verworfen bzw. umgedeutet werden. Zweitens wurde dieses latente, fast existentialistische Desinteresse an formalen Gattungsmerkmalen durch das teils verzerrte Bild verstärkt, das die italienische Rezeption der modernen deutschsprachigen Literatur durch Madame de Staëls berühmten Aufsatz *De l'Allemagne* von der klassisch-romantischen Literatur erhielt.[51] In diesem Zusammenhang ließe sich – im Rahmen der Praxis des italienischen Titelübersetzens – von einem gewissen ›effetto romantico‹ sprechen. Der Begriff romantisch ist hier nicht im literaturhistorischen Sinne, sondern im populären Verständnis von ›gefühlsbetont‹, ›schwärmerisch‹ und ›stimmungsvoll‹ zu verstehen. Im Zentrum des Interesses (und des Titels) steht also weniger die Art und Weise, wie etwas aus einem Thema »gemacht wird« (um Genettes Formulierung aufzugreifen[52]), sondern vielmehr eine bestimmte Stimmung oder ideelle Substanz, die gegenüber strukturellen und gattungsspezifischen – also rhematischen – Elementen den Vorrang erhält.

Durch diesen ›effetto romantico‹, der selbst Teil der italienischen Übersetzungstradition geworden zu sein scheint, geraten jene formalen und gattungsspezifischen Charakteristika vieler deutschsprachiger Werke, die in ihren Originaltiteln oft zumindest latent mitschwingen, völlig aus dem Blick. So erscheint die gesamte deutschsprachige Literatur in der italienischen Rezeption formloser, stärker inhaltsorientiert – ja, ›romantischer‹ im verklärten, nicht im historisch-genauen Sinn –, als sie tatsächlich ist oder sein will.

Drittens lässt sich eine weitere Tendenz feststellen: In italienischen Übersetzungen wird häufig der/die Protagonist_in im Titel hervorgehoben – gewissermaßen als Personifikation des Textes, der sich metonymisch mit seiner Hauptfigur identifiziert. Ein aktuelles Beispiel für diese Entwicklung ist die italienische Übersetzung von Daniel Kehlmanns Roman *Lichtspiel*, dessen fachlich-metaphorischer Titel – der nicht nur auf die Filmwelt, in der die Handlung spielt, verweist, sondern auch auf den szenenhaften, flackernden Aufbau des

der italienischen Literaturwissenschaft der Jahrhundertwende; vgl. Linda Pennings: I generi letterari nell'estetica crociana, fra tradizione e attualità. In: Arena Romanistica 5 (2009), S. 178–197.

49 Sowohl Genette (Paratexte (Anm. 9), S. 96) als auch Nord (Titel, Texte, Translationen (Anm. 5), S. 211) attestieren der deutschen Sprache und Literatur eine ausgeprägte Tendenz zur expliziten Erwähnung der Gattung im Titel oder aber zum Einsetzen von metatextuellen rhematischen Titeln.

50 Was die italienische Literatur betrifft, hat Margherita Di Fazio Alberti in den 1980er und frühen 1990er Jahren einige Studien und Untersuchungen unternommen und empirisch nachgewiesen, dass italienische Titel eher eine »starke semantische Konnotation« aufweisen, als formale und strukturelle Merkmale des Textes anzuführen; Margherita Di Fazio Alberti: Il titolo e la funzione paraletteraria. Torino: Eri 1984, S. 143. Siehe auch: Margherita Di Fazio Alberti: Dal titolo all'indice. Forme di presentazione del titolo letterario. Parma: Nuova Pratiche Editrice 1994, insbesondere S. 41–74.

51 Vgl. dazu Mario Puppo: La «scoperta» del Romanticismo tedesco. In: Lettere Italiane 20.3 (1968), S. 307–332.

52 Gérard Genette: Paratexte (Anm. 9), S. 80.

Textes – durch die einfache Berufsbezeichnung des Protagonisten ersetzt wurde: *Il regista*[53] (»Der Regisseur«).

Diese exemplarischen Beobachtungen legen nahe, dass die Ent-Rhematisierung deutschsprachiger Literaturtitel im italienischen Kontext keine zufällige Erscheinung, sondern Ausdruck einer tiefer verankerten kulturellen Übersetzungspraxis ist. Um diese Hypothese weiter zu fundieren, wäre es jedoch sinnvoll, den skizzierten Befund durch eine quantitativ ausgerichtete Analyse zu untermauern, die systematisch ein größeres Korpus titelübersetzter Werke untersucht und dadurch die hier beschriebenen Tendenzen empirisch überprüfbar macht.

53 Daniel Kehlmann: Il regista. Übersetzt von Monica Pesetti. Milano: Feltrinelli 2024. Auch die englische Übersetzung (übersetzt von Ross Benjamin. Airsley: Riverrun 2025) trägt den gleichen Titel (*The director*).

›Für die Jugend‹ Form und Funktion der Untertitel in der Kinder- und Jugendliteratur (1800–1900)

Thomas Boyken

Der Beitrag untersucht die Titelpraktiken in der Kinder- und Jugendliteratur des 19. Jahrhunderts. Mithilfe eines quantitativen Ansatzes werden zunächst die unterschiedlichen Formen der Adressatennennung untersucht. Danach geht es in einer systematischen Perspektive um die mit der Adressatennennung verbundenen Funktionen. Fluchtpunkt der Argumentation ist die Frage, ob es sich bei kinder- und jugendliterarischen Texten des 19. Jahrhunderts bereits um ein literarisches Subfeld (im Sinne von Bourdieu) handelt.

The article examines ›Titelpraktiken‹ in 19th-century children's and young adult literature. Employing methods of distant reading, the study first analyses the various forms of audience designation. Subsequently, from a systematic perspective, the article addresses the functions associated with the naming of the intended readership in the titles and also raises the question of the extent to which 19th-century children's and young adult literature already constitutes a literary subfield in the Bourdieusian sense.

1 Was ist Kinder- und Jugendliteratur?

Woher wissen wir, dass wir einen kinder- oder jugendliterarischen Text vor uns haben? Für die Gegenwart ist diese Frage elegant zu beantworten: Wenn ein Text bei Thienemann, Oetinger, Carlsen oder einem anderen auf Kinder- und Jugendliteratur spezialisierten Verlag erscheint, dann handelt es sich um Kinder- und Jugendliteratur. Der Verlagsort ist ein sicherer Indikator, um einen Text als Kinder- und Jugendliteratur zu identifizieren. *Harry Potter* erscheint in deutscher Übersetzung eben bei Carlsen und nicht bei Suhrkamp. Und der Verlag gibt auch entsprechende Eingruppierungshinweise. So wird beispielsweise Saša Stanišić' Kinderroman *Wolf* vom Verlag mit dem Lesealter »ab 11 Jahren« angegeben.[1] Für Erwachsenen- oder Allgemeinliteratur hat sich diese Praxis nicht etabliert: Es gibt keine Romane, die vom Verlag ›für 40- bis 50-jährige Männer‹ ausgewiesen werden, obwohl es diese Texte sicherlich gibt.

Die Orientierung an einem bestimmten Alter und einem (antizipierten) Entwicklungsstand der Lesenden scheint insbesondere für Kinderliteratur ein bedeutsames Kriterium zu sein. Mit der Adressatenorientierung sind wiederum bestimmte Vorannahmen verbunden.[2] Bettina Kümmerling-Meibauer und Jörg Meibauer gehen beispielsweise davon aus,

1 https://www.carlsen.de/e-book/wolf/978-3-646-93787-9?srsltid=AfmBOorDTsjNQOQ-9bUcRcfXQqoUI4FIej9ngKwXAUZaMsvYogXpP29l (9. März 2025).

2 Der Begriff Adressatenorientierung ist sowohl in der Kinder- und Jugendliteraturforschung als auch in der allgemeinen Literaturwissenschaft nicht hinreichend definiert. Gemeint ist damit zumeist, dass

dass Kinder- und Jugendliteratur einer sukzessiven »Komplexitätszunahme« unterliege, um so an die Sprachgestaltung der Erwachsenenliteratur heranzuführen. Ausgehend von Prosatexten konstatieren sie: »Eine intuitiv einleuchtende Beobachtung zur Prosasprache der Kinder- und Jugendliteratur ist, dass sie einer Komplexitätszunahme unterliegt. Sprache für kleine Kinder ist einfach; Sprache für Jugendliche komplex.«[3] Diese Denkfigur wird häufig ergänzt um den Anspruch, dass Kinder- und Jugendliteratur auf soziale Verwertungskontexte zielen solle. Kinder- und Jugendliteratur »ist – als Literatur *für* Kinder – eine im strengen Sinne funktionalisierte Literatur; die Adressatenbezogenheit gehört zu ihren Konstitutionsbedingungen, deren Nichtbeachtung bei der Untersuchung zur Verfehlung des Gegenstandes führt«,[4] wie Reiner Wild feststellt. Laut Wild resultieren aus der Adressatenorientierung eigene literarästhetische Gesetzmäßigkeiten, weil die Texte an die eigentliche Literatur heranführen und gleichzeitig Wissen, Moral und Werte vermitteln sollen.[5]

Aus der Adressatenorientierung ergeben sich ferner distributive Konsequenzen: So sind beispielsweise die Kinder- und Jugendliteraturabteilungen in Buchhandlungen nach Lesealter systematisiert, während die Allgemeinliteratur nach Genre und nach Autor oder Autorin gruppiert wird. Die starke Betonung der Adressatenorientierung, die Ausbildung eines auf Kinder- und Jugendliteratur spezialisierten Verlagswesens sowie weitere Aspekte, wie beispielsweise die Vergabe eigener Preise, deuten darauf hin, dass man bei Kinder- und Jugendliteratur heute von einem literarischen Subfeld im Sinne Pierre Bourdieus sprechen kann.

Was ein Subfeld ausmacht, erläutert Bourdieu am Beispiel der Science-Fiction:

> Doch von einem bestimmten Moment an beginnt sich Science-fiction (wie Comic, wie Film und Photographie) als relativ autonomer Raum abzugrenzen, mit eigenen Gesetzmäßigkeiten des Funktionierens,

ein Text für eine mehr oder minder konkrete Adressatengruppe geschrieben oder als für diese geeignet identifiziert wird. Als Markierung der Adressatenorientierung mit Blick auf die Kinder- und Jugendliteratur verstehe ich im Folgenden die explizite Nennung von bestimmten Lebensphasen (›Jugend‹) oder Gruppen, die auf einen mutmaßlichen Entwicklungsstand verweisen (›Töchter‹), sowie konkrete Altersangaben (›ab 11 Jahre‹).

3 Bettina Kümmerling-Meibauer/Jörg Meibauer: Sprache in der Prosa für Kinder und Jugendliche. In: Anne Betten/Ulla Fix/Berbeli Wanning (Hg.): Handbuch Sprache in der Literatur. Berlin/Boston: de Gruyter 2017, S. 559–568, hier S. 564. Dass diese Argumentation recht schematisch und deswegen auch angreifbar ist, dürfte auf der Hand liegen. Denn Jugendliteratur muss nicht notwendigerweise ›komplexer‹ als Kinderliteratur sein – und auch Erwachsenenliteratur kann recht unterkomplex ausfallen. Was Kümmerling-Meibauer und Meibauer überdies unter ›Komplexität‹ verstehen, ist nicht ganz eindeutig.

4 Reiner Wild: Der Gegenstand historischer Kinderliteraturforschung. Oder über die Möglichkeit, heute eine Geschichte der Kinderliteratur zu schreiben. In: Wirkendes Wort 36.6 (1986), S. 482–499, hier S. 488–489.

5 Ist es aber wirklich so, dass die Adressatenorientierung notwendigerweise dazu führt, dass es sich bei Kinder- und Jugendliteratur um funktionalisierte Literatur handelt? Man könnte ja die Gegenprobe machen: Zielt nicht auch Erwachsenenliteratur mehr oder minder oft auf bestimmte Ziele, wie beispielsweise die Vermittlung von Wissen und Werten, ab? Ist engagierte Literatur oder politische Literatur nicht ebenfalls eine ›im strengen Sinne funktionalisierte Literatur‹?

eigenen Theoretikern, eigenen Historikern, eigenen Zeitschriften, die jeweils den Anspruch erheben, die ›wirkliche‹ Science-fiction auszuwählen. Kurzum, es bildet sich ein Feld dieser Literaturgattung aus, das einen Komplex spezifischer Konsekrationsinstanzen – Jurys, Preise usw. – enthält.[6]

Nun ist Kinder- und Jugendliteratur kein Genre wie die Science-Fiction und auch kein spezifisches Medium wie der Comic. Es handelt sich allerdings um einen Feldbereich, der gekennzeichnet ist durch eigene Gesetzmäßigkeiten des Funktionierens, eigene Institutionen und Aktanten, auch wenn es gewiss Überschneidungen zum allgemeinliterarischen Feld gibt.

Wie Allgemeinliteratur und Kinder- und Jugendliteratur feldtheoretisch zueinanderstehen, ist nicht eindeutig geklärt. In seiner Studie *Der lange Weg in die Gegenwartsliteratur* unterteilt Heribert Tommek – Bourdieu folgend – das literarische Feld in das Subfeld der eingeschränkten Produktion und das Feld der Massenproduktion. Laut Tommek wachse seit der Nachkriegszeit der flexibel ökonomisierte und medialisierte Mittelbereich an; inzwischen mache er sogar den Großteil des literarischen Feldes aus. Dieser Bereich ist von Wechselwirkungen, Überlagerungen und hybriden Kompromissformen zwischen kulturell-autonomen und ökonomisch-heteronomen Bestimmungen geprägt. Dies zeigt sich insbesondere bei den Überschneidungen zwischen Literatur, Journalismus und Mediendiskursen, wodurch sich sowohl ästhetische, der Zeit enthobene, als auch in der sozialen Zeit liegende Wertordnungen und diskursive Elemente überlagern oder vermischen. Literarisch kommen diese verstärkten Wechselwirkungen, Überlagerungen und Vermischungen in verschiedenen neuen ›Schreibweisen der Gegenwart‹ zum Ausdruck, die die Popliteratur im engeren Sinne, und zudem die Literatur des Mittelbereichs im Allgemeinen prägen.[7]

Tommeks dominantem Mittelbereich könnte die Kinder- und Jugendliteratur zugeordnet werden, oszilliert sie doch seit ihren Anfängen zwischen Heteronomie und Autonomie. Tommek thematisiert die Kinder- und Jugendliteratur jedoch kaum: Lediglich in Bezug auf Bestsellerlisten oder mit Blick auf einzelne Autor:innen wie etwa Erich Kästner, den Tommek aufgrund seiner »mittleren Stillage zwischen ästhetischer Form und gesellschaftlicher Moral«[8] dem Mittelbereich des literarischen Feldes zuordnet, kommt Kinder- und Jugendliteratur *en passant* zur Sprache.

Dass sich die Produktion kinder- und jugendliterarischer Texte als eigenständiges literarisches Subfeld herausgebildet hat, ist aber eine relativ neue Entwicklung, so meine These. Parallel zum Wachsen des von Tommek abgezirkelten Mittelbereichs etabliert sich Kinder- und Jugendliteratur als Subfeld. Hierauf deuten einige Aspekte hin: Weder um 1800 noch um 1900 reicht es aus, dass ein Text bei einem bestimmten Verlag veröffentlicht wird, um

6 Pierre Bourdieu: Science-fiction. In: Ders.: Satz und Gegensatz. Über die Verantwortung des Intellektuellen. Aus dem Französischen von Ulrich Raulff. Berlin: Wagenbach 1989 (= Kleine kulturwissenschaftliche Bibliothek 20), S. 59–66, hier S. 61.

7 Vgl. Heribert Tommek: Der lange Weg in die Gegenwartsliteratur. Studien zur Geschichte des literarischen Feldes in Deutschland von 1960 bis 2000. Berlin/Boston: de Gruyter 2015 (= Studien und Texte zur Sozialgeschichte der Literatur 140), S. 252–253.

8 Ebd., S. 234.

ihn eindeutig als Kinder- und Jugendliteratur zu markieren. So trägt Magda Trotts Romanreihe *Goldköpfchen*, die von 1928 bis 1939 erscheint, im Untertitel die Wendung *Erzählung für junge Mädchen* genauso wie die *Pucki*-Reihe (1935–1941).[9] Schon die Texte von Johanna Spyri weisen, obwohl die Autorin zu den bekanntesten Schriftstellerinnen der Kinder- und Jugendliteratur des 19. Jahrhunderts zählt, mit einer wiederkehrenden Formel auf die avisierten Adressatinnen und Adressaten hin: *Eine Geschichte für Kinder und auch für Solche, welche die Kinder lieb haben*.[10]

Noch um 1900 ist es offensichtlich gängig, die Adressatinnen und Adressaten im Titel zu nennen. Dies belegen weitere Beispiele aus der Mitte des 19. Jahrhunderts und aus anderen Gattungen und Genres: Im Bereich des Schauspiels gibt es beispielsweise *Dramatische Spiele. Ausschließlich für die Jugend* (1843).[11] Gedichtanthologien werden untertitelt mit *Prämienbuch für die Jugend* (1843)[12] oder mit *Lieder für die Jugend* (1830) benannt.[13] Und Jonathans Swifts *Gullivers Reisen* wurde 1821 *Zur Unterhaltung der Jugend neu bearbeitet* – nicht unbedingt zur Freude aller.[14] Sowohl die Übersetzung des Originaltitels *Travels into Several Remote Nations of the World, by Lemuel Gulliver* in *Gullivers Reisen* als auch die Aneignung als Jugendlektüre wurden von Werner Bergengruen in seinem amüsanten *Titulus* beklagt, der darin eine »Verstümmelung dieses kostbaren Buches und seine Degradierung zu einer fürchterlich geeigneten Jugendlektüre« gesehen hat.[15]

Ob Bergengruen mit dieser Einschätzung recht hat, sei dahingestellt. Wertungsfragen möchte ich im Folgenden ausblenden. Mir geht es vielmehr um die Funktion der Adressatennennung. Es scheint so zu sein, dass die Adressatennennung im Titel zur Koordination

9 Vgl. Magda Trott: Goldköpfchen. Erzählung für junge Mädchen. Leipzig: Graphische Werke 1928; und Magda Trott: Försters Pucki. Eine Erzählung für junge Mädchen. Mit Bildern von Artur Scheiner. Leipzig: Anton 1935.

10 Vgl. Johanna Spyri: Heidi's Lehr- und Wanderjahren. Eine Geschichte für Kinder und auch für Solche, welche die Kinder lieb haben. Gotha: Perthes 1880. Dieser Untertitel, den Spyri ebenfalls für den zweiten Teil 1881 nutzt, wird quasi zum Markenzeichen der Verfasserin, sie verwendet ihn immer wieder, zum Beispiel Johanna Spyri: Cornelli wird erzogen. Eine Geschichte für Kinder und auch für Solche, welche Kinder lieb haben. Gotha: Perthes 1890; oder dies.: Aus unserem Lande. Noch zwei Geschichten für Kinder und für Solche, welche die Kinder lieb haben. Gotha: Perthes 1880. Der Verlag Perthes hat ab 1881 Spyris Texte in der Sammlung *Geschichten für Kinder* in insgesamt 16 Bänden veröffentlicht.

11 Vgl. Joh[ann] Gottfried Zschaler: Dramatische Spiele. Ausschließlich für die Jugend. Bd. 1. Dresden: Grimm 1843.

12 Vgl. Gottfried Genzel: Ernstes und Heiteres in neuen Gedichten. Ein Prämienbuch für die Jugend. Mit 6 fein illuminirten Bildern von Th[eodor] Hosemann. Berlin: Winckelmann & Söhne 1843.

13 Vgl. H[errmann] A[dam] von Kamp: Lieder für die Jugend. Essen: Bädeker 1830.

14 Vgl. Jonathan Swift: Des weltberühmten Schiffscapitains. Lemuel Gulliver's Reisen nach Lilliput, Brobdignak und anderen wundervollen Ländern. Zur Unterhaltung der Jugend neu bearbeitet. Deutsch bearbeitet von Johann Heinrich Meynier. Nürnberg: Campe 1821.

15 Werner Bergengruen: Titulus. Das ist: Miszellen, Kollektaneen und Fragmentarische, mit gelegentlichen Irrtümern durchsetzte Gedanken zur Naturgeschichte des deutschen Buchtitels oder unbetitelter Liebesroman eines Bibliotheksbeamten. München: Nymphenburger Verlagshandlung 1960, S. 96.

und Organisation der Lesehaltung und -erwartung fungiert. Es geht also um die Abstimmung von rezeptions- und produktionsseitigen Erwartungen. Damit schließe ich mich David-Christopher Assmann und Lorella Bosco an, die betonen, dass Titel »in ihrer paratextuellen Ausrichtung auf eine nicht zu unterschätzende Weise die Lektüre ihres Referenztextes steuern.«[16]

Dass die Adressatinnen und Adressaten im 19. Jahrhundert noch im Titel genannt werden, mag überraschen, da sich Kinder- und Jugendliteratur schon ab Mitte des 19. Jahrhunderts recht klar abgrenzt: Hier entstehen die ersten Verlage, die sich auf Kinder- und Jugendliteratur spezialisieren und Jugendliteratur wird auch in den Programmen der Verlage als eigene Kategorie geführt. Am Ende des 19. Jahrhunderts etabliert sich zudem ein eigenständiges Rezensionswesen. Auch aus diesen Gründen spricht man in der Kinder- und Jugendliteraturgeschichtsschreibung davon, dass sich die Kinder- und Jugendliteratur im ausgehenden 19. Jahrhundert als selbständiger Teilbereich des literarischen Marktes konstituiert.[17] Wie unter anderem Gisela Wilkending herausgearbeitet hat, kommt es zu einer »zweiten Leserevolution«, in der die »Kinder- und Jugendliteratur einen hohen Rangplatz auf dem literarischen Markt« erlangt.[18] Schon Ute Dettmar, Hans-Heino Ewers, Ute Liebert und Hans Ries haben vor Wilkending für die Zeit um 1900 auf diesen massiven Umbruch hingewiesen: »Die Jahrzehnte von der Gründerzeit bis zum Ersten Weltkrieg stellen für den Bereich der Kinder- und Jugendliteratur eine Epoche einschneidender Veränderungen auf nahezu allen Ebenen und nicht zuletzt eine Zeit gigantischen Wachstums dar.«[19]

Bezogen sind diese Befunde auf die publizierte Menge an Texten. Davon abgeleitet werden weitere Veränderungen, die sich entweder auf den Stellenwert (›hoher Rangplatz‹) oder auf die tatsächliche Faktur der Texte (›einschneidende Veränderungen‹) beziehen. Mit Blick auf die Adressatennennung ist jedoch keine Änderung zu konstatieren: Es ist weiterhin notwendig, die avisierten Adressatinnen und Adressaten im Titel zu nennen. Dies könnte,

16 David-Christopher Assmann/Lorella Bosco: Mehrdeutige Titel. Zur Einführung. In: Dies. (Hg.): Mehrdeutige Titel. Lektüren einer paratextuellen Praktik. Berlin: Metzler 2025 (= Studien zur Literaturvermittlung 2), S. 1–13, hier S. 3.

17 Vgl. Helga Karrenbrock: Kinder- und Jugendbuchverlage. In: Ernst Fischer/Stephan Füssel (Hg.): Geschichte des deutschen Buchhandels im 19. und 20. Jahrhundert. Bd. 2: Die Weimarer Republik 1919–1933. Teil 2. Berlin/Boston: de Gruyter 2012, S. 183–218; und Corinna Norrick-Rühl/Anke Vogel: Buch- und Medienmarkt. Produktion, Distribution und Rezeption. In: Tobias Kurwinkel/Philipp Schmerheim (Hg.): Handbuch Kinder- und Jugendliteratur. Berlin: Metzler 2020, S. 20–37, hier S. 21–23.

18 Gisela Wilkending: Vom letzten Drittel des 19. Jahrhunderts bis zum Ersten Weltkrieg. In: Reiner Wild (Hg.): Geschichte der Kinder- und Jugendliteratur. 3., vollständig überarbeitete und erweiterte Aufl. Stuttgart/Weimar: Metzler 2008, S. 171–240, hier S. 173.

19 Ute Dettmar/Hans-Heino Ewers/Ute Liebert u. a.: Kinder- und Jugendbuchverlag. In: Georg Jäger (Hg.): Geschichte des deutschen Buchhandels im 19. und 20. Jahrhundert. Das Kaiserreich 1871–1918. Teil 2. Im Auftrag der Historischen Kommission. Frankfurt am Main: Marketing- und Verlagsservice des Buchhandels 2003, S. 103–163, hier S. 122–123.

so meine Vermutung, ein Hinweis darauf sein, dass der Teilbereich noch gar nicht so stabil ist, wie man gemeinhin meint. Oder mit anderen Worten: Ein literarisches Subfeld der Kinder- und Jugendliteratur gibt es um 1900 vielleicht noch nicht.

Welchen Stellenwert die Adressatennennung in den Titeln der Kinder- und Jugendliteratur des 19. Jahrhunderts besitzt, möchte ich im Folgenden erörtern. Ich gehe dabei von der Vermutung aus, dass die Entwicklung der Adressatennennung ein Indikator für ein literarisches Subfeld ist. Konkret: Wenn damit Lesehaltung und -erwartung koordiniert werden, dann müsste eine deutliche Abnahme der Adressatennennung zum Ende des Jahrhunderts zu konstatieren sein, eben weil sich Kinder- und Jugendliteratur, so der Forschungskonsens, als eigenständiger Teilbereich etabliert. Die Adressatennennung ist nicht mehr nötig, weil beispielsweise der Verlag, das Programm oder die Distribution hinreichend darauf verweisen, dass es sich um Texte für eine bestimmte Gruppe handelt. Um dies zu prüfen, nutze ich quantitative Verfahren des *distant readings*.

In einem zweiten Schritt versuche ich, meine Beobachtungen zu systematisieren. Ich verfolge einen Ansatz, der Kinder- und Jugendliteratur als ein literarisches Kommunikationssystem versteht, das sich vom allgemeinliterarischen Kommunikationssystem in manchen Punkten unterscheidet. Am Schluss werde ich die Ergebnisse in einen größeren Kontext stellen, der über die Form und Funktionspotenziale der Titel hinausgeht und Kinder- und Jugendliteratur im Spannungsverhältnis von Heteronomie und Autonomie deutet.

2 Titelpraktiken der Kinder- und Jugendliteratur: *distant reading*

Um zu prüfen, wie sich die Titelpraktiken der Kinder- und Jugendliteratur im 19. Jahrhundert entwickeln, werde ich eine Auswahl an Titeln nach der Art und Weise des Ausweises der Adressatenorientierung untersuchen. Ich stütze mich auf ein Korpus von Texten, das in einem großangelegten DFG-Projekt recherchiert und in Form von Handbüchern dokumentiert und kommentiert wurde. Das Projekt wurde von Theodor Brüggemann in den 1980er Jahren initiiert und lief über mehrere Jahrzehnte. Konkret beziehe ich mich auf die Handbücher zur Kinder- und Jugendliteratur von 1800 bis 1850 und von 1850 bis 1900.[20] In beiden Handbüchern sind insgesamt 1868 Titel gelistet. Wie die Herausgeber diese Texte gefunden haben und nach welchen Kriterien sie zusammengestellt wurden, wird leider nicht erläutert. Man muss bei der Arbeit mit der Textauswahl also damit kalkulieren, dass es ›biases‹ geben dürfte. Außerdem werden nicht alle Texte, die man heute der Kinder- und Jugendliteratur zurechnet, in den Handbüchern verzeichnet. So werden in *Hinrichs'*

20 Otto Brunken/Bettina Hurrelmann/Klaus-Ulrich Paech (Hg.): Handbuch zur Kinder- und Jugendliteratur. Von 1800 bis 1850. Stuttgart: Metzler 1998; und Otto Brunken/Bettina Hurrelmann/Maria Michaels-Kohlhage u. a. (Hg.): Handbuch zur Kinder- und Jugendliteratur. Von 1850 bis 1900. Stuttgart: Metzler 2008.

Vierteljahreskatalog allein für die Jahre von 1870 bis 1900 insgesamt 2252 Titel genannt.[21] Diese Zahl umfasst zwar Mehrfachauflagen, aber dennoch dürfte dies ein Indiz sein, dass es mehr Titel gibt, als in den beiden Handbüchern recherchiert wurden. Dies zeigt ebenfalls das von der DFG geförderte Projekt ›Colibri – Corpus Libri et Liberi‹, das sich zum Ziel gesetzt hat, die Kinder- und Jugendliteratur des 19. Jahrhunderts zu digitalisieren und über einen Suchkatalog verfügbar zu machen.[22] Auf der Internetplattform des Projekts spricht man von ca. 15 000 bibliographischen Einheiten, die am Ende der Arbeitsphase zur Verfügung stehen sollen.[23]

Für meine weiteren Analysen stütze ich mich auf die genannten Handbücher, auch wenn damit weitere Probleme verbunden sind. So dokumentieren die Herausgeber sowohl fiktionale als auch faktuale Texte; literarische und nicht-literarische Texte stehen also nebeneinander.[24] Ob es sich um einen literarischen Text oder um einen Sach- und Gebrauchstext handelt, wird meist nicht explizit ausgewiesen. Zudem werden die Texte in verschiedene Kategorien oder ›Themencluster‹ eingeteilt. So gibt es beispielsweise Texte, die man als ›Spielbilderbücher‹, als ›Kinderlyrik‹, als ›Anstands- und Umgangslehren‹ oder als ›religiöse oder kirchengeschichtliche Belehrungsbücher‹ einsortiert. Abgesehen davon, dass diese Kategorien in sich heterogen sind, führt die Gruppierung zu Schnittmengen: Es gibt natürlich religiöse Kinderlyrik zur Belehrung und dieselben Titel werden so mehrfach genannt.[25]

Trotz dieser Schwierigkeiten lassen sich aber einige Ergebnisse aus einem *distant reading* ableiten: Wenn man die knapp 2000 Titel des Jahrhunderts chronologisch anordnet, sieht man einen Anstieg der Veröffentlichungen bis 1850 (vgl. Abb. 1). Danach kommt es zu einem raschen Abfall, der 1866 einen zweiten Tiefpunkt erreicht. Im Anschluss steigen die Veröffentlichungen wieder an, bis sie Ende des 19. Jahrhunderts wieder nahezu den vorherigen Höhepunkt erreichen.[26]

21 Vgl. Ute Dettmar/Hans-Heino Ewers/Ute Liebert u. a.: Kinder- und Jugendbuchverlag (Anm. 19), S. 105.

22 Vgl. https://ds.colibri-portal.eu/index/ (12. März 2025). Das Digitalisierungsprojekt ist eine Kooperation der Staatsbibliothek zu Berlin, der Universität Bielefeld, der Technischen Universität Braunschweig und der Internationen Jugendbibliothek.

23 Allerdings dokumentiert das Projekt nicht die Gesamtproduktion des 19. Jahrhunderts. Wahrscheinlich handelt es sich – je nachdem, welche Schätzungen man zugrunde legt – um ca. 30 %. Da sich das Projekt vor allem auf historische Sammlungen stützt, dürften hier ebenfalls ›biases‹ vorhanden sein.

24 Dies gilt auch für das Colibri-Projekt.

25 Diese Dubletten wurden für die quantitative Analyse bereinigt.

26 Wenn man die literarischen Texte aus dem Korpus isoliert, bleibt ein Teilkorpus von 994 literarischen Texten zurück. Ich hatte erwartet, dass sich die Veröffentlichungsfrequenz dadurch verändert. Allerdings ist dies nicht der Fall. Warum es zu diesen Tief- und Höhepunkten Mitte und Ende des Jahrhunderts kommt, kann ich hier nicht erörtern. Die Schwankungen resultieren aus der Absatzkrise des Buchmarktes seit 1848. Vgl. Gisela Wilkending: Vom letzten Drittel des 19. Jahrhunderts bis zum Ersten Weltkrieg (Anm. 18), S. 173.

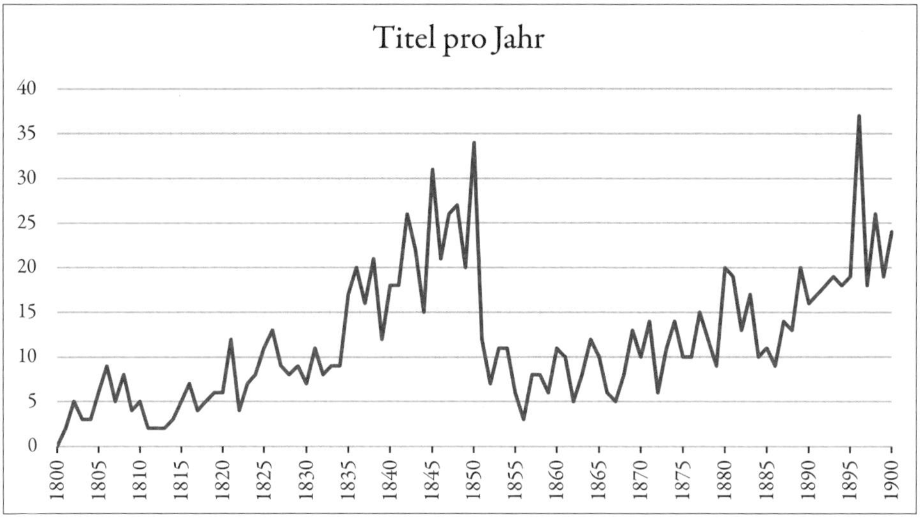

Abb. 1: Veröffentlichungsfrequenz der Kinder- und Jugendliteratur auf Basis der Handbücher zur KJL von 1800 bis 1850 und von 1850 bis 1900 (siehe Anm. 20)

Wenn man sich mit den Begriffen und Wortfeldern befasst, die in den Titeln dieses Zeitraums genutzt werden, dann fällt auf, dass mit Abstand am häufigsten ›Jugend‹ verwendet wird.[27] Es kommt – mit entsprechenden Ableitungen und Kollokationen wie ›Jugendzeit‹, ›Jugendliche‹ oder ›deutsche Jugend‹ – in insgesamt 713 Titeln vor. Zumeist wird die Formulierung ›für die Jugend‹ genutzt. ›Kinder‹ finden sich hingegen – inklusive Formen wie ›Kinderleben‹, ›Kinderbuch‹ oder ›Kindheit‹ – lediglich in 428 Titeln.[28] Wenn man beide Begriffe kumuliert, dann führen über 60 % der kinder- und jugendliterarischen Texte zwischen 1800 und 1900 ›Kinder‹ oder ›Jugend‹ im Titel (vgl. Abb. 2).[29]

Der Anteil würde sich weiterhin erhöhen, wenn man die Titel in Betracht zieht, die zwar die Begriffe ›Kinder‹ und ›Jugend‹ nicht nennen, aber dennoch eindeutig an diese Adressatinnen und Adressaten gerichtet sind. Dass *Die Welt der Kleinen* wohl eine Anthologie ist, die als für Kinder geeignet gedacht ist, erkennt man auch ohne das Wort ›Kind‹.[30]

27 Die bibliographischen Angaben wurden digitalisiert, damit die frequenten Wörter und Kollokationen in den Titeln identifiziert werden konnten.

28 Dass ›Kinder‹ seltener verwendet wird, liegt daran, dass ›Jugend‹ im 19. Jahrhundert sämtliche Phasen der Kindheit bezeichnet. Vgl. Ute Dettmar/Hans-Heino Ewers/Ute Liebert u. a.: Kinder- und Jugendbuchverlag (Anm. 19), S. 108.

29 Auch hier gilt: Wenn man das Korpus bereinigt und sich nur auf die literarischen Texte konzentriert, dann kommt es zu keinem anderen Ergebnis. Die Quote bleibt bei ca. 60 %.

30 Vgl. K[arl] Dorenwell: Die Welt der Kleinen. Ein deutsches Hausbuch in Wort, Bild und Lied. Mit Holzschnitten nach Original-Zeichnungen deutscher Künstler. Leipzig: Dürr 1881.

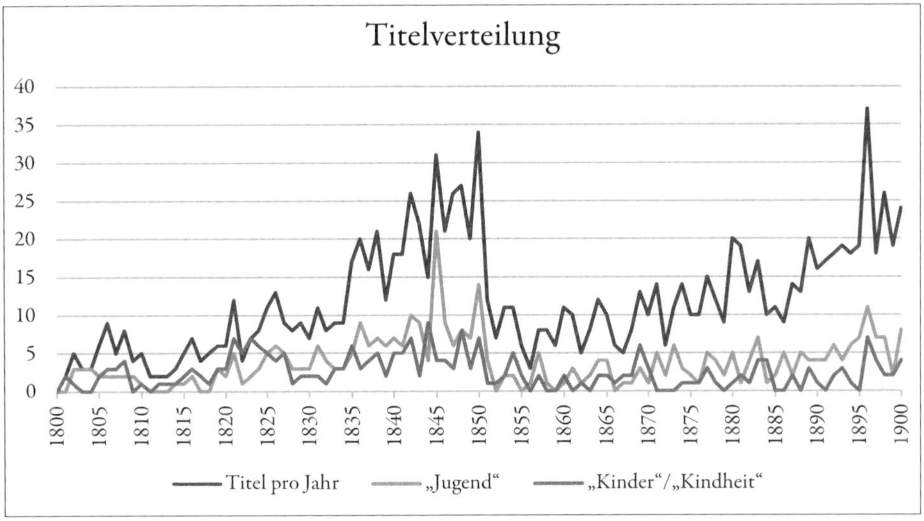

Abb. 2: Verteilung von ›Kinder‹ und ›Jugend‹ auf Basis der Handbücher zur KJL von 1800 bis 1850 und 1850 bis 1900 (siehe Anm. 20)

Durchaus beliebt ist der Untertitel *Für Schule und Haus*, der über die Institution ›Schule‹ auf die avisierten Adressatinnen und Adressaten rekurriert. Und der Gedichtband *Album für Deutschlands Töchter* (1852) dürfte ebenfalls über die Adressatennennung eindeutig als Kinder- und Jugendliteratur zu identifizieren sein.[31]

Während man davon ausgehen kann, dass deutlich mehr als 60 % der Texte die Adressatinnen und Adressaten (hinreichend) im Titel ausweisen, ist ein Teilkorpus auffällig selten mit einer Adressatennennung ausgestattet: nämlich Märchen und Weihnachtsgeschichten. Hier scheint die Textsorte ausreichend zu sein, um sie als Kinder- und Jugendliteratur zu markieren und die Rezeptions- und Produktionsseite zu koordinieren.[32]

Eine ›Regel‹ für die Adressatennennung ist aber nur schwer abzuleiten. Sie hängt auch nicht davon ab, ob es sich um Autorinnen und Autoren handelt, die für ihre kinder- und jugendliterarischen Texte bekannt sind oder ob es Schriftstellerinnen und Schriftsteller sind, die eigentlich Erwachsenenliteratur schreiben. Dass Johanna Spyris Texte trotz ihres

31 Vgl. Album für Deutschlands Töchter. Lieder und Romanzen. Mit Illustrationen von Emil Götze. Leipzig: Armelang 1852.

32 Einen besonderen Bedarf der Adressatennennung gibt es bei den periodischen Publikationsformen: Zeitschriften, Jahrbücher und Kalender führen durchgängig ›Kind‹ oder ›Jugend‹ im Titel. Dies ist nicht überraschend, da Periodika zumeist zu einem knappen Titel tendieren. Wo es einen nichteindeutigen Titel einer Zeitschrift oder eines Kalenders gibt, muss der Untertitel nachsteuern. Das ist aber sehr selten der Fall, zum Beispiel bei der Zeitschrift *Raphael*, die zur Spezifizierung im Untertitel die Adressierung *für die reifere Jugend und das Volk* nennt.

Erfolgs mit *Heidi* weiterhin an der Adressatennennung festhalten, habe ich eingangs schon erwähnt. Gleiches gilt für Ottilie Wildermuth (1817–1877), deren Titelpraktik vergleichbar ist.[33] Dies ändert sich erst nach Wildermuths Tod: Bei den posthumen Publikationen fehlt die Adressatennennung.[34] Warum das so ist, lässt sich an dieser Stelle nicht abschließend klären. Ich sehe zwei Möglichkeiten: Entweder ist Wildermuth nach ihrem Tod als Kinder- und Jugendliteraturautorin so bekannt, dass eine peritextuelle Ausweisung nicht mehr nötig ist, oder die Adressatennennung ist im Kontext der Nachlasspolitik nicht mehr erwünscht.

Wildermuth und Spyri gehören für das ausgehende 19. Jahrhundert zu den bekanntesten Autorinnen von Kinder- und Jugendliteratur. Meine knappe Stichprobe zeigt insofern, dass die Adressatennennung stabil bleibt, selbst wenn es sich um ausgewiesene Autorinnen dieses Teilbereichs handelt. Das gilt bedingt für Autorinnen und Autoren, die für ihre Kinder- und Jugendliteraturproduktion nicht bekannt sind. Hier kann zunächst Theodor Storm mit seiner Erzählung *Pole Poppenspäler* (1874) genannt werden, in dessen Untertitel die gängige Formulierung *für die reifere Jugend* genutzt wird.[35] Dies ist insofern überraschend, als Storm bekanntlich behauptet hat, eigentlich gar nicht »*für* die Jugend« zu »*schreiben*«.[36] Rainer Maria Rilkes Erzählband *Vom lieben Gott und Anderes* hebt hingegen die Mehrfachadressierung hervor: *An Große für Kinder erzählt*, während Stifters Erzählband *Bunte Steine* von 1854 keine Adressatinnen und Adressaten nennt.[37] Allerdings heißt der Band im Untertitel *Ein Festgeschenk* und im Vorwort bemerkt Stifter, dass seine Erzählungen »Spielereien für junge Herzen« seien.[38]

33 Vgl. Ottilie Wildermuth: Erzählungen und Mährchen für die Jugend. Mit vier colorirten Bildern. Stuttgart: Scheitlin 1855; Ottilie Wildermuth: Kindergruß. Erzählungen für Kinder von 8 bis 12 Jahren. Mit sechs Stahlstichen nach Originalzeichnungen von C. Kolb. Stuttgart: Krabbe 1859; Ottilie Wildermuth: Aus Schloß und Hütte. Erzählungen für Kinder von 8 bis 12 Jahren. Mit sechs Stahlstichen nach Originalzeichnungen von C. Kolb. Stuttgart: Krabbe 1861; Ottilie Wildermuth: Jugendgabe. Mit sechs Stahlstichen nach Originalzeichnungen von A. Wagenmann. Stuttgart: Krabbe 1864; oder Ottilie Wildermuth: Für Freistunden. Erzählungen für die Jugend. Mit sechs Stahlstichen nach Originalzeichnungen von Julius Schnorr. Stuttgart: Krabbe 1868.

34 Vgl. beispielsweise Ottilie Wildermuth: Mein Liederbuch. Gedichte von Ottilie Wildermuth. Hg. von Agnes Wilms[-Wildermuth]. Stuttgart: Kröner 1877; oder Ottilie Wildermuth: Die alte Freundin. Erzählungen von Ottilie Wildermuth. Mit sechs Bildern in Farbendruck von Theodor Schüz. Stuttgart/Berlin/Leipzig: Union Deutsche Verlagsgesellschaft 1885.

35 Vgl. Theodor Storm: Pole Poppenspäler. Eine Erzählung für die Jugend. In: Deutsche Jugend 4 (1874), S. 129–143 und 161–171.

36 Theodor Storm an Georg Scherer am 8. Februar 1874. In: Theodor Storm: Sämtliche Werke. Hg. von Karl Ernst Laage/Dieter Lohmeier. Bd. 2: Novellen 1867–1880. Frankfurt am Main: Deutscher Klassiker-Verlag 1987, S. 847.

37 Rainer Maria Rilke: Vom lieben Gott und Anderes. An Große für Kinder erzählt. Leipzig: Insel 1900; und Adalbert Stifter: Bunte Steine. Ein Festgeschenk. Erster Band. Pesth: Heckenast 1853.

38 Adalbert Stifter: Vorwort. In: Ders.: Bunte Steine. Ein Festgeschenk. Erster Band. Pesth: Heckenast 1853, S. 1.

Sowohl die Titelpraktiken von Wildermuth und Spyri als auch von Storm, Rilke und Stifter zeigen, dass die Adressatennennung zur Koordination und Organisation der Lesehaltung und -erwartung dient: Wenn der Text für eine bestimmte Gruppe gedacht ist, soll er an diese Gruppe kommen – und das muss im Titel explizit ausgewiesen werden. Zwar gibt es, wie gesagt, seit Mitte des 19. Jahrhunderts die ersten auf Kinder- und Jugendliteratur spezialisierten Verlage und entsprechende Programme für dieses Segment, doch scheint dies für die Koordination nicht ausreichend gewesen zu sein.[39]

Wenn die Adressatennennung im Titel ein Indikator für die noch nicht abgeschlossene Ausbildung und Institutionalisierung des literarischen Subfeldes der Kinder- und Jugendliteratur sein sollte, dann müsste sich dies auch quantitativ in der Frequenz der Begriffsverwendung ablesen lassen. Ist es also so, dass man hier den Rückgang der Adressatennennung beobachten kann?

Abbildung 2 zeigt, wie die Veröffentlichungen im Segment der Kinder- und Jugendliteratur des 19. Jahrhunderts in Relation zu den Texten stehen, die ›Kinder‹ und ›Jugend‹ im Titel führen. Bis weit ins 19. Jahrhundert laufen die Kurven nahezu parallel: Wenn es viele Veröffentlichungen in der Kinder- und Jugendliteratur gibt, dann steigen die Titelfrequenzen von ›Jugend‹ und ›Kinder‹ an. Erst ab circa 1875 ist ein kleiner Rückgang der Begriffsnennung im Vergleich zu den Neuveröffentlichungen festzustellen. Es öffnet sich zwischen den beiden Kurven eine kleine Lücke, in der die Begriffe auch nicht durch andere Nennungen, wie ›Knaben‹ ›Töchter‹ oder ›Mädchen‹, ersetzt werden. Wirklich signifikant ist der Rückgang meines Erachtens nicht. – Den indifferenten Befund meines *distant readings* möchte ich im Folgenden für einige systematisierende Überlegungen produktiv machen.

3 Kinder- und jugendliterarische Titelpraktiken in systematischer Perspektive

Zwar hat sich, wie David-Christopher Assmann bereits bemerkt hat, eine »literaturwissenschaftliche Titel-Forschung ausdifferenziert«,[40] doch muss man Hans-Heino Ewers zustimmen, wenn er feststellt: »Eine Geschichte der kinder- und jugendliterarischen Buchbetitelung ist noch nicht in Angriff genommen worden.«[41] Die Titelpraktiken der Kinder- und Jugendliteratur sind also ein Desiderat. Dies ist insofern überraschend, als beispielsweise Arnold Rothe bei an Kinder und Jugendliche gerichteten Texten eine Besonderheit im Umgang mit

39 Vgl. Ute Dettmar/Hans-Heino Ewers/Ute Liebert u. a.: Kinder- und Jugendbuchverlag (Anm. 19), S. 132.

40 David-Christopher Assmann: Elemente zu einer praxeologischen Semiotik des Titels (Ingo Schulze, Frank Witzel). In: Norbert Otto Eke/Stefan Elit (Hg.): Werke im Dialog. (Virtuelle) Begegnungen in 40 Jahren »Paderborner Gastdozentur für Schriftstellerinnen und Schriftsteller«. Berlin: Schmidt 2023 (= Sonderheft zur Zeitschrift für deutsche Philologie 142), S. 59–86, hier S. 61.

41 Hans-Heino Ewers: Theorie der kinder- und jugendliterarischen Kommunikation. Eine Grundlegung. Berlin: Schwabe 2022, S. 43.

dem Titel erkennt: Für die französische Literatur des 18. Jahrhunderts konstatiert er eine Zunahme der Adressatennennung: »Dabei schält sich, mit fast der Hälfte in den fünfziger und über zwei Dritteln in den achtziger Jahren, eine Zielgruppe deutlich heraus, diejenige der noch nicht Erwachsenen, der *jeunes personnes* oder *jeunes gens*«.[42] Seinen Befund erklärt Rothe mit der »erzieherische[n] Absicht« der Texte und stellt die Entwicklung in den Kontext der aufklärerischen »Erziehungseuphorie«.[43] Die Folgerung ist durchaus zutreffend. Allerdings geht Rothe in seiner Systematik nicht weiter auf die Adressatennennung ein, obwohl sie, wie von ihm selbst hervorgehoben, auffällig ist.[44] Aus welchen Gründen dies geschieht, muss spekulativ bleiben. Aber vielleicht hat die Nicht-Berücksichtigung mit einem eher emphatischen, an autonomieästhetische Prämissen gebundenen Literaturbegriff zu tun.

Im Rahmen meines Beitrags kann ich selbstverständlich keine Geschichte der kinder- und jugendliterarischen Titelpraktiken geben. Dennoch kann ich erste Überlegungen festhalten. Ich schließe an Ewers' Ausführungen an, der für die Titelpraktiken in einer diachronen Perspektive einen »tiefgreifenden Wandel« feststellt.[45] Während kinder- und jugendliterarische Texte lange Zeit die Adressatinnen und Adressaten nennen, verschwindet diese Angabe in der zweiten Hälfte des 20. Jahrhunderts, so Ewers.[46] Mein *distant reading* stärkt Ewers' These zumindest leicht, denn es ist tatsächlich eine Tendenz festzustellen, dass die Adressatennennung um 1900 zurückgeht. Wann genau der von Ewers konstatierte Umschlag stattfindet, müsste separat geprüft werden. Der Wandel hat jedoch Folgen, die ich exemplarisch noch mal an Stanišić' Kinderroman *Wolf* illustrieren möchte (vgl. Abb. 3).

Neben dem Titel findet sich dort noch ein weiterer Text, den man vielleicht als Untertitel interpretieren kann: »Mit Bildern von Regina Kehn«.[47] Ob der Hinweis auf Illustrationen bereits ein hinreichendes Indiz auf kindliche Lesende ist, müsste ausführlicher diskutiert werden. Womöglich deuten eher die Gestaltung und die Typographie des Buchcovers auf ein kindliches Lesepublikum: Die gewählte Schrifttype für Autorname und Titel wirkt etwas verspielt. Dies gilt ebenso für die Einbindung des ›O‹ als Mond und die Verwendung unregelmäßiger Lettern im Titel. Auch die typographische Gestaltung des Textes lässt mit

42 Arnold Rothe: Der literarische Titel. Funktionen, Formen, Geschichte. Frankfurt am Main: Klostermann 1986 (= Das Abendland NF 16), S. 315.

43 Ebd.

44 So kommt Rothe zu der Feststellung, dass in Titeln von Sachbüchern zwar »der Empfänger des Textes« (ebd., S. 253) oft genannt werde, in literarischen Titeln dies jedoch unüblich sei. Eine Ausnahme bilde die Lyrik: »Einen Text mit Adressatenbezeichnung zu überschreiben, das geschieht am häufigsten in der Lyrik und ist zugleich deren ältester Titeltyp, geboren aus dem Wunsch hellenistischer Philologen, dem Leser älterer Hymnen wenigsten einen rudimentären Kommentar an die Hand zu geben« (ebd., S. 255). Allerdings unterscheidet Rothe nicht zwischen textinternen Adressaten, wie beispielsweise *An Diotima* von Friedrich Hölderlin, und textexternen Adressaten.

45 Hans-Heino Ewers: Theorie der kinder- und jugendliterarischen Kommunikation (Anm. 41), S. 43.

46 Vgl. ebd., S. 42.

47 Saša Stanišić: Wolf. Mit Bildern von Regina Kehn. Hamburg: Carlsen 2023.

Abb. 3: Covergestaltung von Stanišić' *Wolf*

Blick auf die größere Schrifttype die Vermutung zu, dass sich der Text an Lesende richtet, die noch nicht ganz sicher in dieser Kulturtechnik sind.

Eindeutig sind diese Indizien jedoch nicht. Es wird an keiner Stelle ein expliziter Hinweis auf die avisierten Adressatinnen und Adressaten gegeben. Er wäre meines Erachtens aber nötig, denn Saša Stanišić ist vor allem als Autor von Allgemeinliteratur bekannt.[48] Aber nicht nur im Titel fehlt eine entsprechende Markierung. Auch die anderen Peritexte verweisen an keiner Stelle darauf, dass es sich um einen Kinderroman handelt. Das Gegenteil ist der Fall.

48 Dies gilt trotz seines Erfolgs mit dem Kinderbuch *Hey, hey, hey, Taxi*. Vgl. Saša Stanišić: Hey, hey, hey, Taxi. Mit Illustrationen von Katja Spitzer. Hamburg: Mairisch 2021. Ferner hat er ein zweites Kinderbuch vor *Wolf* veröffentlicht, nämlich Saša Stanišić: Panda-Pand. Illustriert von Günther Jakobs. Hamburg: Carlsen 2021. Obwohl Stanišić zumindest das zweite Buch ebenfalls bei Carlsen veröffentlicht hat, wirbt Carlsen auf der Internetseite des Verlags mit dem Satz: „Saša Stanišić erstes Kinderbuch" (siehe Anm. 1).

In der Titelei wird ein Bezug zu einem nicht-kinderliterarischen Text hergestellt: »Dieser Roman basiert auf der Erzählung *Ferienlager im Wald* von Saša Stanišić, die erstmals 2016 in dem Buch *Fallensteller – Erzählungen* im Luchterhand Literaturverlag erschienen ist.«[49] Der Kinderroman – der hier nur ›Roman‹ genannt wird – geht also auf eine Erzählung zurück, die sich eigentlich an Erwachsene richtet. Dass *Wolf* dagegen ein Text für Kinder oder Jugendliche ist, lässt sich ausschließlich über den Verlagsort und über die Epitexte erschließen, denn der Verlag gibt auf seiner Homepage das entsprechende Lesealter an, wie ich oben ausgeführt habe. Dass *Wolf* im Subfeld der Kinder- und Jugendliteratur rezipiert wird und 2024 sogar den Deutschen Jugendliteraturpreis in der Sparte ›Kinderbuch Kinder- und Jugendbuchpreis‹ erhalten hat, resultiert aus diesen epitextuellen Steuerungen, die die Adressatennennung im Peritext ersetzen.[50] Der Text muss nirgendwo darauf hinweisen, dass er für Kinder geschrieben ist, weil dies durch andere Instanzen erfolgt, die nicht mehr mit dem Medium Buch verbunden sind.[51] Das ist bei Texten des 19. Jahrhunderts anders, was sicherlich an medientechnischen Entwicklungen und der Ausdifferenzierung des Buchmarktes liegen dürfte.[52]

Die Adressatinnen und Adressaten werden in den Texten des 19. Jahrhunderts aber nicht nur genannt, sondern auch die Wirkungsabsicht und die Gebrauchskontexte werden explizit erwähnt. So wird die Gedichtanthologie *Mnemosyne* von 1822 zum einen mit dem genauen Lesealter versehen, nämlich: *Für Kinder von 6 bis 10 Jahren*. Zum anderen heißt es weiter: *Eine Sammlung von Gedichten zum Auswendiglernen für die Jugend, besonders in Töchterschulen*.[53] Diese Texte sollen die Grundlage für eine bestimmte Lernform (Aus-

49 Saša Stanišić: Wolf (Anm. 47), S. 4.

50 Zur Jury-Begründung vgl. Jurybegründung *Wolf*. In: Arbeitskreis Jugendliteratur, https://www.jugendliteratur.org/buch/wolf-4340 (13. August 2025).

51 Hier gibt es natürlich auch andere Steuerungsverfahren, die sehr wohl mit dem Medium Buch verbunden sind. Zu denken ist beispielsweise an das Sternesystem des Thienemann Verlags oder farbliche Markierungen, wie sie der Loewe Verlag nutzt. Aber diese Verfahren zielen auf die Vermittlerinnen und Vermittler und nicht auf die eigentlich avisierten Adressatinnen und Adressaten.

52 Diese Entwicklungen sind daher immer in einem mediengeschichtlichen Kontext zu sehen. Dass die Texte im 18. Jahrhundert mit Blick auf ihre Wirkungsabsicht und die avisierten Lesenden auskunftsfreudiger waren, liegt vielleicht daran, dass Bücher um 1800 noch keinen Schutzumschlag oder Einband besaßen. Zudem mussten die Bögen aufgeschnitten werden; ein Blättern im Buch war nicht möglich. Vgl. Hans-Heino Ewers: Theorie der kinder- und jugendliterarischen Kommunikation (Anm. 41), S. 142; und Klaus-Ulrich Pech: Der ökonomisch-technische Prozess und die Entwicklung der Kinder- und Jugendliteratur. In: Otto Brunken/Bettina Hurrelmann/Maria Michels-Kohlhage u. a. (Hg.): Handbuch zur Kinder- und Jugendliteratur. Von 1850 bis 1900. Stuttgart: Metzler 2008, Sp. 15–23.

53 Vgl. Mnemosyne. Eine Sammlung von Gedichten zum Auswendiglernen für die Jugend, besonders in Töchterschulen. Für Kinder von 6 bis 10 Jahren. Ansbach 1822. Es folgen zwei weitere Bände, mit anderer Altersnennung: Mnemosyne. Eine Sammlung von Gedichten zum Auswendiglernen für die Jugend, besonders in Töchterschulen. Zweites Bändchen. Für Kinder von 10 bis 12 Jahren. Ansbach: Gassert 1823; und Mnemosyne. Eine Sammlung von Gedichten zum Auswendiglernen für die Jugend, besonders in Töchterschulen. 3. Bändchen. Für Kinder von 12 bis 16 Jahren. Ansbach: Gassert 1823.

wendiglernen) bilden und seien – womöglich thematisch oder anderweitig – besonders für weibliche Jugendliche geeignet.

Auch die Wirkungsabsicht des Lesebuchs *Iduna* von 1837 dürfte klar sein: *belehrende und erheiternde Erzählungen, Märchen und Sagen für Teutschlands gebildete Jugend beiderlei Geschlechts*.[54] Es geht um Wissensvermittlung, die – gut aufklärerisch – im Deckmantel der Unterhaltung daherkommt.[55] Der Titel steuert also nicht nur, an welche Adressaten und Adressatinnen sich der Text richtet, sondern gibt zusätzlich Auskunft über die intendierte Wirkungsabsicht und in welchem institutionellen Kontext die Rezeption erfolgen sollte.[56]

Wenn man an Rothes Systematik anknüpft, der sich wiederum an Roman Jakobsons Unterscheidung von Sprachfunktionen orientiert, dann könnte man die Adressatennennung in den Titeln der kinder- und jugendliterarischen Texte des 19. Jahrhunderts zur phatischen Funktion, zur Appell- und zur Referenzfunktion zuordnen. Phatisch und appellativ wäre die Adressatennennung insofern, als sie zunächst Kontakt aufnimmt und Aufmerksamkeit erzeugt.[57] Mit der Erwähnung der avisierten Adressatinnen und Adressaten werden zusätzlich Aussagen über den Text getroffen, nämlich, dass er für Kinder oder Jugendliche einer bestimmten Altersgruppe – oder eines bestimmten Geschlechts in einem bestimmten Rezeptionskontext – geeignet sei.[58] Ich interessiere mich an dieser Stelle nicht dafür, ob diese Ausweisungen richtig oder passend sind. Meines Erachtens sagen sie mehr über die zeitgenössischen Vorstellungen aus. Sie zeigen, was man Kindern oder Jugendlichen zumuten will. Wichtig ist ein anderer Aspekt: Zwischen den Titeln und dem Text muss die »Kongruenzerwartung« intakt bleiben. Damit bezeichnet Rothe die Haltung, dass die »im Titel gemachten Versprechungen« vom Text eingelöst werden müssten.[59] Wenn ein Text mit ›für die Jugend‹ ausgewiesen wird, dann geht man davon aus, dass er für diese Adressatengruppe geeignet ist. Dabei ist es sekundär, ob der Titel bedeutet, dass ein Text für Jugendliche geschrieben wurde oder ob er für Jugendliche geeignet ist.[60] Wenn ein Text mit ›für Kinder‹ ausgewiesen wird, sich der Text aber als nicht kindgemäß herausstellt

54 Vgl. Amali[e] Schoppe: Iduna. Oder: Neue belehrende und erheiternde Erzählungen, Märchen und Sagen für Deutschlands gebildete Jugend beiderlei Geschlechts, vom 10ten bis zum 14ten Jahre. Mit schönen ausgemalten Kupfern. Leipzig: Taubert'sche Buchhandlung 1831.

55 Vgl. Ute Dettmar: Docere – delectare – movere. Zum Stellenwert der Unterhaltung in Poetik und Praxis kinderliterarischer Aufklärung. In: Kinder- und Jugendliteraturforschung (2001/2002), S. 15–33.

56 An diesen Beispielen ist ferner die Spezifizierung der Adressatinnen und Adressaten bemerkenswert: Der Gedichtband adressiert die Jugend *besonders in Töchterschulen*, während *Iduna* sich an die *gebildete Jugend beiderlei Geschlechts* richtet. Die Adressatinnen werden mit Blick auf ihr Geschlecht entweder homogenisiert oder es wird explizit ausgewiesen, dass es für beide, männliche wie weibliche Lesende gleichermaßen, geeignet sei. Zudem richtet sich das Lesebuch noch an ein bestimmtes soziales Milieu, wenn es die *gebildete Jugend* nennt.

57 Vgl. Arnold Rothe: Der literarische Titel (Anm. 42), S. 331.

58 Vgl. ebd., S. 369.

59 Ebd., S. 172.

60 Vgl. Hans-Heino Ewers: Theorie der kinder- und jugendliterarischen Kommunikation (Anm. 41), S. 29.

– was auch immer darunter zu verstehen ist –, dann wird es zu Irritationen kommen, die möglichst rasch behoben werden müssen. Dies könnte ein Grund sein, warum Jakob und Wilhelm Grimm die Kinder- und Hausmärchen nach der ersten Auflage von 1812 umgearbeitet haben. Bekanntlich waren es in der ersten Auflage noch die leiblichen Mütter, die ihre Kinder umbringen oder im Wald aussetzen wollten. Erst ab der zweiten Auflage haben die Grimms die Mütter durch Stiefmütter ausgetauscht.

Dass die Adressatennennung in den kinder- und jugendliterarischen Titeln so lange stabil bleibt, könnte an einer weiteren Besonderheit des Kommunikationssystems liegen: Im Gegensatz zur Erwachsenenliteratur kalkuliert Kinder- und Jugendliteratur in der Regel mit zwei unterschiedlichen Adressatengruppen. Einerseits richtet sie sich an kindliche und jugendliche Lesende. Andererseits adressiert sie stets die erwachsenen Vermittlerinnen und Vermittler, die den Zugang zur ›eigentlichen‹ Adressatengruppe erst ermöglichen.[61] Insofern ist die Adressatennennung ein Hinweis für die Vermittelnden, die nach der geeigneten Literatur für eine bestimmte Gruppe suchen. In einem literarischen Feld, das noch nicht hinreichend ausgebildet ist, ist ein solcher Hinweis nötig, weil ansonsten die Texte nicht an die avisierten Adressatinnen und Adressaten gelangen.[62] Der Titel richtet sich wohl weniger an die tatsächlichen Adressatinnen und Adressaten, als vielmehr an Erwachsene, die die Texte dann an die Adressatengruppe bringen.

4 Zwischen Autonomie und Heteronomie

Noch bis ins 20. Jahrhundert dominiert, so Ewers, die Adressatennennung im Titel. Dies ändert sich im Laufe des 20. Jahrhunderts bis sie nahezu vollständig aus dem Peritext verschwunden ist. Stattdessen diffundiert sie in verschiedene Epitexte – zum Beispiel die Verlagshomepage. Für eine entsprechende Textsortenbestimmung scheint der passende Verlag ausreichend zu sein: Ein kinder- und jugendliterarischer Text ist ein Text, der in

61 Auch hierauf hat Hans-Heino Ewers bereits hingewiesen: »Kinder- und Jugendliteratur besitzt einen grundlegenden Doppelcharakter insofern, als sie stets auch eine Literatur der Vermittler*innen (im Sinne von: nach Vorstellung der Vermittler*innen) zu sein hat. Im zeitlichen Ablauf der literarischen Kommunikation muss sich die Kinder- und Jugendliteratur sogar zuerst in den Augen der Vermittler*innen bewähren«. Hans-Heino Ewers: Theorie der kinder- und jugendliterarischen Kommunikation (Anm. 41), S. 37.

62 Vgl. ebd., S. 38. Dass die Adressatennennung in der Gegenwartskinder- und -jugendliteratur keine Rolle spielt, bedeutet allerdings nicht, dass sich diese Texte nicht mehr an die Vermittelnden richten: »Der Urheber und Sender einer kinder- und jugendliterarischen Botschaft muss diese auch jetzt noch zuerst an die erwachsenen Vermittler*innen richten, doch tut er dies nun auf eine dezente und unterschwellige Weise. Er ist mit anderen Worten angehalten, diese als inoffizielle Adressaten seiner Botschaft zu behandeln. Von der vorausgegangenen Kommunikation zwischen Sender und Vermittler darf in der nachfolgenden Kommunikation mit den kindlichen und jugendlichen Empfängern nichts mehr zu spüren sein« (ebd., S. 39). Diese Einschätzung ist wahrscheinlich richtig, allerdings wird sie von Ewers nicht belegt.

einem auf Kinder- und Jugendliteratur spezialisierten Verlag erscheint. Für die Kinder- und Jugendliteratur des 19. Jahrhunderts besitzt die Adressatennennung noch eine weitaus stärkere Strukturierungsfunktion. Systematisch ist sie auf der Schwelle von phatischer, Appell- und Referenzfunktion anzusiedeln, wobei die Kongruenzerwartung intakt bleiben muss. Weil es keine dominanten epitextuellen Steuerungsmechanismen gibt, müssen der Titel und der Untertitel die Koordination von leserseitigen Erwartungen mit dem Textprodukt übernehmen. Mit Blick auf die Kinder- und Jugendliteratur richten sich die Titelpraktiken weiterhin wohl weniger an die tatsächlichen Adressatinnen und Adressaten, als vielmehr an Erwachsene, die die Texte dann an die Adressatengruppe bringen.

Die Erkenntnis, dass Titel der Koordination von Lesenden und Text dienen, ist nicht sonderlich originell. Mit Blick auf die Geschichte der Kinder- und Jugendliteratur ist es aber ein wichtiger Befund, denn er legt zwei Dinge nahe: Erstens ist die Adressatennennung für die Markierung von Kinder- und Jugendliteratur bis 1900 ein entscheidendes Kriterium. Und zweitens kann man wohl um 1900 noch nicht von einem voll ausgebildeten literarischen Subfeld der Kinder- und Jugendliteratur sprechen.

Dies lässt sich auch anhand der Ergebnisse des *distant readings* argumentieren: Zwar nimmt die Frequenz von ›Kinder‹ und ›Jugend‹ im Titel gegen Ende des 19. Jahrhunderts etwas ab, doch könnte dieser Wandel aus dem Analysekorpus resultieren, das ich meinem Beitrag zugrunde gelegt habe. In den beiden Handbüchern fehlen Texte, die wir heute als Kinder- und Jugendliteratur einordnen. Ich halte es ferner für wahrscheinlich, dass die Handbücher ihr Korpus gerade über die Titel und Untertitel identifiziert haben. Wenn die Adressatinnen und Adressaten im Titel genannt werden, dann handelt es sich um Kinder- und Jugendliteratur. Hier besteht die Gefahr, dass die Auswahlkriterien in einen Zirkelschluss führen: Wenn man die Adressatennennung als entscheidendes Kriterium anlegt, dann wird die Adressatennennung nicht abnehmen. Dies führt mich zu meiner Eingangsfrage zurück: Woran erkennen wir Kinder- und Jugendliteratur?

Insbesondere Kinderliteratur ist durch ihre Ausrichtung auf eine spezifische Adressatengruppe, die sich über Alter und einen bestimmten Entwicklungsstand definiert, bestimmt. Daher wird Kinderliteratur als Literatur verstanden, die in sozial-gesellschaftliche Verwertungskontexte eingebunden ist. Mit ihr sollen ferner bestimmte Werte und Normen vermittelt werden. – Wirkungsabsicht, Gebrauchskontext und Adressatenorientierung stehen in einer engen Verbindung. Dass dies kein hinreichendes Kriterium ist, um auf einer produktionsästhetischen Ebene Kinderliteratur oder Jugendliteratur von anderen Textgruppen abzugrenzen, habe ich eingangs skizziert. Insofern wäre zu fragen, ob Kinder- und Jugendliteratur auf literarästhetischer Ebene wirklich anders ist als Erwachsenenliteratur. Und wenn sie es sein sollte, wie genau?[63]

63 Vgl. Hans-Heino Ewers: Anmerkungen zum aktuellen Stand der Kinderliteraturforschung. In: Norbert Oellers (Hg.): Germanistik und Deutschunterricht im Zeitalter der Technologie. Selbstbestimmung

Zu trennen wäre meines Erachtens zwischen einer Ebene im Sprechen über Kinder- und Jugendliteratur und einer Gegenstandsebene. Im Sprechen über den Gegenstand steht der Gegenstand nämlich oftmals im Schatten der Autonomieästhetik.[64] Kunstautonome Positionen stehen heteronomistischen Ansätzen gegenüber.[65] Man kann hier beschreiben, wer welche Position vertritt. Ob damit aber der Gegenstand Kinder- und Jugendliteratur Kontur gewinnt, würde ich bezweifeln. Will man hingegen Aussagen über die Gegenstände treffen, dann müsste man textuelle Merkmale definieren, die Kinder- und Jugendliteratur als solche ausmachen. Dies scheint ebenfalls nicht sonderlich zielführend zu sein, da es sich bei der Kinder- und Jugendliteratur um ein heterogenes Korpus handelt. Allein schon die Spanne der Texte, die zu diesem Teilbereich gerechnet werden, reicht vom Vorlese- und Bilderbuch für nicht-alphabetisierte kindliche Lesende oder Zuhörende bis zu Romanen für junge Erwachsene.[66]

Ob Kinder- und Jugendliteratur auf produktionsästhetischer Ebene ein distinkter Literaturbereich ist, wäre zu klären. Feldtheoretisch kann man heute von einem literarischen Subfeld sprechen, dessen paratextuelle Ausweisung über den Verlag und die epitextuelle Steuerung die Adressatennennung abgelöst haben. Für das 19. Jahrhundert würde ich zumindest in Frage stellen, ob es sich um ein Subfeld handelt. Auf jeden Fall kann festgehalten werden, dass ein spezifisches literarisches Kommunikationssystem vorhanden ist – und dies muss bis zum Ende des 19. Jahrhunderts im Titel angezeigt werden.

und Anpassung. Vorträge des Germanistentages in Berlin 1987. Bd. 3: Literatur und Literaturunterricht in der Moderne. Tübingen: Niemeyer 1988, S. 227–240, hier S. 238.

64 Womöglich ist dies auch ein Grund, warum Kinder- und Jugendliteratur in der literaturwissenschaftlichen Titelforschung nur eine sehr untergeordnete Rolle spielt.

65 Vgl. Gerhard Haas: Das Elend der didaktisch ausgebeuteten Kinder- und Jugendliteratur. In: Praxis Deutsch 15.89 (1988), S. 2–5, hier S. 4; Bettina Hurrelmann: Wider die neue Eindimensionalität. In: Praxis Deutsch 16.90 (1988), S. 2–3, hier S. 3; Malte Dahrendorf: Zur Frage der Eigenständigkeit einer Didaktik der Kinder- und Jugendliteratur. In: Diskussion Deutsch 20 (1989), S. 456–471, hier S. 462; oder die Beiträge zum »Schwerpunkt Kinder- und Jugendliteratur und Pädagogik« in Kinder- und Jugendliteraturforschung (1999/2000).

66 Vgl. Bettina Kümmerling-Meibauer: Kinder- und Jugendliteratur. Eine Einführung. Darmstadt: WBG 2012, S. 9.

Doppelte Autorschaft
Titelpraktiken in schulischen Lesebüchern des 19. Jahrhunderts

Sophie Modert / Peter C. Pohl

Der Beitrag unternimmt eine praxeologische Reflexion des schulischen Lesebuchs des 19. Jahrhunderts. Im Fokus steht die performative Dimension von Textauswahl und Paratexten, die nicht nur literarische Bildung, sondern auch gesellschaftliche Werte vermitteln. Fallbeispiele zeigen, wie Herausgeber durch Titelmodifikationen und Textbearbeitungen Autorität beanspruchen und ideologische Umdeutungen forcieren. Diese Praktiken machen das Lesebuch zu einem Medium doppelter Autorenschaft. Es steht an der Schnittstelle von Pädagogik, Literatur und Nationenbildung. Die Studie plädiert für einen derzeit fehlenden Ansatz der Lesebuchforschung, der den materiellen Text in den Vordergrund rückt. Der Artikel kann so zeigen, dass Lesebücher keine bloßen Speicher kanonisierter Texte, sondern Indikatoren komplexer Transformationsprozesse sind, die Individuen, Gesellschaften und Kulturen über Textpraktiken verschalten.

This article undertakes a praxeological reflection on 19th-century school reading books. The focus is on the performative dimension of text selection and paratexts, which not only convey literary education but also imply social values. Case studies show how editors claim authority and force ideological reinterpretations through title modifications and text editing. These practices make the reader a medium of dual authorship. It stands at the intersection of pedagogy, literature and nation building. The study advocates for an approach to textbook research that is currently lacking, one that focuses on the material text. The investigation thus shows that textbooks are not mere repositories of canonised texts, but indicators of complex processes of transformation that connect individuals, societies and cultures through textual practices.

Unser Essay hat das Ziel, Kommunikationslogiken des schulischen Lesebuchs anhand von Titelpraktiken herauszuarbeiten. Der Beitrag vollzieht hierfür mehrere chronologische Kehren. Zunächst wenden wir uns der Frühphase der staatlichen Konzeption des Mediums um 1800 zu (1). Sodann drehen wir um und präsentieren Impulse der aktuellen Lesebuchforschung (2), wobei wir insbesondere auf Titelpraktiken fokussieren, und stellen nach einer abschließenden Volte exemplarische Analysen deutschsprachiger Lesebücher aus der Schweiz und Österreich von 1840 bis 1880 vor (3). Am konkreten Material aus der Restaurations- und Gründerzeit führen wir die These aus, dass buchwissenschaftliche Perspektiven und insbesondere der Fokus auf Paratexte es erlauben, die Desiderate der älteren Forschung hinsichtlich der Gestaltung der merkwürdigen Textsorte ›Lesebuch‹ zu erkennen.

1 Die Anfänge des modernen schulischen Lesebuchs: Rochow, Niethammer, Goethe

Titelpraktiken in schulischen Lesebüchern folgen generisch-medialen Logiken, die es notwendig machen, kurz die Geschichte des modernen Lesebuchs zu umreißen. In der frühen Konzeptionsphase des Mediums bildet sich ein Spannungsfeld zwischen Autorschaft und

Herausgeberschaft heraus, das eng mit der Aufgabe des Lesebuchs in der Moderne zusammenhängt. Dies bestimmt wiederum den Umgang mit Titelpraktiken.

Eines der ersten, im Zeitalter der Aufklärung erschienenen Lesebücher ist der *Kinderfreund* von Friedrich Eberhard von Rochow. Das Buch, 1776 gedruckt, soll, so der Vorbericht, »die große Lücke zwischen Fibel und Bibel«[1] ausfüllen. Diese Gattungszuordnung entstammt einer Lesekultur, in der die intensive Lektüre dominiert. Lesedidaktik soll darin den Weg zur Bibellektüre ebnen. Dementsprechend sind die Texte tendenziell katechetischer bzw. moralistischer Natur. Bereits um 1800 ist die Leserevolution, die das extensive Lesen legitimiert, im vollen Gange. Mit ihr und teils auch durch sie kommen andere, dynamische Vorstellungen von Nation, Individuum und Schule auf, die in der Geschichte der Pädagogik im Übergang von Anschauungspädagogik zum Neuhumanismus einen Niederschlag finden.[2] Lesebücher werden dabei als Medien formatiert, in denen diese Imaginationen modelliert und festgelegt werden, auch anhand von Paratexten.

Ein emblematisches Beispiel ist die Korrespondenz zwischen Friedrich Immanuel Niethammer und Johann Wolfgang von Goethe über die Ausarbeitung eines Nationallesebuchs. 1808 beklagt der Neuhumanist Niethammer, zu der Zeit als bayerischer Zentralschulrat für die protestantische Kommission in der Lehrplanreform im neuhumanistischen Sinn tätig, wortreich den erbärmlichen Zustand schulischer Lesebücher. Sein im Juni des Jahres geschriebenes Ansuchen an das bayerische Ministerium zählt einige Monita auf: »Nicht genug, daß in jedem der verschiedene Reiche des zersplitterten Teutschlands eine andere Sammlung«[3] gebraucht werde, es trete sogar der Fall ein, dass

> in verschiedenen Schulen verschiedene Sammlungen gebraucht werden und selbst in der Familien-Erziehung fast jeder Vater eine andre Sammlung für seine Kinder kauft, als der andre. Überdies ist auch darinn eine solche Veränderlichkeit herrschender Ton geworden, daß dergleichen Sammlungen fast nur von einer Messe zur andern dauern,[4]

und das heißt, nach einem halben Jahr, entweder von Ostern bis Michaelis oder von Michaelis bis Ostern, schon veraltet sind. Dabei wäre es sinnvoll, »das natürlichste Band einer Nation [zu knüpfen] – das gemeinschaftliche Interesse an dem geistigen NationalEigenthum [sic!], an den Nationalliedern«.[5] Man solle sich erinnern, »was Homer den Griechen war. Ein

1 Friedrich Eberhard von Rochow: Der Kinderfreund. Ein Lesebuch zum Gebrauch in Landschulen. Frankfurt: Eichenbergische Erben 1776, S. 4.

2 Niklas Luhmann: Theoriesubstitution in der Erziehungswissenschaft. Von der Philanthropie zum Neuhumanismus. In: Ders.: Gesellschaftsstruktur und Semantik. Studien zur Wissenssoziologie der modernen Gesellschaft. Bd. 2. Frankfurt am Main: Suhrkamp 1981, S. 105–194.

3 Friedrich Niethammer: Das Bedürfnis eines Nationalbuches, als Grundlage der allgemeinen Bildung der Nation betr.:. Hier zitiert nach Erich Petzet: Die Verhandlungen der bayrischen Regierung mit Goethe über ein deutsches Nationalbuch. In: Blätter für das Gymnasial-Schulwesen 43.1–2 (1907), S. 452–466, hier S. 454.

4 Ebd., S. 455.

5 Ebd., S. 455.

solches allgemeines Bildungsmittel vermissen wir ganz und gar.«[6] Die Bibel habe die Stelle zwar passabel vertreten, sei »Vereinigungspunkt der Bildung aller Stände« gewesen. Dies könne sie bei einer aufgeklärten Bevölkerung nicht mehr leisten, daher bleibe »[d]as Bedürfnis eines Nationalbuches [...] unverkennbar, und erscheint als höchst dringend für unsre teutsche Nationalbildung.« Dieses Buch solle »eine Sammlung des Vorzüglichsten unsrer teutschen Classiker«[7] enthalten. Wenn man solch

> ein Nationalbuch nicht nur dem Volke in die Hand geben, sondern insbesondere auch [...] es in unsre Schulen einführen und als einen wesentlichen Teil unsrer öffentlichen Nationalbildung behandeln, dieses Nationalbuch auswendig lernen [...] lassen, und es so dem Einzelnen eigenthümlich und dadurch wahrhaft national zu machen: so wird sich an den Mustern umittelbar der Sinn für das Schöne, Edle und Erhabne in der Darstellung durch Sprache und Rede, und der richtige Tact bilden.[8]

Aus dem Buch zwischen Fibel und Bibel ist nun ein Buch anstelle der Bibel geworden, das sich nicht nur an Kinder, sondern an die Bevölkerung richtet. Es definiert dabei sowohl die Nation – durch die Texte, die es auswählt – als auch das Volk als eine Gruppe individuell Lesender, mithin als seinen Rezipientenkreis. Die Bildung des Einzelnen und der Nation soll durch editoriale Auswahl- und individuelle Rezeptionsprozesse dem Ziel subjektiver und allgemeiner Veredelung und Verbesserung zugeführt werden.

Den reformfreudigen König Max Joseph überzeugt das Ansinnen, wohl auch durch die dabei Bayern zufallende innovative und kulturtragende Rolle. Sein Minister Montgelas wendet sich auf königliches Geheiß noch im Sommer des gleichen Jahres an den von Niethammer vorgeschlagenen Herausgeber: seinen Weimarer Kollegen Johann Wolfgang von Goethe, der das Ansinnen lebhaft erwägt. Goethe bittet jedoch um Geheimhaltung für das Projekt, das ihm ähnlich schon länger vorgeschwebt habe, da er »in unsern schreib- und verlagslustigen Zeiten«[9] Gedankendiebstahl fürchtet. Goethe reflektiert in der Korrespondenz mit den bayerischen Amtsträgern das im Raum stehende Buch intensiv und korrigiert den Entwurf des Bildungstheoretikers Niethammer drastisch, wobei er realistischere und didaktisch plausiblere Ideen als der staatlich alimentierte Bildungspolitiker äußert. Zugleich sieht Goethe die Gefahr, dass die ästhetische Qualität durch didaktische Absichten verringert werde. Es sei naheliegend, dass eine Sammlung zu komplexeren ästhetischen Werken führe, jedoch neben dem »Oberste[n]« auch einfachere Werke, das Zugänglichere bzw. »Untere« enthalte. Selbst »Studenten- und Handwerkslieder[]« dürften nicht zu kurz kommen. Ein Buch, das gleichsam Eliten- wie Volksbildung befördere, könne es jedoch vermutlich nicht geben. Zumal wenn man nur deutschsprachige Texte nutzen wolle: Denn es brauche »sich der Teutsche nicht zu schämen, der seiner Lage nach in den Fall kam, seine Bildung

6 Ebd., S. 455–456.

7 Alle Zitate ebd., S. 456.

8 Ebd., S. 454.

9 Brief von Goethe an Niethammer vom 19. August 1808. Hier zitiert nach Erich Petzet: Die Verhandlungen der bayrischen Regierung mit Goethe über ein deutsches Nationalbuch. In: Blätter für das Gymnasial-Schulwesen 43.1–2 (1907), S. 460–463, hier S. 461.

von außen zu erhalten«.[10] Übersetzungen wären daher nötig. Ohnehin würde ein solches Lesebuch kein klar definiertes Projekt, sondern ein Prozess sein, »eine von den Unternehmungen, die immer wachsen, jemehr man sich ihnen nähert, die immer tiefer werden, je tiefer man hineinkommt«. Goethe verspricht sich großen Absatz und zahlreiche Auflagen; und er vermutet, dass die bayerische Regierung das Lesebuch »auch in den österreichischen Erblanden«[11] gegen Nachdruck schützen könnte. Nach dem Brief kommt Goethes Engagement jedoch zum Erliegen.

Was die Korrespondenz zwischen Niethammer und Goethe verdeutlicht, sind – neben den angedeuteten Dynamisierungen in Reaktion auf die napoleonische Invasion – die bei der Zusammenstellung eines modernen Lesebuchs möglichen und womöglich nötigen paratextuellen Praktiken. Sie sind bei beiden mit Autorschaftsverständnissen verbunden, wie sie sich in der Goethezeit herausbilden.[12] Während Niethammer jedoch ein Autorschaftsverständnis propagiert, wie es die spätere Nationalphilologie verherrlicht, denkt deren autorschaftlicher Fixpunkt Goethe weit pragmatischer. Texte allein, auch die vom vermeintlichen Nationalgenie ausgewählten, sind keine Garantie dafür, Niethammers hochgesteckte Ziele zu erreichen. Es wird vielmehr eine Vermittlungsleistung nötig; es fehlen Erfahrungswerte. Goethe orientiert sich daher an verwandten Anthologien, genauer an »protestantischen Gesangbüchern«.[13] Er heißt dort insbesondere die ordnende Funktion von Paratexten, etwa von Rubrikentiteln, gut. Die Schaffung dieser Rubrikentitel fällt dem Herausgeber zu. Es ist eine paratextuelle Praktik, in der ein deutlicher Autoritätstransfer vom Autor zum Herausgeber erfolgt. Texte werden in Ordnungszusammenhänge eingelassen, die vom Autor nicht intendiert waren. Es gibt demnach in der Geschichte des Lesebuchs sehr früh eine Verdopplung von Autorschaft, die Goethe in den Briefen konkret vollzieht, wenn er, als Autor angesprochen, zum Herausgeber wird. Dem Autor als Schöpfer eines Textes tritt in Form des Lesebuchherausgebers jemand zur Seite, der auf Texte zurückgreift und deren Wirkkraft mittels Praktiken (der Auswahl, Anordnung, Kürzung, Betitelung usw.) mit sozialen, kulturellen und politischen Bedürfnislagen abstimmt. Und es ist die Institution Schule, in der die gattungskonstituierenden Praktiken im 19. Jahrhundert immer weiter professionalisiert und differenziert werden.

10 Alle Zitate ebd., S. 462.

11 Beide Zitate ebd., S. 460.

12 Vgl. hierzu grundlegend Heinrich Bosse: Autorschaft ist Werkherrschaft. Über die Entstehung des Urheberrechts aus dem Geist der Goethezeit [1981]. Neue, mit einem Nachwort von Wulf D. v. Lucius versehene Aufl. Paderborn: Fink 2014; und Steffen Martus: Werkpolitik. Zur Literaturgeschichte kritischer Kommunikation vom 17. bis ins 20. Jahrhundert mit Studien zu Klopstock, Tieck, Goethe und George. Berlin/New York: de Gruyter 2007 (= Historia Hermeneutica 3).

13 Goethe an Niethammer (Anm. 9), S. 462.

2 Impulse aus der gegenwärtigen Lesebuchforschung

Die aktuelle Forschung zum historischen Lesebuch ist facettenreich. Carsten Gansel hebt etwa die Notwendigkeit einer »genuin kulturwissenschaftlichen Perspektive« auf Lesebücher hervorund auch Manuel Junge attestiert der aktuellen Lesebuchforschung eine kulturwissenschaftliche Ausrichtung.[14] Selektionsprozesse von Texten gelten nicht mehr nur als rein ideologisch gesteuert, sondern werden im Kontext diverser koexistierender und interagierender Faktoren situiert.[15] Ältere ideologiekritische Ansätze werden durch eine solche kulturwissenschaftliche Ausrichtung nicht entkräftet. Vielmehr werden sie im Netzwerk von gesellschaftlichen, politischen, pädagogischen und ökonomisch-verlegerischen Instanzen, Normen und Diskursen, die bei der Zusammenstellung von Lesebüchern im 19. Jahrhundert zum Tragen kommen, viel genauer situier- und sichtbar. Nicht berücksichtigt wurde bisher jedoch die grundlegende Funktion von Paratexten.

Unser Beitrag will dem kulturwissenschaftlichen Ansatz eine buchwissenschaftliche Perspektive zur Seite stellen. Neben äußeren Faktoren rücken materielle Qualitäten und Affordanzen des Lesebuchs in den Fokus, die in der Forschung häufig ausgeklammert werden. Untersuchungen zum historischen Schulkanon gehen zumeist vom Einzeltext aus, ohne die anthologische Struktur des Lesebuchs oder die Rolle des Herausgebers zu berücksichtigen. Die Abschlussevaluation des Projektes »Der deutsche Lektürekanon an höheren Schulen Westfalens von 1871 bis 1918« etwa bewertete Lesebücher als »relativ unergiebiges Forschungsfeld«, da ein Lesebuch »ausdrücklich als Speichermedium« für kanonisierte Texte fungiere und man somit über die Lektürelisten bereits Zugang zu dem tatsächlich Gelesenen erhalte.[16] Während Jakob auch die große Herausforderung hervorhebt, die die große Menge an Lesebüchern mitsamt ihrer verschiedenen Auflagen für die Erforschung von Lesebüchern

14 Carsten Gansel: »Unsere Dichter sind die Dolmetscher der Volksseele.« – G. E. Lessing im Lesebuch der höheren Schulen zwischen 1800 und 1914. In: Hermann Korte/Ilonka Zimmer (Hg.): Das Lesebuch 1800–1945. Ein Medium zwischen literarischer Kultur und pädagogischem Diskurs. Vorträge des 2. Siegener Symposiums zur literaturdidaktischen Forschung. Berlin: Lang 2006 (= Siegener Schriften zur Kanonforschung 3), S. 89–102; Manuel Junge: Kulturwissenschaftliche Lesebuchforschung. In: Christian Dawidowski/Nadine Jessica Schmidt (Hg.): Fachgeschichte in der Literaturdidaktik. Historiographische Reflexionen für Theorie und Praxis. Wien: Lang 2017 (= Beiträge zur Geschichte des Deutschunterrichts 71), S. 35–55.

15 Carsten Gansel: »Unsere Dichter sind die Dolmethscer der Volksseele.« (Anm. 14), S. 89. Gansel zeigt beispielsweise die enge Verflechtung von verlagsökonomischen Überlegungen und staatlichen Reglementierungen in der deutschen Lesebuchproduktion des 19. Jahrhunderts auf.

16 Hans-Joachim Jakob: Das rechte Gedicht zur rechten Zeit. Gymnasiale Konstruktionen im 19. Jahrhundert – Quellen und Untersuchungsperspektiven. In: Christian Dawidowski/Nadine Jessica Schmidt (Hg.): Fachgeschichte in der Literaturdidaktik. Historiographische Reflexionen für Theorie und Praxis. Frankfurt am Main: Lang 2017 (= Beiträge zur Geschichte des Deutschunterrichts 71), S. 111–126, hier S. 119–120.

darstellt, ist es doch zu kurz gegriffen, das Lesebuch allenfalls als Textspeicher abzutun.[17] Die vermeintliche Deckungsgleichheit eines Textes, wie er im originalen Publikationskontext oder in Werkausgaben fungiert, und seiner Lesebuchform kann sich mitunter als Trugschluss herausstellen. Unter Berücksichtigung der spezifischen Praxeologie des Lesebuchs spricht Manuel Junge, wie wir auch, vom Lesebuchtext als eigener Textsorte, die sich durch ihre »doppelte Autorenschaft« auszeichnet.[18] Der Begriff der doppelten Autorenschaft hilft, die Praktiken der Modifikation literarischer Texte zu erfassen.

Zur differenzierten Betrachtung dieser Praktiken müssen zunächst die kommunikationslogischen Strukturen von Lesebüchern und ihrer Paratexte kurz umrissen werden. Der Begriff oder Titel ›Lesebuch‹ kodiert im 19. Jahrhundert nicht nur ein anthologisches Format, sondern auch die Überführung entsprechender Textsammlungen aus einer rein literarischen in eine literarisch-pädagogische Gebrauchssphäre. Damit verbunden sind spezifische Anforderungen, die an einen Herausgeber rein literarischer Anthologien nicht gestellt werden. Das Lesebuch kreiert im Zuge der staatlichen Institutionalisierung von Bildung eine einzigartige Schnittstelle zwischen Pädagogik, literarischer Sozialisierung und Öffentlichkeit. Seine Zusammenführung verschiedener kommunikativer Subsysteme geht mit einem Autoritätstransfer einher. Das Lesebuch unterliegt nicht nur den Gesetzen des literarischen Feldes mit seinen Paradigmen der Autonomieästhetik und Originaltreue, sondern mit der Überführung in eine pädagogische Sphäre verbinden sich auch Forderungen nach Verständlichkeit, Altersangemessenheit und nicht zuletzt ›Sittlichkeit‹. Mit zunehmendem Alter des Zielpublikums erhebt das Lesebuch auch einen steigenden Anspruch auf Repräsentativität: Es soll in den literarischen und kulturellen Wissenskanon einer Gesellschaft einführen und Schüler mit Texten höchster kultureller Verbindlichkeit und zeitlicher Dauer vertraut machen. Das symbolische Kapital, das sich mit entsprechenden Autorennamen verbindet, ist ein wichtiges Kriterium zur Beurteilung der editorialen Leistung: Wird den Autoren bzw. ihren Texten keine entsprechende Kanonizität zugesprochen, hat der Herausgeber seine Aufgabe zumindest teilweise verfehlt. Die paratextuelle Rahmung in der Form von Vorwort und Autornamen dient somit auch der Klärung ihrer Stellung im Symbolsystem Literatur.

Wo die Grenzen der zuerkannten editorialen Autorität liegen, zeigt sich deutlich am Beispiel der Textmodifikationen, die im Lesebuch eine weit verbreitete Praktik darstellen. Viele Herausgeber nehmen Modifikationen an den Texten vor, die deren Inhalt teils gravierend verändern. Diese Änderungen werden jedoch stillschweigend übergangen. Der Herausgeber

17 Vgl. auch Karin Almasy: »Dabei war das Schullesebuch nicht nur passiver Repräsentationsort eines bestimmten, bereits feststehenden Kanons an Themen, Werten und literarischen Texten; nein: Das Schullesebuch war die dynamische Arena von Ausverhandlungsprozessen darüber, welche vermittelten Wissensinhalte, Werte, ästhetischen Normen, historischen Gedächtnisorte und literarischen Standards tradiert wurden.« Karin Almasy: Kanon und nationale Konsolidierung. Übersetzungen und ideologische Steuerung in slowenischen Schullesebüchern (1848–1918). Wien: Böhlau 2019, S. 10–11.

18 Manuel Junge: Kulturwissenschaftliche Lesebuchforschung (Anm. 14), S. 40–41.

nimmt eine Form der sekundären Autorschaft an, da er die Texte redigiert und verändert, allerdings übernimmt er keine Urheberschaft dafür. Als Adressant des Textes im Sinne Genettes fungiert der Autor, dem der Text zugeschrieben wird. Die de facto Synthetisierung »rezeptive[r] Treue mit produktiven Nutzungsinteressen«[19] und die editoriale Aneignung werden zugunsten einer proklamierten originaltreuen Herausgeberhaltung verschleiert. Diese versuche zwar, die Ehrfurcht vor dem unverfälschten Wort des Autorgenies mit pädagogischer Eignung in Einklang zu bringen, priorisiere erstere jedoch in sämtlichen anderen Belangen. Texteingriffe werden zumeist mit dem Hinweis auf bessere Verständlichkeit oder eine aktualisierte Rechtschreibung begründet, unter gleichzeitiger Versicherung, dass sich die Änderungen auf das absolut notwendige Minimum beschränken, um die Wahrung auktorialer Intentionen zu garantieren. Die zugeschriebenen Kompetenzen des Herausgebers gehen also nur so weit, wie die didaktische Verständlichkeitsmachung der Texte betroffen ist. Ein ausführliches Zeugnis solcher Praktiken und ihrer rhetorischen Legitimierung gibt Gottfried Strässer im Vorwort zu seinem 1844 in Bern erschienen *Führer durch die Hauptgebiete der Dichtung*:

> Wenn ich ferner hie und da, jedoch sehr selten, ein Gedicht verkürzt, etwas Anstößiges weggelassen, oder Auszügen [...] einen Schluß gegeben habe, den man im Original erst einige Strophen später und in einzelnen Worten anderslautend findet, so bin ich wohl teils durch das Beispiel der meisten Herausgeber solcher Schulbücher entschuldigt, theils hoffe ich den Uebelstand eigenmächtiger Abänderungen – etwa zehn Zeilen im ganzen Buche – dadurch auszugleichen, dass ich von eigenen Poesien [...] kein einziges Stücklein eingeschoben, also wenigstens hierfür keine Nachsicht zu bitten habe.[20]

Hier eröffnet sich nun eine Diskrepanz zwischen der im Vorwort doch stark verknappten editorialen Autorität und der tatsächlichen Editionspraxis. Sie beansprucht einen emphatischen Autorbegriff und die ›Unantastbarkeit‹ kanonischer Texte als ihr leitendes Prinzip, wird häufig aber durchaus von einer Verbesserungsästhetik her perspektiviert. Der Herausgeber nimmt eine Form der sekundären Autorschaft an, da er die Texte mitunter stark redigiert und verändert, allerdings übernimmt er keine Urheberschaft dafür. Die editoriale Aneignung wird zugunsten einer proklamierten originaltreuen Herausgeberhaltung verschleiert. Editionstheorie und -praxis, Diskursivierung und Handlung stehen sich also mitunter – in manchen Fällen stärker als in anderen – gegenüber. Strässers apologetisch vorgebrachte Beteuerung, zumindest keine eigenen Stücke aufgenommen zu haben, verweist auf eine weitere weit verbreitete Praktik des Lesebuches. Herausgeber nehmen häufig eigene Dichtungen auf, manchmal ohne sie durch paratextuelle Hinweise als solche auszuweisen. Auf diese Weise wird das symbolische Kapital etablierter Autorennamen auf die eigenen Texte übertragen:

19 Charlotte Kurbjuhn/Steffen Martus/Carlos Spoerhase: Editoriale Aneignung literarischer Werke im 18. Jahrhundert. Vorwort. In: Zeitschrift für Germanistik. Neue Folge XXVII.1 (2017), S. 7–16, hier S. 9.

20 Gottfried Strässer: Hermes oder der Führer durch die Hauptgebiete der Dichtung. Eine Mustersammlung, nach innerem Zusammenhange geordnet und erklärt, mit umfassenden Registern versehen; für Bürgerschulen und Bürgerleben. Zürich: Friedrich Schulthess 1844, S. V.

Ist im Inhaltsverzeichnis nicht kenntlich gemacht, ob es sich um eine Goethe'sche oder eine eigene Produktion handelt, kann letztere leicht als erstere rezipiert werden. Werden die Autorennamen hingegen aufgenommen, so erfährt der eigene Text durch die Positionierung in einer Liste hochkanonischer Dichternamen eine auratische Aufwertung.[21]

In welchem Ausmaß modifizierte Texte ein ›Eigenleben‹ entwickeln können, zeigt die Rezeption des österreichischen Dichters Anastasius Grün in der Schweiz. 1860 nimmt der Herausgeber Ignaz Thomas Scherr das Gedicht *Die Schweiz* aus dem Romanzenkranz *Der letzte Ritter* in seinen *Schweizer Schul- und Hausfreund* auf.[22] Scherr streicht jedoch mehrere Strophen, was die Zuschneidung auf Schweizer Adressaten bedingt.[23] Auch kirchenkritische Töne weichen der Zensur. Stehen in Grüns Text noch Verse wie: »Ist wo ein Mönch, bleibt sicher die Predigt auch nicht aus. [...] Der Pater ist ein Ketzer, Zeit wär's ihn einzusperrn!«,[24] fehlen diese Strophen im Lesebuch vollkommen. Diese ›Entschärfung‹ des Gedichtes markiert die Grenzen des Sagbaren im Schweizer Bildungskontext des 19. Jahrhunderts. Während das rhetorisch überfrachtete Lob der Freiheit mit Schweizer Selbststilisierungen konvergiert, ist jedwede Kritik an der Geistlichkeit von starker politischer Brisanz, umso mehr vor dem Hintergrund der zahlreichen Konflikte, die sich immer wieder an der vermeintlichen religiösen Verderbnis durch die Schule entfacht haben.[25] Ab den 1870er Jahren findet sich das Gedicht noch in insgesamt sieben anderen Schulbüchern, in sechs davon in der gleichen Fassung. Ob dies der mangelnden Bekanntschaft mit dem Original geschuldet ist oder ob Scherrs Version für den Schweizer Schulkontext als passender befunden wurde, sei dahingestellt. Der Fall illustriert jedoch eindrucksvoll, wie Lesebücher wiederum zur Kanonisierung neuer Textausgaben beitragen können.

21 So nimmt Ignaz Thomas Scherr in der zweiten Auflage seine *Bildungsfreundes* 1838 eigene Dichtungen im Abschnitt der lyrisch-epischen Poesie auf, die nun zwischen Dichtungen von Goethe, Schiller, Uhland und Usteri stehen. In der Neubearbeitung durch Gottfried Keller von 1876 bleiben einige von Scherrs Gedichte enthalten, während Keller andere streicht.

22 Ignaz Thomas Scherr: Der schweizerische Schul- und Hausfreund, ein Lesebuch für die Ergänzungs- und Sekundarschule und für den Familienkreis. Frauenfeld: Huber 1860, S. 483–484.

23 Beginnt Grüns Gedicht mit dem Vers »Was treibt euch wohl, ihr Fürsten, stets in die Schweizergau'n?«, so setzt der Text bei Scherr mit der zweiten Strophe ein: »Seht auf das Land hernieder von hoher Alpenwand!« Nicht nur entfällt damit der historische Kontext des Schwabenkrieges, sondern dieses nicht näher bestimmte Kollektiv bietet auch Projektionsflächen für eine schweizerische Gemeinschaft. Anastasius Grün: Die Schweiz [1830]. In: Ders.: Sämtliche Werke in zehn Bänden. Hg. von Anton Schlossar. Bd. V: Der letzte Ritter. Hg. von Anton Schlossar. Leipzig: Hesse 1906 [Reprint der Originalausgabe von 1906].

24 Ebd.

25 Scherr selbst wird im Zuge des sog. Züriputsches, der sich infolge der Berufung von David Friedrich Strauß an die Universität Zürich entzündet hatte, 1839 aus Zürich vertrieben. Seine Bemühungen um liberale Bildungsreformen im Kanton Zürich werden von seinen Gegnern als Angriff auf die Religion wahrgenommen.

3 Titelpraktiken in Lesebüchern – Fallbeispiele einer Herausgeberpraxis

Zu den Praktiken der Lesebuchherausgabe gehört auch die Titelgebung, wenngleich nicht jede Änderung per se ideologisch vereinnahmend ist. Vor allem das Lied befand sich in konstanter Zirkulation zwischen verschiedenen Medien und Rezeptionsmodi, was auch hier oft zu verschiedenen Titelgebungen geführt hat. Ein eindrückliches Beispiel, wie Titel im anthologischen Kontext zur Konstruktion und Stabilisierung kultureller Identität funktionalisiert werden können, ist der zweite Teil des Lesebuchs von Joseph Wendelin Straub, erschienen 1848 im Kanton Aargau in der Schweiz.[26] Unter den im *Deutschen Lese- und Sprachbuch* versammelten Liedern finden sich zunächst Naturgedichte, die auch Alpen- und Wandergedichte einschließen, darauf folgen Kriegs- und Schlachtgedichte, die auch Lieder der Napoleonischen Kriege umfassen, worauf wiederum Texte folgen, deren Titel einen expliziten Schweiz-Bezug aufweisen. Konkret gestaltet sich die Abfolge der Titel 249 bis 265 dabei folgendermaßen: *Bergmannslied – Kriegers-Morgenlied – Schützenlied – Reiterlied – Landsturm – Zur Einsegnung – Das Rütli – Vater Tell – Tell's Tod – Die Siegskapelle bei'm Stoß – Arnold von Winkelried – Das Rüsthaus zu Bern – Mein Vaterland – Lied eines Landmanns in der Fremde – In der Fremde – Die Muttersprache – Die Alpen*. Während die Verbindung von alpiner Kultur, Schlachtwillen und einem generellen Patriotismus im 19. Jahrhundert nicht ungewöhnlich ist, erfolgt durch die weiteren Titel doch noch einmal ein spezifischer Zuschnitt auf die Schweiz. Allein in der Titelfolge sind bereits die wichtigsten Elemente des Schweizer Nationalgefühls – alpine Kultur, Heroismus und eine gemeinsame Geschichte – zueinander in Beziehung gesetzt.

Wie bereits ausgeführt, sind Lesebücher nicht linear organisiert, sondern es handelt sich um anthologische Formate. Anstatt *eines* Titels, der sie als geschlossenes Ganzes in die literarische Kommunikation eintreten lässt, versammeln sie eine Vielzahl von Einzeltexten, die jeweils wieder über eigene Titel verfügen. Ihre Wirkung entfalten diese auf mehreren Ebenen, wozu zunächst das Inhaltsverzeichnis gehört. Während etwa das Register auf die Wiederauffindbarkeit des einzelnen Textes ausgelegt ist und damit seine endgültige Abkoppelung von seinen Ko-Texten bedingt, betonen Inhaltsverzeichnisse die »autonome Ganzheit der Komposition«.[27] Die Praktikabilität der Textsuche wird verringert, während der Kompositionscharakter der Sammlung in den Vordergrund rückt. Jeder Text erscheint als Teil eines kohärenten, nach Selektions- und Anordnungsprinzipien geordneten Ganzen. In der typographischen Repräsentation der Abfolge der einzelnen Texte fallen visuelle Strukturierungsfunktion und rezeptionssteuernde Effekte zusammen. Die jeweiligen Titel

26 Joseph Wendelin Straub: Deutsches Lese- und Sprachbuch. Für höhere Unterrichtsanstalten, (Bezirksschulen, Bürgerschulen etc.). Bd. 2. Erste Abtheilung. Aarau/Thun: Christen 1848.

27 Andrea Polaschegg: Lyrische Hinterlisten. Die medien- und (para)texttheoretische Crux des alphabetischen Gedichtverzeichnisses. In: Zeitschrift für Literaturwissenschaft und Linguistik 49 (2019), S. 415–433, hier S. 430.

weisen die Texte einem bestimmten Themen- oder Gattungsbereich zu und kodieren den kognitiven Rahmen, innerhalb dessen sie zu lesen sind. So können sich thematische bzw. interpretative Verweise und Wechselwirkungen zwischen den Texten ausbilden. Als Teil einer Gesamtkonstellation können sie entlang des interpretativen Rahmens einer thematischen Kodierung, einer Gattung, eines Autors oder aber einer im Vorwort proklamierten Programmatik gelesen werden. Im Inhaltsverzeichnis interferieren also verschiedene Ebenen der Rahmung miteinander und bilden komplexe Erwartungs- und Interpretationshaltungen aus, bevor die Leser überhaupt zu den Texten vordringen.

Die Titel 249 bis 265 im *Deutschen Lese- und Sprachbuch* wurden zudem mitunter auch Gegenstände einer Modifikation. Abraham Emanuel Fröhlichs *Tellslied* hat Straub als *Vater Tell* inkludiert. Es handelt sich um eine kleine Änderung, die den Schweizer Nationalhelden jedoch nicht nur als kämpferische, sondern auch als affektiv gefärbte und paternalistische Identifikationsfigur erscheinen lässt und zu einer Pädagogisierung des Liedes beiträgt. Dabei sind die Titel in ihrer rahmenden Funktion umso ausgeprägter, da Texte verschiedener Provenienz zusammentreffen. Aus ihren ursprünglichen Publikationszusammenhängen herausgenommen, zumeist ohne Hinweis auf eben diesen, nimmt der Titel eine Kompensationsfunktion für jene Informationen ein, die normalerweise den Kotexten oder Paratexten des eigentlichen Publikationsmediums entnommen werden können.

Die modifizierten Titel de- und rekontextualisieren aber nicht nur die Originale, sondern markieren auch Textgrenzen und definieren sie mitunter in Relation zum Originaltext neu. Gattungstransfers sind dabei nicht ausgeschlossen. Es ist für Herausgeber von Lesebüchern nicht ungewöhnlich, Auszüge aus Dramen, zumeist Monologe, mit einem Titel zu versehen und als Einzeltext ins Lesebuch zu stellen. Sämtliche Zusammenhänge und für das Verständnis notwendigen Hinweise werden somit aufgelöst; zudem weist der Titel das Ganze als ein in sich geschlossenes Gedicht aus. Hier kommt dem Titel nun eine wahrhaft parergonale Funktion im Sinne Derridas zu. Er tritt dem fertigen Werk, dem Dramenauszug, »zur Seite und zu ihm hinzu, [...] er berührt und wirkt, von einem bestimmten Außen her, im Inneren des Verfahrens mit.«[28] Er rahmt die Texte nicht nur thematisch, sondern wirkt auch in ihre Struktur hinein, ohne dass dieser Effekt als solcher sichtbar wird.

Ein Beispiel für diese Praktik findet sich in Stauffachers Monolog über die Geschichte des Schweizervolks aus dem zweiten Akt von Schillers *Wilhelm Tell*. In der zweiten Auflage seines Lesebuchs für die unteren Klassen setzt Straub Auszüge des Monologs unter den Titel *Der Ursprung der Schweizer*.[29] Die Regieangaben verschwinden und auch paratextuell wird kein Hinweis auf den ursprünglichen Publikationskontext gegeben, der Text steht nun als eigenständiges Gedicht. Wenige Jahre später nimmt Ignaz Thomas Scherr den Auszug unter

28 Jacques Derrida: Die Wahrheit in der Malerei. Hg. von Peter Engelmann. Wien: Passagen 1992 [1978], S. 74.

29 Joseph Wendelin Straub: Deutsches Lese- und Sprachbuch. Für höhere Unterrichtsanstalten (Bezirksschulen, Bürgerschulen etc.). Bd. 1. Erste Abtheilung. 2. Aufl. Aarau: Christen 1853, S. 98–99.

dem gleichen Titel in seinen *Schweizer Schul- und Hausfreund* auf,[30] geht mit der Auflösung der Versform allerdings noch einen Schritt weiter. Man hat es mit einer Entfiktionalisierung zu tun, denn der Auszug erscheint nun als deskriptiv-historischer Prosatext, wie sie oft in Lesebüchern zu finden sind. Sieben Seiten später findet sich erneut ein Auszug aus *Wilhelm Tell*, hier unter dem Titel »Der Bundesschwur im Rütli (1307)«.[31] Die Regieangaben bleiben in diesem Fall erhalten, die Angabe der Jahreszahl hinter dem Titel verschleiert jedoch ebenfalls den fiktionalen Charakter des Geschehens. Durch die Trennung und die fehlenden paratextuellen Angaben sind die beiden Passagen nicht mehr als Auszüge aus dem gleichen Werk zu erkennen, sondern erscheinen als Einzeltexte. Ein weiterer Effekt, der den Kommunikationslogiken der Gattung Lesebuch eigentlich gegenläuft, ist seine Entauratisierung. Schiller ist zwar im Inhaltsverzeichnis als Verfasser angegeben, beim eigentlichen Text findet sich jedoch keine Autorenangabe. Die Urheberschaft des großen, gerne als Nationaldichter appropriierten Verfassers des *Wilhelm Tell* sowie das ›Nationaldrama‹ selbst sind paratextuell nicht mehr als solche zu erkennen.

Ein ähnliches Schicksal ereilt Grillparzers Stück *König Ottokars Glück und Ende*. Der Monolog des Chronisten Ottokar von Hornek über Österreich eröffnet als Gedicht unter dem Titel *Österreich* ein Lesebuch für die österreichischen Mittelschulen von 1857.[32] Während die Versform erhalten bleibt, verschwinden auch hier die Regieangaben.

Ein letztes Fallbeispiel ist der bereits genannte Anastasius Grün, dessen Werk je nach Region Gegenstand einer Helvetisierung, wie im Falle Scherrs, oder aber einer dynastischen Aneignung wurde. In österreichischen Lesebüchern erfahren seine Texte mitunter eine Verkehrung ins Gegenteil, die sich sowohl aus der Herauslösung aus ihrem ursprünglichen Ko- und Kontext ergibt wie auch aus gewichtigen Textmodifikationen. Titel spielen hierbei eine untergeordnete, aber doch wesentliche Rolle, tragen sie doch dazu bei, den Ursprung der Texte zu verschleiern. So steht der *Epilog* aus dem Romanzenkranz der *Letzte Ritter* im Lesebuch unter dem Titel *Kaiser Maxens Denkmal in der Hofkirche zu Innsbruck*.[33] Der zusammenfassende Charakter des Originaltextes sowie sämtliche Hinweise auf einen größeren Publikationskontext werden auf diese Weise getilgt. Dies ist hier umso bedeutender, da der Text durch gezielte Streichungen von Versen und Strophen von einer Kritik am Österreich des 19. Jahrhunderts zu einem Loblied auf die Habsburger ›umgedichtet‹ wird. Ein ähnliches Vorgehen findet sich in Alois Eggers Lesebuch für österreichische Mittelschulen von 1880.[34] Das Gedicht *Sein Bild* aus den *Spaziergängen eines Wiener Poeten*

30 Ignaz Thomas Scherr: Schul- und Hausfreund (Anm. 22), S. 500–501. Ob Scherr den Text direkt aus Straubs Lesebuch übernommen hat, lässt sich nicht eruieren.

31 Ebd., S. 507–517.

32 Vgl. Ludwig Ritter von Heufler zu Rasen und Perdonegg: Lesebuch für Mittelschulen im Kaiserthum Österreich. Wien: Leopold Grund 1857. Bd. III, S. 1.

33 Ebd., S. 108–110.

34 Vgl. Alois Egger: Deutsches Lesebuch für die vierte Classe österreichischer Mittelschulen. Wien: Hölder 1880.

erhält den Titel *Joseph II.*[35] Neben der informativen Funktion, die der Titel hier zwecks des neuen medialen Kontextes erfüllt, schwingt auch ein Akt der Verschleierung mit. Im gleichen Lesebuch ist ein weiteres Gedicht aus den *Spaziergängen* enthalten, nämlich über Maria-Theresia.[36] In Grüns Gedichtband sind die beiden Texte aufs Engste aufeinander bezogen und können nur in der wechselseitigen Lektüre verstanden werden. Durch die Änderung des Titels sowie die Streichung mehrerer Strophen wird es jedoch unmöglich, den motivischen Zusammenhang zu erkennen. Grün ist ein hervorragendes Beispiel, wie Titelmodifikationen allein Texte zwar nicht in neue hermeneutische Bahnen lenken, aber doch zumindest eine unterstützende Funktion bei der Umwidmung von Texten und ihren Autoren einnehmen können.

Diese wenigen Probebohrungen zeigen die strukturelle Differenz zwischen einer Konzeption von Text als Ideal und dem Bewusstsein für seine jeweils individuelle Materialität. Das Lesebuch als reines Speichermedium abzutun, bedeutet, die Potenziale des Mediums Buch für die Generierung neuer Bedeutungen zu verkennen, die durchaus im Widerspruch zum etablierten Deutungskanon stehen können. Dabei nimmt die Zahl der Wirkmöglichkeiten und Adressatenkreise im 19. Jahrhundert zu. Die Untersuchung von Lesebüchern muss also Deutungspotenziale in Relation zum Material jedes Mal aufs Neue bestimmen.

35 Ebd., S. 140–141.
36 Ebd., S. 132–133.

Titel im Kolportageroman
Eine computationelle Auswertung einer Spezialbibliografie

Philip Ajouri

Dieser Aufsatz geht von der Bibliografie von Günter Kosch und Manfred Nagl mit dem Titel *Der Kolportageroman. Eine Bibliographie* (Stuttgart: Metzler 1993) aus und analysiert die elektronische Form dieser Bibliografie. Dabei wird zunächst die Titellänge und die Häufigkeit von Alternativtiteln (= oder-Titeln) untersucht und mit Vergleichsdaten aus dem VD18 und der Deutschen Nationalbibliothek verglichen. Dann wird versucht, anhand von Suchformeln Genres innerhalb des Korpus von Kolportageromanen zu erkennen. Ihre Veränderung im Zeitraum von 1855 bis 1929 wird dargestellt.

This article takes as its point of departure the bibliography by Günter Kosch and Manfred Nagl, *Der Kolportageroman. Eine Bibliographie* (Stuttgart: Metzler 1993) and analyses its electronic version. In a first step, the study examines the title lengths and the frequency of alternative titles (that is, ›or-titles‹) and compares these data with reference corpora drawn from the VD18 and the German National Library. Subsequently, search formulas are employed to identify literary genres within the corpus of popular serialized novels (Kolportageromane). Finally, the development and transformation of these genres between 1855 and 1929 are presented.

1 Der Kolportageroman als serielle Unterhaltungsform

Wie der Name bereits sagt, ist der Kolportageroman eine Romanform, die durch den Vertriebsweg der Kolportage an die Leserinnen und Leser gebracht wurde. Es handelt sich dabei um wöchentliche Lieferungen dünner, häufig 24 Seiten umfassender Hefte in Großoktav. Die Hefte wurden durch Kolporteure von Haustür zu Haustür getragen und dort gegen Barzahlung abgegeben. In den Anfangsjahren kosteten sie häufig 10 Pfennige und zielten damit auf das einfache Lesepublikum, für das Lesen wohl vielfach eine neue Freizeitbeschäftigung war. Die Hefte ergaben zusammengebunden oder zumindest nach der Lektüre einen Roman. Die einzelnen Hefte können plausibel als Beispiele serieller Medienformate untersucht werden, wie sie Frank Kelleter skizziert:[1] Der Roman als ›evolving narrative‹ wird während seiner Lektüre verfasst, denn er liegt nicht abgeschlossen vor, sondern entsteht während seiner Publikation in Heften.[2] Der Stoff wächst rasant schnell, er ›proliferiert‹, zunächst schon im Roman selbst, der durch die Heftproduktion nicht selten 2500 Seiten und mehr hat, dann aber auch durch zahlreiche Nachahmer, die ähnliche Geschichten spinn-off-artig fortschreiben.[3] Weiterhin beobachtet der Verlag den Absatz des

1 Vgl. Frank Kelleter: Five Ways of Looking at Popular Seriality. In: Ders. (Hg.): Media of Serial Narrative. Columbus: The Ohio State University Press 2017, S. 7–34.

2 Vgl. ebd., S. 12–16.

3 Nach den epochalen *Mystères de Paris* von Eugène Sue (1842/43) finden sich ca. 123 ›Geheimisse‹ in

Romans und lässt ihn je nach Erfolg länger oder kürzer laufen, was damals bereits kritisiert wurde. Es gibt also während des Erscheinens eines Romans Rückkopplungsschleifen in einem Netzwerk aus Verlag, Druckerei, Vertrieb, Autoren und Rezipierenden.[4] Es bleibt zu untersuchen, inwiefern diese Romane oder Erzählungen auch inhaltlich zur modernen Serialität gehören, etwa indem sie ihre kapitalistischen Produktionsbedingungen reflektieren, und inwiefern die alten Regeln der Poetik nach Rundung, gesetzlich-kausalem (das heißt nicht-zufälligem) Handlungsverlauf und Abschließung in ihnen fortwirken. Dennoch steht fest, dass der Kolportageroman, neben den Familienzeitschriften und vielleicht auch neben dem Feuilletonroman, eine der ersten Formen serieller Unterhaltungsliteratur in mitteleuropäischen Gesellschaften ist.

In engem Zusammenhang mit der seriellen Popularität steht die ökonomische Logik der Kolportageprodukte. Bei den Unternehmen der Kolportage-Branche handelt es sich um einen hoch spezialisierten und nach Gewinnmaximierung strebenden Teil des Buchhandels, mit eigenen Verlagen, eigenem Zwischenbuchhandel und eigenen Kolportage-Buchhandlungen, von denen die Kolporteure ausschwärmten. Der hohe Kapitaleinsatz führte zusammen mit dem neuen Zielpublikum zu einer bis heute vielfach unbeachteten Innovativität der Kolportage-Unternehmen, nicht nur was die Serialität und Distribution der Verlagsprodukte anbelangt, sondern auch was das Marketing, die Vertriebsmodalitäten und die Kundenbindung betrifft. Das wichtigste Werbemittel waren neben der B2B-Werbung in Fachzeitschriften und zum Beispiel im *Colportage-Kalender* die ersten Hefte des Romans selbst. Denn die ersten Nummern (häufig eins bis fünf) wurden in sehr hoher Auflage (Millionenauflage) gedruckt und von den Verlagen als Werbehefte ausgegeben. Der Umschlag der Hefte wurde zum primären Werbeträger. Das gilt für das Titelblatt mit dem Titel und für den U4, der häufig den Prospekt des Romans, bei späteren Heften auch Werbung für andere Bücher enthielt.

Der Publizist Otto Glagau fing schon 1870 einige der innovativen Merkmale scharfsichtig und sarkastisch übertreibend im Aufsatz »Der Colportage-Roman, oder ›Gift und Dolch, Verrath und Rache‹« ein.[5] Schon der Titel des Aufsatzes weist dabei auf charakteristische Merkmale der Titel von Kolportageromanen hin, nämlich auf Alternativ- oder Doppeltitel, die Satzbestandteile mit ›oder‹ verbinden. Zugleich nimmt Glagaus Aufsatz-Titel die Verwendung von emotional stark besetzten Wörtern aufs Korn. Der Aufsatz selbst spricht über die Romantitel im Rahmen des ›Prospekts‹, also von Werbemitteln. Der Prospekt müsse ein »Meisterwerk«[6] sein; eine doppelbödige Wertzuschreibung aus dem Bereich der klassischen Ästhetik. Denn einerseits ist der Kolportageroman für Glagau inhaltlich ein kommerzielles

Titeln deutschsprachiger Kolportageromane, darunter über ein Dutzend in der Formulierung «Die Geheimnisse von [Ortsbezeichnung]«.

4 Vgl. Frank Kelleter: Five Ways of Looking at Popular Seriality (Anm. 1), S. 22–26.

5 Otto Glagau: Der Colportage-Roman, oder «Gift und Dolch, Verrath und Rache«. In: Salon für Literatur, Kunst und Gesellschaft 6 (1870), S. 51–59.

6 Ebd., S. 52.

Unterschichtenprodukt, das mit Wahrheit, klassischer Schönheit und klassizistischer Ästhetik nichts zu tun hat, andererseits trägt der Prospekt durch die größte Sorgfalt und die perfekte Abstimmung aller Teile aufeinander tatsächlich Merkmale eines Meisterwerks. Die Hauptbestandteile des Prospekts seien »Kraftworte und erschütternde Wendungen«,[7] eine einzigartige Handlung und die größte Spannung müssten versprochen werden:

> Um diese, wie der Prospect in der Regel feierlich versichert, »athemlose«, »unheimliche«, »haarsträubende« Spannung nicht bezweifeln zu lassen, werden stets einige Kapitelüberschriften aufgeführt, die, wie der Doppeltitel des Romans selber, in der Seele des Lesers ein mehr oder minder starkes Gruseln erwecken müssen. Alle Kolportage-Romane tragen nämlich Doppeltitel, und was die Phantasie der Autoren resp. der Verleger schon in diesem Artikel zu leisten vermag, ist wahrhaft erstaunlich. Zum Beispiel »Der rothaarige Hugo, oder die tanzenden Leichen auf dem Rabenstein«; »Das Auge der Basilisken, oder die Nixe auf dem blutigen Moor«; »Der Höllengraf, oder der Schwur des Geweihten [...].«[8]

Wenn man Glagaus Beobachtungen zusammenfasst, kann man daraus mindestens zwei Thesen ableiten, die ich im Folgenden überprüfen und differenzieren werde:

1) Alle Kolportageromane haben Doppeltitel.
2) Die Titel arbeiten mit stark emotionalen Wörtern, zumeist mit negativ konnotierten, die zum Beispiel ein ›Gruseln‹ beim Lesenden auslösen sollen.

Ich ergänze die erste These um die Vermutung, dass die Titel im Kolportageroman auch länger sind als übliche Romantitel, denn Alternativtitel mit ›oder‹ dürften eine höhere Zeichenanzahl enthalten als einfache Titel.

2 Methode

Eine Überprüfung dieser Thesen wäre nur schwer ohne eine Bibliografie der Kolportageromane möglich. Zum Glück liegt seit 1993 eine solche vor, nämlich Günter Koschs und Manfred Nagls *Der Kolportageroman. Bibliographie 1850–1960.*[9] Diese Bibliografie enthält 1516 Titel zwischen 1842 (!) und 1960. Dabei liegt der Schwerpunkt auf den Jahren zwischen 1860 und 1910. Die Bibliografie basiert auf der privaten Sammlung von Manfred Nagl, enthält aber auch sehr viele Titel, die aus anderen Bibliografien ohne Autopsie übernommen wurden. Inwieweit die hier aufgenommenen Titel die Anzahl der tatsächlich erschienenen Heftromane widerspiegeln, kann aufgrund der desolaten Überlieferungslage nicht einfach beantwortet werden. Da Kosch und Nagl neben der eigenen Sammlung aber 14 weitere Quellen ausgewertet haben, darunter den Brümmer, die Gesamtverzeichnisse, den Deutschen

7 Ebd.
8 Ebd., S. 53.
9 Vgl. Günter Kosch/Manfred Nagl: Der Kolportageroman. Bibliographie 1850 bis 1960. Stuttgart: Metzler 1993.

Bücherkatalog, Hinrichs Fünfjahreskatalog und Heinsius *Allgemeines Bücher-Lexikon*,[10] ist es nicht unwahrscheinlich, dass sie einen erheblichen Anteil der erschienenen Heftromane bibliografieren konnten.

Ich habe diese Bibliografie scannen lassen, OCR-verarbeitet und mit verschiedenen automatischen und halbautomatischen Methoden in Tabellenform gebracht. Diese Tabelle wurde mit zusätzlichen Daten angereichert, weiter verfeinert und normiert. Die in der Tabelle enthaltenen Daten und ganz besonders die Titeldaten dienen zur Grundlage für die folgenden Auswertungen.

3 Titelanzahl

Werfen wir zunächst einen kurzen Blick auf die Anzahl der Titel pro Jahr (Abb. 1).

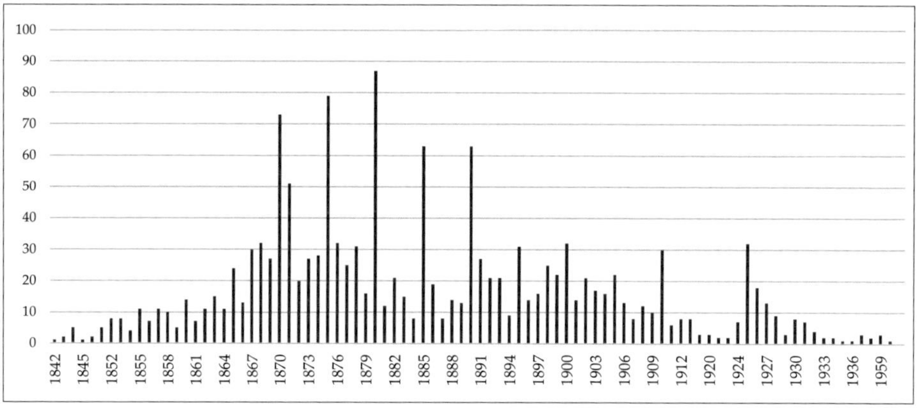

Abb. 1 Anzahl der Kolportageromantitel pro Jahr, die in in der Bibliografie von Manfred Kosch und Günter Nagl verzeichnet und mit einer Jahreszahl versehen sind (n=1498)

Hier fällt ein Anstieg der Titel bis ca. 1865 auf. Ab 1862 sind es bis auf wenige Ausreißer bis 1910 fast immer über 10 Titel pro Jahr. 1869 wurde die erste Gewerbeverordnung des norddeutschen Bundes wirksam, die Kolporteuren erstmals Rechtssicherheit gab. Im Jahr darauf (1870) erschienen dann 73 Titel. Von 1867 bis 1878 werden mit wenigen Ausnahmen über 30 Titel im Jahr verzeichnet. 1870, 1875 und 1880 sehen wir über 70 Titel pro Jahr, 1885 und 1890 über 60 Titel im Jahr. Im Ersten Weltkrieg (außer 1914) wurden keine Titel aufgenommen, in der Weimarer Republik gibt es noch einmal einen Peak (1925: 32 Titel), dann klingen die verzeichneten Titel langsam aus.

10 Vgl. das Abkürzungsverzeichnis in ebd., S. 82.

4 Alternativtitel

Werfen wir einen Blick auf die Alternativtitel. Zwar haben nicht ›alle‹ Kolportageromane einen oder-Titel, wie Glagau übertreibend annimmt, aber es sind immerhin 49 %, also 750 Titel von 1516. Damit können wir eine Beobachtung von Jörg Schönert untermauern, der Titel von Leibibliotheksromanen in der ersten Hälfte des 19. Jahrhundert untersucht hat. Mehrgliedrige Titel mit ›und‹ bzw. ›oder‹ machen ihm zufolge 75 % der untersuchten Leihbibliothekskataloge aus. Die Doppeltitel gingen nach 1860 in Leihbibliothekskatalogen zurück, während, so eine Nebenbemerkung von Schönert, die aufstrebende Kolportageliteratur von ihnen reichen Gebrauch mache.[11] Das kann mit dieser Zahl bestätigt werden.

Auch hier ist ein Blick auf die zeitliche Verteilung der Alternativtitel interessant. Die wenigen vor 1850 aufgenommenen Romane haben keinen Alternativtitel. Von 1859 bis 1888 war der Höhepunkt der Alternativtitel-Mode. 1870, als Glagau seinen Aufsatz schrieb, hatten 56 % der Titel einen Alternativtitel, im Jahr davor, das Glagau präsenter gewesen sein mag, waren es 74 %. Auf dem Zenit 1882 hatten von den 21 verzeichneten Romantiteln 19 einen Alternativtitel, das sind 90 % (8 erschienen dabei beim Verleger Werner Grosse). Nach 1895 geht es dauerhaft unter den Durchschnitt von 49 %, mit sinkender Tendenz. Es gibt sogar 7 Titel, die je zwei Mal ›oder‹ enthalten, wie zum Beispiel im Titel *Berlin bei Nacht oder ein Gaunerfürst und die Geheimniße von Berlin oder die Gründer auf dem Molkenmarkt* (1882, Nr. 93[12]). In der nachfolgenden Tabelle sind die zehn Verlage mit der größten Titelproduktion zusammengestellt (Abb. 2).

Verlag	Zeichen pro Titel	„oder" pro Titel	Anzahl der Titel
H. G. Münchmeyer	77,0	0,33	120
Werner Grosse	81,1	0,74	111
Hermann Oeser	90,4	0,55	91
A. Weichert	116,2	0,64	64
Adolph Wolf	60,9	0,45	60
Verlagshaus für Volksliteratur und Kunst	75,8	0,52	58
Adolf Ander	74,7	0,16	57
Rich. Herm. Dietrich	53,3	0,15	54
A. Hartleben	83,6	0,63	32
Dresdner Roman-Verlag	78,9	0,13	30

Abb. 2: Die 10 Kolportageverlage mit den meisten Titeln, nach der Bibliografie von Manfred Kosch und Günter Nagl

11 Jörg Schönert: Zur Typologie und Strategie der Titel von Leihbibliotheksromanen am Beispiel der Schauer- und Verbrechensliteratur (1790–1860). In: Georg Jäger/Jörg Schönert (Hg.): Die Leihbibliothek als Institution des literarischen Lebens im 18. und 19. Jahrhundert. Organisationsformen, Bestände und Publikum. Hamburg: Hauswedell & Co. 1980, S. 165–195, hier S. 170.

12 Die Nummern werden stets nach der Bibliografie von Manfred Kosch und Günter Nagl angegeben.

Zusammen haben die zehn größten Verlage 677 Titel verlegt und damit fast 46 % aller durch Kosch und Nagl erfassten Titel (bei 336 nachgewiesenen Verlagen insgesamt und 1484 Titeln, bei denen der Verlag bekannt ist). Die Unterschiede bei der Vergabe von Alternativtiteln sind auffällig: Werner Grosse hat die Alternativtitel-Mode in hohem Ausmaß bedient. Fast 74 % aller erfassten Titel sind Alternativtitel. Der größte und durch die Romane von Karl May heute wohl auch bekannteste Verlag, H. G. Münchmeyer, fällt dagegen durch eine große Zurückhaltung bei der Vergabe von Alternativtiteln auf (32 %). Drei der großen Verlage sind noch zurückhaltender mit oder-Titeln, nämlich Adolf Ander (16 %), Richard Hermann Dietrich (15 %) und der Dresdner Roman-Verlag (13 %).

Die zeitliche Verlaufskurve zeigt einen Anstieg des Anteils der Alternativtitel bis 1882, ebenso einen Abfall ab circa der Mitte der 80er Jahre. Ob das an einer Marktsättigung, am zunehmenden Bewusstsein auch der einfacheren Schichten liegt, dass Alternativtitel etwas Barockes haben, oder an Gründen, die sich auf das Marketing oder auf etwas ganz anderes zurückführen lassen, ist unklar.

Ob die Häufung der Alternativtitel wirklich ungewöhnlich ist, kann erst beantwortet werden, wenn Vergleichskorpora hinzugezogen werden. Zwei Korpora wurden hinzugezogen: Eine Auswahl von Romanen aus dem Verzeichnis der deutschen Drucke des 18. Jahrhunderts (VD18) und Bücher der Deutschen Nationalbibliothek aus der Zeit von 1850 bis 1914, die ›Roman‹ im Titel oder Untertitel tragen.

Von den geschätzten ca. 600 000 Titeln des 18. Jahrhunderts enthält der VD18 ca. 250 000 Monografien und mehrbändige Werke. Die Arbeitsdatenbank wurde nach der Gattung ›Roman‹ durchsucht, die Titel heruntergeladen und aufbereitet. Es handelt sich um 763 Romane. Das sind sicher nicht alle Romane des 18. Jahrhunderts, zum einen, weil die Datenbank unvollständig ist, zum anderen, weil ich nur Titel aufgenommen habe, die bibliothekarisch als ›Roman‹ klassifiziert wurden. Was ausschließlich als ›Epik‹ oder als ›Prosa‹ gekennzeichnet wurde, ist in dieser Auswahl nicht enthalten. Die Auswertung zeigt einen wellenförmigen Anstieg der aufgenommenen (und klassifizierten) Romane im letzten Drittel des 18. Jahrhunderts. Danach sind nur 126 Romane von 1700 bis 1769 publiziert worden, in den letzten drei Jahrzehnten lässt sich beinahe pro Jahrzehnt eine Verdoppelung erkennen: 86 Romane sind von 1770 bis 1779 erschienen, 147 Romane von 1780 bis 1789 und 385 Roman im letzten Jahrzehnt des 18. Jahrhunderts.[13] Diese zeitliche Verteilung der Romane kann nicht überraschen. Sie spiegelt den aus der Forschung bekannten Aufstieg des Romans ebenso wider wie die aus der Lesergeschichte bekannte Leserevolution.

Was die Auswertung der Titel betrifft, so gab es ein weiteres Problem: Im Titelfeld werden im VD18 alle Daten eingetragen, die man dem Titel zuordnen kann. Häufig sind das auch der Autor oder die Autorin oder Zusätze wie ›nach dem Englischen‹, ›Übersetzt von‹ oder ›vom Verfasser von xyz‹. Ein Beispiel von Christian August Vulpius: *Aurora : Ein romantisches Gemälde der Vorzeit / Von dem Verfasser des Rinaldini.* Dieses Problem

13 Das ergibt in Summe 744 Romane; 19 Romane haben im VD18 keine Jahreszahl.

wirft in praktischer Form die Frage auf, was eigentlich ein Titel ist, was zu ihm dazugehört, in diesem Fall, was bei der bibliothekarischen Verzeichnung als Titel in das Titelfeld eingetragen wurde. Dieser Frage bin ich nicht weiter nachgegangen und habe mich vielmehr an den Schrägstrich gehalten, der in Bibliothekskatalogen in aller Regel den Titel im ›engeren Sinne‹ von Zusätzen trennt. Für die folgenden Auswertungen habe ich den Titel also nur bis zu diesem Schrägstrich betrachtet. Im *Aurora*-Beispiel also nur bis »Vorzeit«.

Aufgrund der Aussagekraft sehen wir uns nur die letzten 10 Jahre des 18. Jahrhunderts an und damit 385 Romantitel. Der Durchschnitt liegt in diesem Jahrzehnt bei 0,26, das heißt, dass 26 % der Romantitel Alternativtitel sind. Das ist viel weniger als beim Kolportageroman mit 49 %. Es gilt zu berücksichtigen, dass in den Titeldaten des VD18 alle als ›Roman‹ klassifizierten Bücher enthalten sind, sodass dieser Vergleich nichts über mögliche Änderungen innerhalb eines Genres aussagt.

Das Vergleichskorpus mit Romanen aus dem Katalog der Deutschen Nationalbibliothek wurde so erstellt, dass ›Roman‹ als Titelbestandteil in den Jahren von 1850 bis 1914 gesucht wurde. Die bibliothekarischen Gattungszuweisungen erwiesen sich für diesen Zeitraum als wenig konsistent, sodass auf ›Roman‹ als Titelbestandteil ausgewichen werden musste. Die Daten wurden heruntergeladen und weiterbearbeitet. Die Sammlungsgeschichte der Deutschen Bücherei Leipzig, der Vorgängerinstitution der DNB, wirkt sich auf den Bestand aus. Sie wurde erst 1912 gegründet und sammelte damals noch keine Pflichtabgaben für deutsche Verlage. Erst ab 1884 weisen über 10 Titel pro Jahr den Zusatz ›Roman‹ aus, dreistellig pro Jahr wird es erst ab 1910 und nach der Gründung der Deutschen Bücherei springt die Anzahl der Titel von 175 (1912) auf 903 (1913) und 783 (1914). Diese starke Unwucht in den Zahlen schränkt die Aussagekraft ein. Ebenso gilt es sich zu vergegenwärtigen, dass die Möglichkeit besteht, dass gerade Romantitel, die die Gattungsbezeichnung ›Roman‹ im Titel oder Untertitel tragen, weniger häufig Alternativtitel sind. Dieser Tatsachen eingedenk lässt sich feststellen, dass die 2914 ermittelten Titel so gut wie gar keine Alternativtitel haben. Nur 16 Titel weisen ein ›oder‹ im Titel auf (0,5 %). Dazu gehört ein Kolportageroman, der sich auch in der DNB findet, nämlich *Die Bettelgräfin oder die Schicksale einer Grafentochter* von Victor von B. (1895, Nr. 98), und zwei aus dem Kanon bekannte Romane: Carl Einsteins Prosa-Experiment *Bebuquin oder Die Dilettanten des Wunders. Ein Roman* (1912) ahmt vielleicht die Titel-Mode der Kolportageromane spielerisch nach, während unklar ist, ob Wilhelm Raabe seinen Titel *Abu Telfan oder die Heimkehr vom Mondgebirge. Roman* (1867, in der DNB in einer Auflage von 1914) in Anspielung auf die entstehende Kolportageroman-Mode fand.

5 Titellänge

Betrachten wir die Länge der Titel, zunächst im Kolportageroman und dann vergleichend mit den Daten aus dem VD18 und der DNB. Der Durchschnittswert pro Titel beim Kolportageroman beträgt 85,6 Zeichen, inklusive der Satzzeichen und Leerzeichen. Alternativtitel sind überdurchschnittlich lang, nämlich 98,5 Zeichen, während die Titel ohne ›oder‹ nur 69,5 Zeichen lang sind. Die Tatsache, dass Alternativtitel länger sind als Titel ohne ›oder‹, kann nicht überraschen, denn solche Titel setzen sich häufig aus zwei Titeln zusammen, die auch jeweils für sich stehen könnten. Dennoch sind sie keineswegs doppelt so lang wie normale Titel, sodass sich die Frage stellt, wie Alternativtitel eigentlich genau aufgebaut sind, bzw. wie sie funktionieren. Festhalten kann man auf jeden Fall, dass Kolportageromane in aller Regel sehr lange Titel haben. Einer der längsten Titel mit 277 Zeichen lautet:

> *Vierzigfach verheiratet oder Die Opfer des berüchtigsten Frauenjägers von New York. Sensations-Roman nach Enthüllungen aus dem New Yorker Liebes- und Verbrecherleben. Nach Geständnissen. Aufzeichnungen, privaten Mitteilungen und Zeitungs-Nachrichten eines zum Tode verurteilten* (Nr. 1380).

Zieht man vergleichend die Daten aus dem VD18 hinzu, so ist die Zeichenanzahl überraschend ähnlich, nämlich 85,9 Zeichen durchschnittlich (Kolportageroman: 85,6). Die durchschnittliche Verteilung der Titellänge pro Jahr ist wieder wenig aussagekräftig, weil die Anzahl der Titel erst um 1775 zweistellig wird, sodass die Abweichungen durch einzelne Titel zu groß sind. Nimmt man wieder die 385 Titel der letzten 10 Jahre des 18. Jahrhunderts, so sieht man, dass die durchschnittliche Anzahl der Zeichen pro Titel nur noch bei 71,6 liegt, das ist nun deutlich unter den 85,6 Zeichen der Kolportageromane. Noch interessanter ist aber eine Beobachtung, die sich nur auf das 18. Jahrhundert bezieht. Hier können die Daten eine andere Vermutung bestätigen, nämlich dass die Titel im Laufe des 18. Jahrhunderts kürzer werden. Dazu habe ich die 83 Romane genommen, die zwischen 1700 und 1760 erschienen sind. Hier sind die Titel immerhin durchschnittlich 183 Zeichen lang. Die Titel aus dem früheren 18. Jahrhundert sind also ca. 2,5-mal länger als die Titel im letzten Jahrzehnt des 18. Jahrhunderts.

Das Vergleichskorpus aus der DNB, das in etwa denselben Zeitraum wie die Bibliografie der Kolportageromane abdeckt, zeigt dann viel kürzere Titel. Sie sind im Mittelwert nur noch 33,5 Zeichen lang. Wem das noch lang erscheint, der bedenke, dass man noch ca. 8 Zeichen abziehen muss, um beim Haupttitel ohne ›Roman‹ und ohne dem vor der Gattungsbezeichnung hinzugefügten Doppelpunkt samt Leerzeichen anzukommen.[14]

Ich fasse die quantitativen Ergebnisse zusammen:

1) Kolportageromantitel sind typischerweise mit 85,6 Zeichen länger als die Titel von Romanen im letzten Jahrzehnt des 18. Jahrhunderts.
2) Alternativtitel im Kolportageroman sind mit 98,5 Zeichen länger als solche ohne Alternativtitel (69,5 Zeichen).
3) Kolportageromane haben zu 49 % einen Alternativtitel mit ›oder‹.

14 Der Doppelpunkt (samt Leerzeichen) ist üblicherweise durch die Titelaufnahme in der Bibliothek hinzugefügt.

4) Das Vergleichskorpus aus dem VD18 zeigt, dass Romantitel im Verlauf des 18. Jahrhunderts. kürzer werden, von 183 Zeichen 1700 bis 1760 hin zu 71,6 Zeichen im letzten Jahrzehnt des 18. Jahrhunderts. In diesem Dezennium gibt es 26 % Alternativtitel.
5) Das Vergleichskorpus aus der DNB von 1850 bis 1914 zeigt kurze Titel (33,5 Zeichen) und kaum Alternativtitel (0,5 %).

6 Genrezuordnung anhand von Titeln der Kolportageromane

Kommen wir zur Semantik der Titel und damit zunächst zur Frage, ob man anhand der Titel Merkmale des Inhalts ablesen kann.[15] Nach einer Durchsicht der Titel zeigt sich, dass sie tatsächlich, wie von Glagau angenommen, stark emotionale Werte tragen. Eher positiv konnotierte Wörter wie ›romantisch‹, ›Leben‹, ›Liebe‹, ›Tochter‹ oder ›unschuldig‹ kommen häufig vor, ebenso aber auch ›Räuber(hauptmann)‹, ›schwarz‹, ›Opfer‹ oder ›Rache‹. Häufig werden semantisch gegensätzliche Wörter in einen Titel zusammengespannt. Typische Beispiele wären *Im Kampf um⊠s Dasein oder Vom Staub zu den Sternen* (1895, Nr. 597), *In Vampirs Krallen oder Tischlermeister und Börsenspekulant. Ein Volksroman* (1910, Nr. 603) oder *Kätchen Hellborn. Liebes- und Leidensweg eines armen, treuen Mädchens* (1935, Nr. 686). Häufiger auftretende Gegensatzpaare innerhalb desselben Titels sind örtlich zu verstehen, dabei auch häufig sozial markiert (›Staub/Sterne‹, ›Himmel/Erde‹, ›Heimat/Fremde‹, ›oben/unten‹, ›Gasthaus/Fürstenthron‹, ›Fürstenschloss/Klosterzelle‹, ›Kloster/Irrenzelle‹), drücken direkt soziale Gegensätze aus (›Köchin/Gräfin‹, ›Tischlermeister/Börsenspekulant‹, ›Königstochter/Bettlerin‹, ›Baron/Bettler‹, als Komposita: ›Bettelgräfin‹, ›Lumpenprinzessin‹), sind moralisch ›gut‹ oder ›glücklich‹ bzw. ›böse‹ oder ›unglücklich‹ (›Lieben/Leiden‹, ›Frauenwürde/Buhlerkünste‹, ›Schuld/Sühne‹, ›unschuldig/verbannt‹, ›unschuldig/verurteilt‹). Vermutlich sollen diese Titel beim Käufer starke und gegensätzliche Emotionen auslösen wie Freude oder Wut. Bei aller vorhersehbaren Schematisierung der Titel ist offensichtlich, dass zudem ein Überraschungsmoment erzielt werden soll, das häufig daraus entsteht, dass der Leser sich fragen muss, wie die beiden Teile des Alternativtitels, die doch offenbar auf denselben Roman passen sollen, zusammenhängen: *Der Seelenverkäufer oder: Das Geheimniß des Advokaten* (Nr. 1131). Ein anderes Beispiel ist *Armida, die schöne Prinzenbraut auf dem Dornenpfade der Liebe oder Der Fluch der Millionenerbschaft* (Nr. 43).

15 Jörg Schönert unternahm eine ähnliche Untersuchung anhand von Leihbibliotheksromantiteln. Er unterschied Figuren, Situationen, Themen bzw. Motive und Genres bzw. Erzähltypen und ergänzte diese Titelbestandteile durch die »Reizmomente« wie Schauerliches, Schreckliches, Abenteuerliches bzw. Romantisches und Exotisches. 63 Titel analysierte er auf diese Weise. An seine Analysen könnte noch stärker mit digitalen Methoden angeschlossen werden. Vgl. Jörg Schönert: Zur Typologie und Strategie der Titel von Leihbibliotheksromanen (Anm. 11), S. 176–187.

Kosch und Nagl orientieren sich für ihre Genre-Kategorisierungsvorschläge größtenteils an den Titeln, da niemand alle diese Romane, die oftmals über 1500 Seiten umfassen, gelesen hat; zudem ist von vielen Titeln kein einziges Exemplar bekannt, sodass zur tentativen Bestimmung des Inhalts der Titel bleibt. Da es sich bei diesen Titeln wohl größtenteils um Schemaliteratur handelt, scheint dieses Vorgehen zulässig zu sein.

Otto Glagau darf man also durchaus als scharfsichtigen Beobachter der zeitgenössischen Kolportageromane gelten lassen, wobei man seine Übertreibungen relativieren muss. Die Bibliografie erlaubt in digitaler Form noch weitere Auswertungen der Titel, die im Wesentlichen auf der automatischen Auszählung von Wortfrequenzen, Wortkombinationen und auf den inhaltlichen stichwortartigen Bemerkungen der Bibliografen Kosch und Nagl beruhen. Werfen wir zunächst einen Blick auf die Frage, wie sich Fiktionalitäts- und Authentizitätsmarker im Titelkorpus verteilen. Kosch und Nagl deuten in ihrer Bibliografie an, dass die »Authentizitätsfiktion«[16] im Korpus eine Rolle spiele. Mit ›Roman‹ oder ›Erzählung‹ sind 885 Titel markiert (58,5 %). Dabei kommt der später kanonisch gewordene Titelzusatz ›Roman‹, der vom Haupttitel durch einen Punkt getrennt ist, durchaus vor. Sehr häufig ist die Gattungsbezeichnung ›Roman‹ oder ›Erzählung‹ zusätzlich bestimmt, etwa ›Roman aus der Gegenwart‹, ›Volksroman‹, ›Historisch-romantische Erzählung‹, ›Sensationsroman‹ oder ›Historischer Roman‹. Nur 85 Titel haben einen Authentizitätsmarker wie ›Akte‹, ›Protokoll‹, ›Brief‹, ›Memoiren‹, ›Bekenntnis‹, ›aus den Papieren‹ etc. (ca. 5,4 %). Dieser Anteil schwankt bis 1874 und steigt dann kontinuierlich von 0,55 % (1875–1879) auf 13,85 % (1905–1909). Immerhin 38 Titel kombinieren auch Fiktionalitäts- und Authentizitätsmarker, zum Beispiel *Roman auf Grund wahrer Tatsachen und authentischen Berichten* (Nr. 802) oder *Sensations-Roman nach Akten und Aufzeichnungen* (Nr. 721).

In der Einleitung zu Kosch und Nagls Bibliografie finden sich weitere Aussagen zu Romangenres wie dem Sensationsroman, dem Ritter- (und Räuber-)roman, dem Schauerroman, dem Skandalroman, dem Schicksalsroman oder dem »kriminalistisch-abenteuerlichen Spannungsroman« im Gegensatz zum »frauenbezogenen sentimentalen Liebes- und ›Schicksalsroman‹«.[17] Diese Genres wurden nicht näher bestimmt, sind vielfach unklar und haben sicher auch inhaltliche Überschneidungen. Um die Aussagen dennoch näherungsweise überprüfen zu können, wurde die Bibliografie einer automatischen Auswertung von Signalwörtern oder deren Stammformen unterzogen. Gegenüber dem hermeneutischen Verfahren stehen Reproduzierbarkeit, einfache Anpassung durch Veränderung der Signalwörter und die Visualisierung auf der Haben-Seite, während der hermeneutische Blick im Einzelfall schnell Fehlklassifikationen erkennt.

Es liegt zudem auf der Hand, dass die Klassifikation von Genres nach Suchworten aus dem Titel keine hoch theoretisierte Genredefinition impliziert. Genres sind hier nicht

16 Günter Kosch/Manfred Nagl: Kolportageroman (Anm. 9), S. 40.
17 Ebd.

Lektüreangebote, die in Kommunikationssituationen ausgehandelt werden,[18] sondern konstituieren sich in dieser Untersuchung über die Wörter des Titels, der als eine Form der (verrätselten) Inhaltsangabe verstanden wird. Das hat sicher Nachteile und entspricht nicht den elaborierten Genre- oder Gattungsdefinitionen der Literaturwissenschaft, aber es bietet den Vorteil der Auswertung einer Bibliografie von ca. 1500 Titeln. Es dürfte schon aufgrund der Quellenlage nicht möglich sein, Rezeptionszeugnisse zu allen Romanen zu sammeln, um auf diese Weise Genres und Lektüreerwartungen zu identifizieren.

Unterschieden wurden die unten aufgelisteten Romangenres. Die Signalwörter sind teilweise vollständig, teilweise als Auswahl angegeben, weil zum Teil auch andere Suchstrategien eingesetzt wurden, wie zum Beispiel vierstellige Ziffern als Hinweis auf eine Jahreszahl und damit auf einen Historischen Roman. Zudem wurden auch die inhaltlichen Bemerkungen der Bibliografen Kosch und Nagl ausgewertet. Die Suche nach Signalwörtern impliziert, dass Romane mehreren Genres zugewiesen werden konnten. Da es sich hier um eine Strategie der Verlage handeln könnte, wurden solche Mehrfachzuweisungen nicht ausgeschlossen.

1) Historischer Roman. Signalwörter: historisch*, krieg*, könig*, schlacht*, napoleon* maria stuart*, Länder (frankreich*, preuß*, spani*, ungar*, niederland*, niederländ*, italien*, serbi*, österreich*, oesterreich*). 476 Titel von n=1516 (31,4 %).
2) Frauenroman. Signalwörter waren 150 weibliche Vornamen, 31 ›Rollen‹ wie Tochter, Braut, Fürstin, Näherin und für den Kolportageroman typische Eigenschaften von Protagonistinnen wie verführt und entehrt. 471 Titel von n=1516 (31,1 %).
3) Räuber- und Ritterroman. Signalwörter: raub*, räuber*, brigant*, bandit*, wegelager*, strassenräub*, straßenräub*, dieb*, verbrech*, wildschütz*, mord*, polizei, ritter* und 16 Namen berühmter Räuber wie Störtebeker, Weber, Cartouche, Rinaldini etc. Zudem wurden die Inhaltshinweise von Kosch und Nagl auf den Begriff räub* ausgewertet. 287 Titel von n=1516 (18,9 %).
4) Sensationsroman. Signalwörter: sensation*, skandal*, enthüll*, aufgedeck*, aufsehen*, geheim* sowie eine Kombination von geheim* oder myst* und zugleich paris*. Zudem wurde nach Eugène Sue gesucht (Kombination von eug* und sue) sowie die Inhaltshinweise von Kosch und Nagl auf den Begriff ›Sensationsroman‹ ausgewertet. 259 Titel von n=1516 (17,2 %).
5) Sozialer Roman. Signalwörter: social*, sozial*, arbeit*, streik*, politi*, menschenrecht*, prolet*, revol*, konstitution*, fabrik*, kapital*, armut*, wucher*, börse*. 85 Titel von n=1516 (5,6 %).

18 So wurde die Gattung beispielsweise aufgefasst in: Philip Ajouri: Probleme der Empirisierung einer Gattung. Zum Erwartungshorizont und der sozialen Funktion des politischen Romans im 18. Jahrhundert. In: Philip Ajouri/Katja Mellmann/Christoph Rauen (Hg.): Empirie in der Literaturwissenschaft. Paderborn: Mentis 2013, S. 283–305.

Mit Nachdruck muss die Vorläufigkeit dieser Genrezuweisung betont werden. Addiert man die Zuweisungen zu den fünf Genres, kommt man aufgrund der Mehrfachzuweisungen auf 1578 Titel, also mehr als die 1516, die sich in der Bibliografie befinden. Bedenklicher aber ist, dass 403 Titel ganz ohne Genrezuweisung bleiben. Die 1112 Titel, die Genres zugewiesen wurden, erzeugen somit die 1578 Genrezuweisungen. 142 Titel wurden beispielsweise zugleich dem Frauenroman wie auch dem Historischen Roman zugeordnet. Das kann nicht überraschen, wirft aber doch die Frage nicht nur nach den Genregrenzen auf, sondern auch nach möglichen Strategien von Verlagen und Autoren, mehrere Genres in einem Roman zu kombinieren, um mehr Leserinnen und Leser anzusprechen.[19]

Hier werden absichtlich keine Genredefinitionen gegeben, vielmehr konstituieren sich die Genres aus den inhaltlichen Bestimmungen, die mit den Wörtern und Wortstämmen einhergehen. Dabei ist die Vermutung leitend, dass sich die Käuferin oder der Käufer anhand der ausführlichen Titel auch eine Vorstellung vom Genre machen sollte. Nicht selten steht das Genre schließlich auch als Untertitel explizit im Titel, wie etwa die vielen ›Historischen Romane‹ oder der Zusatz ›Sensationsroman‹ belegen.

Für die Jahre 1842 bis Ende der 1860er Jahre schlugen Kosch und Nagl die folgende Einteilung vor: Ein Drittel bestehe aus Räuberromanen, ein weiteres Drittel aus Historischen Romanen und Kriegsromanen, ein Viertel machten Sensationsromane in der Tradition von Eugène Sues *Mystères de Paris* aus.[20] Die hier vorgenommene Erhebung der insgesamt 264 Titel, die von 1842 bis 1869 verzeichnet sind, sieht den Historischen Roman mit 47,4 % an erster Stelle, dann folgen Frauenroman (17,8 %), Räuber- und Ritterroman (17,1 %) und Sensationsroman (15,2 %). Nach der hier vorgenommenen Auswertung sind also die Historischen Romane stärker vertreten als von Kosch und Nagl angenommen, Räuber- und Ritterromane sowie Sensationsromane schwächer. Hier ergeben sich zusätzliche Fragen nach dem Grund dieser relativ starken Abweichung.[21] Frauenromane mit weiblichen Heldinnen im Titel wurden gesondert gezählt; im Zeitraum zwischen 1842 und 1869 gehören viele dem historischen Genre an und tauchen damit auch im Genre ›Historischer Roman‹ auf (Beispiele: *Königin und Buhlerin. Historischer Roman*, Nr.720; *Maria Theresia und ihre Zeit. Historischer Roman*, Nr.821).

Im Folgenden ist in einem Liniendiagramm (Abb. 3) die zeitliche Veränderung der fünf oben aufgeführten Genres im Zeitraum 1855 bis 1929 dargestellt.

19 Hinweise auf dieses Phänomen bei Günter Kosch/Manfred Nagl: Kolportageroman (Anm. 9), S. 40.

20 Ebd., S. 13.

21 Eine weitere Überprüfung der Differenz konnte im Rahmen dieser Untersuchung nicht vorgenommen werden.

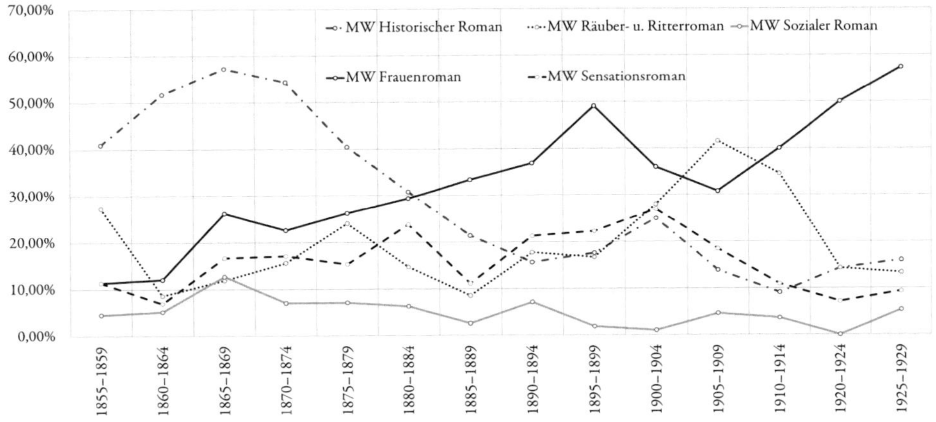

Abb. 3: Genreveränderung als Mittelwert von Fünfjahresblöcken

Abb. 4 (unten): Anzahl der Titel pro Jahr in Fünfjahresblöcken (nach der Bibliografie von Manfred Kosch und Günter Nagl)

Zeitraum	Titel
1840–1844	8
1845–1849	1
1850–1854	27
1855–1859	44
1860–1864	58
1865–1869	126
1870–1874	199
1875–1879	183
1880–1884	143
1885–1889	117
1890–1894	141
1895–1899	108
1900–1904	100
1905–1909	65
1910–1914	55
1920–1924	14
1925–1929	75
1930–1934	23
1935–1939	2
1955–1959	8
1960–1964	1
Ohne Jahreszahl	17

Die Werte wurden über Fünfjahreszeiträume gemittelt (Mittelwert = MW), um Ausschläge zu reduzieren, die auftreten, wenn in einem Jahr nur sehr wenige Romane erschienen sind. So sind 1929 nur 3 Romane verzeichnet, im Jahrfünft von 1925 bis 1929 aber immerhin 75, sodass der Mittelwert aussagekräftig(er) ist. Ab 1930 liegen die Titelzahlen im einstelligen Bereich, sodass eine zählende Auswertung für einzelne Genres wenig Sinn ergab. Dasselbe gilt für die Zeit vor 1855, weil von 1842 bis 1854 nur 36 Romane in der Bibliografie verzeichnet sind (Abb. 4).

Von den 1516 verzeichneten Titeln bei Kosch und Nagl sind 1498 mit einer Jahreszahl versehen. Im Liniendiagramm sind durch den Ausschluss der ersten drei und letzten vier Fünfjahresblöcke nur 1428 Titel berücksichtigt.

Das Diagramm zeigt den Aufstieg des Historischen Romans bis 1865–1869, wo er mit 57,14 % den größten Marktanteil erreicht. Danach geht der Anteil bis ins Jahrfünft 1890–1894 kontinuierlich zurück. Danach folgen Seitwärtsbewegungen mit einer Tendenz nach unten, sodass er 1925–1929 nur noch auf 16 % kommt.

Das gegenteilige Bild zeigt sich bei Romanen, die Frauennamen oder (typische und stereotype) Frauenrollen im Titel tragen. Von 1855–1850 (6,90 %) bis 1895–1899 (49,07 %)

kommt es zu einem beinahe kontinuierlichen Zuwachs. Der Historische Roman wird im Jahrfünft 1885–1889 vom Frauenroman mit 33,33 % als wichtigstem Genre abgelöst. 1900 bis 1909 kommt es zu einem Rückgang des Marktanteils auf 30,77 %. Gleichzeitig können andere Genres, insbesondere der Räuber- und Ritterroman hinzugewinnen. Ab 1910 erfolgt dann eine stetige Zunahme auf 57,33 %. Während der Aufstieg des Frauenromans bei Kosch und Nagl nicht nachgezeichnet wurde, stimmen die Ergebnisse mit Kosch und Nagels Beobachtung überein, dass zwischen 1920 und 1936 »[g]ut die Hälfte« aller aufgenommenen Titel »eindeutig dem Genre des Frauenschicksalsromans zuzurechnen« sei.[22]

Die Verlaufslinie des Räuber- und Ritterromans ist schwieriger zu beschreiben. Von 1860 bis 1889 gibt es zwei Wellenbewegungen mit Spitzen von 27,27 % (1855–1859) und 24,04 % (1875–1879) sowie Tälern von 8,62 (1860–1864) und 8,55 % (1885–1889). Dann kommt es zu einem beinahe ununterbrochenen Zuwachs von Räuberroman-Titeln bis zum Jahrfünft von 1905–1909. Dieses Ergebnis passt nicht zur Behauptung von Kosch und Nagl, dass es im Kaiserreich zu einem »Bedeutungsschwund des traditionellen Räuber- und Schauerromans«[23] komme. Die Ansetzung des Genres »traditionelle[r] Räuber- und Schauerroman« ist bei Kosch und Nagl, soweit ich sehe, kaum definiert und stimmt womöglich nicht mit der hier getroffenen Ansetzung von Räuber- und Ritterroman überein. Dennoch ergibt sich hier wohl zusätzlicher Forschungsbedarf. Unsere Auswertung zeigt deutlich, dass der Aufstieg des Räuber- und Ritterromans mit einem Rückgang des Frauenromans, des Historischen Romans und insbesondere des Sensationsromans (von 27 % 1900–1904 auf 7,14 % 1920–1924) einhergeht. Erst von 1910–1914 macht sich dann ein ziemlich steiler Rückgang des Genres ›Ritter- und Räuberroman‹ bemerkbar.

Der Sensationsroman zeigt trotz einer tiefen Delle in den Jahren 1885–1889 (11,11 %) einen welligen Anstieg bis 1900–1904 (27 %). In den Jahren danach lässt sich ein Rückgang auf 7,14 % beobachten (1920–1924).

Der Soziale Roman ist verglichen mit den anderen Genres mit deutlich weniger Titeln vertreten. Von 1865–1869 kommt es zu einem Höhepunkt (12,7 %), danach folgt bis 1885–1889 ein kontinuierlicher Rückgang. Ein Anstieg von 1890–1894 (von 2,56 % auf 7,09 %) ist vielleicht der Aufhebung der Sozialistengesetze geschuldet, doch danach verfällt das Genre im Segment des Kolportageromans.

Um zusammenzufassen: Titel im Kolportageroman eröffnen vielfältige Forschungsmöglichkeiten. Hier wurden Otto Glagaus zeitgenössische Beobachtungen zum Anlass genommen, um Titel automatisiert auszuwerten. Die langen Titel des Kolportageromans lassen dabei auch Untersuchungen zu, die versuchen, auf das Genre und damit auf den Inhalt zu schließen. Zweifellos können die hierbei verwendeten Suchformeln verbessert werden; insbesondere müssten mehr Romane eine Genrezuweisung erhalten oder aber es

22 Günter Kosch/Manfred Nagl: Kolportageroman (Anm. 9), S. 54. Von 1920 bis 1934 sind es 54,4 % nach unserer Auswertung (zum Teil nicht mehr im Liniendiagramm enthalten).

23 Ebd., S. 40.

müsste geklärt werden, warum die Genrezuweisung durch die hier verwendeten Suchwörter bei einem guten Viertel der Romane an Grenzen stößt. Auch wäre zu erwägen, mehrfache Genrezuweisungen zu verhindern. Ob sich dann die hier dargestellten Veränderungen der Genreentwicklungen bestätigen lassen, bleibt abzuwarten. Erklärungen und Kontextualisierungen dieser Veränderungen wären eine weitere, unerlässliche Aufgabe. Hier wurde davon Abstand genommen, obwohl Kosch und Nagl immer wieder Hinweise auf mögliche Ursachen geben.[24] Auch an andere Auswertungen der Bibliografie wäre zu denken, etwa mithilfe linguistischer Analysen, anhand von Word-Embeddings oder auch mit einer Sentiment-Analyse. Allerdings erfordert der historische Sprachstand auch entsprechende Textkorpora, auf denen die Modelle trainiert wurden. Trotz dieser Unzulänglichkeiten und Desiderata möchte dieser Aufsatz ein Beispiel dafür sein, welche Möglichkeiten für die buch- und literaturwissenschaftliche Forschung entstehen, wenn gedruckte Bibliografien, und gerade auch die Titelangaben, digitalisiert und computergestützt ausgewertet werden.

24 Vgl. etwa die Schlüsse der Herausgeber von der Veränderung des Frauenromans auf die Leserschaft, ebd., S. 55.

Was heißt hier ›Handbuch‹? Eine Fallstudie zu Titelstrategien im Wissenschaftsverlag*

Alrun Schmidtke

Der Aufsatz zeigt beispielhaft am *Handbuch der Physik/Encyclopedia of Physics* (78 Bände, Springer 1955–1988), welche Akteure auf welche Weisen titelbezogenes Wissen im Publikations- und Rezeptionsprozess einsetzten. Mit dem Titel ›Handbuch‹ konnten die Beteiligten Erwartungen an Reputationsgewinn verknüpfen, an langfristige Umsätze und an eine Tradition wissenschaftlichen Publizierens, die Tugenden wie Kooperation und Offenheit unter Beweis stellte. Der Beitrag rahmt den Boom von Handbuch-Titeln als Publikationsstrategie mit deutscher Tradition im Wissenschaftsverlagswesen in der Mitte des 20. Jahrhunderts. Er argumentiert, dass das Handbuch eine Scharnierfunktion in der Entwicklung vom Buch- zum Zeitschriftenverlag übernahm, weil das Format Aspekte der Monografie und Merkmale periodischer Wissenschaftsliteratur auf sich vereinte.

Through the case of the *Handbuch der Physik/Encyclopedia of Physics* (78 volumes, Springer 1955–1988), this article traces the actors who deployed title-related knowledge in different ways during the process of book production and reception. The title term ›handbook‹ evoked expectations of reputational gains, enduring turnover, and association with a tradition of scholarly and scientific publishing that demonstrated virtues such as cooperation and openness. I frame the boom in titles featuring the terms ›encyclopedia‹ or *Handbuch* as a publication strategy in mid-twentieth-century scientific publishing based on a strong German tradition, and argue that because the encyclopedia format united features of the monograph and of periodical scientific literature, it was able to act as a hinge in the evolution from book to journal publishing.

> *Handbuch, Buch von handlichem Umfang zum bequemen Gebrauch für Lesen u. Schreiben, gleich dem mittellat. manuale i. e. liber qui manu portatur, schon in mittelhochdt. Zeit gebraucht; entsprechende Bezeichnung das engl. handbook.* (Lexikon des gesamten Buchwesens, 1936)[1]

1 Der Handbuch-Titel als Ausweis von Autorität – ein deutsches Publikationsphänomen?

Auf Naturwissenschaften spezialisierte Verlage vermarkteten sich ab etwa 1950 offensiv als »science publishers«.[2] Ihr Produktportfolio war nicht selten von auffallend ähnlich klingenden Titeln geprägt, die sie für verschiedene Disziplinen und Teildisziplinen der

* Gefördert durch die Deutsche Forschungsgemeinschaft (DFG) – Projektnummer 509851987.

1 Karl Löffler: Handbuch. In: Lexikon des gesamten Buchwesens. Bd. II. Hg. von Karl Löffler und Joachim Kirchner. Leipzig: Hiersemann 1936, S. 318.

2 Zur langen Geschichte des Geschäftsmodells vgl. Alrun Schmidtke: Zwischen Konferenz und Cocktailparty. Wissenschaftsverlage und ihre Berater, 1928–1963. Dissertation. Berlin: Humboldt-Universität zu Berlin 2020 [Mikrofiche; Buch in Vorbereitung], insbesondere S. 1–27; sowie zur Historiografie aus wissenschaftshistorischer Perspektive: Alrun Schmidtke: PDF und Schluss? Wissenschafts- und Buchgeschichte, 18.–20. Jahrhundert. In: NTM. Zeitschrift für Geschichte der Wissenschaften, Technik und Medizin 27 (2019), S. 95–106.

immer spezialisierteren Fächer anpassen konnten: *International Journal of Heat and Mass Transfer, The International Journal of Applied Radiation and Isotopes, Astronautica Acta, Geochimica et Cosmochimica Acta, Handbuch für Werkstoffprüfung, Handbuch für Metallhüttenwesen* – solche Titel weckten Erwartungen, zum Beispiel an Mehrsprachigkeit, an Anwendungswissen oder an Autorität. Einer der Hauptakteure in diesem sich formierenden Feld der Naturwissenschaftsverlage war der Julius-Springer-Verlag. Er hatte sich durch die Herausgabe mehrbändiger Handbücher schon um die Jahrhundertwende einen Namen gemacht und bespielte dieses Marktsegment auch dann noch, als seine Autor:innen und Leser:innen längst anderen Publikationsformaten große Aufmerksamkeit schenkten – allem voran dem Artikel in Fachzeitschriften. Verlage wie Springer, so das Argument des vorliegenden Beitrags, schätzten Handbücher wegen der langfristigen Vermarktungszeiten und durch die Möglichkeit, Abonnements zu verkaufen, während Autor:innen sich beteiligten, weil das Handbuchformat ein Reputationsversprechen, ein Einschreiben in die Tradition der Disziplin, mit sich brachte, denn Handbücher begleiteten Studierende, Praktiker und Wissenschaftler über ihr Studium und ihre Karrieren hinweg.[3] »[T]he Handbook should for some decades be the standard work on physics«[4], versprach der Springer-Berater Paul Rosbaud in der Anfangsphase der Akquise für ein neues *Handbuch der Physik* gegenüber potenziellen Herausgebern und setzte mit diesem Zeithorizont ein selbstbewusstes Ziel.[5] Das ideale wissenschaftliche Buch hatte das Potenzial, sich zum ›Standardwerk‹ zu entwickeln, also zu einem mustergültigen Referenz- oder Nachschlagewerk, an dem andere Bücher zu messen sein würden. Als solches galt das Vorgängerwerk, das ebenfalls den Titel *Handbuch der Physik* trug, als ›das blaue Handbuch‹ oder ›der Geiger Scheel‹ bekannt war und dem nachzueifern einige Zugkraft besaß, weshalb der Berater sich in Gesprächen und in seiner Korrespondenz immer wieder darauf bezog.[6] Im Wissenschaftsverlagswesen waren solche eponymen Bezeichnungen von Verlagsobjekten, die im Laufe von Jahrzehnten und trotz wechselnder Herausgeberschaften die Namen ihrer Begründer führten, weit verbreitet.[7] Hierzu zählen etwa ›der Pauly‹ für die *Real-Encyclopädie der classischen Alterthumswissenschaft in*

3 Zum Format als Markstein der disziplinären Entwicklung: Ludwik Fleck: Entstehung und Entwicklung einer wissenschaftlichen Tatsache. Einführung in die Lehre vom Denkstil und Denkkollektiv. Frankfurt am Main: Suhrkamp 1980, S. 146–164.

4 Paul Rosbaud an Siegfried Flügge, 8.6.1949, Staatsbibliothek Berlin – Preußischer Kulturbesitz, Nachl. 598 (Archiv des Verlages Springer), nachfolgend: SBBPK, VA Springer, Abt. F, Nr. 1045.

5 Der vorliegende Beitrag basiert auf Alrun Schmidtke: Wissenschaftsverlage und ihre Berater (Anm. 2), Kapitel »Wissenschaftler zum Schreiben bringen«, S. 127–165.

6 Hans Geiger/Karl Scheel (Hg.): Handbuch der Physik. Berlin: Julius Springer 1926–1929.

7 »Name economy« bezeichnet in der Wirtschafts- und Sozialanthropologie die Kommodifizierung von Personen mit dem Ziel, Namen mit Produkten oder Unternehmen zu verknüpfen, um gegenseitigen ökonomischen Zugewinn zu erzielen, denn »[n]ames involve a long-term accumulation of social and cultural capital« (Brian Moeran: Celebrities and the Name Economy. In: Research in Economic Anthropology 22 (2003), S. 299–321, hier S. 300).

alphabetischer Ordnung[8] oder ›der Beilstein‹ für ein mehrbändiges enzyklopädisches Werk der Chemie[9] oder ›der Palandt‹ in der Rechtswissenschaft, der mit Otto Palandt trotz heftiger Debatten bis 2021 nach einem NSDAP-Funktionär benannt war, weil der Verlag davon ausging, dass eine Titeländerung Umsatzeinbußen bringen würde.[10] Wenn das neue Handbuch ebenfalls ›für einige Jahrzehnte‹ unüberholt und in aller Munde bleiben würde, könnten die neuen Herausgeber auch darauf hoffen, dass ihre Namen in die Physikgeschichte eingehen würden. Wer konnte widerstehen?

Der gezielt generisch gewählte Titel »Handbuch« ging durchaus mit der Erwartung einher, dass Verlag, Herausgeber und Autor:innen nicht einfach Arbeit in *ein* Handbuch steckten, sondern *das* systematische Nachschlagewerk einer Disziplin schufen. Darauf zielten die Verkaufsstrategie des Verlags und die Reputationserwägungen von Autor:innen ab, wie sich exemplarisch anhand des 78-bändigen Werks *Handbuch der Physik/Encyclopedia of Physics* zeigen lässt, das der Springer Verlag von 1955 bis 1988 veröffentlichte und das zu untersuchen auch deshalb lohnt, weil es in eine Zeit des medialen Umbruchs fiel, in dem gedruckte und buchförmig vertriebene Formate grundsätzlich in Frage standen.

Das Handbuch ist ein Format voller Widersprüche. In seiner Bezeichnung schwingen Bedeutungen mit, die von einem Brevier (einer knappen, handlichen Textauswahl) über das Manual (einem Anleitungsbüchlein) bis hin zu umfangreichen Nachschlagewerken wie dem Kompendium oder der Enzyklopädie reichen.[11] Bei Ludwik Fleck etwa zeichnet das Handbuch gleich die höchste Entwicklung einer Fachwissenschaft aus, die weder »das Gepräge des Vorläufigen und Persönlichen« trägt noch fragmentarisch ist (wie der Artikel in Fachzeitschriften), sondern »eine kritische Zusammenfassung in ein geordnetes System« präsentiert,[12] und schließlich »entscheidet, was als Grundbegriff zu gelten habe, welche

8 Hubert Cancik/Matthias Kopp: ›Der Neue Pauly‹. EDV-gestützte Redaktion und Produktion einer Enzyklopädie. In: Historical Social Research 23.4 (1998), S. 128–136.

9 Michael D. Gordin: Beilstein Unbound. The Pedagogical Unraveling of a Man and His Handbuch. In: David Kaiser (Hg.): Pedagogy and the Practice of Science. Historical and Contemporary Perspectives. Cambridge/MA: MIT Press 2005, S. 11–39.

10 Der Verlag sträubte sich gegen eine Umbenennung seines Bestseller-Titels und beharrte lange Zeit darauf, mit der Einsetzung einer historischen Kommission sei der Erinnerungspolitik Genüge getan: Michael Stolleis: Vergessliche Reiniger. Den Palandt umbenennen? In: Frankfurter Allgemeine Zeitung, Nr. 90 (18. April 2018), S. N3. Für die »Initiative Palandt umbenennen« trug der Titel Symbolcharakter für die insgesamt reaktionäre Auseinandersetzung der Rechtswissenschaft und juristischer Verlage mit ihrer belasteten Geschichte: Janwillem van de Loo: Den Palandt umbenennen. Ein Beitrag zu juristischer Erinnerungskultur in Deutschland. In: Juristenzeitung 72.17 (2017), S. 827–830; Janwillem van de Loo: ›Palandt umbenennen‹ – welche Alternativen die Initiative favorisiert. In: Anwaltsblatt 12 (2018), S. 1009–1011.

11 Michael Stöltzner: Eine Enzyklopädie für das Kaiserreich. In: Berichte zur Wissenschaftsgeschichte 31 (2008), S. 11–28; Mathias Grote: Wissenschaftsgeschichte als Handbuchwissenschaft. In: NTM. Zeitschrift für Geschichte der Wissenschaften, Technik und Medizin 26.1 (2018), S. 91–101.

12 Ludwig Fleck: Entstehung und Entwicklung einer wissenschaftlichen Tatsache (Anm. 3), S. 156–157.

Methoden lobenswert heißen, welche Richtungen vielversprechend erscheinen, welchen Forschern ein Rang zukomme und welche einfach der Vergessenheit anheimfallen.«[13] Glaubt man Zeitzeugen aus der Mitte des 20. Jahrhunderts, trugen Handbücher zudem eine regionale und zeitliche Signatur, die auf eine deutsche Publikationstradition der Vorkriegszeit verwies. So rief eine Festschrift für den Verlag Wiley-Interscience in Erinnerung, wie ein britischer Filialmanager Handbuchtitel abschätzig beschrieben hatte als »massive Teutonic tomes difficult and expensive to produce and almost impossible to sell«.[14] Dem widersprachen seine Vorgesetzten vehement: »These ›tomes,‹ by the way, continued to sell quite well in the American market.«[15] – Die ›wuchtigen, teutschen Schwarten‹ waren einträgliche Longseller und damit zuverlässige Umsatzgaranten.

Handbücher bestanden in der Regel aus mehreren Bänden und vereinten oft zahlreiche Autoren, darunter vorzugsweise prominente Fachvertreter, die dem Werk Autorität verliehen. Mindestens seit 1903 stand der öffentlichkeitswirksame Vorwurf im Raum, Enzyklopädien und Handbücher seien Ausdruck verlegerischer Geschäftigkeit, keinesfalls jedoch eines wissenschaftlich-kommunikativen Erfordernisses.[16] Ganz im Gegenteil behauptete der Nationalökonom und Zeitungswissenschaftler Karl Bücher, das Handbücher- und Enzyklopädiengeschäft habe in seinem eigenen Fachbereich nachweislich zum Rückgang monografischer Werke geführt, denn seine Kollegen wären derart von der kooperativen Textproduktion vereinnahmt, dass »die eigentliche Forschertätigkeit darunter litt«.[17]

Handbücher folgten als Sammelwerke einer Logik der kollegialen, gemeinsamen Buchproduktion, was als eigene wissenschaftlich-kommunikative Leistung gewertet werden konnte: Anstatt einen einzelnen Wissenschaftler oder eine bestimmte wissenschaftliche ›Schule‹ oder Lehrmeinung zu bevorzugen, betonten breit angelegte Handbücher ein Ideal von der Einheit der Wissenschaften, einer ›Unity of Science‹, die Themen- und Methodenvielfalt

13 Ebd., S. 158.

14 Ronald Watson zitiert nach W. Bradford Wiley/Peter Booth Wiley: Setting the Scene. In: Thirty Years in Chichester. A Celebration. Hoboken/NJ: John Wiley & Sons 1997, S. 1–24, hier S. 19.

15 Ebd. Zu sogenannten Longsellern siehe Günther Fetzer: Longseller. In: Ursula Rautenberg (Hg.): Reclams Sachlexikon des Buches. Von der Handschrift zum E-Book. Stuttgart: Reclam 2015, S. 272; zum Bedeutungsspielraum von »Teutonic« als altmodisch oder schwerfällig deutsch: Teutonic. In: Oxford English Dictionary (1989), https://www.oed.com/dictionary/teutonic_adj?tab=meaning_and_use#18732991 (24. Juli 2025), zeitgenössisch bezeugt (»stodgy teutonisms«) bei Clifford Ambrose Truesdell: A Comment on Scientific Writing [1954]. In: Clifford Ambrose Truesdell: An Idiot's Fugitive Essays on Science. Methods, Criticism, Training, Circumstances. New York u. a.: Springer 1987, S. 141–143, hier S. 141. Rosbaud verwies in einem Manuskriptgutachten explizit auf »teutonic thoroughness«: Paul Rosbaud an Charles A. Furth, 10.10.1960. The Archive of British Publishing and Printing, University of Reading (Reading, Großbritannien), Special Collections, MS 3282 (Verlagsarchiv von Allen & Unwin), Abt. C, Nr. 885/8.

16 Karl Bücher: Der deutsche Buchhandel und die Wissenschaft. Denkschrift im Auftrage des Akademischen Schutzvereins. Dritte, vermehrte und verbesserte Aufl. Leipzig: Teubner 1904 [1903], S. 187–191.

17 Ebd., S. 215.

aushielt und es im Idealfall schaffte, ihre Tugenden an die nächste Generation weiterzugeben. Dass damit andere Schwierigkeiten einhergingen, deutet sich in der folgenden Parabel aus einer Sammelrezension in der Zeitschrift *Nature* von 1929 an:

> There is a story of how, invited to contribute to the literature of elephants, an Englishman described ›Elephants I have shot; with an appendix on the ivory trade‹. A Frenchman, on the other hand, wrote an intimate biography, ›Samson: the Amours of an Elephant‹; but a German authority, inviting the collaboration of twenty-seven of his friends, produced six volumes of a ›Handbook on Elephants in Health and Disease: their History, Life, Death, and Metaphysical Implications; with some Account of the Giraffe and the Rhinoceros‹. To ensure the sale of all six volumes – for it seemed possible that a specialist interested only in ivory, or in giraffes, might omit to buy the other volumes – the work was produced in some score of parts: parts contrived to include frequently the beginnings or endings of articles, rather than the complete essay, consecutiveness also being carefully avoided. Thus a student requiring the conclusion of an important article in part 3 might possibly find it in part 17. Like all parables, this exaggerates; but in some respects, when dealing with the present instalments of the ›Handbook to Farming‹, the reviewer began to feel that agriculture was an elephant.[18]

Format und Titel des Handbuchs werden hier wieder als eine deutsche Präferenz gerahmt und in ihren Eigenschaften alles andere als vorbildlich charakterisiert. Durch unzählige, nicht sachlich, sondern kommerziell begründete Unterbrechungen und Querverweise seien die Einzelbände im praktischen Gebrauch unbenutzbar. Und nicht nur für die Zielgruppe wunderte sich der Rezensent, sondern auch für die Autoren, die hinter den Namen der Herausgeber deutlich zurücktraten. Schließlich blieb ihm rätselhaft, warum die vorliegenden Beiträge nicht besser als »a series of monographs, or text-books« erscheinen waren. Diese Einschätzung tauchte wiederkehrend in Rezensionen auf. Dass dennoch weder Format noch Titel verschwanden und wie sich die Titelfrage internationalisierte, lässt sich im Folgenden an einem Fallbeispiel erörtern.

2 Das *Handbuch der Physik/Encyclopedia of Physics*: ein neuer Titel als Ausweis für Internationalität nach dem II. Weltkrieg

Anhaltspunkte für die Auswahl eines Handbuch-Titels finden sich in den archivalischen Überlieferungen des Julius-Springer-Verlags, dessen historische Korrespondenzen ab 2009 zunächst die Zentral- und Landesbibliothek Berlin öffentlich zugänglich machte, seit 2022 die Staatsbibliothek Berlin – Preußischer Kulturbesitz. Das *Handbuch der Physik/Encyclopedia of Physics* erschien ab 1955 in 78 einzeln gebundenen Büchern im Springer-Verlag. Statt einer anvisierten Fertigstellung in »3 bis 4 Jahren (beginnend 1954)«,[19] war

18 Scientific Farming in Germany [Rezension]. In: Nature 124.3128 (12. Oktober 1929), S. 569–570. DOI: 10.1038/124569a0.

19 Ferdinand Springer an Tönjes Lange, 23.2.1953, SBBPK, VA Springer, Abt. F, Nr. 1045.

Abb. 1: *Handbuch der Physik/Encyclopedia of Physics*: Gesamtansicht der Handbuch-Bände im Lesesaalbestand der Zweigbibliothek Physik der Technischen Universität Berlin

der zuerst publizierte Band schon 34 Jahre lang auf dem Buchmarkt erhältlich als 1988 mit dem Generalregister der letzte Band erschien.

Jedes Exemplar des *Handbuchs der Physik/Encyclopedia of Physics* war in dunkelgrünem Kaliko und mit Goldprägung auf dem Buchrücken ausgestattet (Abb. 1). Darauf prangte in horizontalen Großbuchstaben »PH« als eine Art Kurztitel mit Verweis auf das Fach ›Physik‹/›physics‹, darunter stand die Bandnummer in römischen Ziffern. Vertikal angeordnet folgte die vollständige Nennung des jeweiligen Bandtitels in Kapitälchen. Diese Titel variierten in ihrer Länge, erschienen aber durch ihre Kürze als genau abgegrenzte Wissensfelder, zum Beispiel *Astrophysik II: Sternaufbau/Astrophysics II: Stellar Structure* oder *Grundlagen der Optik/Fundamentals of Optics*. Neben der Reihenabkürzung, der Bandangabe und dem Einzeltitel zierte das Verlagssignet mit der Schachfigur des Springers jeden Buchrücken. Sonst war der Buchdeckel unbedruckt.

Dem Buchäußeren waren weder die Namen des Herausgebers zu entnehmen noch diejenigen der Autorinnen und Autoren. Hierfür umfasste ein einfacher, schmuckloser Schutzumschlag die Bücher bei der Auslieferung (Abb. 2).[20] Für Informationen über die Bandbeiträge

20 Der Schutzumschlag enthielt weitere Informationen über das jeweilige Buch, darunter den Namen

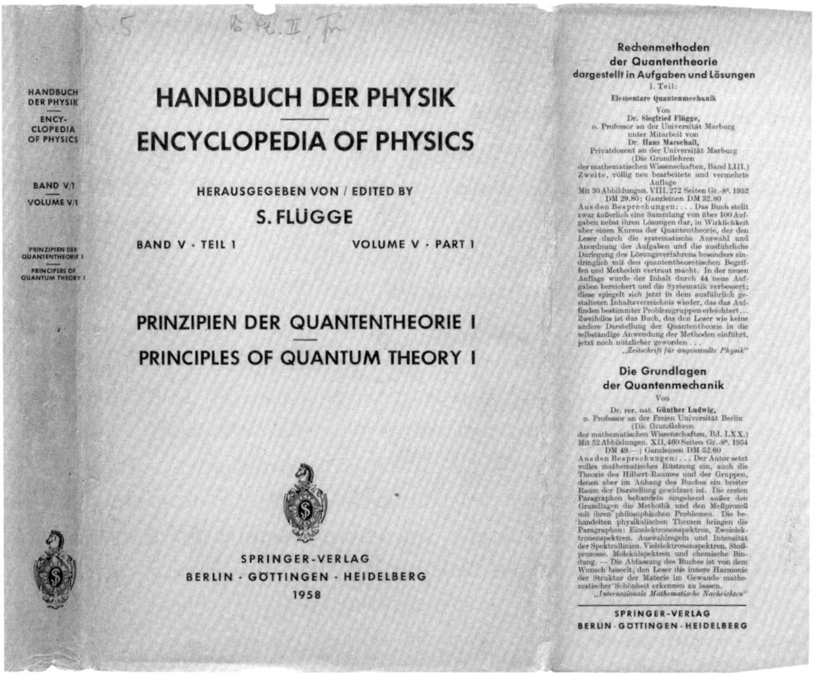

Abb. 2: *Handbuch der Physik/Encyclopedia of Physics:* Schutzumschlag

wurde weiterhin ein Blick ins Inhaltsverzeichnis notwendig, wodurch sich die Werbelogik des Schutzumschlags in eine objektspezifische Affordanz übertrug: Die Käufer:innen mussten das Buch aufschlagen und wurden dabei auf die Werbetexte des Umschlags aufmerksam. Diese Texte im Inneren nutzte der Verlag für das Bewerben weiterer Titel aus dem eigenen Programm. Sie weisen zugleich auf Annahmen über die Käufer hin, die angeregt werden sollten, diese weiteren Bände zu bestellen, oder mit ihrer Auflistung Bestätigung in ihrem persönlichen oder institutionellen Erwerbungskonzept erfuhren. So warb der Verlag auf den Umschlagklappen für *Prinzipien der Quantentheorie I/Principles of Quantum Theory I* für Lehrbücher, in deren Titeln die Schlagworte »Methoden«, »Grundlagen«, »Einführung« und »Theorie« prominent zur Geltung kamen, im Band *Kristallphysik I/Crystal Physics I* für Neuauflagen des Tabellenwerks ›Landolt-Börnstein‹.

des Handbuchherausgebers, mitunter des Bandherausgebers, die Verlagsorte und den Gesamttitel des Handbuchprojekts. Diese Schutzumschläge sind von wissenschaftlichen Bibliotheken in der Regel entfernt worden und auch im Verlagsarchiv nur vereinzelt überliefert. Sie sind aber eine aufschlussreiche Quelle hinsichtlich Zielgruppenansprache, thematischer und methodischer Rahmung. Diese und alle anderen Abbildungen stammen von mir; AS.

Rezensenten verwiesen wiederholt auf den paradoxen Umstand, dass es sich bei den Handbuchbänden um jeweils eher unhandliche, jedenfalls sehr schwere Bücher handelte, der Titel wörtlich genommen also irreführend sei.[21] Dass das Handbuch nicht auf den Gebrauch im Studium abzielte, bezeugen ihr Gewicht und die äußere Erscheinung von Vergleichsobjekten des Verlagsprogramms. Beispielsweise waren die Bücher der »Gelben Reihe«, der *Grundlehren der mathematischen Wissenschaften*, auf dünnerem Papier gedruckt und dadurch leicht über den Campus zu tragen.[22] Der Erwerb des *Handbuchs der Physik/ Encyclopedia of Physics* war selbst für berufstätige Physiker:innen unerschwinglich, denn der Preis eines einzelnen Buches entsprach mit etwa 100 Mark ungefähr der Hälfte eines mittelständischen Monatseinkommens.[23]

Die Buchgestaltung zeigt klare Gemeinsamkeiten zum Vorgängerwerk, das als ›das blaue Handbuch‹ bekannt war, was Rezensenten der Neuausgabe regelmäßig in Erinnerung riefen.[24] Im Nebeneinander beider Ausgaben, der von 1926–1929 und der von 1955–1988, tritt die Verlagsperspektive auf Handbuchpublikationen deutlich zutage (Abb. 3). Auf beiden Umschlägen ist der Titel prominent angebracht, aber Autoren- oder Herausgebernamen fehlen. Die Verlagsleitung betrachtete diese Handbücher als ihre eigenen Unternehmungen, nicht als diejenigen der Herausgeber, dem respektvollen Spitznamen ›Geiger-Scheel‹ zum Trotz, denn der Verlag übernahm alle Kosten, trug das gesamte buchhändlerische Risiko und Ferdinand Springer war es auch, der sich – als Initiator des Handbuchs – als Urheber der Handbuchidee auffasste.[25]

Diese Idee ging auf das Jahr 1947 zurück, als der Verlag feststellte, dass große Teile seiner lieferbaren Titel auf dem US-amerikanischen Markt nicht mehr absetzbar waren, weil dort während des Zweiten Weltkriegs die Lizenzen beschlagnahmt und zum Eigentum der USA

21 Der schmalste Band von allen, *Betazerfall/Beta Decay*, bestand aus einem einzigen Beitrag, umfasste nur 117 Seiten und wurde durch die Papierauswahl gezielt schwer gemacht: 4,7 Gramm statt etwas mehr als zwei Gramm betrug sein durchschnittliches Seitengewicht.

22 Vgl. Volker R. Remmert/Ute Schneider: Eine Disziplin und ihre Verleger. Disziplinenkultur und Publikationswesen der Mathematik in Deutschland, 1871–1949. Bielefeld: Transcript 2010 (= Mainzer historische Kulturwissenschaften 4), S. 141–178.

23 Sozialgesetzbuch VI, Gesetzliche Rentenversicherung – Artikel 1 des Gesetzes vom 18.12.1989, BGBl. I S. 2261, 1990 I, S. 1337, Anl. 1. Fundstelle: BGBl. I 2002, 869–870. Bundesministerium der Justiz und für Verbraucherschutz 2002, https://www.gesetze-im-internet.de/sgb_6/anlage_1.html (24. Juli 2025). Demnach lag das durchschnittliche Monatseinkommen eines Angestellten bei etwa 200 Mark. Zeitgenössische Rezensionen übertrugen den Kaufpreis teilweise in US-amerikanische Währung und den Umrechnungen zufolge blieb dort die Anschaffung eines Einzelbandes ähnlich unerschwinglich.

24 Beispielsweise Léon Rosenfeld: [Rez.] Handbuch der Physik – Encyclopedia of Physics, vols. 39, 40, 42. In: Nuclear Physics 7.3 (1957), S. 111–112, hier S. 111.

25 Zur Kopplung von Urheber- und Verlagsrechtsauffassung: Monika Dommann: Autoren und Apparate. Die Geschichte des Copyrights im Medienwandel. Frankfurt am Main: S. Fischer 2014, S. 292. Der Verlag ließ 1947 gleich mehrere Handbuchprojekte neu aufleben, beispielsweise die Handbücher für Mikroskopische Anatomie, für Analytische Chemie und für Innere Medizin, um nur drei zu benennen: SBBPK, VA Springer, Abt. F, Nr. 0773; Nr. 0655; Nr. 0615.

Abb. 3: Bucheinbände des ›blauen Handbuchs‹ (Ausgabe von 1926–29) und der Neuausgabe, *Handbuch der Physik/Encyclopedia of Physics* (1955–1988)

erklärt worden waren.[26] Dazu gehörten sechs Bände des 24-bändigen, blau eingebundenen *Handbuchs der Physik*. Gemäß dem Katalog der amerikanischen Lizenzvergabebehörde wurden diese sechs Bände in den USA für die Hälfte des ursprünglichen Verkaufspreises angeboten. Für den Springer Verlag bedeutete die Lizenzierung neben dem beträchtlichen Einnahmen- auch den Urheberrechtsverlust an den Werken, weil die amerikanische Behörde zum juristischen Inhaber der Verlagsrechte wurde.[27] Um also US-amerikanisches Urheberrecht nicht zu verletzen und um einen Rechtsstreit mit ungewissem Ausgang zu vermeiden, empfahlen Urheberrechtsanwälte Ferdinand Springer und seinen Autoren zu Neuausgaben.[28]

26 Unter den vierzehn lizenzierten Nachdruckverlagen in den USA fanden sich Elsevier, Dover und Interscience. Die Liste enthielt über 390 Springer-Titel, von denen ein großer Teil zu mehrbändigen Werken gehörten. Diese Publikationen machten bei den langen Verkaufszeiträumen im wissenschaftlichen Verlagsbuchhandel die finanzielle Basis des Geschäfts aus. Vgl. Book Republication Program. Titles Licensed for Republication With a Subject Index and a List of Names and Addresses of Licensed Publishers. List III (cumulative). Washington: Office of Alien Property Custodian 1944, [S. 2].

27 Barbara Biasi und Petra Moser zogen dieses Nachdruckprogramm der amerikanischen Regierung für eine Open-Access-Studie heran und kamen zu dem Schluss, dass in ihrer Stichprobe Preisreduktionen für wissenschaftliche Publikationen direkte Auswirkungen auf Zitationsverhalten hatten, was auf deutlich größere Rezeptionsreichweiten hindeute: Barbara Biasi/Petra Moser: Effects of Copyrights on Science. Evidence From the US Book Republication Program. In: Working Papers of the National Bureau of Economic Research 2018.24255 (2018), S. 1–47, https://www.nber.org/papers/w24255 (24. Juli 2025).

28 Frank Holl: Produktion und Distribution wissenschaftlicher Literatur. Der Physiker Max Born und

Dieser Umstand führte mit dazu, dass das ›blaue Handbuch‹ in den 1950er Jahren ein grünes Äußeres bekam.

Neben der Farbe änderte der Verlag weitere Charakteristika des Handbuchs: In Anbetracht der Rechtsstreitigkeiten mit den US-amerikanischen Behörden war die Verlagsleitung zu dem Schluss gekommen, dass das neue Handbuch den Titel *Handbuch der Physik* weitertragen sollte, ergänzt durch die englischsprachige Benennung als *Encyclopedia of Physics*. Der englische Ergänzungstitel war zunächst mit »Handbook of Physics« geplant. Das monierte einer der Beitragenden: »In English, the word ›Handbook‹ is never used for an important treatise, and in fact the term is often used in a condescending way.«[29] – Nach dieser und ähnlicher Kritik wurde der Titelbegriff zugunsten von ›encyclopedia‹ fallengelassen, was zwar eine alphabetische Sortierung erwarten ließ, deren Beiklang von Wissensentwicklung allerdings den Ausschlag gab.[30]

Ein Konkurrenzprodukt aus den USA verzichtete ganz auf den Titel ›handbook‹ oder ›encyclopedia‹ und hieß schlicht *Experimental Nuclear Physics*. Seine Handbuch-Programmatik erklärte der Herausgeber im Vorwort und nahm darin direkten Bezug auf das Springer'sche Vorbild:

> At the end of World War II many physicists who had been mobilized for the war effort returned to university work [...]. The need was keenly felt for a book which would bring the experimentalist up to date in experimental techniques, point out to him the significant facts and data, and indicate the broad lines of theoretical interpretation. [...] A cooperative effort like the Geiger-Scheel Handbuch der Physik seemed the only solution. [...] This work is the outcome of that effort.[31]

Das mehrbändige Werk konnte mit seinem konzisen Titel im Verlagskatalog wie im Buchregal wieder den Eindruck abgeschlossener Wissenschaftsentwicklung erwecken. Den Handbuch-Vorbereitungen im Springer-Verlag bereitete es direkte Konkurrenz bei der Rekrutierung weiterer Herausgeber und Autoren. Der Verlagsmitarbeiter Paul Rosbaud, der als Mittelsmann für Ferdinand Springer in London arbeitete, war über das Konkurrenzprodukt derart alarmiert, dass er dem Herausgeber des Handbuchs Siegfried Flügge, der sich im Forschungssemester in den USA aufhielt, ein teures Telegramm sandte, das mit dem Appell endete »MUST SPEED UP OUR PLANS«.[32]

1955 erschienen zwei, im Jahr darauf elf Bände. Bis zum Ende der 1950er Jahre war die Hälfte aller vorgesehenen Handbuchbände publiziert, bis Mitte der Sechziger Jahre sogar zwei Drittel der Buchtitel. Nicht zufällig begann der Verlag inhaltlich mit jenen Bänden,

sein Verleger Ferdinand Springer 1913–1970. Frankfurt am Main: Buchhändler-Vereinigung 1996, S. 178–189.

29 Clifford Truesdell an Siegfried Flügge, 25.2.1954, SBBPK, VA Springer, Abt. F, Nr. 1937.

30 Das mit »Handbook of Physics« überschriebene Briefpapier wurde vom Herausgeber weiterhin benutzt, beispielsweise Siegfried Flügge an Anton E. Pannenborg, 2.12.1963, SBBPK, VA Springer, Abt. F, Nr. 1045.

31 Emilio Segrè: Preface. In: Experimental Nuclear Physics. New York: John Wiley & Sons 1953, S. V.

32 Paul Rosbaud an Siegfried Flügge, Sommer 1949, SBBPK, VA Springer, Abt. F, Nr. 1045.

die im Rahmen des Nachdruckprogramms der USA ohne Lizenzabgabegewinn kopiert worden waren, nämlich mit denen zur Quantenphysik. Aus diesen Büchern mit höchster Nachfrage sollten sich Multiplikationseffekte für die übrigen Handbuchbände ergeben. Anstatt aber ein ›Handbuch der Kernphysik‹ zu produzieren, um Verlags- und Urheberrechtsansprüche in den USA durchsetzen zu können, zielte der Verlag auf ein groß angelegtes Publikationsprojekt ab und unterstrich damit den Anspruch, vergangene Verkaufserfolge seiner Handbücher zu wiederholen.

Der frische Titel *Handbuch der Physik/Encyclopedia of Physics* korrespondierte in aller Deutlichkeit mit Bestrebungen innerhalb der Verlagsleitung, das Programm auf den deutlich größeren englischsprachigen Markt auszurichten und damit dem Niedergang des Deutschen als internationaler Wissenschaftssprache zu begegnen.[33] In der von Internationalität geprägten Stimmung der Nachkriegszeit wollte der Verlag dafür sorgen, dass das Deutsche einen Platz innerhalb dieser neu zu ordnenden Internationalität erhielt: Mehrsprachigkeit bedeutete in diesem Fall, dass deutsch-, englisch- und französischsprachige Beiträge gestattet waren, keine einzelnen aber mehrsprachig in Druck gingen. Vorbehalte gegen einen deutschen Verlag führten dazu, dass das Handbuch zunächst als deutsch-britische Koproduktion begann.[34] Einige Autoren zogen ihre Zusagen für Beiträge zurück, als klar wurde, dass der Springer-Verlag Produktion und Vertrieb allein tragen würde. Trotz dieses Hin und Hers blieb aber der Titel bestehen. Mit ihm unternahm der Verlag den Versuch, die deutsche Sprache in die wissenschaftliche Publizistik der Nachkriegszeit zu übernehmen, und hielt an dem Versprechen von gesicherten Inhalten und systematischer Darstellung fest, das *Handbuch*-Titel mit sich brachten. Während der Verlag damit an alte Verkaufserfolge anknüpfte, hinterfragten zeitgenössische Wissenschaftler:innen das Publikationskonzept und verknüpften ihre Kritik nicht selten mit Erwartungen an den Titel »Handbuch«.

3 Scharnierfunktion zwischen Buch- und Zeitschriftenverlag: Serialität eines Handbuchs

Äußerungen von Ferdinand Springer geben Aufschluss darüber, warum ein vielbändiges Handbuchprojekt dem Verlag attraktiv erschien. In einem gänzlich anderen Kontext, nämlich einer Kontroverse über Auslandspreise der Publikationen aus dem Julius Springer Verlag hatte sich Ferdinand Springer 1928 zur Differenz von Buch- und periodischen Publikationen geäußert:

> Bücher sind nicht in dem Maße wie die Zeitschriften das tägliche Brot der wissenschaftlichen Bibliotheken und Institute, […] da es ja in jedem Falle Sache des Käufers ist, zu entscheiden, ob ihm das Buch

33 Vgl. Michael D. Gordin: Scientific Babel. How Science Was Done Before and After Global English. Chicago/IL: The University of Chicago Press 2015, S. 159–185.

34 Der britische Kooperationsverlag entstand erst während der Handbuchvorbereitungen und operierte seit 1951 unter dem Namen *Pergamon Press*.

> den verlangten Preis wert ist oder nicht. Ganz anders liegt es bei den Zeitschriften, die abzubestellen schon mit Rücksicht auf die Entwertung der Serien immer ein schwerer Entschluss ist.[35]

Den »Wert von Serien« betonend, verwies Ferdinand Springer auf die risikoreiche Kalkulationskomponente der Käuferwillkür, vor der er periodisch erscheinende Werke im wissenschaftlichen Verlagswesen gewissermaßen als geschützt betrachtete. Anstatt den Kaufenden die Entscheidung darüber zu überlassen, ob ihnen »das Buch den verlangten Preis wert ist oder nicht«, zielte der Handbuchvertrieb darauf ab, Kunden vom Subskriptionsmodell zu überzeugen, denn schon beim ersten Kauf eines Bandes konnte ein befristetes Abonnement abgeschlossen werden, bei dem die Kunden drei Viertel des Einzelbandpreises zahlten und sich dafür zur Abnahme weiterer Bände verpflichteten. Im Springer Verlag war diese Art des Buchverkaufs zuerst 1876 eingesetzt worden, als das *Handbuch der pharmaceutischen Praxis* in 22 Lieferungen im Buchhandel zu erscheinen begann.[36] Die Verkaufsstrategie fand derart Anklang, dass sie für die nachfolgenden neun Auflagen beibehalten wurde.[37] Hinzu kam die Ausweitung dieses Verkaufsmodells auf weitere Werke der Pharmazie, Medizin und Ingenieurwissenschaften, die ebenfalls in Lieferungen mit optionaler Subskription bei verminderten Einzelpreisen erschienen.

Auf dieses Vertriebsmodell war die Handbuchgestaltung abgestimmt, denn durch Platzierung des Reihenakronyms und der Bandnummerierung war einem einzelnen Band deutlich anzusehen, dass er Teil eines umfangreicheren Werks war. Die zweilettrige Chiffre »PH« ähnelte einem regelrechten Bestseller des Springer-Verlags, nämlich dem ebenfalls in der Nachkriegszeit mit »LB« auf dem Buchrücken versehenen Lieferungswerk ›Landolt-Börnstein‹. Ähnlich einem Tafelwerk aus dem Schulunterricht war ›der Landolt-Börnstein‹ Naturwissenschaftlern aus dem Studium als ständiges Nachschlagewerk bekannt, somit auch den Mitarbeitenden wissenschaftlicher Bibliotheken. Absatzzahlen im Springer-Verlagsarchiv zufolge erfolgten die meisten Bestellungen für die Gesamtausgabe aus der Bundesrepublik Deutschland, aus den USA sowie aus Japan.[38] Aus den Akzessionsbüchern der Technischen Universität Berlin geht zum Beispiel hervor, dass die Universitätsbibliothek die Handbuchbände über ein Abo bezog, allerdings nicht direkt vom Verlag, obwohl dies

35 Ferdinand Springer: Die Preise der deutschen wissenschaftlichen Zeitschriften und das Ausland, 1928 [als Manuskript gedruckt], S. 9.

36 Hermann Hager: Handbuch der pharmaceutischen Praxis für Apotheker, Ärzte, Drogisten und Medicinalbeamte. Berlin: Julius Springer 1876.

37 Bd. II erschien 1878, eine zweite, unveränderte Auflage beider Bände 1880, eine dritte zwei weitere Jahre später. Die letzte, neunte Auflage von 1893 spiegelte im Titel die Identifikation von Herausgeber und Buch wider: Hermann Hager: Hagers Handbuch der pharmaceutischen Praxis für Apotheker, Ärzte, Drogisten und Medicinalbeamte. Neue Ausgabe, 9., unveränderter Abdruck. Hg. von Bernhard Fischer und Carl Hartwich. Berlin: Julius Springer 1893.

38 SBBPK, VA Springer, Abt. F, Nr. 1035 und Nr. 1036.

möglich gewesen wäre, sondern über eine Buchhandlung.[39] Inwiefern auch einzelne Institute das Handbuch oder nur bestimmte Bände hieraus anschafften und welche Nutzungsüberlegungen oder -gewohnheiten dahinter steckten, ist aus diesen Quellen nicht ersichtlich. Für solche Perspektiven sind Rezensionen aufschlussreich.

Rezensionen geben Einblicke in zeitgenössische Nutzungsszenarien und die vielfältigen Erwartungen an einen solchen Titel. Selbst Besprechungen, die keine Kritik an der seriellen Erscheinungsweise übten, kommentierten häufig die Brauchbarkeit eines Bandes im Seminarraum, auf dem Schreibtisch des naturwissenschaftlichen Kollegen an der Universität oder am Arbeitsplatz eines sogenannten Praktikers in der Industrie.

Bewusst oder unbewusst nahmen Rezensenten die Betitelung des Verlags auf, die maßgebliche, klar umrissene Werke signalisierte. Kein Wunder also, wenn Rezensenten Verwirrung über einen Titel wie *Betazerfall/Beta Decay* äußerten: »This volume cannot be regarded as a more or less self-contained entity since much of the complete topic is considered in another volume in this series.«[40] Ähnliche Warnhinweise gab ein anderer Rezensent zu diesem schmalen Bändchen: »Many aspects of the beta-decay have been treated in other volumes of this Encyclopedia, e.g. the techniques applied for beta-decay investigations are described in volume 31 and volume 38. The theory of beta-decay is described in volume 5, part 2.«[41]

Die Verteilung auf verschiedene Bände mit unklarer Bandzuordnung verkomplizierte die Benutzung. Nicht ein einzelnes Buch, sondern immer mehrere Handbuchbände mussten Teil der Lektüre werden. Aus Anlass des Lieferungsbeginns des Handbuchs eröffnete der belgische Physiker Léon Rosenfeld, Herausgeber der Zeitschrift *Nuclear Physics*, eine seiner zahlreichen Rezensionen mit einer Grundsatzbetrachtung über Handbuchtitel. »[S]tately rows of volumes known as Handbücher«, beschreibt er seine Erwartung an den Titel. Demnach solle ein ›modernes Handbuch‹ vor allem praktischen Nutzen für ›Spezialisten‹ und ›Praktiker‹ (»worker in the field«) besitzen, die sich »schnelle Orientierung« verschaffen und »zuverlässiges, gesichertes Wissen« nachschlagen wollen. Dieser Plan barg für Verlag, Herausgeber und Autoren das Risiko, Methoden oder Ergebnisse zu präsentieren, die schon bei Erscheinen überholt waren und das Handbuch für diese Felder dann eher historischen Wert haben könnte:

39 Universitätsbibliothek der Technischen Universität Berlin, Raritätenbestand, Erwerbungsbücher 1954–1960.

40 Samuel C. Curran: [Rez.] Handbuch der Physik, Vol. XXXIV, Corpuscles and radiation in matter II, edited by S. Flügge. Pp. viii+316. (Berlin: Springer, 1958.) DM 78. In: Proceedings of the Physical Society 73.1 (1959), S. 148–149, hier S. 148.

41 Torsten Lindqvist: [Rez.] Handbuch der Physik–Encyclopedia of Physics. Editor S. Flügge, vol. XLI/2, Betazerfall–Beta Decay (in English) (Springer-Verlag, Berlin, Göttingen, Heidelberg, 1962) 91 figs. 117 pages, DM 49,– (Subscription price DM 39.20). In: Nuclear Instruments and Methods 23 (1963), S. 178–179, hier S. 178.

> I should not like to harp on the same point too much, but with each new volume of this Encyclopedia one cannot help but noticing the glaring inadequacy of a plan which reflects the state of nuclear physics fifteen years ago, and wondering why the Editors persist in upholding it, while they keep finished articles for years in their drawers before being able to issue them in volume form.[42]

Die Herausgabe von Büchern entspreche nicht der Schnelllebigkeit der fachlichen Entwicklung, sodass die Bände schließlich ›den Stand der Forschung von vor 15 Jahren widerspiegeln‹, ein ›Armutszeugnis‹ für den Verlag.[43] Das ›Schubladendasein fertiger Artikel‹ bezog sich auf den Umgang des Verlags mit der amerikanischen Physikerkoryphäe Julian Schwinger, der seinen Beitrag zur Quantenfeldtheorie wieder und wieder hinauszögerte, sodass die beiden anderen Autoren des Bandes, darunter der Nobelpreisträger Wolfgang Pauli, sogar rechtliche Schritte gegen den Springer-Verlag erwägten.[44] Beiträger wie Julian Schwinger waren hin- und hergerissen. Zwar hatte Schwinger einen Beitrag für das Springer'sche Handbuch zugesagt, war aber einem anderen Arbeits- und Austauschmodus verschrieben, der exklusive, spezialisierte Konferenzen vor nicht-spezialisierten Kommunikationsformaten bevorzugte.[45] Diese Konferenzen, die Schwinger voller Begeisterung mitorganisierte und für deren Programm er warb, konnten nur auf Einladung besucht und gehört werden. Sie waren exklusiv angelegt, Teilnehmende sollten mehr diskutieren, stärker miteinander ins Gespräch gehen, gemeinsam vor Ort an kniffligen Problemen herumprobieren. Um den Werkstattcharakter der Beiträge zu gewährleisten, gingen die Organisatoren soweit, dass sie Verlage explizit ausluden.[46]

Konferenzen, die nur auf Einladung besucht und gehört werden konnten, standen im Gegensatz zum inklusiven Öffentlichkeitscharakter in Büchern publizierter Beiträge. Springer'sche Handbücher repräsentierten eine prinzipiell allen zugängliche Wissensökonomie, indem sie grundsätzlich weltweit allen verfügbar waren. Zudem untermauerte das

42 Léon Rosenfeld: [Rez.] S. Flügge (Editor): *Handbuch der Physik, Encyclopedia of physics*, Vol. 41/1 [...], vol 44 [...], vol 38/2. In: Nuclear Physics 15 (1960), S. 188.

43 Rosenfeld war mit den Herausgeber- und Verlagsverhältnissen vertraut, zumal der North-Holland-Verlag, der auch die Zeitschrift *Nuclear Physics* produzierte, in direkter Konkurrenz zum Springer'schen Verlagsprogramm stand. Vgl. Korrespondenz von Léon Rosenfeld und Paul Rosbaud, Niels Bohr Archive (Kopenhagen, Dänemark), Nachlass Léon Rosenfeld, Kasten 7, Mappe 6/4.

44 Wolfgang Pauli an Paul Rosbaud, 14.11.1957, Deutsche Nationalbibliothek, Deutsches Exil-Archiv, Frankfurt am Main, Kryptonachlass Paul Rosbaud, EB 2007/128k-B.05.0100; fragmentarisch publiziert in Wolfgang Pauli: Wissenschaftlicher Briefwechsel mit Bohr, Einstein, Heisenberg u. a. Bd. IV, Teil IV, B: 1958. Hg. von Karl von Meyenn. Berlin u. a.: Springer 2005 (= Sources in the History of Mathematics and Physical Sciences 18), S. 603 (Brief Nr. 2737).

45 Hierzu zählten die Rochester Conferences in High Energy Physics. Vgl. Jagdish Mehra/Kimball A. Milton: Climbing the Mountain. The Scientific Biography of Julian Schwinger. Oxford: Oxford University Press 2000, S. 371–410.

46 Joseph D. Martin: Solid State Insurrection. How the Science of Substance Made American Physics Matter. Pittsburgh/PA: University of Pittsburgh Press 2018, S. 54–101.

Handbuch eine Vorstellung der Physik, die sich nicht durch Subdisziplinen spalten ließ und die den verschiedenen Forschungs- und Anwendungsbereichen gleichberechtigt Platz bot.

Doch Auswirkungen disziplinärer Spaltungen machten vor dem Handbuch nicht Halt, denn wie andere Handbücher auch war es in Bände untergliedert, sodass bei seiner Benutzung nicht ein einzelnes Buch, sondern immer mehrere Handbuchbände Teil der Lektüre werden mussten, wie Rosenfeld in einer seiner Rezensionen anschaulich machte:

> The efficiency of use in libraries is reduced by the fact that consultation of a single article in a volume makes simultaneous consultation of the other articles impossible. Moreover, in ignorance of, or uncertainty about, the plan adopted for the classification and distribution of the articles, they can only be found by trying out volume after volume.[47]

Der Rezensent stellte die Möglichkeit der praktischen Benutzung des Handbuchformats in Frage und argumentierte, einige der Artikel seien in dem starren Format und seiner unflexiblen Systematik deplatziert. Anstatt, wie Rosenfeld es ausdrückte, ›schnelle Orientierung‹ für den ›Arbeiter im Feld‹ zu bieten, sei ihre Benutzung mühselig. Selbst wenn Herausgeber und Verlag den ursprünglichen Plan beibehalten hätten, dem Handbuch – wie in diesem Format üblich gewesen wäre – ein Inhaltsverzeichnis oder eine deskriptive Überblicksdarstellung voranzustellen, führte Rosenfelds eigenes Forschungsfeld, Kernphysik, ihn dazu, die Brauchbarkeit des ganzen Formats in Zweifel zu ziehen, denn die ›gleichzeitige Konsultation mehrerer Artikel‹ sei durch die Bindung im Buch verunmöglicht. Dass zudem ein fehlendes Inhaltsverzeichnis dazu führte, dass bei spezifischen Fragestellungen ›Band um Band einzeln durchsucht‹ werden musste, trug zur Frustration des Benutzenden bei. Rosenfeld erkannte offen an, dass die immense Zahl neuer und weiterhin erscheinender Forschungsartikel für jedwede Publikationsform problematisch wäre, die auf Aktualität abzielte. Er kam allerdings zu dem Schluss, dass es das Handbuch selbst war, das diese Problematik verschärfe:

> [T]he very idea of an encyclopedia as a systematic and unified exposition of some domain of knowledge has become illusory – at any rate for those domains in which research is especially active, and which are just those where prompt and up-to-date surveys are especially needed.[48]

Demnach kämpften laut Rosenfeld diejenigen Beiträge mit der kürzesten Halbwertszeit, die potenziell am nützlichsten waren und die deswegen am ehesten das Interesse der Käufer wecken konnten. Die Bände zu kaufen, darauf wies ein Rezensent nach dem anderen hin, war jedoch fast ausschließlich Bibliotheken vorbehalten. Für einzelne Physiker:innen sah Rosenfeld eine unangenehme Alternative zum Kauf voraus, nämlich »to beg a reprint of the author«.[49] Pikanterweise bezog sich diese Möglichkeit auf Publikations- und Lesepraktiken,

47 Léon Rosenfeld: [Rez.] Handbuch der Physik (Anm. 24), S. 111.
48 Ebd., S. 112.
49 Ebd.

die mit periodischer Literatur verknüpft waren, sodass auch aus Nutzerperspektive das Handbuchgenre in die Nähe der Zeitschriftenpublikationen rückte.

In Teilen entsprach diese Genre-Ähnlichkeit auch der Autorenperspektive, denn sie erhielten vertragsgemäß fünfundzwanzig Freiexemplare ihres Beitrags. Deren rückseitiger Broschürenumschlag diente wiederum als Werbefläche für das Springer-Verlagsprogramm. Auf spezielle Anfrage der Columbia Universität über jeweils »500 reprints« dreier Beiträge blieb die Rückseite frei und die Bestellenden erklärten sich bereit, »to withhold distribution of these reprints for one year after publication of the Encyclopaedia«.[50] Zusätzlich erhielten Autorinnen und Autoren vom Verlag ein Honorar, das an die Anzahl der verwendeten Druckbögen gekoppelt war, demnach Textlänge, nicht -kürze, belohnte.

Die US-amerikanische Physikerin Melba Phillips hatte soeben ein englischsprachiges Lehrbuch fertiggestellt, untergebracht im Verlag Addison-Wesley,[51] als Siegfried Flügge sie 1954 einlud, einen Beitrag für das *Handbuch der Physik/Encyclopedia of Physics* beizusteuern. Nach Rücksprache mit dem Co-Autor des neuen Lehrbuchs sagte sie zu und signalisierte dabei bereits die knappe Zeit bei ihrem umfassenden Lehrdeputat.[52] Der Vertrag hielt dennoch einen Beitrag von »ca. 120 Seiten«[53] fest und als dieser im Frühjahr 1960 noch immer nicht fertig war, verwies Phillips einerseits darauf, dass sie sich am Schreibfortschritt ihres Kollegen und Mitbeiträgers Peter Bergmann in Syracuse orientiert habe, außerdem ›hocherfreut‹ wäre, den Artikel zurückzuziehen (»delighted to withdraw my article«),[54] sollten Flügge und Springer in der Zwischenzeit andere Lösungen für die Autorschaft des gewünschten Artikels über Elektromagnetismus gefunden haben. Wie üblich gingen weder Verlag noch Herausgeber hierauf ein, sondern redeten der Autorin gut zu, das so weit fortgeschrittene Manuskript noch zu Ende zu bringen, das schließlich im Sommer 1962 gedruckt und ausgeliefert wurde.

Ein anderer US-amerikanischer Beiträger, der Biophysiker John R. Platt von der University of Chicago, erkundigte sich außerdem nach der Möglichkeit, »of reprinting some of the articles [...] as separate offprints«, wofür bereits zwei Paperback-Verlage in den USA ihre Bereitschaft zur Abnahme großer Stückzahlen erklärt hätten:

50 Maurice Ewing an Springer-Verlag, 17.11.1955, SBBPK, VA Springer, Abt. F, Nr. 1057.

51 Zum Werk Melba Phillips vgl. Dwight E. Neuschwander/Sallie A. Watkins: Professional and Personal Coherence. The Life and Work of Melba Newell Phillips. In: Physics in Perspective 10 (2008), S. 295–364.

52 Melba N. Phillips an Siegfried Flügge, 20.7.1954, SBBPK, VA Springer, Abt. F, Nr. 1074.

53 Durchschlag des Vertrags zwischen dem Springer-Verlag und Melba N. Phillips, 15.5.1956, SBBPK, VA Springer, Abt. F, Nr. 1074.

54 Melba N. Phillips an Siegfried Flügge, 25.4.1960, SBBPK, VA Springer, Abt. F, Nr. 1074.

> I am, naturally, interested in seeing this [sc. the article ›The Chemical Bond‹; AS] more widely distributed before it is out of date (the useful ›lifetime‹ of articles of this sort is only 4 to 6 years today, not 30 years as it used to be with encyclopedias); but I should think you would be interested also in increasing your sales and profits and publicity for your Encyclopedia in the same way.[55]

Aufgrund der nunmehr kurzen Halbwertszeit bzw. ›Lebensdauer‹ naturwissenschaftlicher Literatur erbat sich Platt eine Separatausgabe seines Artikels, bevor dieser »out of date« sei. In einer ausführlichen Antwort legte ihm der Verlagsmitarbeiter Hermann Mayer-Kaupp das Publikations- und Geschäftsmodell des Handbuchs dar, das sich ›allmählich verkaufen‹ müsse, über einen Zeitraum von vielen Jahren, denn die Verkaufszahl läge bei »about 200 a year«. Ein Abgleich mit den Kalkulationsbüchern bestätigt diese Einschätzung, denn die Bände erreichten erst nach etwa sechs Jahren Kostendeckung und waren erst nach gut zwölf Jahren, wahrscheinlich später, ausverkauft.[56] Während also der Autor seinen Beitrag als Artikel aufgriff (»articles of this sort«), waren die Bände aus Verlagsperspektive gebundene Bücher, die verkauft werden mussten – entweder als Einzelexemplare (dafür der jeweils knappe Bandtitel, der Geschlossenheit signalisierte) oder im Abonnement (auf dem Umschlag paratextuell markiert durch Reihenakronym und Bandnummer). Der Verlag schlug ihm einen Kompromiss vor, nämlich das Verfassen einer überarbeiteten Version seines Beitrags, der als Monografie in der neuen New Yorker Springer-Niederlassung erscheinen könnte.[57] Dieser Vorschlag war weit entfernt von den Wünschen des Autors, der sich besorgt gezeigt hatte über die Halbwertszeit des Printprodukts und eine Lösung in einer weiteren Printformatänderung sah, nämlich im Taschenbuch. Hierauf ging der Verlag nicht ein, vielmehr zeigt das Handbuchprojekt im Ganzen, wie der Verlag versuchte, durch Periodisierung seine nicht-periodische Literatur in das neue Zeitalter der schnelllebigen Wissenschaft zu überführen.

4 Schluss

Mit seinem traditionsreichen Titel befand sich das *Handbuch der Physik* mitten in einem Umbruch der Kommunikation in den Naturwissenschaften. Trotz vielfältiger Formatkonkurrenz sowohl zu anderen gedruckten Produkten als auch zu mündlichen Formen des Austauschs und der Übermittlung investierten Verlage und Wissenschaftler:innen Zeit und Geld in Handbücher. Als erwerbbare Druckprodukte versprachen Handbücher, grundsätzlich allen zugänglich, buchstäblich: zur Hand zu sein, denn im Gegensatz zu privat vervielfältigten Schriften erschienen sie in Katalogen und jede Einzelperson und jede

55 John R. Platt an Günter Holtz (Springer-Verlag New York), 5.10.1964, SBBPK, VA Springer, Abt. F, Nr. 1074.

56 SBBPK, VA Springer, Abt. Q, Kalkulationsbuch 28, Bl. 1–3, 29, 52, 73, 193–194.

57 Hermann Mayer-Kaupp an John R. Platt, 14.10.1964, SBBPK, VA Springer, Abt. F, Nr. 1074.

Institution war grundsätzlich dazu in der Lage, sie zu erwerben. Trotz ihrer hohen Preise waren Handbücher attraktiv für Institutionen, die fernab der wissenschaftlichen Zentren der neuen ›Big Science‹ die Hoffnung hegten, die Erwerbung eines solchen Titels könnte eine Investition für Jahrzehnte sein und auf lange Sicht Teilhabe gewährleisten.

Und so zehren Handbuchprojekte auch heute noch von dem Versprechen, der in ihrem Titel mitschwingt: das bis dato errungene Wissen einer Disziplin festzuhalten und die wichtigsten Namen derselben symbolisch an einem Ort zu vereinen. Gegen den Vorbehalt, bei Erscheinen immer schon veraltet zu sein, weil Disziplinen sich so schnell entwickeln, haben Verlage neue Strategien entwickelt, die sich in begleitenden Paratexten widerspiegeln. So wird beispielsweise das im Erscheinen befindliche *Handbuch Verlag* des Springer-Nature-Imprints J. B. Metzler im Sommer 2025 als »living reference work« angepriesen, bei dem fertige Artikel »online first« mit zitierfähiger Digital-Object-Identifier-Ziffer (DOI) erscheinen. Das Verlagskonzept suggeriert, eine Lösung für die Aktualitätsfrage gefunden zu haben, denn es verspricht, dass diese ›lebendigen Sammelbände‹ (»living editions«) deutlich früher als die zugehörigen ›statischen, gedruckten Referenzwerke‹ verfügbar sein werden.[58] Im Gegensatz zum Buch, das als einzelnes Exemplar für alle erwerbbar war, ist das digital ›verfügbare‹ Werk Teil eines Abonnements – in diesem Fall des eBook-Pakets »Living Reference J. B. Metzler Geistes Wissenschaften« [sic].[59] Ähnlich wie bei den Bänden des *Handbuchs der Physik/Encyclopedia of Physics* verschränken sich im fertigen Produkt Verlags- und Autor:innenstrategien. Sie in ihren historischen Dimensionen besser zu verstehen, leistet einen Beitrag dazu, gegenwärtige Auswirkungen auf das wissenschaftliche Publizieren klarer fassen zu können. Die Erfahrung lehrt, dass weder Formate noch zugehörige mediale Wechsel zu dauerhafter Zufriedenheit auf allen Seiten führen. Vielmehr gehören die Debatten darüber, wie Wissenschaftler:innen – lokal, regional und international – miteinander kommunizieren, wem sie Zugang zu ihrer Forschung verschaffen wollen und mit wem sie durch ihre publizierten Ergebnisse in Austausch treten wollen, zum Kern der wissenschaftlichen Alltagsarbeit. Ob die Vorbereitung eines publizierten Werks stärker zur innerfachlichen Vernetzung und zum Wissensfortschritt beigetragen haben wird, oder welche Impulse sich nach der Publikation und durch die Rezeption ergeben, wird von künftigen Forschenden an der Schnittstelle von Buch- und Wissenschaftsgeschichte zu eruieren sein.

Für das *Handbuch der Physik/Encyclopedia of Physics* lässt sich jedenfalls festhalten, dass der Verlag trotz bekannter Gegenargumente erfolgreich auf seinen einträglichen *Handbuch*-Titeln insistierte. Indem er Aspekte der Monografie und Merkmale periodischer Wissenschaftsliteratur kombinierte, erhöhte der Verlag die Attraktivität für Beitragende sowie für Käuferinnen und Käufer. Wissenschaftler:innen, die für dieses Handbuch einen Beitrag

58 Springer Support: Living and Static Reference Works, 10. April 2025, https://support.springer.com/en/support/solutions/articles/6000233379-living-and-static-reference-works (4. August 2025).

59 https://link.springer.com/referencework/10.1007/978-3-662-67725-4#bibliographic-information (4. August 2025).

beisteuerten, konnten damit wirkmächtige Tugenden wie internationale Kooperation und disziplinübergreifende Offenheit für sich beanspruchen. Dass der Titel durch die Preisgestaltung geradezu ausschließlich wissenschaftlichen Institutionen zugänglich war, fiel nicht auf die Autor:innen zurück, die sich hier ganz auf Verlagsentscheidungen zurückziehen konnten. Dass bei Erscheinen die Signalwirkung des Titels *Handbuch* immer wieder aufgegriffen und diskutiert wurde, ist schließlich kein Erfolg des Formats an sich, sondern des lebendigen Rezensionswesens und aufmerksamer zeitgenössischer Wissenschaftler:innen.

Titelfindungsdiskussionen in Verlagskorrespondenzen zur Planung wissenschaftlicher Taschenbücher in der BRD ab den 1950er Jahren

Jörg Döring / Katharina Knorr

Der Beitrag widmet sich den Praktiken, mit denen in Publikumsverlagen (S. Fischer, Rowohlt) wie in Wissenschaftsverlagen (R. Oldenbourg) in der Bundesrepublik ab den 1950er Jahren Titel für wissenschaftliche Taschenbücher gesucht wurden. Anhand von Verlagskorrespondenz mit Autor:innen und Reihenherausgeber:innen werden Aushandlungen darüber sichtbar, welchen sachlichen Ansprüchen der Titel eines wissenschaftlichen Buches standhalten muss, selbst wenn es für einen Massenmarkt hergestellt wird.

This article examines practices used by general interest publishers (S. Fischer, Rowohlt) and academic publishers (R. Oldenbourg) in Germany between the 1950s and 1970s to find titles for academic paperbacks. Based on correspondence between publishers and authors and series editors, negotiations reveal the requirements that a title of an academic book must meet, even if it is produced for a mass market.

Auch für wissenschaftliche Titel gilt, was Genette über Titel im Allgemeinen sagt: »[D]er Text ist Gegenstand einer Lektüre, der Titel aber ist Gegenstand einer Zirkulation, eines Gesprächs.«[1] Das Publikum eines Titels ist damit weitaus mehr als die Summe seiner aktiven Leser:innen. Der wissenschaftliche Text dagegen spekuliert zunächst auf die implizite Leserin, die idealerweise eine wissenschaftliche Leserin ist, die den wissenschaftlichen Text bestenfalls vollständig liest, seine Argumente gewichtet, ihn affirmiert oder widerlegt, jedenfalls unbedingt zitiert, um ihn derart im Diskurs der *scientific community* sichtbar werden zu lassen und somit Anschlusskommunikation erzeugt.

Darüber hinaus mag der wissenschaftliche Text gegebenenfalls auch auf nicht-wissenschaftliche Lektüren spekulieren, sofern seine fachsprachlichen Voraussetzungen überschaubar sind. Entweder zielt der Text dann auf Verständlichkeit im Feld der allgemein gebildeten Leser:innen oder er reduziert seine wissenschaftliche Komplexität, um Zielgruppenmaximierung zu betreiben und auch von Lai:innen verstanden werden zu können.

Hier zeichnet sich seit dem späten 19. Jahrhundert eine instruktive innerwissenschaftliche Differenzierung ab: Die geisteswissenschaftlichen Texte lassen ihren Wortlaut weitgehend unverändert und sind auch auf einem primär wissenschaftlichen Buchmarkt für das allgemein gebildete Publikum von Interesse (vgl. Abb. 1).

1 Gérard Genette: Paratexte. Das Buch vom Beiwerk des Buches. Mit einem Vorwort von Harald Weinrich. Aus dem Französischen von Dieter Hornig. Frankfurt am Main: Suhrkamp 2001, S. 77.

Abb. 1: Walther Rehm: *Geschichte des deutschen Romans.* Bd. II: *Vom Naturalismus bis zur Gegenwart*[2]

Naturwissenschaftliche Texte hingegen, die nicht voraussetzungslos verständlich sind, werden sprachlich der erweiterten Zielgruppe angepasst – manche sprechen hier bereits von »Popularisierung«[3] – und verlassen den wissenschaftlichen Buchmarkt im engeren Sinne in Richtung eines vielfältigen Sachbuchmarkts (vgl. Abb. 2).

Schon dieses historische Beispiel aus der „Welt der kleinsten Lebewesen" zeigt an, wie die erwünschte Zielgruppenmaximierung offenbar auch Einfluss auf die verlegerischen Titelpraktiken hat: Die superlativische Formulierung des Obertitels verrät einen rhetorischen Überschuss, der nicht unbedingt durch die Sachdimension des wissenschaftlichen Gegenstands erzwungen wird.

Das bringt uns wieder zurück zu Genette: Der Titel eines Textes ist Gegenstand einer »Zirkulation«, das heißt zu seiner speziellen »Ökonomie«[4] gehört seine »Mittler«[5]-Funktion: Er kann in die Anschlusskommunikation eingehen, ohne dass der Text unbedingt (ganz) gelesen sein müsste. Das gilt bei Genette für alle Text-Titel.

2 Walther Rehm: Geschichte des deutschen Romans. Bd. II: Vom Naturalismus bis zur Gegenwart. Berlin und Leipzig: Walter de Gruyter & Co. 1927, Titelseite.

3 Dorit Müller: Wissenschaftspopularisierung und populäre Wissensmedien. In: Marcus S. Kleiner/Thomas Wilke (Hg.): Populäre Wissenschaftskulturen. Über Wissenschaftsformate in Populären Medienkulturen. Bielefeld: Transcript 2017, S. 9–28.

4 Gérard Genette: Paratexte (Anm. 1), S. 77.

5 Ebd., S. 76.

Abb. 2: Georg Gruber: *Die Welt der kleinsten Lebewesen. Die Bedeutung der Bakterien in der Natur*[6]

Aber man kann sich fragen, inwieweit die Freiheitsgrade bei der Titelwahl eines wissenschaftlichen Textes eingeschränkt sind, oder anders: die Anforderungen an einen wissenschaftlichen Titel höher sind als an andere Titel, insbesondere belletristische. Auch der Titel eines wissenschaftlichen Textes soll diesen a) identifizieren, b) sich auf seinen Inhalt beziehen und c) ihn in ein günstiges Licht rücken, wie Genette bilanziert. Aber speziell mit Blick auf diese »Verführungs- und Valorisierungsfunktion«[7] sind dem wissenschaftlichen Titel ursprünglich engere Grenzen gesetzt: Er muss sich in sachangemessener, in der Regel nicht-fiktionaler Weise auf den Inhalt beziehen. Das verlangt der Wahrheitsanspruch der Wissenschaft. Und diesem Wahrheitsanspruch an die Sachangemessenheit auch des Titels eines wissenschaftlichen Textes konnte die Wissenschaft umso eher entsprechen, solange sie sich auf dem rein wissenschaftlichen Buchmarkt bewegte, als Zielgruppe nur mit der wissenschaftlichen *community* rechnete und nicht auf hohe Absätze auch auf dem Publikumsbuchmarkt angewiesen war. Das verändert sich in Westdeutschland grundlegend in den 1950er Jahren. Seitdem partizipieren auch wissenschaftliche Titel am Boom eines neuen

6 Georg Gruber: Die Welt der kleinsten Lebewesen. Die Bedeutung der Bakterien im Haushalt der Natur. Berlin: Ullstein 1927 (= Wege zum Wissen 75), Titelseite.

7 Ebd., S. 78.

Abb. 3: Lincoln Barnetts *Einstein und das Universum* (1952)
und Helmut Schelskys *Soziologie der Sexualität* (1955)[8]

Buchformats: dem der Taschenbücher. Publikumsverlage wie Rowohlt und S. Fischer öffneten ihre Reihen für wissenschaftliche Titel oder gründeten eigene wissenschaftliche Reihen und revolutionierten damit den bundesdeutschen Buchmarkt, insofern die bis dahin genuin getrennten Bereiche Wissenschaft und Publikumsbuchmarkt tendenziell zu verschmelzen begannen (vgl. Abb. 3).[9]

Was haben nun diese beiden Faktoren – die Öffnung des Publikumsbuchmarktes auch für wissenschaftliche Texte und das Buchformat ›Taschenbuch‹ – für Auswirkungen auf verlegerische Titelpraktiken? In den Verlagskorrespondenzen zur Planung wissenschaftlicher Taschenbücher ab den 1950er Jahren finden sich diverse Auseinandersetzungen von Verlagsverantwortlichen und Autor:innen über Titel einzelner Bände und Reihen. Bei der Popularisierung wissenschaftlicher Texte in Reihen wie auch in Einzelbänden spielen Titel eine wichtige Rolle: Als Teil der als Markenartikel gestalteten Bücher müssen sie präzise,

8 Lincoln Barnett: Einstein und das Universum. Fischer: Frankfurt am Main 1952; und Lincoln Barnett: Einstein und das Universum. Fischer: Frankfurt am Main: Fischer Bücherei 1956.

9 Vgl. Jörg Döring/Ute Schneider (Hg.): Bildung – Taschenbuch – BRD. Westdeutsche Leser:innen erzählen. Berlin: Verbrecher Verlag 2024, S. 12.

aber nicht zu kompliziert sein, verständlich, aber nicht populistisch. Titel sollen Neugier wecken, aber auch durch Inhalt und Form an bestehende Interessen anschließen können.

Verlagsakteur:innen, die Leser:innen und Käufer:innen gewinnen und binden wollen, müssen sich mit wissenschaftlichen Autor:innen und wissenschaftlichen Beratern auseinandersetzen, die unter Umständen andere Kriterien für »das gute Buch für jedermann« (Slogan der Fischer Bücherei) haben.[10] Ansprüche, Kompetenzen und Intentionen der Autor:innen, Herausgeber und Verlagsverantwortlichen werden auch in Diskussionen über die Buchtitel deutlich.

Zeigen wollen wir das an zwei Beispielen aus der Archivrecherche zu den Verlagen Oldenbourg und Fischer: zum einen anhand verlagsinterner Diskussionen um den Titel einer wissenschaftlichen Reihe. Denn zu den verlegerischen Titelpraktiken gehört eben nicht nur der Diskurs um wissenschaftliche Einzeltitel, sondern auch der Streit um die richtige Bezeichnung einer als zusammengehörig zu deklarierenden Gruppe wissenschaftlicher Texte. Zum anderen wollen wir ein Beispiel diskutieren, an dem das für wissenschaftliche Texte im allgemeinen sehr intrikate Verhältnis von Ober- und Untertitel sichtbar wird. Wenn die Arbeitshypothese stimmt, dass die Sachangemessenheit des wissenschaftlichen Titels sich vor allem am *Unter*titel des wissenschaftlichen Werks bemisst – wieviel Freiheit darf sich demgegenüber der *Ober*titel erlauben?

Verlage und Autor:innen sahen sich ab den 1950er Jahren neuen Anforderungen gegenübergestellt, wenn es darum ging, wissenschaftliche Inhalte einem breiten Publikum zugänglich zu machen, ohne dabei an Qualität oder wissenschaftlichem Anspruch zu verlieren. Denn das machen die Herausgeber der wissenschaftlichen Taschenbücher in den 1950er Jahren zur Voraussetzung ihrer Arbeit: »Keine popularisierende Wissenschaft«[11] für 1,90 DM, erklärt Ernesto Grassi als Herausgeber von *rowohlts deutscher enzyklopädie* 1954. Gottfried Bermann Fischer spricht von dem Wunsch, eine »Taschenbuchserie von hohem Niveau«[12] zu machen, um die während der NS-Zeit entstandenen Bildungslücken zu schließen. An die »Rede vom schlechten Publikumsgeschmack« glaubt er nicht.[13] In diesem Sinne werden mit

10 Vgl. dazu zum Beispiel Börsenblatt für den deutschen Buchhandel. Frankfurter Ausgabe, Nr. 37 (6. Mai 1952), S. 1163.

11 »[D]er Erfolg meines Unternehmens«, schreibt Ernesto Grassi am 30. Juni 1954 an Joachim Moras, »besteht gerade in der Tatsache, daß ich dem Publikum für DM 1,90 keine popularisierende Wissenschaft biete, sondern die Autoren und Werke, die gewöhnlich zu Dm. 7-8 verkauft werden.« (DLA Marbach. A: Rowohlt, rde-Archiv) Vgl. dazu auch Jörg Döring/David Oels: »Keine popularisierende Wissenschaft für 1,90 DM«. Ernesto Grassi und rowohlts deutsche enzyklopädie zwischen 1955 und 1968. In: Jörg Döring/Sonja Lewandowski/David Oels (Hg.): Wissenschaft im Taschenbuch 1955–68, Hannover: Wehrhahn 2017, S. 7–66.

12 Gottfreid Bermann Fischer: Bedroht. Bewahrt. Weg eines Verlegers. Frankfurt am Main: Fischer Bücherei 1971, S. 322.

13 Ebd.

Abb. 4: Anzeige aus dem *Börsenblatt für den deutschen Buchhandel* Nr. 76 (1952)[14]

der Einführung der Fischer Bücherei 1952 wissenschaftliche Texte ganz selbstverständlich in den Reihen der Taschenbücher verlegt (vgl. Abb. 4 und 5).

Erst ein Jahr später, 1953, entscheidet sich Fischer, den wissenschaftlichen Büchern einen eigenen Namen zu geben. »Die positive Reaktion des Buchhandels und der Leser«, so berichtet Berman Fischer, »gab uns den Mut zum größeren Wagnis, zu Büchern, die der Erziehung, Aufklärung und Bildung dienen sollten, zum ›Buch des Wissens‹.«[15] Als Bücher des Wissens werden die wissenschaftlichen Texte dann ab 1954 auf dem oberen Farbstreifen des Covers benannt, auf dem bei literarischen Titeln ein erklärender Kurzclaim untergebracht ist. Die Bücher des Wissens erscheinen in unregelmäßigen Abständen innerhalb der Fischer Bücherei und wie die literarischen Titel in Erstauflagen von 50 000 Exemplaren pro Band. In Verlagsprogrammen werden sie durch schwarze Punkte vor den Titeln gekennzeichnet, aber nicht als eigene Reihe nummeriert. Unter ihnen befinden sich sowohl Sachbücher als auch philosophische und politische Texte. Auch Texte zur Sprache und Literaturgeschichte (Interpretationen) sowie Studienausgaben gehören zu den Büchern des Wissens, die immer

14 Börsenblatt für den deutschen Buchhandel. Frankfurter Ausgabe, Nr. 76 (19. September 1952), S. 2377.
15 Gottfried Bermann Fischer: Bedroht. Bewahrt (Anm. 12), S. 325.

Abb. 5: Covervariation der 1. Auflage 1952 und einer späteren Auflage aus dem Jahr 1956 von Lincoln Barnett: *Einstein und das Universum*[16]

auch Erläuterungen »von kompetenten Wissenschaftlern« enthalten und dadurch »jedem« verständlich gemacht werden sollen (vgl. Abb. 6).[17]

An den großen Erfolg der Taschenbuchreihen aus den Publikumsverlagen Rowohlt und Fischer möchte auch der Oldenbourg Verlag anknüpfen (vgl. Abb. 7). Mit den *Janus-Büchern*, die zwischen 1957 und 1961 als historische Taschenbuchreihe erscheinen, unternimmt der R. Oldenbourg Verlag den Versuch, Geschichtswissenschaft einem großen Lesepublikum zugänglich zu machen.[18] Die *Janus-Bücher*, so heißt es ab dem ersten Band in der programmatischen Zusammenfassung, wollen über entscheidende Ereignisse der Weltgeschichte berichten. »Namhafte Sachkenner aus dem In- und Ausland« zeigten hier, wie es zu den großen Wendungen in der Vergangenheit kam, die unsere Gegenwart mitbestimmt haben.

16 Lincoln Barnett: Einstein und das Universum. Fischer: Frankfurt am Main 1952 (Privatbesitz Katharina Knorr); Helmut Schelsky: Soziologie der Sexualität. Über die Beziehungen von Geschlecht, Moral und Gesellschaft. Hamburg: Rowohlt 1955 (Privatbesitz Jörg Döring).

17 Hans Altenhein: Tausend Taschenbücher oder Der demokratische Buchtypus. Die Fischer Bücherei 1–1000. Frankfurt am Main: Fischer Bücherei 1969, S. 21.

18 Vgl. Katharina Knorr: ›Wendepunkte der Weltgeschichte‹. Über Anfang und Ende der Janus-Bücher aus dem Oldenbourg Verlag. In: Archiv für Geschichte des Buchwesens 79 (2024), S. 51–86.

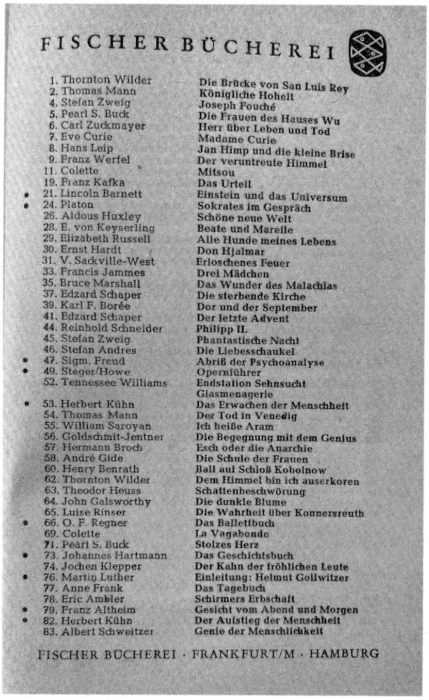

FISCHER BÜCHEREI

	1. Thornton Wilder	Die Brücke von San Luis Rey
	2. Thomas Mann	Königliche Hoheit
	4. Stefan Zweig	Joseph Fouché
	5. Pearl S. Buck	Die Frauen des Hauses Wu
	6. Carl Zuckmayer	Herr über Leben und Tod
	7. Eve Curie	Madame Curie
	8. Hans Leip	Jan Himp und die kleine Brise
	9. Franz Werfel	Der veruntreute Himmel
	11. Colette	Mitsou
	19. Franz Kafka	Das Urteil
•	21. Lincoln Barnett	Einstein und das Universum
•	24. Platon	Sokrates im Gespräch
	26. Aldous Huxley	Schöne neue Welt
	28. E. von Keyserling	Beate und Mareile
	29. Elizabeth Russell	Alle Hunde meines Lebens
	30. Ernst Hardt	Don Hjalmar
	31. V. Sackville-West	Erloschenes Feuer
	33. Francis Jammes	Drei Mädchen
	35. Bruce Marshall	Das Wunder des Malachias
	37. Edzard Schaper	Die sterbende Kirche
	39. Karl F. Borée	Dor und der September
	41. Edzard Schaper	Der letzte Advent
	44. Reinhold Schneider	Philipp II.
	45. Stefan Zweig	Phantastische Nacht
	46. Stefan Andres	Die Liebesschaukel
•	47. Sigm. Freud	Abriß der Psychoanalyse
•	49. Steger/Howe	Opernführer
	52. Tennessee Williams	Endstation Sehnsucht Glasmenagerie
•	53. Herbert Kühn	Das Erwachen der Menschheit
	54. Thomas Mann	Der Tod in Venedig
	55. William Saroyan	Ich heiße Aram
	56. Goldschmit-Jentner	Die Begegnung mit dem Genius
	57. Hermann Broch	Esch oder die Anarchie
	58. André Gide	Die Schule der Frauen
	60. Henry Benrath	Ball auf Schloß Kobolnow
	62. Thornton Wilder	Dem Himmel bin ich auserkoren
	63. Theodor Heuss	Schattenbeschwörung
	64. John Galsworthy	Die dunkle Blume
	65. Luise Rinser	Die Wahrheit über Konnersreuth
•	66. O. F. Regner	Das Ballettbuch
	69. Colette	La Vagabonde
	71. Pearl S. Buck	Stolzes Herz
•	73. Johannes Hartmann	Das Geschichtsbuch
	74. Jochen Klepper	Der Kahn der fröhlichen Leute
•	76. Martin Luther	Einleitung: Helmut Gollwitzer
	77. Anne Frank	Das Tagebuch
	78. Eric Ambler	Schirmers Erbschaft
•	79. Franz Altheim	Gesicht vom Abend und Morgen
•	82. Herbert Kühn	Der Aufstieg der Menschheit
	83. Albert Schweitzer	Genie der Menschlichkeit

FISCHER BÜCHEREI · FRANKFURT/M · HAMBURG

Abb. 6: Die Bücher des Wissens in den Schlussanzeigen der Fischer Bücherei[19]

In dieser Hinsicht sind die JANUS-BÜCHER für unsere Zeit geschrieben.«[20] ›Unsere Zeit‹ sind die späten 1950er Jahre, in denen Historiker über den ›Verlust der Geschichte‹[21]

19 Die Bücher des Wissens in den Schlussanzeigen der Fischer Bücherei, Privatbesitz Jörg Döring.

20 Reihenbeschreibung des Verlags am Ende der einzelnen Bände auf den hinteren Seiten.

21 Zur Diskussion über die Grundlagenkrise der Geschichtswissenschaft vgl. unter anderen Olaf Blaschke/ Hagen Schulze (Hg.): Geschichtswissenschaft und Buchhandel in der Krisenspirale? Eine Inspektion des Feldes in historischer, internationaler und wirtschaftlicher Perspektive. München: Oldenbourg 2006 (= Historische Zeitschrift. Beiheft 42); Hermann Heimpel: Der Mensch in seiner Gegenwart. 2. erweiterte Aufl. Göttingen: Vandenhoeck & Ruprecht 1957; Hermann Heimpel: Kapitulation vor der Geschichte? Gedanken zur Zeit. Göttingen: Vandenhoeck & Ruprecht 1960; Alfred Heuß: Verlust der Geschichte. Göttingen: Vandenhoeck & Ruprecht 1959; Reinhart Koselleck: Wozu noch Historie? (1970). In: Wolfgang Hardtwig (Hg.): Über das Studium der Geschichte. München: Deutscher Taschenbuchverlag 1990, S. 347–365; Thomas Nipperdey: Wozu noch Geschichte? (1975). In: Wolfgang Hardtwig (Hg): Über das Studium der Geschichte. München: Deutscher Taschenbuch Verlag 1990, S. 366–387; Karl-Ernst Jeismann: Verlust der Geschichte? Zur gesellschaftlichen und anthropologischen Funktion des Geschichtsbewusstseins in der gegenwärtigen Situation (1977). In: Wolfgang Jacobmeyer/Erich Kosthorst (Hg.): Geschichte als Horizont der Gegenwart. Über den Zusammenhang von Vergangenheitsdeutung, Gegenwartsverständnis und Zukunftsperspektiven. Paderborn: Schöningh 1985, S. 11–25.

Abb. 7: *Janus*-Bücher aus dem R. Oldenbourg Verlag[22]

diskutieren und politische und moralische Überzeugungen der Verlagsakteure auch mit einer entsprechenden Geschichtsauffassung verbunden waren. Während politisch linke Verlage eher bereit waren, die sozialkritischen Geschichtswissenschaften sowie deren Methoden zu unterstützen, setzen rechte Verlage wie zum Beispiel Musterschmidt in dieser Zeit eher auf männerdominierte Personengeschichte (vgl. Abb. 8). Als die Planungen zu den *Janus*-Büchern 1955 im Oldenbourg Verlag beginnen, steht der Reihen-Titel noch nicht fest. Die Ranke-Gesellschaft war mit der Idee von einer »Serie von kleinen Schriften« an den Verlag herangetreten, »die auch besondere Ereignisse der Geschichte behandeln, daran aber grundsätzliche Fragen der Geschichte und Politik anknüpfen, sodass auf diesem Umweg ein breiteres Publikum dafür in Betracht kommt«.[23] So berichtet Horst Kliemann 1955 von ersten Planungsgesprächen mit dem Historiker und Mitglied der Ranke-Gesellschaft Hellmuth Rößler, der später Herausgeber der Reihe werden sollte. Unter dem Arbeitstitel »Entscheidungstage« hatte die Ranke-Gesellschaft eine geschichtswissenschaftliche Reihe zum »echten Verständnis der deutschen Vergangenheit« geplant.[24] Im Entwurf zu dieser

22 *Janus*-Bücher aus dem R. Oldenbourg Verlag. Privatbesitz Katharina Knorr.
23 BWA, F5/1609: Horst Kliemann in einer Aktennotiz vom 7. September 1955.
24 BWA, F5/1516: »Entwurf« zu »einer historischen Schriftenreihe, herausgegeben von der Ranke-Gesellschaft, Vereinigung für Geschichte im öffentlichen Leben«.

Abb. 8: Reihe »Persönlichkeit und Geschichte«[25]

Schriftenreihe heißt es: Da die »Tendenzen der sozialen Entwicklungsgeschichte und der allgemeinen Kultur-Historie« das »Bewusstsein der persönlichen Verantwortlichkeit im historischen Prozess« weitgehend »verdunkelt« hätten, solle in den Bänden »die allgemeine historische Bedeutung des einzelnen Geschehnisses und der jeweiligen verantwortlichen Entscheidung der teilnehmenden Personen vom Vergangenen her und auf das Zukünftige hin in seinem Gesamtzusammenhang aufgezeigt werden«.[26]

Horst Kliemann, damals verantwortlich für die geisteswissenschaftlichen Titel des Verlags, und Hellmuth Rößler halten in einer Aktennotiz im Dezember 1955 fest, die Reihe solle der »Verlebendigung historischer Ereignisse dienen, die noch in der Gegenwart bedeutsam sind«.[27] Dementsprechend sei auch der Titel der Reihe publikumswirksam zu formulieren.

In den Archivalien aus der folgenden Zeit wird die Planung mit dem Reihentitel *Janus-Bücher* fortgeführt. Der doppelgesichtige römische Gott Janus ist der Gott allen Ursprungs, des Anfangs und des Endes und blickt gleichzeitig in die Vergangenheit und in die Zukunft. Zur Symbolisierung historischen Wandels sowie politischer und gesellschaftlicher Umbrüche und Übergänge ist er passend gewählt. Als Gott der Tore und Wege öffnet er den Leser:innen Türen zu neuem Wissen und zeigt Perspektiven auf vergangene Ereignisse. Die Tore des

25 Bände aus der Reihe »Persönlichkeit und Geschichte« aus dem Muster-Schmidt. Northeim: Verlagsgesellschaft Hans Hansen-Schmidt mbH.

26 Ebd.

27 BWA, F5/1609: Aktennotiz von Hellmuth Rößler und Horst Kliemann mit dem Betreff: »Historische Taschenbuchreihe des Verlages R. Oldenbourg in Zusammenarbeit mit der Ranke-Gesellschaft, 16. Dezember 1955«.

Janus-Tempels in Rom standen offen im Krieg und wurden in Friedenszeiten geschlossen. Die Historiker der Ranke-Gesellschaft, die 1955 bereits eine Themenliste für die geplante historische Reihe erstellt hatten, interessieren sich vor allem für politische Geschichte.[28] Die dominierenden Themen der 21 erschienenen Bände sind Revolutionen, politische Umbrüche, militärische Konflikte und bedeutende Herrscher: *Sullas Marsch auf Rom, Napoleons Griff nach der Karlskrone, Roosevelt und der Krieg*. Es erscheinen in der Reihe vier Titel zur Kulturgeschichte, der Fokus liegt aber eindeutig auf Machtkämpfen und geopolitischen Entwicklungen.

Während der Reihentitel verlagsintern nicht länger verhandelt wird, gibt es aber einige Diskussionen über den beschreibenden Untertitel der *Janus*-Reihe. Im Entwurf der Ranke-Gesellschaft mit dem Arbeitstitel »Entscheidungstage« wird der Zusatz »deutscher und europäischer Geschichte« zunächst eingeklammert.[29] Der gesamte Untertitel wird dann ersetzt durch »Wendepunkte der Weltgeschichte«.[30] Die Beschreibung von Wendepunkten der Weltgeschichte soll – so ist es einem Werbeprospekt zu den *Janus*-Büchern mit Verweis auf Janus zu entnehmen – über Anfang und Ende historischer Entwicklungen informieren:

> Es müssten also Ereignisse ausgewählt werden, in denen Vorhergegangenes kulminiert und Neues beginnt. Solche Ereignisse wären zunächst erzählend darzustellen, wobei die Absichten, Überlegungen und Taten der handelnden Personen deutlich werden müssen. Erst dann wäre zu zeigen, was dieses Ereignis historisch »bedeutet«, welches sein historischer Ort und Sinn ist, wie es weiterwirkte. Die Themen sollten dem gesamten Bereich der Weltgeschichte entstammen, müssen aber Momente enthalten, die für den Gang der Geschichte bestimmend waren.[31]

»Episoden« oder »Entwicklungsreihen« gehörten nicht zum »Grundthema« der *Janus*-Bücher.[32] Hans Altenhein, der die *Janus*-Reihe im Oldenbourg Verlag betreut, schickt im Juni 1957 kurz vor Erscheinen des ersten Bandes einen Plakatentwurf an die Herausgeber Gustav Adolf Rein und Hellmuth Rößler. Als »Slogan« bzw. »Untertitel« der Reihe wird von Altenhein »Berichte zur Weltgeschichte« vorgeschlagen. Er begründet diesen Vorschlag damit, dass ein offizieller Untertitel festgesetzt werden müsse, der den »Marken-Begriff der Janus-Bücher näher erläutert«.[33] Von den »allzusymbolischen Bezeichnungen wie Wendepunkte usw. ist uns in letzter Zeit immer wieder abgeraten worden. Denkbar wäre aber auch [...] die Formulierung Janus-Bücher zur Weltgeschichte«.[34]

28 Die Autonomie der Wissenschaft bezeichnet der Herausgeber Gustav Adolf Rein als »eine Form der Entartung« (Gustav Adolf Rein: Die Idee der politischen Universität. Hamburg: Hanseatische Verlagsanstalt 1933, S. 20). Wissenschaft und Staat seien untrennbar (vgl. ebd., S. 29). Internationalität, Entpolitisierung und Neutralität erscheinen ihm »gleichfalls auch von Urbeginn her fragwürdig« (ebd., S. 23).

29 Entwurf, ohne Datum. BWA, F5/1609.

30 Hans Altenhein: Zwischenbericht vom 5. April 1956. BWA, F5/1516.

31 Aktennotiz von Hellmuth Rößler und Horst Kliemann (Anm. 27).

32 Ebd.

33 Hans Altenhein an Gustav Adolf Rein und Hellmuth Rößler am 5. Juni 1957. BWA, F5/1609.

34 Ebd.

Wer Hans Altenhein von allzu symbolischen Titeln abgeraten hat, ist nicht rekonstruierbar. Wahrscheinlich ist aber, dass Altenhein selbst daran gelegen war, Einfluss auf die Titelgestaltung zu nehmen. Altenhein war 1955 von Rudolf Oldenbourg und Heinz Kliemann beauftragt worden, die Reihe zu betreuen und die Kommunikation mit den Herausgebern zu übernehmen. Von Anfang an hatte Altenhein auf fragwürdige Motive und Ziele der zum Teil rechtskonservativen Historiker aus der Ranke-Gesellschaft sowie auf die unprofessionelle und unzeitgemäße Konzeption der Reihe aufmerksam gemacht. Altenheins Kritik bezieht sich dabei sowohl auf die Auswahl der Autoren wie auch auf Themenwahl und Form der Darstellung. Hellmuth Rößler ist mit Altenheins Bemühungen, mehr internationale Autor:innen für die Reihe zu gewinnen, selten einverstanden. Nach der Erweiterung des Untertitels von deutscher und europäischer auf die Weltgeschichte macht der Vorschlag Altenheins, den Begriff ›Berichte‹ zu verwenden, den Wunsch der Verlagsverantwortlichen deutlich, den erklärenden Untertitel nicht nur international weiter zu fassen, sondern auch zu versachlichen. Die Formulierung ›Wendepunkte‹ schreibt den in den einzelnen Bänden beschriebenen Ereignissen eine größere transformatorische Macht zu und beinhaltet daher schon eine Wertung. ›Berichte‹ dagegen lassen eher auf eine dokumentarische Herangehensweise schließen. Berichte sind oft neutraler und können eine Vielzahl von Perspektiven und Informationen zu einem bestimmten Thema oder Zeitraum bieten. Sie rufen Assoziationen von Fakten, Analysen und Erzählungen auf, die darauf abzielen, ein umfassendes Bild der historischen Gegebenheiten zu vermitteln.

Die Überlegungen zu Titel und Untertitel der historischen Taschenbuchserie aus dem Oldenbourg Verlag zeigen im vermeintlich Kleinen, wie groß die Unterschiede zwischen den Ansprüchen der Historiker der Ranke-Gesellschaft und denen der Verlagsmitarbeiter wie Hans Altenhein waren. Das Ziel, dem Publikum mit den historischen Taschenbüchern ein Verständnis der Weltpolitik zu ermöglichen, sehen die Verlagsverantwortlichen schließlich nicht erreicht. 1961 wird die Reihe nach 21 Bänden und umfangreichen Diskussionen um mögliche Autoren und Themen eingestellt.

Im Fischer Verlag bemüht man sich bei der Planung der *Bücher des Wissens* um die Sachlichkeit und Weltgewandtheit, die Altenhein in Auseinandersetzung mit Hellmuth Rößler vermisst. Als »demokratischer Buchtypus«[35] bezeichnet Gottfried Bermann Fischer die wissenschaftlichen Taschenbücher, deren erklärtes Ziel es war – so kann man es 1952 Albert Einsteins Vorwort zum ersten Band der Bücher des Wissens aus dem Fischer Verlag entnehmen –,

35 Samuel Fischer zitiert nach Wolfgang Werth: Das Taschenbuch. In: Hessischer Rundfunk, Frankfurt am Main am 8. Juni 1963. Zitiert nach Hans Altenhein (Hg.): Tausend Taschenbücher oder Der demokratische Buchtypus. Die Fischer Bücherei Band 1–1000. Frankfurt am Main: S. Fischer 1969, S. 7–8. »Die Entscheidung lag beim Leser«, schreibt Gottfried Bermann Fischer 1967 (Gottfried Bermann Fischer: Bedroht. Bewahrt (Anm. 12), S. 326).

daß die breite Öffentlichkeit Gelegenheit hat, sich über die Bestrebungen und Ergebnisse der wissenschaftlichen Forschung sachkundig und verständlich unterrichten zu können. Es genügt nicht, daß die einzelnen Resultate durch wenige Fachleute des entsprechenden Teilgebiets anerkannt, weiter bearbeitet und angewendet werden. Die Beschränkung der wissenschaftlichen Erkenntnisse auf eine kleine Gruppe von Menschen schwächt den philosophischen Geist eines Volkes und führt zu dessen geistiger Verarmung.[36]

Die Bücher des Wissens sollen »durch gewissenhafte Textausgaben, Einleitungen und Kommentare hervorragender Fachleute sowie durch profunde Darstellungen ganzer Epochen der Welt- und Menschheitsgeschichte ein willkommenes und unentbehrliches Bildungsmittel«[37] sein. Der damit verbundene Bildungsbegriff unterscheidet sich deutlich vom Anliegen des Oldenbourg Verlags bzw. der Ranke-Gesellschaft, ein bestimmtes Wissen über Macht und Wirkungsgrad einzelner Männer zu vermitteln. Gottfried Bermann Fischer bezieht internationale Wissenschaftler:innen in seine Konzeptionen ein, die nicht nur die deutsche und europäische Geschichte im Blick haben.

1953 wird im Fischer Verlag über eine Reihe zur Weltgeschichte nachgedacht. An Rudolf Hirsch schreibt Gottfried Bermann Fischer im Dezember 1953, er sei »gegen eine Benennung der Geschichtsserie in der Richtung ›Männer und Mächte‹. Das ist sicherlich für unsere Absichten [...] zu highbrow. Aber lassen wir es demnach bei ›Bücherei der Weltgeschichte‹? – Oder wie ist: ›Hausbibliothek der Weltgeschichte‹?«[38] Fischer verzichtet bewusst darauf, die Assoziationen aufzurufen, die den Historikern der Ranke-Gesellschaft für eine historische Reihe ganz selbstverständlich waren. Aus seinem Vorschlag, die geschichtswissenschaftliche Reihe des Fischer Verlags »Bücherei« zu nennen, lässt sich sein Anliegen ableiten, die Taschenbücher einem breiten Publikum zur Verfügung zu stellen.

Eine Bücherei ist traditionell ein Ort, an dem Bücher für alle zugänglich sind. Der Begriff suggeriert die Möglichkeit zur allgemeinen Bildung durch Offenheit und Verfügbarkeit – ein Bildungsangebot. Die »Hausbibliothek« dagegen klingt fast wie ein Anachronismus – sie wird zwar auch mit Bildung, Neugier und Weltgewandtheit assoziiert, ist aber doch ein privater Raum und Rückzugsort sowie ein persönliches Statussymbol und damit etwas Exklusives. Vielleicht war es Gottfried Bermann Fischer daran gelegen, die individuelle Auswahl herauszustellen, um sie von zufälliger oder schnell konsumierbarer Literatur abzugrenzen. Die Bücherei, die weniger repräsentativ, dafür aber funktional und alltagsnah Wissen für alle bereit hält, wurde für die Fischer Bücherei 1953 bereits erfolgreich als Namensgeberin eingesetzt. Für die historische Reihe wird in den folgenden Jahren während

36 Albert Einstein: Vorwort. In: Lincoln Barnett: Einstein und das Universum. Frankfurt am Main: Fischer Bücherei 1952, S. 5.

37 Werbeanzeige des S. Fischer Verlags. In: Börsenblatt des deutschen Buchhandels 12 (8. Februar 1957), S. 313.

38 Gottfried Bermann Fischer an Rudolf Hirsch am 20. Dezember 1953. DLA Marbach. A: Fischer, Samuel Verlag/Mitarbeiterkorrespondenzen/Fischer, Samuel Verlag/Briefe von Gottfried Bermann Fischer an Rudolf Hirsch/1953 August bis Dezember.

der weiteren Planung nur noch von der »Weltgeschichte«[39] gesprochen und so heißt sie – als sie ab 1965 schließlich in 36 Bänden erscheint »Fischers Weltgeschichte« (vgl. Abb. 9).

1960, ein Jahr bevor die *Janus*-Reihe bei Oldenbourg eingestellt wird, betont Gottfried Bermann Fischer noch einmal, dass sich alle Beteiligten darüber einig gewesen seien,

> dass es sich bei einer Taschenbuch-Weltgeschichte nicht darum handeln kann, eine weitere konservativ geschriebene Weltgeschichte den bereits bestehenden anzufügen, vielmehr muss ein Weg gefunden werden, den gewaltigen Komplex dem großen Publikum der Fischer Bücherei und darüber hinaus einem Leserkreis von jungen Menschen auf neue Weise nahezubringen. (...) Die einzelnen (...) Länderartikel erstrecken sich in einer wohlabzumessenden Proportion auf das politische, zivilisatorische und kulturelle Geschehen. Als Verfasser für die einzelnen Artikel sind die besten Historiker zu gewinnen, wenn möglich Angehörige der betreffenden Länder. Es dürfte nicht allzu schwer sein, dabei einseitig nationalistische Darstellungen auszuschließen.[40]

Ein zweites Beispiel aus dem Fischer Verlag soll deutlich machen, dass sich das humanistische Bildungsideal Fischers auch auf die Titelfindung auswirkt. Der französische Germanist Pierre Bertaux war für Gottfried Bermann Fischer ab den 1960er Jahren als Berater tätig. Als erster französischer Student an der Berliner Universität nach dem zweiten Weltkrieg 1927 bis 1928 hatte Bertaux in Berlin Brigitte Bermann-Fischer kennengelernt und war ihr freundschaftlich verbunden geblieben. 1936 promovierte Bertaux in Frankreich über Friedrich Hölderlin. Er arbeitete für den Rundfunk und unterrichtete Deutsch in Rennes und Toulouse. 1939 arbeitete Bertaux in der französischen Armee als Übersetzer und schloss sich 1940 der Résistance an. Nach einer Gefängnisstrafe 1941 arbeitete er ab Mitte der 1940er Jahre im französischen Staatsdienst und setzte Ende der 1950er Jahre seine universitäre Karriere an der Universität Lille fort. Fischer berät er unter anderem zur Reihe *Welt im Werden*, die sich mit neuen Themen aus Naturwissenschaft, Technik und Philosophie auseinandersetzt. Ihr Fokus lag auf zukunftsweisenden Entwicklungen und wissenschaftlichen Fortschritten, die das Weltbild und die Gesellschaft maßgeblich veränderten.

Pierre Bertaux veröffentlicht bei Fischer 1963 sein Buch *Mutation der Menschheit. Diagnosen und Prognosen* (vgl. Abb. 10). Mit der Niederschrift hatte er am 4. Oktober 1957 begonnen, an dem Tag, an dem der erste Satellit ins Weltall geschossen wurde. Es entsteht ein Buch – so heißt es im Klappentext –, das »für die junge europäische Generation von heute«[41] geschrieben wurde und sich mit der europäischen Weltwahrnehmung im neotechnischen

39 Vgl. dazu zum Beispiel Rudolf Hirsch an Gottfried Bermann Fischer am 26. Januar 1954. DLA Marbach. A: Fischer, Samuel Verlag/Mitarbeiterkorrespondenzen/Fischer, Samuel Verlag/Briefe von Rudolf Hirsch an Gottfried Bermann Fischer sowie Ivo Frenzel an Brigitte Bermann Fischer am 6. September 1960. DLA Marbach. A: Fischer, Samuel Verlag/Ivo Frenzel.

40 Planung der Fischer Weltgeschichte. Gottfried Bermann Fischer am 7. August 1960. DLA Marbach. A: Fischer, Samuel Verlag/Gottfried Bermann Fischer.

41 Ebd., Klappentext.

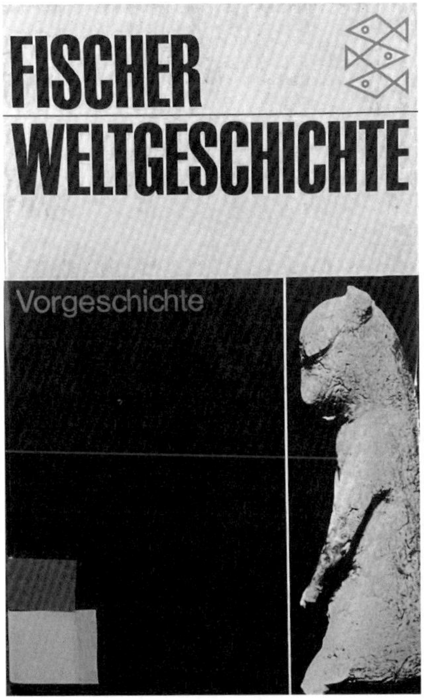

Abb. 9: *Fischer Weltgeschichte*, Bd. 1[42]

Zeitalter auseinandersetzt. Bertaux versteht die europäische Identität als eine »geistige[] Haltung«.[43] Bildung ist dabei grundlegende Voraussetzung für die Teilhabe an Staat und Gesellschaft.

Der Verlagskorrespondenz von 1962 ist zu entnehmen, dass Bertaux sich für den Band 497 der *Fischer Bücherei* den Titel »Dies kommt. Zur Mutation des Menschen« gewünscht hatte. »Dies kommt« ist ein Zitat aus der Antigone-Übersetzung von Friedrich Hölderlin. Ganz am Ende der Tragödie antwortet der Bote »dies kommt« auf Kreons Wunsch zu sterben und fügt hinzu: »Was aber tun in dem, was da ist?«.[44] Als Titel für eine Reflexion über die unabwendbare Zukunft der Menschheit und die Möglichkeiten, sie in der Gegenwart zu gestalten, erschien dem Hölderlin-Experten das Zitat treffend. Im Fischer Verlag hat man aber Bedenken:

42 Fischer Weltgeschichte. Bd. 1: Vorgeschichte. Hg. von Marie-Henriette Alimen und Marie-Joseph Steve. Frankfurt am Main: Fischer-Taschenbuch-Verlag 1987, Privatbesitz Katharina Knorr.

43 Ebd., S. 31.

44 Sophokles: Antigone. Übersetzt von Friedrich Hölderlin, https://www.projekt-gutenberg.org/sophokle/antigone/antigone.html (5. Januar 2026).

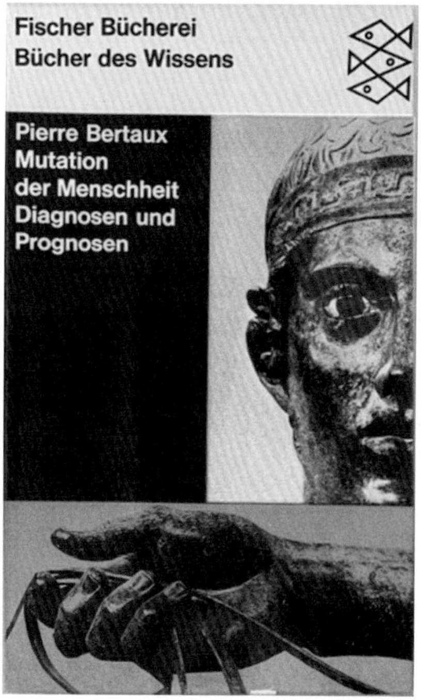

Abb. 10: Pierre Bertaux: *Mutation der Menschheit. Diagnosen und Prognosen* (1963)[44]

Verehrter und lieber Pierre, soeben kommt Ihr Brief. – Ich wusste, dass der von Ihnen vorgetragene Titel: DIES KOMMT und nicht: WAS KOMMT heißen sollte, hatte auch die gezielte Assoziation, zumindest an Antigone, aber ich bezweifelte, und nur das gab ich zu bedenken, ob die mir immer etwas unheimliche Riesenschar der Taschenbuch-Käufer und -Leser ahnungsvoll genug ist und nicht vielmehr aufs gröbste missversteht. Und der zweite Titel wirkt wie eine Antwort, und das kam mir etwas trivial vor. Ein Vorwort, das alles erklärt, wird, meine ich, immer zu spät wahrgenommen. – Richtig ist, dass mein Vorschlag den Plural zu wählen abschwächt: Mutationen sind dann = mutationes, Verwandlungen. Ich möchte Ihnen die Entscheidung wieder zuspielen – ich bin mit den Gegenständen zu wenig vertraut, sehe aber deutlich: Wenn Sie ‚Mutation des Menschen' vorziehen (...) beuge ich mich Ihren Überlegungen. Ich glaube den Ursprung meiner Einstellung zu kennen: Es gibt in Deutschland kaum ein neues Buch, das frei ist von Manier, von Affektiertem, von jeder Art allure, und doch sollte dies frei sein von allure das allgemeine Ziel [sein].[46]

Eine Woche später wendet sich der Verlagsmitarbeiter Ernst Herzfeld an Bertaux. Dem Brief ist zu entnehmen, dass Bertaux als Alternative die Titel-Untertitel-Kombination

45 Pierre Bertaux: Mutation der Menschheit. Diagnosen und Prognosen. Frankfurt am Main: Fischer Bücherei 1963, Titelseite.

46 Ohne Namen (wahrscheinlich Brigitte Bermann Fischer) an Pierre Bertaux am 11. Juli 1962. DLA Marbach. A: Fischer, Samuel Verlag/Bertaux, Pierre/Briefe von SFV an/Bertaux, Pierre 1953–1984.

»Diagnosen und Prognosen. Zur Mutation des Menschen« vorgeschlagen hatte, ihm an dem Antigone-Zitat aber viel gelegen war, weil er darauf in seinem Vorwort Bezug nehmen wollte. Darauf, dass die Leser:innen das Vorwort erst nach dem Titel zur Kenntnis nehmen würden, hatte (wahrscheinlich) Brigitte Bermann Fischer schon verwiesen. Herzfeld führt ein viel pragmatischeres Argument an, als er Bertaux nun schreibt, er habe vom Grafiker bereits den Umschlagentwurf zurückbekommen mit dem Titel, der ihm zuletzt vorlag – »Mutationen der Menschheit. Diagnosen und Prognosen«.

In dieser Variante ist der von Verlagsseite vorgeschlagene Plural der Mutationen bereits aufgenommen. Gleichzeitig hat der Verlag den von Bertaux als Untertitel vorgeschlagenen Text (»Mutation der Menschheit«) zum Haupttitel und Bertauxs Alternativvorschlag für den Haupttitel (»Diagnosen und Prognosen«) zum Untertitel gemacht. Der Untertitel wird schließlich durch die gelbe Schrift wieder enger an den ebenfalls gelben Autornamen gebunden, sodass Autorname und Untertitel den in weiß gedruckten Titel rahmen. Das von Bertaux gewünschte Zitat ist damit jedoch entfallen. Wie zum Trost wird aber auf die »hübsche« Umschlaggestaltung und das offensichtlich von Bertaux selbst gewählte Bild des Delphischen Wagenlenkers verwiesen: »der Grafiker hat Ihrer Bitte folgend in einer Montage besonders das forschende Auge des Wagenlenkers und die zügelhaltende Hand zur Geltung gebracht«.[47] Da die Zeit für die Herstellung dränge, würde der Verlag sich freuen, wenn es so bleiben könnte, obwohl – so fügt Herzfeld gewissenhaft hinzu – natürlich nur Bertaux wisse, welcher Titel den Intentionen des Autors ganz entspreche. Bertaux ist offensichtlich mit der Umstellung einverstanden, nur den Plural akzeptiert er nicht. Schließlich geht es ihm auch nicht darum, allgemeine historische Veränderungen zu beschreiben, sondern der Menschheit »in einem eher soziologischen Sinn« eine grundlegende Mutation mit der »Tragweite eines einschneidenden biologischen Geschehens« zu bescheinigen.[48] Den Begriff ›Mutation‹ führt er im Text mit einem Zitat Macchiavellis ein: »perché sempre una mutatione la scia lo addentellata per l'altra«[49] (›denn jede Mutation hinterlässt eine Verzahnung als Ansatz für die nächste‹). Was kommt, solle »mit scharfem, forschendem Blick«[50] ins Auge gefasst werden, wie es der Wagenlenker von Delphi tut (vgl. Abb. 11).

Das Ende der Geschichte ist bei Bertaux »die Ablösung unserer Geschichte durch etwas anderes«.[51] Den Blick interessiert und offen in die Zukunft zu richten, bedeutet zugleich, dass historische und damit primär national orientierte Leitbilder keinen angemessenen Orientierungsrahmen mehr bieten zur Lösung zukünftiger globaler Probleme. Stattdessen versprechen neue, naturwissenschaftlich-kybernetisch inspirierte Denkmuster eine Lösung dieser Probleme und leiten ein verändertes Zeit- und Raumverständnis ein. Bertaux möchte

47 Ernst Herzfeld an Pierre Bertaux am 17. Juli 1962. DLA Marbach. A: Fischer, Samuel Verlag/Bertaux, Pierre/Briefe von SFV an/Bertaux, Pierre 1953–1984.

48 Pierre Bertaux: Mutation der Menschheit (Anm. 45), S. 7.

49 Ebd.

50 Ebd., S. 12.

51 Ebd., S. 68.

Abb. 11: Wagenlenker von Delphi[51]

in seinem Buch Zukunftsperspektiven zur Diskussion stellen. Dem Fischer Verlag ist es offenbar wichtig, dieses Anliegen schon im Titel möglichst klar zu benennen. Den voraussetzungsreichen Titel »Dies kommt« lehnt der Verlag daher ab. Zwar verweist der Titel auch ohne Kenntnis der *Antigone* auf Kommendes, klingt aber im Vergleich zu »Diagnosen und Prognosen« eher wie eine Vorsehung und damit weniger wissenschaftlich.

Betrachtet man die Titel der *Bücher des Wissens*, dann fällt auf, dass von ca. 600 zwischen 1952 und 1970 erschienen Bänden nur sieben poetische oder metaphorische Buchtitel haben.[53] Die überwiegend sachlichen Titel vermitteln dem breiten Publikum der

52 Bildarchiv Foto Marburg / Foto: Max Hirmer; Aufnahme-Datum vor 1956.

53 Neben *Mutation der Menschheit* sind das *Gespräch mit der Erde* (*Welt- und Lebensfahrt eines Geologen* (Hans Cloos)), *Gesicht vom Abend und Morgen* (*Von der Antike bis zum Mittelalter* (Franz Altheim)), *Mit den Augen des Geistes* (Platon), *Erwachen und Aufstieg der Menschheit* (Herbert Kühn), *Der Aufstieg der Menschheit* (Herbert Kühn) und *Die große Verschwendung* (Vance Packard).

Taschenbuchkäufer:innen und -leser:innen durch möglichst informative Formulierungen einen direkten Zugang zu den Themen und machen sich damit frei von allen Allüren, die Brigitte Bermann Fischer kritisiert.

Mutation der Menschheit erscheint in den folgenden Jahren in drei weiteren Verlagen: 1967 im Scherz Verlag, 1971 bei List und 1979 bei Suhrkamp. In allen drei Ausgaben ist der Untertitel »Prognosen und Diagnosen« durch den Untertitel »Zukunft und Lebenssinn« ersetzt. Dieser Untertitel verändert die Wirkung auf das Lesepublikum. Er weckt weniger den Eindruck wissenschaftlicher Analyse, sondern ruft existenzielle Fragen auf. Der Begriff ›Lebenssinn‹ macht das Buch für philosophisch interessierte Leser:innen beachtenswert, die nicht nur Fakten, sondern Orientierung, Deutung und Sinnangebote erwarten. Damit öffnet »Zukunft und Lebenssinn« unter Umständen den Zugang für ein breiteres Publikum.

Die Frage nach den unterschiedlichen Wirkungen der beiden Untertitel lässt sich unmittelbar an die eingangs skizzierten Befunde zur Funktion von Titeln anknüpfen: Titel zirkulieren, sie sind Mittler zwischen Werk und Publikum und tragen Verwertungs- wie Verstehensmöglichkeiten in sich. Genette und die Analysen der verlegerischen Aushandlungsprozesse zeigen, dass ein wissenschaftlicher Titel in erster Linie identifizieren, inhaltlich referieren und einen sachangemessenen Rahmen herstellen soll – Anforderungen, die die Verlagsmitarbeiter:innen im Fischer Verlag bei der Planung der *Bücher des Wissens* explizit verfolgen. Vor diesem Hintergrund wirkt der ursprüngliche Untertitel »Diagnosen und Prognosen« als konsequente Fortsetzung der verlegerischen Maxime – sachlich, orientiert an Analyse und Vorschau, geeignet, das Buch in die Reihen der populären, wissenschaftlichen Bildungsliteratur einzuordnen.

Der spätere Untertitel »Zukunft und Lebenssinn« verschiebt dieses Lektüreangebot – statt primär auf Erklärungs- und Prognosewissen zu verweisen, öffnet er den Text für eine existenzielle, wert- und sinnorientierte Lesart, indem er den Fokus von der Beschreibung eines ›objektiven‹ Menschheitswandels hin zur Reflexion über dessen Bedeutung verschiebt. Die Veränderung ist damit nicht nur ein kosmetischer Eingriff in den Buchumschlag, sondern ein semantischer Umschlag – sie verwandelt die Funktion des Titels von einem Vermittler rationaler Erkenntnis in einen Reiz, der Deutung, Orientierung und persönliche Betroffenheit anspricht. Der Wechsel des Untertitels macht die verlegerischen Entscheidungsprozesse sichtbar, bei denen sowohl wissenschaftliche Sachangemessenheit wie auch vermarktungslogische Argumente zur Erweiterung des Publikums eine Rolle spielen.

Die beiden Untertitel markieren zwei mögliche Lesarten desselben Textes – die eine wissenschaftlich analytisch, die andere existenziell-orientierend – und illustrieren damit exemplarisch die Ausgangsfrage dieses Beitrags: Wie weit darf ein wissenschaftlicher Titel von seiner sachlichen Verortung abweichen, um von einem breiteren Publikum wahrgenommen zu werden, ohne die epistemische Integrität des Textes zu gefährden? Gerade weil Bertaux selbst kulturphilosophische Deutungen an seine Diagnosen anschließt, ist der neue Untertitel nicht schlecht gewählt. Er macht das Buch zugleich zur Quelle von Wissen und zur Einladung zur Sinnsuche – und schließt so den Kreis zur eingangs beschriebenen Funktion von Titeln als Mittler in öffentlicher Kommunikation.

Ablehnen!
Titelkontroversen in Gutachten zur italienischen Literatur bei *Volk und Welt* in den 1960er Jahren

Francesca Goll

Der vorliegende Beitrag setzt sich mit der Verlagspraxis des DDR Verlags *Volk und Welt* auseinander und untersucht, inwieweit die Übersetzungen von Titeln aus dem Italienischen verlagsintern zu Kontroversen geführt haben. Ausgehend von Itamar Even-Zohars Überlegungen zu den Wirkungsweisen übersetzter Literatur auf die ›nationale Literatur‹ einerseits und von Gérard Genettes Ausführungen zu den Mitteln und Wirkungen der Paratexte, die sich den jeweiligen historischen und sozioökonomischen Umständen anpassen, zeige ich anhand einiger konkreter Beispiele auf, welche Arten von Paratexten die Praxis der Gutachter leitete. Insbesondere geht der Beitrag auf die Gutachten zu Giuseppe Dessì, Carlo Levi, Luigi Pirandello, Leonardo Sciascia und Elio Vittorini ein.

This article examines the publishing practices of the GDR publishing house *Volk und Welt* and investigates the extent to which translations of titles from Italian led to internal controversy. Based on Itamar Even-Zohar's reflections on the effects of translated literature on ›national literature‹ on the one hand, and on Gérard Genette's remarks on the different types and workings of paratexts depending on respective historical and socio-economic circumstances on the other, I use a number of concrete examples to illustrate the types of paratexts that guided the reviewers' practice. In particular, the article examines the reviews of the works of the following authors: Giuseppe Dessì, Carlo Levi, Luigi Pirandello, Leonardo Sciascia and Elio Vittorini.

Titel steuern die öffentliche Wahrnehmung, das zumindest scheint in der weitläufigen und doch recht diffusen Debatte darum, wie Buchtitel nun einzuordnen seien,[1] unstrittig. Die aufmerksamkeitslenkende Funktion, die mit der Steuerung einer spezifischen Rezeption einhergeht, hängt eng mit den jeweiligen gesellschaftlichen Kontexten, in dem ein Buch erscheint, zusammen. Besonders deutlich wird dieser Zusammenhang im Fall übersetzter Titel, und zwar nicht zuletzt deshalb, weil auch Übersetzungspraktiken nicht im luftleeren Raum sich vollziehen, sondern unter den Bedingungen des literarischen Feldes. Die grundlegende Frage nach der Position, Rolle und Einschätzung übersetzter Literatur im Verhältnis zur ›nationalsprachigen‹ Literatur beschäftigt die Wissenschaft seit vielen Jahren. Es geht um nichts Geringeres, als darum, die Vorstellung einer homogenen ›nationalen‹ Literatur in Frage zu stellen, was gesellschaftspolitisch und literaturästhetisch weitgreifende Implikationen hat. Das Konzept einer ›translated literature‹, also eines Korpus der übersetzten Literatur,

1 Siehe diesbezüglich die grundlegenden Texte von Arnold Rothe: Der literarische Titel. Funktionen, Formen, Geschichte. Frankfurt am Main: Klostermann 1986 (= Das Abendland NF 16); und Gérard Genette: Paratexte. Mit einem Vorwort von Harald Weinrich. Aus dem Französischen von Dieter Hornig. Frankfurt am Main: Campus 1989. Eine der neuesten Studien dazu ist David-Christopher Assmann/Lorella Bosco (Hg.): Mehrdeutige Titel. Lektüren einer paratextuellen Praktik. Berlin: Metzler 2025 (= Studien zur Literaturvermittlung 2).

geht auf Itamar Even-Zohar zurück, der im Rahmen seiner Polysystem-Theorie versucht, die Vernetzungen und Wirkungsweisen importierter kultureller Erzeugnisse zu untersuchen.[2]

Mein Beitrag verortet sich in diesem Kontext. Im Folgenden untersuche ich Übersetzungen italienischer Gegenwartsliteratur und deren Titel, die in den 1960er Jahren vom DDR Verlag *Volk und Welt* veröffentlicht worden sind. Wenn sich, frei nach Genette,[3] die Wege und Mittel der Paratexte je nach Epoche und Kultur verändern, so scheint, aufgrund des besonderen Status der Literatur in der DDR, der Einblick in die Praxis des realsozialistischen Büchermarkts aufschlussreich. Wolfgang Emmerich hebt hervor:

> [D]ie Bedeutung der landeseigenen Literatur [war] für die Bewohner der DDR eine viel größere als für westliche Leser. Schon dadurch, daß die SED der Literatur zentrale sozialpädagogische Aufgaben übertrug, die von der Mehrzahl der Autoren zunächst emphatisch aufgenommen wurden, gewann die schöne Literatur einen herausgehobenen Status [...].[4]

In diesem Beitrag werde ich bei der Analyse der Archivfunde so vorgehen, wie es Genette selbst in seiner Einleitung zu den *Paratexten* vorschlägt:

> Definiert wird ein Paratextelement durch dir Bestimmung seiner Stellung (Frage *wo?*), seiner verbalen oder nicht verbalen Existenzweise (*wie?*), der Eigenschaften seiner Kommunikationsinstanz, Adressant und Adressat (*von wem? an wen?*), und der Funktionen, die hinter seiner Botschaft stehen: *wozu?*[5]

Zunächst werde ich den Kontext des Verlages *Volk und Welt* einführen, um dann zur Analyse der Stellungen, Existenzweisen, Eigenschaften, Adressaten und Adressanten und Funktionen von Paratexten, insbesondere von Titeln überzugehen.

1 Zu *Volk und Welt*

Volk und Welt gehörte zu den größten Belletristik-Verlagen der DDR.[6] Im Jahre 1947 von Michael Tschesno-Hall gegründet und anfangs der Pflege deutscher antifaschistischer Literatur und der sowjetischen Belletristik verpflichtet, profilierte sich das Unternehmen unter dessen Nachfolgern Bruno Peterson (Verlagsleiter 1950–1954) und Walter Czollek

2 Itamar Even-Zohar: The Position of Translated Literature within the Literary Polysystem. In: Poetics Today 11.1: Polysystem Studies (1990), S. 45–51.

3 Gérard Genette: Paratexte (Anm. 1), S. 14.

4 Wolfgang Emmerich: Kleine Literaturgeschichte der DDR. Erweiterte Neuausgabe. Leipzig: Kiepenheuer 1996, S. 12.

5 Gérard Genette: Paratexte (Anm. 1), S. 12.

6 Die ausführlichsten Angaben zum Tätigkeitsbereich von *Volk und Welt* finden sich in Heinz Dieter Tschörtner: Bibliographie Verlag Volk und Welt. 40 Jahre internationale Literatur. Berlin: Volk und Welt 1987; sowie der Beilage Internationale Literatur 1987–1989. Berlin: Volk und Welt 1990. Nachtrag zu Heinz Dieter Tschörtner: Bibliographie Verlag Volk und Welt. 40 Jahre internationale Literatur. Berlin: Volk und Welt 1987.

(Verlagsleiter 1954–1972) zu einem Verlag für internationale Literatur. Wie Siegfried Lokatis hervorhebt,[7] wurde der Verlag intern unter der Leitung Jürgen Gruners (Verlagsleiter ab 1970) neu gegliedert und es entstanden fünf starke Lektorate: ein Lektorat für sowjetische Literatur, ein Lektorat für die Volksdemokratien (von Tirana bis Pjöngjang), ein Lektorat für deutschsprachige und skandinavische Literatur, ein Lektorat für romanische Literaturen und eines für anglo-amerikanische Literaturen. *Volk und Welt* war in der DDR ein bevorzugter Ort, an dem für das politische System ganz untypische Toleranz und Offenheit herrschten. Die Lektoren kamen an alle Bücher heran und genossen größere Informations- und Reisefreiheit. Doch *Volk und Welt* konnte nur deshalb so freche, jeden realsozialistischen Kanon sprengende Bücher bringen, weil der Verlag selbst Bestandteil des Kontrollsystems war und mit der Auswahl geeigneter Titel sowie deren redaktioneller Bearbeitung das Vertrauen der vorgesetzten Stellen genoss, das für die kühnsten Projekte benötigt wurde. Folgt man Lokatis Angaben, so waren Auflagen von bis zu 20 000 Stück für Prosatitel beinahe die Regel, die Krimis von Chandler, Hammett, Simenon, Sjöwall/Wahlöo lagen sogar bei 70 000. Trotzdem versickerten sie fast spurlos im Buchhandel und hätten wiederholt nachgedruckt werden können. Für einen Lektor des Verlages galt es als Makel, wenn ein Buch über mehrere Wochen lieferbar war. Das Archiv von *Volk und Welt* befindet sich in der Akademie der Künste in Berlin und ist eine Fundgrube der wertvollsten Art, zumal sich dort alle internen Gutachten nachlesen lassen, sowohl die positiven als auch die negativen.[8]

Wie von Ohlerich und Wölfel in ihren Studien hervorgehoben,[9] entwickelten sich durch die doppelte Staatengründung nach 1949 zwei literarische Felder in der BRD und der DDR. Es gab zwei deutsche Schriftstellerverbände, zwei deutsche Börsenvereine, zwei Buchmessen, ost- und westdeutsche Literaturpreise, zwei Buchmärkte, zwei Öffentlichkeiten und eine Literaturproduktion, die sich im Laufe der Zeit zunehmend unterschied. Nominell gab es in der DDR keine Zensurbehörde, allerdings erfüllte die Hauptverwaltung ›Verlage und Buchhandel‹, auf die ich später noch zu sprechen kommen werde, in der Praxis ein bestimmte Aufgabe: Nachdem verlagsintern geklärt worden war, ob man einen Roman oder eine Erzählung veröffentlichen wollte, musste jeder Verlag einen Antrag auf Druckgenehmigung für die Titel stellen, die er bringen wollte. Allerdings setzte die Einschätzung der Opportunität der Veröffentlichung der Texte schon viel früher an, nämlich bei der Begutachtung von Seiten der Verlagslektoren. Keinesfalls wollte man sich einen ablehnenden Bescheid von

7 Siegfried Lokatis: Nimm den Elefanten – Konturen einer Verlagsgeschichte. In: Ders./Simone Barck (Hg.): Fenster zur Welt. Eine Geschichte des DDR-Verlages Volk und Welt. Berlin: Ch. Links 2003, S. 15–34, hier S. 17.

8 Die hierfür konsultierten Druckgenehmigungsakten der Hauptverwaltung ›Verlage und Buchhandel‹ im Ministerium für Kultur (BA DR-1) befinden sich im Bundesarchiv und waren online einsehbar.

9 Gregor Ohlerich: Sozialistische Denkwelten. Modell eines literarischen Feldes in der SBZ/DDR 1945 bis 1953. Heidelberg: Winter 2005 (= Probleme der Dichtung 36); Ute Wölfel (Hg.): Literarisches Feld DDR. Bedingungen und Formen literarischer Produktion in der DDR. Würzburg: Königshausen & Neumann 2005.

der Hauptverwaltung ›Verlage und Buchhandel‹ einhandeln, zumal dies eine verschärfte Observation des Verlags von Seiten der Behörden verursacht hätte.

Im Vergleich zu anderen Verlagen zeichnet sich *Volk und Welt* durch eine Besonderheit aus, die im Hinblick auf die Titelpraxis und die Paratexte insgesamt von besonderer Relevanz ist. Seit Mitte der sechziger Jahre entwickelte sich ein Trend zur Übersetzung aus den Originalsprachen, wie Lokatis in seiner sehr detaillierten Untersuchung festhält.[10] Das Lektorat I (für sowjetische Literatur) kaprizierte sich auf die multinationalen sowjetischen Sprachen, seine Mitarbeiter lernten Georgisch und Lettisch. Ein Märchenband enthielt die erste Übersetzung ins Deutsche aus dem Aserbaidschanischen seit über 100 Jahren. Das Lektorat II (Volksdemokratien) machte einer westdeutschen Ismail Kadare-Übertragung aus dem Französischen Konkurrenz, indem es auf das albanische Original zurückgriff. Im Lektorat III (deutsche und skandinavische Literatur) übersetzte man die finnischen Titel nicht länger aus dem Schwedischen und entdeckte die ladinischen Autoren aus der Schweiz. Im Lektorat IV übertrug man aus dem Arabischen und aus dem Hindi, im Lektorat V aus dem Japanischen und Walisischen. Ein solches Programm war nur durchführbar, weil sich der Verlag längst zu einem riesigen Institut entwickelt hatte, wie es im heutigen Verlagswesen unvorstellbar wäre. Bei *Volk und Welt* lag die Zahl der Lektoren bei 25, denen Dutzende Redakteure und Korrektoren die Kleinarbeit abnahmen. Und jedes einzelne der fünf Großlektorate verfügte über ein gut ausgebautes akademisches Hinterland mit erprobten Übersetzern und einem eingespielten Team angesehener Gutachter, Herausgeber, Nachwortverfasser und Nachdichter. Ich werde im Folgenden zunächst auf die Frage nach den Titeln eingehen und dann andere Paratexte besprechen, die im Lektorat von *Volk und Welt* eine grundlegende Rolle gespielt haben.

2 Zur Stellung der Paratexte

Nimmt man die Genettesche Gleichung ernst, wonach der Paratext sich aus Peritext und Epitext zusammensetzt, so liegt der Fokus meiner Untersuchung auf den Peritexten. Gleichzeitig liegt es nahe, dass Epitexte in Form von Zeitungsberichten oder Kontroversen zwischen Autoren und Politfunktionären ebenfalls eine prominente Rolle spielten. In den Sechziger und Siebziger Jahren waren Alfred Antkowiak, Klaus Möckel und Jochen Meinert drei der aktivsten Gutachter der Sektion für italienische Literatur. Im Fall von Unstimmigkeiten oder Unsicherheiten wurden externe Gutachten angefragt, oft bei Guido Zamis, einem Gramsci-Experten, der in Ost-Berlin beim Rundfunk arbeitete, bei Bianca Ghiron, einer Mathematikerin aus Rom, die bis Ende der 1960er Jahre in Ost-Berlin lebte oder bei Horst

10 In diesem Aufsatz richtet er sein Augenmerk besonders auf das Lektorat für sowjetische Literatur. Vgl. Siegfried Lokatis: Volk und Welt. Ein Verlag als Sprachinstitut. In: Chronotopos. A Journal of Translation History 5.2 (2023), S. 201–229.

Heintze, der Schüler von Victor Klemperer gewesen und Professor für Romanische Philologie an der Humboldt Universität zu Berlin war. 1961 erschien beim Mailänder Verleger Feltrinelli der Roman des sardischen Autors Giuseppe Dessì, *Il Disertore*, der in Italien sehr erfolgreich war, zahlreiche Nachdrucke genoss und 1962 den renommierten Bagutta-Preis gewann. Im selben Jahr erschien die deutsche Übersetzung des Romans von Yvonne und Herbert Meier mit dem Titel *Das Lösegeld* im Walter Verlag in Olten (Schweiz). Zwischen Juni und November 1966 wurde der Roman von den Lektoren von *Volk und Welt* begutachtet; sowohl Antkowiak als auch Möckel empfahlen den Roman zur Publikation, wobei es in diesem Fall, da der Roman in Westdeutschland schon erschienen war, darum ging, die Lizenzausgabe des Walter Verlages zu übernehmen. In seinem Gutachten vom 28. November 1966 äußert Antkowiak einige Zweifel an der Übersetzung des Titels:

> Zunächst ist der Titel, den der westdeutsche Verlag dieser Erzählung (die freilich an die Grenze der Novelle rückt) beigegeben hat, nämlich »Das Lösegeld« irreführend. Denn erstens ist es sehr fraglich, ob die für damalige Verhältnisse (die Zeit kurz nach dem 1. Weltkrieg) horrende Summe von 835 Lire, die von der alten Mariangela in Gedanken an ihre beiden Söhne (der eine wirklich, der andere vorgeblich im Krieg gefallen) für ein Kriegsdenkmal gespendet wurden – es ist also sehr fraglich, ob diese Summe als Lösegeld bezeichnet werden kann; zweitens ist der italienische Titel *Il Disertore* viel zutreffender, denn die Tat dieses Deserteurs, des zweiten Sohnes der Mariangela, Saverio, ist der Angelpunkt der Geschichte. Von Saverio und seiner Tat gehen die Einflüsse auf die Mitwelt aus; im Hinblick auf ihn wird auch das Geld der Alten gespendet. Mithin: der Titel ist falsch und unglücklich gewählt, und ich bin nicht sicher, ob der westdeutsche Verlag nicht deshalb auf den Originaltitel »Der Deserteur« verzichtet hat, um bösen Ressentiments von vornherein vorzubeugen. Wie dem sei: Wir in der DDR hätten überhaupt keinen Anlaß, auf diesen Titel zu verzichten.[11]

Allein durch das Verb »beigegeben« äußert sich schon Antkowiaks ablehnende Haltung dem Titel gegenüber. Tatsächlich ist diese Übersetzung die einzige, in der eine solche Abweichung vom Original festzustellen ist: auf Niederländisch, Französisch, Englisch, Ungarisch, Spanisch und Rumänisch bleibt der Titel gleich. Bei *Volk und Welt* ist diese Kontroverse kein Einzelfall: Die Unstimmigkeiten bei der Titelfindung haben sich in der Sektion für italienische Literatur immer nur da ergeben, wo es um Lizenzverträge mit westdeutschen Verlagen ging und die Lektoren den ausgewählten Titel nicht nachvollziehen konnten. Es drängt sich somit die Frage auf, auf welche Weise sich die Funktion der Titel in der DDR und der BRD unterschieden und womit es zusammenhängt, dass die Verlage verschiedene Lösungen favorisierten. Betrachtet man es mit Carolin Amlinger, so zeichnet sich der Buchmarkt

> wie alle ästhetischen Märkte durch eine eigene Ökonomie aus, unter der literarische Werke in modernkapitalistischen Gesellschaften hergestellt werden […] Die Tendenz des Buchmarktes zur Überproduktion ist Ausdruck einer strukturellen Marktungewissheit, denn der ökonomische Erfolg eines ästhetischen Werkes ist nur schwer planbar.[12]

11 Archiv der Akademie der Künste (AdK), VuW 2932, Mappe Giuseppe Dessì.

12 Carolin Amlinger: Dead Books. Die Logik von Beachtungsökonomien auf dem Buchmarkt des 20. Jahrhunderts. In: Zeitschrift für Literaturwissenschaft und Linguistik 54 (2024), S. 105–123, hier S. 107.

Es liegt auf der Hand, dass sich diese Beschreibung nur auf den kapitalistischen Buchmarkt Westdeutschlands beziehen kann: In der Planwirtschaft DDR, wie eingangs beobachtet, waren die Bücher in vielen Fällen rasch vergriffen, man kämpfte eher mit dem Papier- und Devisenmangel als mit den Verkaufszahlen. Die Einführung der *Spiegel*-Bestsellerliste 1962 in Westdeutschland stellt sicher einen Scheidepunkt dar: Die quantitativen Kriterien der Rangliste, also die Kaufentscheidungen des Publikums, verändern die Wahrnehmung und den Status eines Werkes. So entwickelt sich die Bestsellerliste, wie Matthias Schaffrick zutreffend bemerkt, zu einem »faktischen Paratext«,[13] wobei das ›Faktische‹, laut Genette, eben aus einer »ausdrücklichen Mitteilung besteht [...], dessen bloße Existenz, wenn diese der Öffentlichkeit bekannt ist, dem Text irgendeinen Kommentar hinzufügt oder auf seiner Rezeption lastet«.[14] Der Titel *Das Lösegeld* wirkt sich auf die Rezeption des Romans aus, indem er durch die implizite Suggestion, es könnte sich um einen Kriminalroman handeln, den Leserkreis bedeutend zu erweitern versucht.

Eine ähnliche Dynamik ist im Fall von Elio Vittorinis Roman *Conversazione in Sicilia*, der 1941 bei Bompiani erschienen ist, zu beobachten.[15] Vittorini war für die DDR ein schwieriger Fall, was sowohl politische als auch editorische Gründe hatte. In der BRD hatte Alfred Andersch großes Interesse an Vittorini gezeigt, er hielt ihn für einen der »bedeutendsten Leute überhaupt«, wie er in einem Brief an Ingeborg Bachmann äußert.[16] Und im 9. Heft der Zeitschrift *Texte und Zeichen* wurde er als wichtigster zeitgenössischer Schriftsteller Italiens präsentiert.[17] Anderschs fortwährende Beschäftigung mit Vittorini hat sicher auch mit seiner aktiven Rolle in der Resistenza zu tun. Der Partisan Vittorini hatte Flugblätter und zahlreiche Artikel im illegalen Organ der Kommunistischen Partei Italiens (KPI) *L'Unità* sowie anderen Zeitschriften veröffentlicht und ließ sich als Prototyp eines Intellektuellen verstehen, der seine moralischen Verpflichtungen konsequent erfüllte. Andersch war von *Conversazione in Sicilia*, das erstmals auf Deutsch 1943 im Steinberg Verlag in Zürich in anonymer Übersetzung als *Tränen im Wein* erschienen war, geradezu begeistert:

13 Matthias Schaffrick: Paratext Bestsellerliste. Zur relationalen Dynamik von Popularität und Autorisierung. In: Martin Gerstenbräun-Krug/Nadja Reinhard (Hg.): Paratextuelle Politik und Praxis. Interdependenzen von Werk und Autorschaft. Wien: Böhlau 2018, S. 71–90, hier S. 75.

14 Gérard Genette: Paratexte (Anm. 1), S. 14.

15 Der Fall Vittorini wurde, wenn auch auch aus einem anderen Blickwinkel, beleuchtet von John Raimo: Gutachter an fremden Kanon: Elio Vittorinis Rezeptionen beim Verlag Volk und Welt (1961–1971). In: Siegfried Lokatis/Martin Hochrein (Hg.): Die Argusaugen der Zensur: Begutachtungspraxis im Leseland DDR. Stuttgart: Hauswedell 2021, S. 476–488.

16 Zitiert nach Stephan Reinhardt: Alfred Andersch. Eine Biographie. Zürich: Diogenes 1990, S. 268.

17 Vgl. Texte und Zeichen. Eine literarische Zeitschrift 9 (1956).

> Das Genie, das im GESPRÄCH IN SIZILIEN wirkt, hält das Pendel, das zwischen der abstrakten Dichtung und dem härtesten Verismus schwingt, einen Augenblick an, so daß sich das Unerhörte ereignen kann: die grausamste Anklage wird zur reinsten Poesie, die zauberischste Schönheit zum furchtbarsten Schrecken.[18]

In der DDR sah es lange Zeit dagegen ganz anders aus. In seinem offenen Brief an den damaligen Vorsitzenden der KPI »Politica e cultura. Lettera a Palmiro Togliatti« aus dem Jahr 1947 legte Vittorini eine Theorie zu einer unabhängigen Kultur dar und beklagte den Fehler, Kunst und Kultur politisch zu instrumentalisieren.[19] Auf fulminante Weise kennzeichnete dieser Text Vittorini in der DDR als problematische Figur, wodurch dieser Epitext für die Rezeption eine hervorgehobene Rolle spielte. In einem polemischen Gutachten zu *Conversazione in Sicilia* vom 18. Juni 1963 bemerkt Antkowiak:

> Gegen den vorliegenden Roman kann eigentlich nichts gesagt werden. Aber ich möchte an dieser Stelle wiederholen, was ich bereits vor Jahren einmal sagte: ich halte es für ausgeschlossen, daß man unter den jetzigen Bedingungen Vittorini bei uns herausgibt. Gewiß: Vittorini ist ein profilierter Antifaschist gewesen, und er hat als einer der ersten auch Arbeiter in die Literatur eingeführt. Er gehört zu den markantesten Repräsentanten des italienischen Neorealismus. Aber er ist auch Renegat und Revisionist. Und dafür sollen wir Westgeld ausgeben?[20]

Joachim Meinert verfasste wenige Wochen nach Antkowiak ein etwas ausgeglicheneres Gutachten, das die Schwierigkeiten auf den Punkt brachte:

> Daß er bei uns jetzt erst zur Debatte steht, läßt sich zum Teil damit erklären, daß der Autor über längere Zeit als ein »politischer Fall« betrachtet wurde – jedenfalls von den Verlagen, Gutachtern, Wissenschaftlern, die sich seiner ansonst hätten annehmen müssen. Vittorinis Zerwürfnis mit der KPI 1947, gipfelnd in einem »Offenen Brief an Togliatti«, in dem er die damalige Kulturpolitik der Partei kritisierte, war konkret der Anlaß, den Schriftsteller hier zulande ins Vergessen zu senken. [...] Das editorische Problem Vittorini haben wir aber keineswegs gelöst. In Westdeutschland ist eine komplette Ausgabe von Vittorinis Prosawerken erschienen, insgesamt acht Bände. [...] Wir werden die Lücke gewiss nicht vollständig schließen können, aber zu einigen Anstrengungen sind wir von unserem kulturpolitischen Profil geradezu verpflichtet.[21]

18 Alfred Andersch: Nachricht über Vittorini. In: Elio Vittorini: Offenes Tagebuch. 1929–1959. Mit einem Vorwort von Alfred Andersch. Deutsch von Eckart Peterich. Olten/Freiburg im Breisgau: Walter 1959, S. 19–29, hier S. 21.

19 Elio Vittorini: Politica e cultura. Lettera a Palmiro Togliatti. In: Il Politecnico 1947 (35), S. 2–5 und 105–106, hier S. 3: »Ora io non voglio dire che politica e cultura siano perfettamente distinte e che il terreno dell'una sia da considerarsi chiuso all'attività dell'altra, e viceversa. Cercherò più avanti di mostrare come invece le due attività mi sembrino strettamente legate. Ma certo sono due attività, non un'attività sola; e quando l'una di esse è ridotta (per ragioni interne o esterne) a non avere il dinamismo suo proprio, e a svolgersi, a divenire, nel senso dell'altra, sul terreno dell'altra, come sussidiaria o componente dell'altra, non si può non dire che lascia un vuoto nella storia«.

20 Archiv der Akademie der Künste (AdK), VuW 2952, Mappe Elio Vittorini.

21 Ebd.

Sechs Jahre später, wenige Wochen nach dem Tod Vittorinis, schien das politische Problem in den Hintergrund zu geraten. Der Roman erschien schließlich in der DDR, wieder mit einem Lizenzvertrag aus der BRD, allerdings unter dem Titel *Gespräch in Sizilien*. Liest man das Gutachten von Klaus Möckel, das für das Druckgenehmigungsverfahren bei der Hauptverwaltung ›Verlage und Buchhandel‹ eingereicht worden war, so erkennt man, dass Vittorinis politische Ambivalenz posthum durch eine Nachbemerkung entschärft werden sollte. Was zu Lebzeiten vielleicht noch problematisch war, kann nach seinem Ableben durch einen editorischen Apparat von Seiten des Verlages für die Leserschaft verharmlost werden, um dafür den antifaschistischen Charakter des Werkes in den Vordergrund zu rücken:

> Vittorini ist ja ein widersprüchlicher Geist, der entschiedener Antifaschist war, sich aber später nach einer Zeit des Zusammengehens mit den Kommunisten zumindest künstlerisch von diesen lossagte. Er träumte von einer Welt »der sozialen Gleichheit und individuellen Freiheit«, kam aber – wie vielen seinesgleichen – nicht mit den Härten und der Disziplin zurecht, die erst den Weg zu einer solchen Welt eröffnen. Auch das vorliegende Werk enthält eine recht allgemeine und mit idealistischen Akzenten versehene Auffassung vom Menschen. [...] Wichtig ist, daß eine Nachbemerkung von uns auf die Umstände der Entstehung hinweist und so der humanistische, antifaschistische Charakter des Werkes auch von dieser Seite her deutlich ins Blickfeld gerückt wird.[22]

Auch im Fall Vittorinis sticht eine gewisse Dissonanz bei der Titelfindung ins Auge, wobei die späteren Ausgaben von *Conversazione in Sicilia* in der BRD sich ebenfalls vom schmalzigen Titel *Tränen im Wein* trennten.[23] In Zusammenhang mit der deutschen Übersetzung von *Conversazione in Sicilia* ist durchaus bemerkenswert, dass der anonyme Übersetzer von Vittorini ins Deutsche Werner Haftmann war. Haftmann war Kunsthistoriker, einer der wichtigsten Berater Bodes und in Italien während des Zweiten Weltkriegs Verbindungsoffizier der Wehrmacht und NSDAP-Mitglied. Nach dem Krieg fungierte er als kunsthistorischer Leiter der ersten drei *Documenta*-Ausstellungen in Kassel und ist Gründungsdirektor der Neuen Nationalgalerie gewesen. Haftmann ist eine sehr umstrittene Figur. Der Historiker Carlo Gentile steuerte mit seinen Recherchen weitere Enthüllungen zu den Erkenntnissen zu Haftmann bei. Mitunter sei er Anführer eines Kommandos gewesen, das in Italien Partisanen folterte und verfolgte, sowie an der Erschießung von Zivilisten beteiligt gewesen.[24] In einem gut recherchierten Aufsatz kontert Philipp Gutbrod und hebt die nachgewiesenen engen Freundschaften Haftmanns mit zahlreichen namhaften italienischen antifaschistischen Intellektuellen wie Giame Pintor, Cesare Pavese, Felice Balbo und Vittorini selbst hervor und stützt sich dabei auf einen 2018 erschienen Aufsatz von Alessandro La Monica.[25]

22 Ebd.

23 Es gibt eine Erzählung Vittorinis, die »Tränen im Wein« heißt. Das ändert allerdings nichts an der kuriosen Entscheidung, diesen Titel für die deutsche Ausgabe zu nehmen.

24 Siehe Carlo Gentile: Der Krieg des Dr. Haftmann. In: Süddeutsche Zeitung, Nr. 128 (7. Juni 2021), S. 9.

25 Alessandro La Monica: Lettere inedite di Vittorini negli archivi svizzeri (1942–51). In: Giornale storico della letteratura italiana 195 (2018), S. 257–286.

In dieser Doppelrolle als Freund der antifaschistischen Intellektuellen und SA-Anführer bedarf Haftmanns Rolle in Italien noch weiterer Untersuchungen. So viel steht fest: Der Titel *Tränen im Wein* kaschiert Vittorinis Buch 1943 fast als einen Heimatroman, was den Kreis der Leserschaft erheblich erweitert und die Publikation sicher erleichtert hat.

Sieht man von den wenigen Unstimmigkeiten bei den Titeln im Fall der Lizenzverträge mit der BRD ab, so scheint die eigentliche editorische Praxis bei *Volk und Welt* darin bestanden zu haben, Romane und Erzählungen mit erklärenden Nach- oder Vorworten zu versehen, damit die Leserschaft sie vermeintlich richtig einordnen kann. Historisch betrachtet besteht zwischen der DDR und Süditalien eine Parallele, die durchaus Auswirkungen auf die Publikation italienischer Literatur in der DDR hatte: Die Bodenreform in Süditalien fand fast zeitgleich mit der Kollektivierung der Landwirtschaft in der DDR statt. Die Mehrheit der KPI-nahen Intellektuellen befasste sich in den 1960er Jahren mit der süditalienischen Bodenreform und es entstanden zahlreiche Romane zu diesem Thema. Während das Bauernthema und die Beschreibung der süditalienischen Emanzipationsversuche, wie zunächst bei Carlo Levi oder Leonardo Sciascia, sehr gut in die literarische Programmatik der DDR passten, schmälerte die zunehmende Resignation dieser Autoren mit der Zeit die Publikationsmöglichkeiten in der DDR. Von Carlo Levi erschien zunächst *Christus kam nur bis Eboli*. In diesem Fall empfahl der Lektor »ein kurzes Vorwort, in dem wir unsere Meinung über die Lösung der Bauernfrage mit Hilfe der Autonomie darlegen müssten«.[26] Im Fall seines späteren Romans *Worte sind Steine* stellt sich die Frage etwas anders, wie Guido Zamis in seinem Gutachten darlegt:

> Es wäre also zu empfehlen, dieses Buch durch den Verlag Volk und Welt herausgeben zu lassen. Wir würden damit unsere Leser mit dem Schriftsteller C. Levi bekannt machen und zwar durch ein Werk, das nicht belastet ist durch anarchistische intellektuelle Eskapaden, wie seine anderen Bücher. Allerdings wird die Übersetzung nicht leicht sein. Dazu kommen noch die zahlreichen Anspielungen historischer und literarischer Natur, die Reminiszenzen aus der antiken Mythologie, die sich einem bei einer Reise nach Sizilien aufdrängen, aber einem deutschen Durchschnittsleser, selbst wenn er noch einige Erinnerungen aus einer Gymnasialzeit bewahrt hätte, zum großen Teil nicht geläufig sind. Außerdem bilden die ehemaligen Abiturienten des humanistischen Gymnasiums nicht den Grundstock unserer Leser [...].[27]

Die Frage nach den Adressaten des Romans, also nach der potenziellen Leserschaft, stellt sich besonders: Während es im Fall des zitierten Gutachtens darum geht, den kulturellen Referenzrahmen verstärkt für die DDR-Leserschaft aufzuschlüsseln, wird dieses Argument einer vermeintlichen Inkongruenz zwischen Autor und Adressat zuweilen als Vorwand für ablehnende Gutachten benutzt. Letzteres trifft verstärkt im Fall der Erzählungen von Leonardo Sciascia zu. Der Roman *Morte dell'inquisitore* (›Tod des Inquisitors‹), der eine Abhandlung über Macht und Gewalt ist, in der es nur vordergründig um den Mord am spanischen Inquisitor von Seiten eines von ihm verhörten sizilianischen Mönchs geht, wird von

26 Archiv der Akademie der Künste (AdK), VuW 2938, Mappe Carlo Levi.
27 Ebd.

Jochen Meinert in seinem Gutachten abgelehnt: »Halb Chronik, halb Dokumentation [sic!] dieses Buch ist nur für Historiker oder sonstige Interessenten an Siziliens Geschichte von Interesse, für uns kommt es nicht in Frage«.[28] Obwohl Sciascias Schriften in beiden Teilen Deutschlands und, später, im wiedervereinigten Deutschland bekannt und weit gelesen wurden, erschien diese von Jochen Meinert für *Volk und Welt* abgelehnte Erzählung erst 2021 aus Anlass von Sciascias 100. Geburtstag in deutscher Übersetzung. Die Inquisition, um die es vordergründig zu gehen scheint, steht für eine Figuration staatlicher Macht. Es handelt sich bei der Erzählung um die Fiktion einer historischen Chronik. *La morte dell'inquisitore* ist in einem Band mit dem Titel *Ein Sizilianer von festen Prinzipien* erschienen, dessen Titel mit einem Zitat spielt, das sich eigentlich auf den sizilianischen Physiker Ettore Majorana bezieht, der unter mysteriösen Umständen im März 1938 verschwunden ist. Der Titel dieses 2021 erschienen Bandes soll öffentlichkeitswirksam das Interesse der Leserschaft auf Sizilien und moralische Themen lenken, wobei es keine Erzählung Sciascias mit diesem Titel gibt. Die Schwierigkeit mit Sciascias Chroniken wird in den Gutachten immer im Spagat zwischen Themenferne und zu starkem Bezug zur Gegenwart verhandelt. So verhält es sich auch mit seinem Theaterstück »Aufführung des liparitanischen Streitfalles, gewidmet A. D.« von 1969, wobei in diesem Fall auch die Widmung eine Rolle spielt:

> [D]er Titel lautet. »Aufführung des liparitanischen Streitfalles, gewidmet A. D.« und dieses A. D. soll, wie man hört Alexander Dubcek heißen... Wenn wir an sich schon dieses Stück aufgrund seines hier sehr fernliegenden Stoffes nicht in Erwägung gezogen hätten, so hat der Autor selbst mit diesen Akzentsetzungen über die Veröffentlichungsmöglichkeiten bei uns disponiert [...].

Angelpunkt der Handlung ist eine Kontroverse zwischen Staat und Kirche, die 1711 begann und über ein Jahrhundert andauerte: Doch geht es selbstredend nur vordergründig um diesen historischen Fall, wie bereits die Figur des Alexander Dubcek verdeutlicht. Dubcek war ein tschechoslowakischer Politiker, der als Erster Sekretär der KP der Tschechoslowakei eine Leitfigur des Prager Frühlings wurde. Sciascias Widmung im Titel macht die Publikation in der DDR unmöglich, hebt aber sogleich hervor, dass die vermeintlich so fernliegenden Stoffe eben doch nicht so realitätsfern waren, wie von Meinert als Grund für die Ablehnung vorgegeben. Bis heute ist das Theaterstück nicht in deutscher Sprache erschienen.

3 Fazit

Die für die italienische Literatur zuständigen Verlagslektoren im Verlag *Volk und Welt* haben, zumindest die meisten und sicher unter ihnen Möckel, Meinert und Antkowiak, sehr fundierte, tiefgründige Auseinandersetzungen in ihren Gutachten ausgetragen. Meine Beobachtungen zu den Titelkontroversen in der Sektion für italienische Literatur legen nahe,

28 Archiv der Akademie der Künste (AdK), VuW 2950, Mappe Leonardo Sciascia.

dass der Titel als Blickfänger in der DDR im Vergleich mit anderen editorischen Praxen, wie zum Beispiel dem Nachwort, eine untergeordnete Rolle spielte. Eine Anschlussstudie könnte eine ähnliche Untersuchung für die anderen fremdsprachlichen Sektionen von *Volk und Welt* vornehmen. Auf diese Weise könnte man womöglich einer ausdifferenzierten Titelpolitik in den planwirtschaftlichen Ökonomien nachspüren. Die Anzahl an begutachteten Büchern in den einzelnen Lektoraten ist enorm. Denkt man an die eingangs aufgeworfene Frage nach der Stellung der übersetzten Literatur und fragt nach den sozialen Dynamiken, die mit den Übersetzungen einhergehen, so scheint in den Gutachten der Realismus-Begriff zentral zu sein. ›Realismus‹ bezeichnete eine ästhetische Praxis, war aber, das wird deutlich, auch ein Schlagwort, mit dem man die Druckgenehmigung für jene Werke sichern konnte, die man für wichtig hielt. In einem Gutachten zu Luigi Pirandellos *Novelle per un anno* (1922), das angenommen wurde, argumentiert Antkowiak literaturgeschichtlich mit der Entwicklung des Realismus in Italien und kommt zum Fazit:

> Kurz: Pirandello repräsentiert in dieser Übergangszeit ganz ohne Zweifel bei aller Widersprüchlichkeit den REALISMUS der italienischen Literatur, soweit er sich überhaupt dem Ansturm von Dekadenz und Provinzialismus entziehen konnte.[29]

Der mangelnde Neorealismus in der italienischen Literatur wird immer in den Gutachten angeführt, die als Ablehnung formuliert sind, wie im Fall von Carlo Levi, Tommaso Landolfi oder Ugo Facco de la Garda. Bei allem literaturhistorischen und ästhetischen Fachverstand, finden sich aber auch erheiternde Textpassagen in den Gutachten: »Man kann sich durch ihn [den Roman; FG] nur etappenweise hindurchstottern, immer wieder versucht, die dreihundertfünfzig Seiten umgehend an die Wand zu werfen, was allerdings schade wegen der Tapete wäre!«[30] Den Namen von Autor und Roman behalte ich lieber für mich.

29 Archiv der Akademie der Künste (AdK), VuW 2949, Mappe Luigi Pirandello. Großschreibung im Original; FG.

30 Archiv der Akademie der Künste (AdK), VuW 2932, Mappe Giuseppe Dessì.

Vermarktungsinstrument und Kaufanreiz
Buchtitel als Metadaten bei traditionellen Verlagen und Selfpublishern

Anke Vogel

Dieser Beitrag analysiert Buchtitel als ökonomische Signale und digitale Metadaten-Objekte im digitalen Buchmarkt, wobei ein Fokus auf den Unterschieden zwischen traditionellen Verlagen und Selfpublishing-Angeboten liegt. Vor dem Hintergrund der zunehmenden Informationsasymmetrien und des Problems der Discoverability im überfüllten Buchmarkt (mit schrumpfenden Neuerscheinungszahlen bei traditionellen Verlagen bei gleichzeitigem Wachstum von Selfpublishing-Titeln) untersucht die Studie, wie Buchtitel als Vermarktungsinstrument und Kaufanreiz wirken. Der Aufsatz verortet Buchtitel als zentrale Metadaten, die sowohl als paratextuelle Schwelle zwischen Werk und Leser als auch als algorithmisch wirksame Signifikanten fungieren. Während traditionelle Verlage über institutionell etablierte Prozesse verfügen, bei denen Titelgestaltung Teil einer langfristigen Markenstrategie ist und durch professionelle Workflows mit normierten Metadatenstandards (ONIX, THEMA) abgesichert wird, agieren Selfpublisher in einer dezentralisierten Plattformökonomie. Sie müssen Titel und Metadaten selbst innerhalb vorgegebener Plattformmasken (etwa bei Amazon KDP) optimieren, wobei SEO-Aspekte und algorithmische Sichtbarkeit dominieren. Buchtitel fungieren zunehmend als taktische Schnittstellen im Spannungsfeld zwischen ästhetischem Ausdruck und algorithmischer Auffindbarkeit, wobei sich zwei unterschiedliche Metadatenkulturen herausbilden: normierte, institutionell abgesicherte Verlagsverfahren einerseits und flexible, aber datenökonomisch anspruchsvolle Selfpublishing-Praktiken andererseits.

This article analyzes book titles as economic signals and digital metadata objects in the digital book market, focusing on the differences between traditional publishers and self-publishing offerings. Against the backdrop of increasing information asymmetries and the problem of discoverability in the crowded book market (with shrinking numbers of new releases from traditional publishers and simultaneous growth in self-published titles), the study examines how book titles function as a marketing tool and purchase incentive. The article identifies book titles as central metadata that function both as a paratextual threshold between the work and the reader and as algorithmically effective signifiers. While traditional publishers have institutionally established processes in which title design is part of a long-term brand strategy and is secured by professional workflows with standardized metadata standards (ONIX, THEMA), self-publishers operate in a decentralized platform economy. They have to optimize titles and metadata themselves within predefined platform templates (such as Amazon KDP), with SEO aspects and algorithmic visibility dominating. Book titles increasingly function as tactical interfaces in the tension between aesthetic expression and algorithmic findability, with two different metadata cultures emerging: standardized, institutionally secured publishing procedures on the one hand, and flexible but data-economically demanding self-publishing practices on the other.

1 Einleitung: Sichtbarkeit, Transformation und Informationsasymmetrie

Buchtitel können aus unterschiedlichen Perspektiven in den Blick genommen werden. In dem vorliegenden Beitrag stehen ökonomische Überlegungen zur Funktion und Wirkung von Buchtiteln als Vermarktungsinstrument und Kaufanreiz im Fokus. Dabei wird vor dem

Hintergrund der digitalen Transformation des Buchmarktes analysiert, ob und gegebenenfalls wie sich Buchtitel im aktuellen Buchmarkt im Hinblick auf ihre verkaufsfördernde Wirkung bei Publikationen aus traditionellen Verlagsunternehmen von denen im Selfpublishing unterscheiden. Die Relevanz des Themas ergibt sich daraus, dass mit der Verfügbarkeit von Computern als universellen Maschinen[1] und »der kommerziellen Durchsetzung des Internets seit den 1990er-Jahren [...] Formen [...] des onlinebasierten Selfpublishings entstanden, die sich mittlerweile zu einer nachhaltigen Konkurrenz für institutionelle Gatekeepingprozesse im Verlag entwickelt haben«,[2] wie Sven Stollfuss konstatiert. Der seit Jahren – durchaus aus guten Gründen – sinkenden Zahl an Neuerscheinungen im deutschsprachigen Buchmarkt (von 76 547 Erstauflagen im Jahr 2015 auf 58 346 im Jahr 2024)[3] steht eine wachsende Menge an Selfpublishing-Titeln gegenüber. Die Zahl der in einem eigenen Verband organisierten Selfpublisher reicht mittlerweile an die Zahl der im Börsenverein des deutschen Buchhandels organisierten Verlage heran – auch wenn hier freilich deutlich unterschiedliche Umsatzgrößenklassen aufeinandertreffen: Der Selfpublisher-Verband gibt 2025 eine Mitgliederzahl von über 1500 an (im Februar 2024 wurden folgende konkrete Zahlen angegeben: 1581 Mitglieder, davon 1400 ordentliche Mitglieder, die bereits mindestens ein Buch im Selfpublishing veröffentlicht haben, darunter wiederum Hybridautor:innen, die auch in traditionellen Verlagen publiziert haben).[4] Demgegenüber standen 1405 Verlage, die 2024 im Börsenverein des deutschen Buchhandels organisiert waren und deren Zahl rückläufig ist.[5] Der Selfpublishing-Dienstleister tredition schätzt, dass im Jahr 2024 rund 62 000 neuen Buchtitel aus traditionellen Verlagen mehr als 100 000 Neuerscheinungen im Selfpublishing gegenüberstanden, 15 000 allein bei tredition.[6] Die massenhaft unter Zuhilfenahme generativer KI generierten Titel, die in diesem Zeitraum begannen, den Onlinebuchhandel zu fluten, dürften bei dieser Schätzung noch nicht voll durchgeschlagen haben. Eine Verschärfung des seit Jahren virulenten Problems der Discoverability im Buchmarkt, das seinen Ausdruck unter anderem in der von Konsumenten geäußerten Orientierungslosigkeit in dem übergroßen Angebot findet, deutet sich dadurch an.

1 Vgl. Miha Kovač/Angus Phillips/Adriaan van der Weel u. a.: What is a Book? In: Publishing Research Quarterly 35 (2019), S. 313–326, hier S. 315.

2 Sven Stollfuß: Selfpublishing und Plattform. In: Alexander Nebrig/Corinna Norrick-Rühl/Erika Thomalla (Hg.): Handbuch Verlag. Berlin/Heidelberg: Metzler 2025, S. 1–11, hier S. 1. https://doi.org/10.1007/978-3-662-67725-4_32-1.

3 Vgl. Börsenverein des deutschen Buchhandels (Hg.): Buch und Buchhandel in Zahlen 2025. Frankfurt am Main: MVB 2025, S. 85.

4 Vgl. Selfpublisher Verband: Wir über uns, https://www.selfpublisher-verband.de/der-verband/ueber-uns/ (5. Dezember 2025).

5 Börsenverein des deutschen Buchhandel (Anm. 3), S. 46.

6 Sönke: Self-Publishing 2025 – Aktueller Guide zum Bucherfolg. In: tredition (24. März 2025), https://tredition.com/self-publishing/ (5. Dezember 2025).

Grundsätzlich handelt es sich bei Büchern selten um Inspektionsgüter, bei denen eine Nutzenbewertung ex ante möglich ist, sondern in der Regel um Erfahrungs- oder sogar Vertrauensgüter. Nutzende können die Qualität also erst während oder nach dem Konsum beurteilen. Auch den Nutzen, den sie aus dem Konsum ziehen können, können Rezipierende vor der Rezeption nicht oder nur eingeschränkt beurteilen. Vorab wird nicht klar, ob das gewählte Buch den an es gestellten Erwartungen entspricht, ob vorhandene kognitive, affektive oder soziale Bedürfnisse befriedigt werden können. Das wirkt sich negativ auf die Zahlungsbereitschaft aus. Enthalten Bücher Informationen, die der Konsument nicht ohne weiteres nachprüfen kann, handelt es sich sogar um Vertrauensgüter, deren Qualität auch nach dem Konsum noch nicht sicher bewertet werden kann.[7] Die Kommunikation auf den Rezipientenmärkten ist bei Medienprodukten im Allgemeinen und beim Buch im Besonderen durch Informationsasymmetrien gekennzeichnet, denen es zu begegnen gilt – der Verlag verfügt zunächst über deutlich mehr Informationen als potenzielle Konsument:innen.

Das Einholen von Informationen durch mögliche Käufer:innen wird als ›Screening‹ bezeichnet. ›Signaling‹ bezeichnet demgegenüber die Bereitstellung von Informationen durch die besser informierte Marktseite.[8] Eine besondere Form des Signalings stellt die Bereitstellung von Informationen in Form von Metadaten dar. Die kanadische Studie *The Effect of Metadata on Book Sales. Analysis of the Relationship Between Enriched Metadata and Book Sales* kam 2020 zu folgendem Ergebnis: »the sales of titles with enriched metadata are significantly higher than the sales of similar titles without it. Specifically, results show that the effect of metadata is particularly strong on publishers with medium and high annual publishing volumes.«[9]

Der Beitrag verfolgt vor diesem Hintergrund eine doppelte Zielsetzung: Er beschreibt Buchtitel als ökonomische Signale und zugleich als digitale Metadaten-Objekte, die maschinell verarbeitet und algorithmisch bewertet werden. In dieser Doppelrolle verbinden sie symbolische, bibliografische und infrastrukturelle Dimensionen des Buchmarktes.

7 Vgl. Anke Vogel: Der Buchmarkt als Kommunikationsraum. Eine kritische Analyse aus medienwissenschaftlicher Perspektive. Wiesbaden: VS 2011, S. 109–112.

8 Vgl. ebd., S. 335–336.

9 BTLF: The Effect of Metadata on Book Sales. Analysis of the Relationship Between Enriched Metadata and Book Sales. A study conducted by La Société de gestion de la BTLF in partnership with L'Association nationale des éditeurs de livres and HEC Montréal's Professorship en données massives pour les arts et la culture. 2020, S. 5, https://btlf.ca/etude-de-leffet-des-metadonnees-sur-les-ventes-de-livres-analyse-de-la-relation-entre-les-metadonnees-denrichissement-et-la-vente-de-livres/ (5. Dezember 2025).

2 Metadaten in der Buchbranche: Infrastruktur, Distribution und Plattformlogik

Metadaten werden gemeinhin definiert als »strukturierte Daten über Daten«,[10] die ein Produkt beschreiben und Zusatzinformationen bereitstellen. In der Buchbranche umfassen sie bibliografische Angaben wie ISBN, Titel, Produktform, Urheber und Erscheinungsjahr sowie inhaltliche und technische Beschreibungen – von Schlagwörtern (Keywords) und Klassifikationen (BIC, BISAC, DDC) bis zu Cover, Produktbeschreibung, Produktverweisen und Reihen (oder aufeinander aufbauende Serien), Format und Preis.

Der Fluss der Metadaten innerhalb der digitalen Buchwertschöpfungskette verläuft heute über komplexe, miteinander vernetzte Systeme, die die Veröffentlichung, Distribution und Sichtbarkeit von Titeln im Buchhandel strukturieren. Ausgangspunkt ist der Verlag, der die bibliografischen und produktbezogenen Metadaten in internen Systemen wie einem Content-Management-System (CMS) oder Product Information Management-System (PIM) sowie im Enterprise Resource Planning-System (ERP) erfasst. Diese Systeme bündeln alle relevanten Buchinformationen – von Titel, Autor und ISBN über Cover, Beschreibungstext und Schlagworte bis hin zu Preis, Erscheinungsdatum und Formatangaben.

Die auf diesem Wege erzeugten Datensätze werden anschließend an sogenannte Metadaten-Aggregatoren übermittelt. Solche Aggregatoren – etwa Bookwire oder Readbox – fungieren als zentrale Schnittstellen zwischen Verlagen und Handelsplattformen. Sie konsolidieren, standardisieren und verteilen die Metadaten an eine Vielzahl von Empfängern: an bibliografische Datenbanken wie das Verzeichnis Lieferbarer Bücher (VLB), an Großhändler und Zwischenbuchhändler (Umbreit, Zeitfracht, Libri), an (internationale) Buchhandelsplattformen (zum Beispiel Amazon, Thalia, Hugendubel) sowie an weitere Datenknoten (darunter etwa auch die Bayerische Staatsbibliothek). Darüber hinaus werden die Metadaten an digitale Ökosysteme wie Google Books und Apple Books übermittelt, wodurch sie auch in Suchmaschinen und internationalen Distributionsnetzwerken sichtbar werden. Dieser mehrstufige Distributionsprozess gewährleistet, dass ein einzelner Datensatz aus dem Verlag in einer Vielzahl von Handels- und Informationssystemen gespiegelt und fortlaufend aktualisiert wird. In dieser Infrastruktur fungieren Metadaten als mediale Transportform von Sichtbarkeit: Sie zirkulieren zwischen Produktions-, Distributions- und Rezeptionsinstanzen und ermöglichen so die algorithmische, bibliografische und ökonomische Verknüpfung des Buches innerhalb des digitalen Buchmarktes.

Eine aktuelle Erhebung zur Nutzung von Selfpublishing-Plattformen zeigt, dass sich die Veröffentlichungspraxis deutschsprachiger Autorinnen und Autoren stark auf wenige Anbieter konzentriert. Mit deutlichem Abstand dominiert Amazon KDP (Kindle Direct Publishing), das von 597 Teilnehmenden genutzt wird. An zweiter Stelle folgt Books on Demand (BoD) mit 482 Nennungen, gefolgt von tolino media mit 207 Nennungen. Dahinter

10 Alexander Haffner/Franziska Horn/Bibi Setayesh: Metadaten für Dummies. Weinheim: Wiley 2019, S. 6.

liegen kleinere Anbieter wie epubli (69), tredition (56), Neobooks (27), BookRix (22) sowie Feyir und XinXii mit jeweils 14 Nennungen. Zudem gaben 62 Autorinnen und Autoren an, ihre E-Books über andere, nicht spezifizierte Plattformen zu veröffentlichen.[11]

Diese Verteilung verdeutlicht die zunehmende Plattformkonzentration im Selfpublishing, die zugleich Auswirkungen auf die Standardisierung und Sichtbarkeit von Metadaten hat. Da große Plattformen wie Amazon KDP und BoD zentrale Schnittstellen zur Metadatenvergabe (etwa für Titel, Untertitel, Schlagwörter und Kategorien) bereitstellen, prägen sie maßgeblich die bibliografische und algorithmische Erschließung von Selfpublishing-Titeln. Somit wird der Buchtitel nicht nur als individuelles Gestaltungselement, sondern auch als plattformübergreifendes Metadatum relevant, das in Such- und Empfehlungssystemen eine entscheidende Rolle spielt.

3 Metadaten als Paratext: Vom Signaling zur algorithmischen Sichtbarkeit

Metadaten sind nicht nur technische Beschreibungsdaten, sondern zugleich bedeutungstragende Elemente, die die Wahrnehmung und Positionierung eines Werkes im digitalen Raum strukturieren. In paratexttheoretischer Perspektive lassen sich Metadaten als erweiterte Formen des Paratexts im Sinne Gérard Genettes begreifen: als Schwellenphänomene, die den Zugang zum Text regulieren und seine Rezeption vorbereiten.[12] Der Buchtitel, traditionell bereits als peritextuelles Element mit starker Orientierungsfunktion verankert, wird in digitalen Distributionsumgebungen zugleich zu einem algorithmisch wirksamen Signifikanten. Seine semantische Beschaffenheit beeinflusst die maschinelle Auffindbarkeit und bestimmt damit maßgeblich, in welchen Kontexten und Sichtbarkeitsräumen ein Werk erscheint.

Aus medien- und informationswissenschaftlicher Perspektive lässt sich der Titel damit als Teil einer infrastrukturellen Logik der Sichtbarkeit begreifen, die durch Suchmaschinen, Empfehlungsalgorithmen und datengetriebene Klassifikationssysteme konstituiert wird. Metadaten fungieren hier als operative Schnittstellen, die Texte in das Netz symbolischer und ökonomischer Relationen des digitalen Buchmarktes einspeisen. Sie erzeugen Anschlussfähigkeit – nicht nur zwischen Werk und Leser, sondern auch zwischen dem Text und den algorithmischen Strukturen der Plattformen selbst. Damit verschiebt sich die Funktion des Paratexts von der rein rezeptionslenkenden zu einer performativen: Metadaten ›handeln‹ im digitalen Dispositiv, indem sie Sichtbarkeit erzeugen, Relevanz konstruieren und literarische Bedeutung im Kontext technischer Selektionsprozesse vermitteln. In diesem Sinne markieren Buchtitel als primäre Metadaten eine doppelte Schwelle. Sie sind

11 Vgl. Selfpublisher Verband: Selfpublisher-Umfrage 2024, https://www.selfpublisher-verband.de/wp-content/uploads/2024/04/Selfpublisher-Umfrage-2024-Teil-1.pdf (5. Dezember 2025).

12 Gérard Genette: Paratexte. Das Buch vom Beiwerk des Buchs. Mit einem Vorwort von Harald Weinrich. Aus dem Französischen von Dieter Hornig. Frankfurt am Main/New York: Campus 1989, S. 9–21.

zugleich semantischer Anker des literarischen Textes und epistemisches Instrument seiner Auffindbarkeit im digitalen Raum. Ihre Gestaltung folgt damit nicht allein ästhetischen oder narrativen Erwägungen und der Einschätzung der Marktgängigkeit durch den Verlag, sondern zunehmend einer Logik der algorithmischen Optimierung und datenbasierten Rezeption. Der Buchtitel wird so zum hybriden Paratext: zwischen literarischer Signifikanz und informationstechnischer Funktion, zwischen symbolischem Ausdruck und infrastruktureller Sichtbarkeit. Die Metadaten eines Buches konstituieren in diesem Zusammenhang ein komplexes Gefüge aus bibliografischen, semantischen und ästhetischen Informationen, das die Sichtbarkeit, Klassifikation und Rezeption literarischer Werke in digitalen Infrastrukturen bestimmt. Neben klassischen bibliografischen Angaben wie Autorname, Titel und ISBN treten zunehmend inhaltlich-semantische und visuelle Komponenten – etwa Schlagworte, Untertitel, Kategorisierungen, Beschreibungstexte und Covergestaltung – in den Vordergrund.

Aus informations- und medienwissenschaftlicher Perspektive bilden Metadaten somit operative Schnittstellen zwischen symbolischen und technischen Systemen. Sie sind nicht nur Träger beschreibender Information, sondern epistemische Agenten im Sinne einer »data ontology«,[13] die Bedeutung, Relevanz und Sichtbarkeit innerhalb infrastruktureller Regime der Plattformökonomie hervorbringen. Schlagworte und Kategorien fungieren hierbei als semantische Marker, die narrative oder thematische Aspekte des Werkes in maschinenlesbare Relevanzsignale transformieren und so algorithmische Entscheidungen über Auffindbarkeit und Platzierung steuern. Visuelle Metadaten wie das Cover ergänzen diese Prozesse durch indexikalische Signale kultureller Zugehörigkeit und ästhetischer Codierung. Selbst die Autor:innenangabe kann als Teil einer datenvermittelten Identitätsökonomie gelesen werden, in der Autorschaft und Markenbildung zunehmend ineinandergreifen.[14] In dieser Perspektive erscheinen Metadaten nicht mehr als sekundäre Zusatzinformationen, sondern als aktive, performative Bestandteile der textuellen Ökologie: Sie ermöglichen den Eintritt des Buches in das Netzwerk algorithmischer Zirkulation und bilden die notwendige infrastrukturelle Bedingung seiner digitalen Sichtbarkeit.

4 Der Buchtitel als zentrales Metadatum

Der Buchtitel bildet ein zentrales Metadatum im System der buchbezogenen Information, indem er zugleich als semantisches, paratextuelles und ökonomisches Kennzeichen fungiert. Nach Ursula Rautenberg erscheint der Buchtitel als Bezeichnung eines Werkes auf dem Titelblatt, wobei zwischen Werk- und Buchtitel nicht zwingend Identität besteht: Mehrere

13 Vgl. dazu grundlegend Rob Kitchin: The Data Revolution: Big Data, Open Data, Data Infrastructures and Their Consequences. London: SAGE 2014.

14 Vgl. Ted Striphas: Algorithmic culture. European Journal of Cultural Studies 18.4/5 (2015), S. 395–412.

Texte können unter einem gemeinsamen Buchtitel veröffentlicht werden oder ein Werk kann in unterschiedlichen Ausgaben verschiedene Titel tragen. Im bibliothekarischen Kontext wird in diesem Zusammenhang vom Sachtitel gesprochen, also dem bibliografisch maßgeblichen Titel, der die Grundlage der formalen Erschließung bildet, während Schlag- und Stichwörter der inhaltlichen Indexierung dienen.[15] Historisch variiert die Titelgestaltung mit dem literarischen Geschmack – von barocken, ausgreifenden Argumentum-Titeln über die aufklärerische Kürze bis hin zu modernen, aufmerksamkeitsorientierten Formen. Rautenberg unterscheidet verschiedene formale Typen, etwa Schlagworttitel (Ein- bis Dreiworttitel, häufig alliterierend), Doppeltitel (verknüpft durch ›und‹ oder ›oder‹) sowie Satz- und Fragetitel. Während in der Belletristik und im populären Sachbuch klanglich einprägsame, assoziationsreiche Titel dominieren, ist in der wissenschaftlichen Literatur die präzise Inhaltskennzeichnung maßgeblich, oft ergänzt durch Gattungsbezeichnungen wie ›Einführung‹, ›Handbuch‹ oder ›Lexikon‹.[16]

In paratextueller Perspektive betont Genette die »Verführungsfunktion« des Titels, der als Schwelle zwischen Text und Leser fungiert.[17] Diese Funktion zeigt sich exemplarisch an erfolgreichen Titeln wie Richard David Prechts *Wer bin ich – und wenn ja, wie viele?* oder Gerald Hüthers *Bedienungsanleitung für ein menschliches Gehirn*, die intellektuelle Relevanz, Witz und Marktgängigkeit verbinden. Der Titel wird somit zu einem zentralen Marketinginstrument, das Aufmerksamkeit und Wiedererkennung bündelt. Ulrich Huse bezeichnet die Wahl des richtigen Titels als »erste und wichtigste Marketing-Entscheidung eines Verlages«.[18] Entsprechend wird der endgültige Titel gemäß § 1 Abs. 2 des Normvertrags (2014) in Abstimmung zwischen Autor:in und Verlag festgelegt, wobei der Verlag das Letztentscheidungsrecht behält, sofern keine Verletzung des Persönlichkeitsrechts vorliegt.[19] Ausstattung, Covergestaltung, Auflagenhöhe und Werbemaßnahmen liegen im Ermessen des Verlags. Diese Regelung verdeutlicht die institutionelle Logik des Buchmarkts, in der auktoriale Kreativität und marktstrategische Funktionalität austariert werden. Der Buchtitel erscheint damit als Ausdruck und Signal zugleich – als ästhetische Verdichtung und ökonomisches Zeichen.

15 Vgl. Ursula Rautenberg: Titel. In: Reclams Sachlexikon des Buches: Von der Handschrift zum E-Book. Kindle-Version. Stuttgart: Reclam 2025; Rupert Hacker: Bibliothekarisches Grundwissen. 5. durchgesehene Aufl. Berlin/Boston: de Gruyter 2011, S. 76.

16 Vgl. Ursula Rautenberg: Titel (Anm. 15).

17 Vgl. Gérard Genette: Palimpseste. Die Literatur auf zweiter Stufe. Aus dem Französischen von Wolfram Bayer und Dieter Hornig. Frankfurt am Main: Suhrkamp 1993, S. 58–102.

18 Ulrich Huse: Verlagsmarketing. 3. überarbeitete und aktualisierte Aufl. Frankfurt am Main: Bramann 2021 (= Bramann Basics 1), S. 97.

19 Vgl. Verlagsrecht & Musterverträge. Normvertrag. In: Börsenverein, https://www.boersenverein.de/beratung-service/recht/verlagsrecht-mustervertraege/ (5. Dezember 2025).

5 Rechtliche und organisatorische Dimensionen: Titelschutz als Metadaten-Kontrollsystem

Der rechtliche Rahmen des Buchtitels ist im Markengesetz (MarkenG) geregelt, das seit 1995 den Schutz von Werktiteln für Druckschriften, Bühnen-, Film- und Tonwerke gewährleistet. Ein Titel ist schutzfähig, wenn er Unterscheidungskraft besitzt, also über eine bloß beschreibende Angabe hinaus eine individuelle Bezeichnung darstellt. Fehlt diese Kennzeichnungskraft, kann Titelschutz durch Verkehrsgeltung entstehen, das heißt durch die im Markt erworbene Bekanntheit. Der Schutz beginnt automatisch mit der Ingebrauchnahme – etwa durch Ankündigung in einer Verlagsvorschau – und folgt dem Prioritätsprinzip: Der zuerst verwendete Titel genießt Vorrang. Eine Titelschutzanzeige ermöglicht die Vorverlagerung des Schutzes auf den Zeitpunkt der Veröffentlichung der Ankündigung. Titelschutz ist grundsätzlich unbefristet, er endet erst mit der Aufgabe des Gebrauchs – zum Beispiel wenn der Titel dauerhaft vergriffen ist oder aus dem Verlagsverzeichnis gestrichen wurde.[20]

In der Praxis gehört es zu den Aufgaben von Lektorat und Marketing, die Schutzfähigkeit und Verfügbarkeit eines Titels zu prüfen. Wird ein geschützter Titel ohne Berechtigung genutzt, liegt eine Titelschutzverletzung vor, die Unterlassungsklagen oder den Rückruf ausgelieferter Bücher nach sich ziehen kann – mit erheblichen finanziellen und reputativen Folgen. Häufig wird bei unbeabsichtigten Konflikten eine außergerichtliche Einigung angestrebt. Der verletzende Verlag trägt die Kosten und verpflichtet sich, den Titel bei der nächsten Auflage zu ändern. Zur Vermeidung von Verwechslungen erscheinen Hinweise in der Branchenpresse. Der Schutz erstreckt sich dabei nicht nur auf den Worttitel, sondern auch auf Cover-Gestaltungen und titelähnliche Bildmarken. Eine gründliche Titelrecherche ist daher unverzichtbar. Das Verzeichnis Lieferbarer Bücher (VLB) bietet nur eingeschränkt Sicherheit, da vergriffene Titel weiterhin in Gebrauch sein können. Auch die Deutsche Nationalbibliothek (DNB) ist auf freiwillige Meldungen angewiesen. Professionelle Recherchedienste werten zusätzlich Titelschutzanzeigen im *Börsenblatt* und medienübergreifende Quellen aus – etwa Film- oder Serientitel –, um Konflikte frühzeitig zu erkennen. Der Buchtitel wird so zum juristisch, bibliografisch und datenlogisch vernetzten Metadatenträger. Seine Verwaltung bildet ein Kontrollsystem, das die Integrität und Funktionsfähigkeit des Buchmarkts sichert.

6 Titelfindung als Schnittstelle von Ästhetik, Marketing und Algorithmus

Die Titelfindung bewegt sich heute an der Schnittstelle zwischen ästhetischer Ausdrucksgestaltung und datenökonomischer Optimierung. Während in traditionellen Verlagen die Entscheidung im Zusammenspiel von Autor:in, Lektorat und Marketing getroffen wird, übernehmen Selfpublisher diese Aufgabe selbst – mit teils anderen Zielsetzungen und

20 Ulrich Huse: Verlagsmarketing (Anm. 18), S. 98.

methodischen Zugängen. Plattformen wie Amazon KDP, Books on Demand (BoD) oder Tolino Media zwingen Autor:innen dazu, ihre Werke durch standardisierte Eingabemasken zu beschreiben. Diese Formulare definieren zugleich die Metadatenstruktur: Titel, Untertitel, Schlagworte, Kategorie, Preis. Sichtbarkeit, Auffindbarkeit und Verkaufserfolg hängen somit unmittelbar von der semantischen und formalen Qualität dieser Eingaben ab. Zugleich gilt: Bücher werden am leichtesten gefunden, wenn Titel, Autor:innenname oder ISBN bekannt sind; wesentlich ist aber das gesamte Metadaten-Set (unter anderem ISBN, Titel/Untertitel, Genre/Warengruppe, Maße/Gewicht, Erscheinungsjahr), das Shop-Algorithmen speist, Leser:innen bei der Suche führt und den Buchhandel bei der Kategorisierung unterstützt. Ohne adäquate Metadaten ist ein Buch weder auffindbar noch verkäuflich; Fehlklassifikationen lassen Titel in Trefferlisten ›verschwinden‹, und der erste Eindruck entsteht in Sekunden aus dem Zusammenspiel von Titel, Cover und Klappentext.[21]

6.1 SEO-orientierte Titelgestaltung im Selfpublishing

Selfpublishing-Ratgeber (etwa die von tredition 2024 oder Nomad Publishing 2024) empfehlen, den Titel konsequent nach Suchmaschinenkriterien (SEO) zu gestalten.[22] Ein Titel müsse relevante Keywords enthalten, um von Algorithmus und Leser zugleich erkannt zu werden – etwa: *Low Carb Kochen für Berufstätige: Das Kochbuch mit 150 gesunden und schnellen Rezepten für die Low Carb Küche inklusive Ernährungsplan zum Abnehmen (Kochbuch für Berufstätige).* Solche Formulierungen bündeln mehrere Suchbegriffe und erhöhen die algorithmische Relevanz. Gleichzeitig gilt ›Keyword-Stuffing‹ – das übermäßige Füllen des sichtbaren Titels mit Suchbegriffen – als kontraproduktiv; moderne Plattformen (zum Beispiel Amazon KDP) bieten Backend-Keywords, die Suchbegriffe außerhalb des sichtbaren Titels erlauben. Dadurch rücken Lesbarkeit, Markenidentität und klare Positionierung wieder in den Vordergrund. Hinzu kommen Interface-Randbedingungen: Titel jenseits von ca. 60 Zeichen werden oft gekürzt; entscheidende Informationen gehören daher an den Anfang. Auch die Zielgruppenadressierung ist kritisch: Zu späte Spezifikationen (zum Beispiel ›für Jungen‹) oder zu allgemeine Titel mindern die Konversion; Klarheit im Titel ist zentral, da Nutzer:innen nur einen Sekundenbruchteil hinschauen.[23] Praktisch suchen viele Kund:innen nicht nach einem spezifischen Titel, sondern nach Genre-, Themen- oder Regionsbegriffen

21 Sönke: Metadaten – Ohne sie ist dein Buch nicht auffindbar. In: tredition (12. Oktober 2022), https://tredition.com/metadaten/ (5. Dezember 2025).

22 Vgl. Nomad Publishing: Perfekte Buchtitel für Amazon KDP: Diese Fehler killen deine Sales!, https://youtu.be/Gj1blKvjUIs?si=YLDMhVrCAm-P0mBJ (5. Dezember 2025); Sönke: Self-Publishing 2025 – Aktueller Guide zum Bucherfolg. In: tredition (24. März 2025), https://tredition.com/self-publishing/ (5. Dezember 2025).

23 Vgl. Sönke: Wie dein Buchtitel die Aufmerksamkeit der Leser weckt. In: tredition (16. Juni 2021), https://tredition.com/buchtitel/ (5. Dezember 2025); Nomad Publishing: Perfekte Buchtitel für Amazon KDP (Anm. 22).

(etwa ›veganes Backbuch‹ oder Regionalkrimi mit Orts-Schlagwort). Nur sauber gepflegte Metadaten sowie ein passender, verständlicher Titel sichern hier Sichtbarkeit.[24]

6.2 Ästhetisch-literarische und marketingstrategische Aspekte

Auch in traditionellen Verlagen bleibt die Titelgestaltung ein Balanceakt zwischen literarischer Authentizität und Markterwartung. Wie Huse betont, gilt der Titel als »die wichtigste Einzelmaßnahme des Verlagsmarketings«.[25] Erfolgreiche Titel kombinieren emotionale Resonanz mit kognitiver Prägnanz. Beispiele wie *Der Hundertjährige, der aus dem Fenster stieg und verschwand* oder *Der Dativ ist dem Genitiv sein Tod* zeigen, wie Originalität, Humor und Wiedererkennbarkeit Verkaufschancen potenzieren. Verlage nutzen zur Titelfindung strukturierte Verfahren: Brainstormings, Trendanalysen, Wettbewerbsvergleiche, Testlesungen und zunehmend auch A/B-Tests in digitalen Vorankündigungen; gemessen werden etwa höhere Klickraten oder Vorbestellungen. Die Entscheidung wird damit datenbasiert operationalisiert. Im Unterschied dazu entstehen Selfpublishing-Titel stärker aus individueller Intuition und Online-Recherche; tredition empfiehlt, erfolgreiche Titel des eigenen Genres systematisch zu analysieren, ohne sie zu kopieren (Inspirations-Prinzip).[26] Aus Konsument:innensicht zählt der erste Eindruck: Titel, Cover und Klappentext bilden das maßgebliche Wahrnehmungsbündel; ein unklarer, zu generischer oder missverständlich positionierter Titel (zum Beispiel der Liebesroman-Titel *Man sieht sich*) bremst Neugier, während klare Genremarkierungen Orientierung geben.[27]

6.3 Kreativitätstechniken und rhetorische Verfahren

Selfpublishing-Guides wie *Wie finde ich den optimalen Buchtitel?*[28] nennen verschiedene Heuristiken: deskriptive Titel (*Der Junge mit den roten Schuhen*), metaphorische oder alliterierende Titel (*Feuerwerk der Gefühle, Grenzenlose Gier*), kombinierte Genre-Marker (*Eismond, Todesbrunnen*) oder serielle Figuren-/Ortsangaben (*Mord am Bodensee – Der erste Fall von Kommissar Hähnlein*). Für Unterhaltungsgenres zählen Originalität und Merkbarkeit, ohne Plumpheit; für Sach-/Fachbücher ist die explizite Nennung thematischer Schlag- und Stichworte im Titel essenziell, gegebenenfalls mit präzisierendem, keywordtragendem Untertitel. Vor dem Hintergrund von derzeit rund 60 000 Neuerscheinungen (allein im traditionellen Verlagswesen) steigt der Bedarf an Unverwechselbarkeit; dennoch raten Ratgeber von Buchtitel-Generatoren ab, da diese sprachliche Feinheiten und inhaltliche

24 Vgl. Sönke: Metadaten (Anm. 21).

25 Ulrich Huse: Verlagsmarketing (Anm. 18), S. 97.

26 Vgl. Sönke: Wie dein Buchtitel die Aufmerksamkeit der Leser weckt. In: tredition (16. Juni 2021), https://tredition.com/buchtitel/ (5. Dezember 2025).

27 Vgl. ebd.

28 Andrea Kock: Wie finde ich den optimalen Buchtitel? In: BoD Blog (24. Februar 2022), https://blog.bod.de/veroeffentlichen/wie-finde-ich-den-optimalen-titel-fuer-mein-buch/ (5. Dezember 2025).

Passung nicht adäquat abbilden.[29] Prozessual empfehlen Leitfäden einen Arbeitstitel während des Schreibens und die endgültige Festlegung erst nach inhaltlicher Stabilisierung; außerdem gründliche Verfügbarkeits- und Konfliktrecherche (unter anderem Amazon/Google, idealerweise ergänzt um weitere Branchenquellen).[30] So wird deutlich: Titelfindung ist stets semantische Ökonomie zwischen Andeutung des Inhalts, emotionaler Aktivierung und algorithmischer Erwartung. Während ein Verlagstitel kulturelle Distinktion und Markenführung adressiert, zielt der Selfpublishing-Titel stärker auf Discoverability im Datenstrom – beide folgen jedoch derselben Logik: Der Titel ist eine paratextuelle Verdichtung, die Aufmerksamkeit erzeugt und die Zuordnung zu Diskurs- und Warengruppen steuert.[31]

7 Analyse der paratextuellen und semantischen Metadaten aktueller Selfpublishing-Titel

Die in Tabelle 1 dargestellten Selfpublishing-E-Book-Bestseller[32] verdeutlichen exemplarisch, wie stark sich die Titel- und Covergestaltung im digitalen Publikationsfeld als funktionales Metadatensystem etabliert hat. Unter Metadaten sind dabei – im erweiterten Sinne der Buchwissenschaft – nicht nur technische Angaben (Autor:in, Preis, Format), sondern auch semantische und visuelle Paratexte zu verstehen, die in ihrer Kombination ein spezifisches Rezeptions- und Marktsignal erzeugen.[33] Auffällig ist zunächst die starke semantische Kohärenz der Selfpublishing-Titel. In der Gesamtheit der in der Tabelle aufgeführten Werke wiederholt sich ein dreigliedriger, rhythmisch strukturierter Titeltypus (*Plätzchen, Tee und Winterwünsche*, *Misteln, Schnee und Winterwunder*, *Sterne, Zimt und Winterträume*), der auf emotionaler und akustischer Ebene unmittelbar Affektivität erzeugt. Diese Form der redundanten Alliteration und thematischen Reihung fungiert als algorithmisch wirksames Metadatenmuster: Sie ermöglicht Suchmaschinen- und Plattformerkennung ebenso wie ein sofortiges Wiedererkennen durch Leser:innen. Die Titel übernehmen damit die Funktion, die in der klassischen Verlagslogik häufig durch institutionelles Branding (Verlagssignet, Reihenlogo) abgesichert wird. Auch die Covergestaltung zeigt innerhalb der Selfpublishing-Topliste hohe formale Homogenität.

29 Vgl. Sönke: Wie dein Buchtitel die Aufmerksamkeit der Leser weckt (Anm. 26).

30 Vgl. ebd.; Sönke: Metadaten (Anm. 21).

31 Vgl. ebd.; ergänzend Sönke: Wie dein Buchtitel die Aufmerksamkeit der Leser weckt (Anm. 26); Andrea Kock: Wie finde ich den optimalen Buchtitel? (Anm. 28); Ulrich Huse: Verlagsmarketing (Anm. 18); Nomad Publishing: Perfekte Buchtitel für Amazon KDP (Anm. 22).

32 Vgl. Thalia: Unsere beliebten Self-Publishing-Bestseller | Thalia. November 2025.

33 Vgl. Gérard Genette: Paratexte (Anm. 12).

Tab. 1: Selfpublishing-E-Book-Bestseller

Rang	Autor:in	Titel	Band / Reihe	Erscheinungsjahr	Preis	Format	Quelle	Coverbeschreibung
1	Stina Jensen	Leuchtturm, Scones und Winterliebe	Band 9 (Leuchtturm-Saga)	2024	5,99 €	eBook (ePUB)	Thalia.de (abr. 02.11.2025)	Pastellfarbenes Motiv in hellblauen und rosé-Tönen; zentraler Leuchtturm auf Klippe; winterlich-romantische Typografie in Schreibschrift; warme Lichtstimmung.
2	Krinke Rehberg	Syltkrimi Regengrab	Band 13 (Syltkrimi-Reihe)	2025	4,49 €	eBook (ePUB)	Thalia.de (abr. 02.11.2025)	Dunkelblauer Himmel mit Regenwolken; Dünenlandschaft im Vordergrund; weiße Serifenschrift; kühl-düstere Küstenästhetik.
3	B. C. Schiller	Mörderische Küste – 2 in 1 (Nur bei uns!)	Band 1 (Sonderausgabe)	2024	4,99 € (reduziert)	eBook (ePUB)	Thalia.de (abr. 02.11.2025)	Kriminalroman-Design; Brandung und Küstenmotiv; bläuliches Farbspektrum mit roten Akzenten; blockhafte Typografie.
4	Stina Jensen	Sterne, Zimt und Winterträume	Band 3 (Winter-Reihe)	2022	2,99 € (reduziert)	eBook (ePUB)	Thalia.de (abr. 02.11.2025)	Zimtsterne und verschneite Winterdekoration auf Holzhintergrund; warme Farbtemperatur; goldfarbene Schreibschrift.
5	B. C. Schiller	Mörderische Küste – Krimi 3 & 4 (Nur bei uns!)	Band 2 (Sonderausgabe)	2024	5,99 €	eBook (ePUB)	Thalia.de (abr. 02.11.2025)	Küstenlandschaft bei Sturm; blaugraue Töne; kräftige Sans-Serif-Typografie; spannungsgeladene Atmosphäre.
6	Stina Jensen	Plätzchen, Tee und Winterwünsche	Band 1 (Winter-Reihe)	2021	3,99 €	eBook (ePUB)	Thalia.de (abr. 02.11.2025)	Stillleben mit Gebäck, Tasse Tee und Tannenzweigen; sanfte Rot- und Beigetöne; romantisch-häuslicher Stil.
7	Stina Jensen	Misteln, Schnee und Winterwunder	Band 2 (Winter-Reihe)	2023	5,99 €	eBook (ePUB)	Thalia.de (abr. 02.11.2025)	Schneelandschaft mit Mistelzweigen; pastellfarbenes Design; weiße kalligrafische Schrift; festliche Anmutung.
8	Krinke Rehberg	Syltkrimi Wintergrab	Band 14 (Vorbesteller)	2025	4,49 €	eBook (ePUB)	Thalia.de (abr. 02.11.2025)	Frostig-blaues Sylt-Motiv mit winterlichem Leuchtturm; dunkle Typografie; betont kühle Atmosphäre.
9	B. C. Schiller	Nordtod – Das Elchblut (Nur bei uns!)	Band 2	2024	5,99 €	eBook (ePUB)	Thalia.de (abr. 02.11.2025)	Blutspritzer auf Schnee; rote Schriftzüge; kontrastreiches Design im skandinavischen Krimi-Stil.
10	Nele Blohm	Weihnachtlich verliebt auf Sylt	Band 5	2024	0,99 € (reduziert)	eBook (ePUB)	Thalia.de (abr. 02.11.2025)	Rotes Haus am Strand mit Lichterketten; Herzornamente; Schreibschrift-Titel in Weiß; festlich-romantische Farbpalette.

Farbschemata, Typografie und Bildmotive folgen einer visuell-semantischen Genregrammatik: Helle Pastell- und Beigetöne, kalligrafische Schriftzüge und bildhafte Arrangements von winterlich-romantischen Objekten signalisieren das Subgenre der saisonalen Romance; dunkle, kontrastreiche Küstenmotive mit sachlicher Sans-Serif-Typografie markieren hingegen den Bereich der Regionalkrimis (vgl. Titel 2, 5 und 8 in der Tabelle). Diese klare Kodierung ersetzt die verlegerische Stilautorität durch wiedererkennbare, visuell konsistente Selbstmarken. Inwiefern sich hier der Einfluss von KI in Form von Bildgeneratoren zeigt, müsste separat analysiert werden. Autoren wie Stina Jensen oder B. C. Schiller etablieren über serielle Gestaltung eine Art visuelles Branding im Binnenmarkt des Selfpublishings. Im Vergleich dazu erscheinen Verlagstitel derselben Genres deutlich zurückhaltender und stärker marken- als genrebezogen. Während im traditionellen Buchmarkt das Verlagssignet und die grafische Linie der jeweiligen Imprint-Marke (zum Beispiel Rowohlt, dtv, Penguin) die paratextuelle Autorität sichern, muss der Selfpublisher diese Legitimation durch semantische und visuelle Überdetermination ersetzen. Die Titel werden somit selbst zu Trägern von Metadaten – sie beschreiben nicht nur den Inhalt, sondern erzeugen zugleich Kontext und Markenidentität. Insgesamt lässt sich feststellen, dass Selfpublishing-Titel auf eine ökonomische und algorithmische Standardisierung reagieren, indem sie eine hohe Dichte an affektiven und semantischen Signalen bieten. An die Stelle verlegerischer Vielfalt tritt eine ästhetische Serialität, die über Wiederholung und Variation funktioniert. Die Cover- und Titelgestaltung wird so zur zentralen metadatenbasierten Vermittlungsform zwischen Autor:innen und Plattformöffentlichkeit. Diese Beobachtungen lassen sich im Anschluss an Genette als Transformation des paratextuellen Raums verstehen: Der Titel, das Cover und selbst Preisangaben werden im digitalen Buchmarkt zu funktionalen Metadaten, die in algorithmischen Umgebungen die Schwelle zwischen Werk und Leser:in bilden. Die Analyse der Selfpublishing-Bestseller zeigt, dass dieser Schwellenraum zunehmend visuell, emotional und marketinglogisch organisiert ist – eine Entwicklung, die den traditionellen Verlagstitel in seiner symbolischen und institutionellen Funktion weitgehend ersetzt.

8 Fazit

Im Vergleich zwischen Verlagssystem und Selfpublishing-Ökonomie treten deutliche strukturelle und funktionale Unterschiede zutage, die zugleich verschiedene Metadaten-Kulturen hervorbringen. In traditionellen Verlagen liegt die institutionelle Verantwortung für den Buchtitel und seine Metadaten primär bei Lektorat und Marketing. Diese redaktionellen Instanzen handeln innerhalb professioneller, arbeitsteilig organisierter Workflows, in denen Titelgestaltung, Metadatenpflege und kommunikative Kohärenz Teil einer langfristig angelegten Markenstrategie sind. Verlage arbeiten dabei in der Regel mit standardisierten Austauschformaten wie ONIX (XML für den Buchhandel), die eine präzise, regelkonforme Titelaufnahme in interne Content-Management- oder Product-Information-Systeme (CMS/

PIM) sowie eine reibungslose Integration in das Verzeichnis Lieferbarer Bücher (VLB) ermöglichen. Die Titelfassung durchläuft mehrere Korrekturschleifen und Abstimmungen zwischen Redaktion, Marketing und Rechtsabteilung, um Prägnanz, Markenkonformität und rechtliche Absicherung zu gewährleisten.

Demgegenüber agieren Selfpublisher in einer dezentralisierten, von Plattformökonomien geprägten Struktur. Sie verfügen über größere kreative Freiheit, müssen ihre Werke jedoch in die von Distributionsplattformen wie Amazon KDP, Tolino Media oder IngramSpark vorgegebenen Formate und Masken einpflegen. Diese Eingabemasken ersetzen die redaktionellen Metadatenprozesse der Verlage, zwingen Autor:innen aber zugleich, selbst für Suchmaschinentauglichkeit, formale Konsistenz und rechtliche Unbedenklichkeit zu sorgen. Während Verlage den Haupttitel meist ohne zusätzliche Keywords in die Metadaten einspeisen, jedoch weitere branchespezifische Metadaten wie die Themaklassifikation nutzen und sich auf buchhändlerische Vermittlung und Markenbekanntheit stützen, nutzen Selfpublisher Titel, Untertitel und Zusatzfelder gezielt als SEO-Instrumente. Damit fungiert der Titel nicht mehr allein als ästhetisch-symbolische Verdichtung, sondern zugleich als Suchabfrageformel.

Die von EDItEUR entwickelte und im traditionellen Verlagswesen verwendete THEMA-Klassifikation ist ein internationaler Standard zur thematischen Einordnung von Büchern, der den weltweiten Austausch von Metadaten im Buchhandel erleichtert. Im Gegensatz zu national begrenzten Systemen wie etwa früheren deutschen Warengruppenschlüsseln oder der US-amerikanischen BISAC-Klassifikation zielt THEMA darauf ab, eine sprach- und marktübergreifende Beschreibung von Inhalten zu ermöglichen. Das System kombiniert Hauptkategorien, qualifizierende Unterkategorien sowie regionale und kulturelle Zusätze, wodurch sowohl eine präzise inhaltliche Verortung als auch die Anpassung an spezifische Absatzmärkte möglich wird. THEMA unterstützt insbesondere internationale Verlage, Onlinehändler und Bibliothekskataloge dabei, Bücher konsistent zu kategorisieren, auffindbar zu machen und gezielt zu vermarkten, während gleichzeitig Übersetzungs- und Synchronisationsaufwände zwischen nationalen Klassifikationssystemen reduziert werden. Auf der technischen Ebene spiegeln sich die Unterschiede zwischen traditionellen Verlagen und Selfpublishern also in der Metadateninfrastruktur wider: Verlage arbeiten mit normierten Systemen und gepflegten Datenketten bis zum Großhandel, während Selfpublisher von algorithmischen Plattformprozessen abhängig sind. Dadurch verlagert sich die Logik der Sichtbarkeit: In traditionellen Verlagskontexten entsteht Reichweite über kuratierte Buchhandelspräsenz, Rezensionen und programmatische Einbettung; im Selfpublishing entscheidet die algorithmische Platzierung über Erfolg oder Unsichtbarkeit.

Auch die Zielsetzungen beider Systeme differieren deutlich. Verlage streben Markenaufbau, langfristige Profilierung und kulturelle Distinktion an; Selfpublisher zielen eher auf kurzfristige Reichweite und algorithmische Sichtbarkeit (Discoverability). Entsprechend unterscheiden sich häufig auch die ästhetischen Orientierungen: Während Verlage auf literarische Kohärenz und Markenkonformität achten, dominiert im Selfpublishing eine pragmatische Keyword-Logik, die auf Genre-Signale, emotionale Trigger und maschinelle Lesbarkeit optimiert ist.

Diese Unterschiede bringen unterschiedliche Risikoprofile hervor: Für Verlage stehen Titelschutzkonflikte, markenrechtliche Überschneidungen und Reputationsverluste im Vordergrund, während Selfpublisher vor allem mit Keyword-Inflation, algorithmischem Sichtbarkeitsverlust und Marktübersättigung konfrontiert sind. Insgesamt stehen damit normierte, institutionell abgesicherte Verlagsverfahren flexiblen, aber datenökonomisch anspruchsvollen Selbstpublishing-Praktiken gegenüber. Beide Systeme definieren den Buchtitel als zentrales Bindeglied zwischen ästhetischem Ausdruck und ökonomischer Auffindbarkeit. Doch während der Verlagstitel Teil einer kuratierten Kulturproduktion bleibt, fungiert der Selfpublishing-Titel zunehmend als taktische Schnittstelle im digitalen Aufmerksamkeitsmarkt.

Read Me!
Deixis in literarischen Titeln (insbesondere zeitgenössischer *Romance*-Literatur)

Judith Niehaus

Ausgehend von der Beobachtung einer Häufung von Titeln, die Deiktika einsetzen, insbesondere im florierenden Genre der *(New Adult) Romance*-Literatur, geht dieser Beitrag dem pragmatischen Potential von Deixis in Buchtiteln nach. Der Frage nach Tradition und Funktion der Deixis in Titeln nähert sich der Beitrag paratext- und titeltheoretisch, literaturgeschichtlich sowie anhand eines konkreten Beispiels aus der Gegenwartsliteratur und dessen Rezeption an. Die leitende These ist dabei, dass deiktische Prozeduren als adressierende und involvierende Sprachhandlungen sich für Titelpraktiken in besonderer Weise funktionalisieren lassen, indem sie Identifikation und Wiedererkennbarkeit versprechen sowie eine geteilte Gegenwart konstituieren.

Building on the observation that contemporary literature, particularly the thriving genre of (New Adult) Romance, makes frequent use of deictics in their titles, this article discusses the pragmatic potential of deixis in book titles. To explore the tradition and function of deixis in titles, the article draws on paratext theory and the theory of titles as well as examples from literary history, and proposes a close reading of one contemporary novel and its reception. The key thesis is that deictic procedures, as addressing and involving speech acts, can be functionalized in a specific way for titling practices because they promise identification and recognizability and constitute a shared present.

Buchtitel und -cover stellen nicht erst seit Beginn des digitalen Zeitalters die prominentesten Paratexte dar. Die visuellen Präsentationspraktiken in Sozialen Medien, insbesondere Bookstagram und Booktok, sowie auf Buchblogs haben diese Prominenz allerdings noch gesteigert. Dabei besteht eine gängige Form der Inszenierung darin, das Buch frontal in die Kamera zu halten, sodass die Hände und häufig auch der Rest des Körpers der präsentierenden Person zu sehen sind. Als womöglich extremes Beispiel für diese Inszenierungsstrategie sei ein Beitrag des Buchblogs ›Empire of Bookz‹ herangezogen, wo die Bloggerin Lilly-Anastasia den äußerst erfolgreichen ersten Band einer Romanreihe von Mona Kasten bespricht. Es handelt sich um den 2024 auch als *Amazon Prime*-Serie unter dem Titel *Maxton Hall* verfilmten Bestseller *Save Me*.[1]

Das als Titelbild des Beitrags dienende Foto, auf dem die Bloggerin das Buch in die Kamera hält, ist dabei einigermaßen irritierend: Das Buch ist im Vordergrund zu sehen und nimmt fast die gesamte Bildhöhe ein; die Bloggerin hält es mit einer Hand der Kamera entgegen, sodass Hand und Buch sehr viel größer erscheinen als der Rest ihrer Person, der im dunklen Hintergrund und der Tiefenunschärfe verschwindet; von ihrem ernst blickenden Gesicht ist nur die Hälfte zu sehen. Man könnte das Foto fast für einen Hilferuf halten. Eine solche Irritation und Ambiguität gäbe es nicht, wenn auf dem Cover des Buches ein Titel

1 Mona Kasten: Save Me. Köln: Lyx 2018.

Abb. 1: Titelbild der Rezension zu *Save Me* auf dem Blog ›Empire of Bookz‹[2]

wie beispielsweise ›Der Zauberberg‹ zu lesen wäre. Es ist die Verwendung des Deiktikons ›Me‹ – ›Rette *mich*‹ –, die den entscheidenden Unterschied macht und den Buchtitel zu einem Schauplatz einer spezifischen Pragmatik werden lässt.

Diesen, im linguistischen Sinne, pragmatischen Strategien in Buchtiteln, vor allem der belletristischen Gegenwartsliteratur, möchte ich in meinem Beitrag nachforschen und einige Überlegungen dazu formulieren, wie – und vielleicht: warum – Titelpraktiken auf deiktische Prozeduren zurückgreifen. Dazu werde ich mit einer kurzen Einführung zur Deixis beginnen (1), um dann zuerst in theoretischer Perspektive (2) und anschließend in historischer Perspektive (3) nach deiktischen Prozeduren in literarischen Titeln zu fragen. In der danach folgenden Textanalyse schlage ich einen Bogen zu meinem eingangs zitierten Beispiel und widme mich der *Jetzt*-Trilogie von Gabriella Santos de Lima, die ihr Deiktikon prominent vor sich her trägt (4). Im Schlussteil werden die Überlegungen unter dem Stichwort der ›geteilten Gegenwart‹, die in den Buchtiteln deiktisch hergestellt wird, gebündelt (5).

2 Das Bild wurde der folgenden Website entnommen: https://www.empireofbookz.de/2021/05/19/rezension-save-me/ (4. September 2025).

1 Einführende Bemerkungen zur Deixis

Die literaturwissenschaftliche Beschäftigung mit der Deixis ist zwar seit einigen Jahrzehnten stark zurückgegangen, hat aber eine lange Tradition, die verbunden ist mit so kanonischen Texten wie Käte Hamburgers *Die Logik der Dichtung* und so einschlägigen (und einschlägig kritisierten) Begriffen wie dem ›lyrischen Ich‹. Ich möchte nur knapp ein paar Grundlagen in Erinnerung rufen und einige Aspekte herausarbeiten, die besonders relevant für die Frage nach der Deixis in den Buchtiteln erscheinen. Dabei stütze ich mich vor allem auf die Arbeiten des Linguisten Konrad Ehlich, der über seine einschlägigen sprachwissenschaftlichen Studien hinaus eine wichtige Rolle für die Analyse deiktischer Prozeduren in literarischen Texten spielt.

Im Anschluss an die Zweifelderlehre des Sprach- und Deixistheoretikers Karl Bühler differenziert Ehlich deiktische und nennende Ausdrücke: Deiktische Ausdrücke in einem Zeigfeld »›funktionieren‹ anders als die Ausdrücke des Symbolfeldes«, das heißt die nennenden Ausdrücke.

> Sie [die deiktischen Ausdrücke; JN] gewinnen ihre Bedeutung durch das sprachliche Handeln von Sprecher und Hörer selbst, haben sie also nicht an sich. Das heißt, die sprachliche Handlung ist für die Bedeutungskonstitution deiktischer Ausdrücke wesentlich. Sie sind also auf die Sprechsituation angewiesen.[3]

Deiktika wie ›Ich‹ und ›Du‹, wie ›Hier‹, ›Jetzt‹ und ›Wir‹ werden in Bezug auf die von Bühler eingeführte Origo, von der aus sie geäußert werden, und die Sprechsituation, in der die Sprachhandlung stattfindet, mit Bedeutung gefüllt. Sprachlich handeln müssen dazu sowohl Sprecher als auch Hörer: Der Sprecher tätigt die Handlung und orientiert den Hörer in seinem Verweisraum; der Hörer muss diese Origo imaginativ übernehmen und den Verweisraum nachentwerfen – nur dann kann die deiktische Prozedur gelingen. Situativität und Adressiertheit haben somit als strukturelle Merkmale von Deixis zu gelten. Die Adressiertheit geht dabei so weit, dass die Bereitschaft zur Übernahme und zum Nachentwerfen des Verweisraums und damit auch zu einer Art Distanzüberwindung durch die Verwendung von Deiktika bereits vorausgesetzt bzw. eingefordert wird.

In einem raumzeitlich geteilten Wahrnehmungsraum und in mündlichen Aussagen ist das Gelingen deiktischer Prozeduren meist weitgehend unproblematisch: Die ›Ich-Jetzt-Hier‹-Origo ist deutlich gesetzt und den Hörer:innen wird nicht allzu viel abverlangt, den Verweisraum nachzuentwerfen. Im Fall einer zerdehnten und vertexteten Sprechsituation wie bei literarischen Werken sind die deiktischen Ausdrücke, so stellt auch Ehlich fest, »eher ein Problem als ein einfach zu handhabendes Mittel«.[4] Der Verweisraum ist dann

3 Konrad Ehlich: Deixis und Dichtung – Linguistische Überlegungen. In: Monika Dannerer u. a. (Hg.): Gesprochen – geschrieben – gedichtet. Variation und Transformation von Sprache. Berlin: Schmidt 2009, S. 67–79, hier S. 69.

4 Ebd., S. 71.

kein geteilter Wahrnehmungsraum mehr, sondern wird einerseits zum Textraum und andererseits zum Vorstellungsraum, zwei Begriffe, die Ehlich im Anschluss an Bühlers ›Deixis am Phantasma‹ entwickelt. Das Nachentwerfen dieser Räume fordert etwas mehr Einsatz seitens der Leser:innen.

Auch in diesen Verweisräumen kann Deixis nicht nur gelingen, sie ist sogar fundamental: für die Orientierung im Text, das Ausprägen einer Erzählinstanz, für das Verständnis diegetischer Räume, für direkte und indirekte Rede oder für Adressierungen im Text. Gleichzeitig kann die Situativität und damit die Offenheit des Bezugs deiktischer Ausdrücke auch strategisch eingesetzt werden. Das gilt insbesondere für Adressierungen in der zweiten Person, wie sie etwa David Herman als »doubly deictic *you*« analysiert. Mit diesem Begriff bezeichnet er die überlagerte, gleichzeitige Adressierung fiktionaler, innerdiegetischer Figuren einerseits und realer Leser:innen andererseits – und zwar durch ein einziges ›you‹.[5] Gerade für derlei Überlagerungen, für referentielle Entkopplungen und Verdoppelungen scheinen mir, indem sie zirkulierend in stets neue Kontexte treten und in sich selbst nur einen minimalen Verweisraum eröffnen, Buchtitel prädestiniert zu sein.

2 Literarische Titel und ihre deiktischen Prozeduren

Gérard Genette schreibt in seiner Studie über *Paratexte* einleitend: »Diese Anhängsel [...] bilden zwischen Text und Nicht-Text nicht bloß eine Zone des Übergangs, sondern der Transaktion: den geeigneten Schauplatz für eine Pragmatik und eine Strategie«.[6] In dem dezidiert dem Titel als Paratext gewidmeten Kapitel konstatiert Genette außerdem:

> Der Adressat des Textes ist durchaus der Leser, der Adressat des Titels aber ist das Publikum im [...] erweiterten Sinn. Der Titel richtet sich an weitaus mehr Menschen, die ihn auf dem einen oder anderen Weg rezipieren und weitergeben und dadurch an seiner Zirkulation teilhaben. Denn der Text ist Gegenstand einer Lektüre, der Titel aber, wie übrigens auch der Autorname, ist Gegenstand einer Zirkulation oder, wenn man das vorzieht, eines Gesprächs.[7]

Diese Verortung des Titels auf dem Schauplatz der Pragmatik, bzw. in einem Gespräch lässt sich in zweierlei Hinsicht verstehen: Zum einen im Sinne eines offenen Gesprächs, in dem der Titel zirkuliert, zum anderen als pragmatischen Kontext, in dem der Titel eine spezifisch adressierte, sprachliche Handlung ist.

Hinsichtlich des zweiten Aspekts, den Arnold Rothe in seiner Studie zum Titel ausführlich erläutert, scheinen interessanterweise weniger seine Ausführungen zur Appellfunktion,

5 David Herman: Textual ›You‹ and Double Deixis in Edna O'Brien's *A Pagan Place*, in: Style 28.3 (1994), S. 378–410, hier S. 392.

6 Gérard Genette: Paratexte. Das Buch vom Beiwerk des Buches. Mit einem Vorwort von Harald Weinrich. Aus dem Französischen von Dieter Hornig. 5. Aufl. Frankfurt am Main: Suhrkamp 2014, S. 10.

7 Ebd., S. 77.

sondern vor allem zur phatischen Funktion, zum Titel als Mittler, von Relevanz zu sein. Dass für die phatische Funktion, also für die Herstellung, Aufrechterhaltung und Versicherung des Kontakts zwischen Sender und Empfänger, Deiktika eine wichtige Rolle spielen, liegt auf der Hand. Rothe beschäftigt sich in diesem Kontext mit der Leseranrede, denn »[a]m ausdrücklichsten unternimmt der Titel einen Brückenschlag zu seinem Gegenüber, wenn er es direkt anspricht« – wofür Rothe als Beispiel Sigismund von Radeckis 1948 erschienene Essaysammlung *Das müssen Sie lesen!* nennt.[8] Während er die apostrophierende Personaldeixis also ausführlicher betrachtet, geht Rothe auf andere deiktische Prozeduren nicht ein – auch nicht im Zuge seiner Einordnung des Titels als ›gegenwärtig‹.[9] Diese Gegenwärtigkeit sieht Rothe durch die Präsenz des Titels sowohl in der Erinnerung der Leser:innen als auch im Inneren eines Buches eher gegeben als durch die Verwendung von ›gegenwärtigen‹ Deiktika wie ›Hier‹ oder ›Jetzt‹.

Für die Frage nach den deiktischen Prozeduren von (bzw. in) Romantiteln sind Harald Weinrichs Überlegungen in zweifacher Hinsicht anschlussfähiger. In seinem Beitrag über »Titel für Texte« befasst er sich – angestoßen von der Häufigkeit von Eigennamen als Titel – erstens mit der benennenden Funktion des Titels. Nicht nur enthalten Romantitel häufig Eigennamen, sondern auch der Titel selbst scheint den Charakter eines Namens, nämlich für den betitelten Text, zu haben. Während Weinrich diese ›Nennfunktion‹, die »wieder zu Bühlers Sprachtheorie zurückführt«,[10] als ungenau kritisiert, bescheinigt Roland Barthes umgekehrt dem Titel eine intrinsisch (an-)zeigende Funktion: Jeder Titel habe »eine zweifache Funktion: eine Aussagefunktion und eine deiktische Funktion«, wobei letztere in der »Ankündigung [...], daß ein Stück Literatur folgen wird«, besteht.[11] Der Titel scheint damit Zeig- und Symbolfeld gleichermaßen zu bespielen: In seiner den nachfolgenden Text anzeigenden, ankündigenden Funktion hat er deiktischen Charakter, in seiner Funktion als wiedererkennbarer Stellvertreter tritt seine nennende Dimension hervor.

Zweitens beschäftigt sich Weinrich mit der Verwendung des bestimmten Artikels in Romantiteln. Dabei geht er von der Beobachtung aus, dass Buchtitel überraschend häufig den bestimmten, anaphorischen Artikel tragen – wie beispielsweise *Der Zauberberg*. Um sich diese Häufung zu erklären, unterscheidet er die Funktionen des Titels vor und nach der Lektüre: »Titel literarischer Werke« müssen, so Weinrich, »als sprachliche Instruktionen angesehen werden, die dem Leser zwar *ante textum* gegeben werden, aber erst *post textum*

8 Arnold Rothe: Der literarische Titel. Funktionen, Formen, Geschichte. Frankfurt am Main: Klostermann 1986, S. 87.

9 Vgl. ebd., S. 99.

10 Harald Weinrich: Titel für Texte. In: Ders.: Sprache, das heißt Sprachen. Plädoyer für die sprachliche Vielfalt. Hg. von Hartwig Kalverkämper. Berlin: Frank & Timme 2022, S. 165–183, hier S. 172.

11 Roland Barthes: Textanalyse einer Erzählung von Edgar Allan Poe. In: Ders.: Das semiologische Abenteuer. Aus dem Französischen von Dieter Hornig. Frankfurt am Main: Suhrkamp 1988, S. 266–298, hier S. 271.

gelten«.[12] Vor der Lektüre entwickelt der anaphorische Artikel Weinrich zufolge eine fast ›magische‹ Wirkung, die darauf beruht,

> dass dem zukünftigen Leser (und prospektiven Käufer!), hauptsächlich durch das grammatische Zusammenspiel der Substantive mit ihren anaphorischen Begleitern suggeriert wird, hier sei aller Welt schon etwas als Vorinformation bekannt, was anscheinend nur im Bewusstsein eines besonderen Adressaten noch fehlt. Wenn dieser nun das Buch erwirbt und es auch liest, eignet er sich genau jenes Wissen an, das ihm noch gefehlt hat, um mit dem Titel genau ›*in phase*‹ zu sein.[13]

Bezogen auf das bereits mehrfach genannte, kanonische Beispiel geht es um das den Leser:innen vor der Lektüre noch nicht zugängliche Wissen, um was es sich bei ›*Dem* Zauberberg‹ handelt oder wo sich ›*Der* Zauberberg‹ befindet. Nach der Lektüre hat ›Der Zauberberg‹ seinen anaphorischen Artikel verdient und in dieser Bestimmtheit können die Leser:innen *post textum* ihre Gedanken und Reminiszenzen um den Titel gruppieren.

Diese Überlegungen Weinrichs sind für die Fragen nach den deiktischen Prozeduren in Romantiteln deshalb so anschlussfähig, weil zwischen Anaphorik und Deixis ein enger Zusammenhang besteht.[14] Auch deiktische Titel verweisen auf mangelndes Wissen, nämlich die fehlende Kenntnis des Zeigfelds, und wecken den Wunsch, mit dem Titel ›*in phase*‹ zu sein: Vor der Lektüre, vielleicht noch im Buchladen ist offen, wer in dem Buch *Save Me* mit seinem appellativen Titel gerettet werden muss; und nach der individuellen Leseerfahrung wird das ›me‹ gefüllt, sei es mit den Protagonist:innen Ruby oder Damien – wer dabei wen rettet ist dabei womöglich gar nicht so eindeutig –, oder vielleicht fühlen sich Leser:innen sogar selbst gerettet. Die Gespräche über derlei Fragen finden dann, um zum ersten Verständnis des pragmatischen Schauplatzes zurückzukehren, im Falle von *New Adult Romance*-Büchern wie *Save Me* vor allem im digitalen Raum statt, wo der Titel und die individuellen Leseerfahrungen zirkulieren und in Feedbackschleifen treten.

12 Harald Weinrich: Titel für Texte (Anm. 10), S. 179.

13 Ebd., S. 181.

14 Um nicht tiefer in die von Rita Finkbeiner registrierte »Kontroverse [...], ob Deixis und Anapher sich je für sich als spezielle Arten der Referenz auffassen lassen, oder ob die Anapher ein Teil der Deixis ist«, einsteigen zu müssen, sei hier nur kurz darauf verwiesen, dass sowohl deiktische als auch anaphorische Ausdrücke »sich ganz allgemein als kontextabhängige Ausdrücke beschreiben« lassen, wobei Anaphern »keinen Situations-, sondern einen Textbezug« haben, also »abhängig von Informationen [sind], die in bestimmten Ausdrücken des vorangehenden Textes enthalten sind« (Rita Finkbeiner: Deixis und Anapher. In: Frank Liedtke/Astrid Tuchen (Hg.): Handbuch Pragmatik. Stuttgart: Metzler 2018, S. 186–197, hier S. 186–187).

3 Deixis in Roman-Titeln der Literaturgeschichte

Häufungen und Traditionslinien, wie sie Weinrich für die Verwendung von Eigennamen und anaphorischen Artikeln in literarischen Titeln gezeigt hat, wurden für den Einsatz deiktischer Prozeduren bisher nicht erforscht. Ein besonders naheliegender Gegenstand wären hier Suggestivfragen unter Verwendung des Personaldeiktikons ›Wir‹ in den Titeln aktueller Sachbuchprogramme. Als Beispiel für dieses weitverbreitete Muster nennt Christine Nord in ihrer Untersuchung zu Buchtiteln und ihren Übersetzungen Jule Spechts *Charakterfrage* mit dem Untertitel *Wer wir sind und wie wir uns verändern*.[15] Im Vergleich zu dieser Titelkonvention ist die Verwendung von Deiktika in Titeln der *Romance*-Literatur eher wenig verbreitet. Trotzdem lohnt sich ausgehend von Titeln wie *Save Me* ein Blick in die Literaturgeschichte anhand dreier Probebohrungen.

Als erstes bietet sich das ›Verzeichnis Deutscher Drucke des 18. Jahrhunderts‹ (VD18) an, das sich über Titelsuche nach den Deiktika ›Hier‹, ›Jetzt‹, ›Wir‹, ›Du‹ und ›Ich‹ durchforsten lässt. Schon ein Blick auf die den Ergebnissen zugeordneten Gattungen ist aufschlussreich. Es dominieren die Textsorten ›Verordnung‹ und ›Amtsdruckschrift‹ – diese Zuordnungen werden beispielsweise von den gut 8000 Titeln, die ein ›Wir‹ enthalten, über 5000 bzw. 3000 Druckerzeugnissen gegeben.[16] Besonders auffällig ist die Häufigkeit von Gelegenheitsschriften, die durchaus diverse Anlässe haben (Hochzeit, Geburt, Jubiläum und vor allem Tod), so summieren sich die verschiedenen Gelegenheitsschriften für das Titelwort ›Hier‹ zu 142 (von insgesamt 513) Treffern auf, im Falle von ›Jetzt‹ sind es 119 (von 407) Treffer – was bei diesen beiden ›Gegenwartsdeiktika‹ wenig überrascht. Mit Blick auf literarische Gattungen ist allein die Lyrik bemerkenswert, die in sämtlichen Suchen jeweils immerhin eine zweistellige Trefferanzahl erzielt.[17] Bemerkenswert ist außerdem eine Häufung der Textsorte ›Brief‹ im Falle der Personaldeiktika ›Wir‹ und ›Du‹, sowie eine Kumulation der Gattung ›Liedersammlung‹ für das Titelwort ›Ich‹. Für die Frage nach der Geschichte von Deixis in Romantiteln ist hingegen eher eine Abwesenheit interessant: (Fiktionale) Erzähltexte finden sich, zumindest bei einer kursorischen Durchsicht der Ergebnislisten, überhaupt nicht.

Eine zweite stichprobenartige Recherche lässt sich über die Datenbank des ›TextGrid Repository‹ vornehmen, wo sich im Bereich ›Literatur‹ immerhin rund 94 000 Texte von

15 Christiane Nord: Titel, Texte, Translationen. Buchtitel und ihre Übersetzung in Theorie und Praxis. Berlin: Frank & Timme 2024, S. 69.

16 Da die einzelnen Druckerzeugnisse jeweils mehreren Gattungen zugeordnet werden können, tauchen die einzelnen Treffer in mehreren Zählungen auf, derlei Überlappungen wurden nicht rechnerisch beseitigt. Nicht nur deshalb müssen diese Auszählungen, die keine statistische Korrektheit beanspruchen, sondern nur einen Eindruck über ungefähre Tendenzen vermitteln sollen, als sehr tentativ gelten.

17 Ein Zusammenhang der Häufung von Gegenwartsschriften und Lyrik kann an dieser Stelle nicht verfolgt werden, drängt sich aber auf: Fast alle der als Lyrik klassifizierten Suchergebnisse, die die Deiktika ›Hier‹ oder ›Jetzt‹ im Titel tragen, werden auch als Gelegenheitsschriften verschlagwortet.

693 Autor:innen durchsuchen lassen. Die entsprechenden Werke stammen vom Anfang des Buchdrucks bis zu den ersten Jahrzehnten des 20. Jahrhunderts und wurden in deutscher Sprache verfasst oder übersetzt. In diesem Textkorpus fördert eine Suche nach den Titelwörtern ›Wir‹, ›Jetzt‹, ›Hier‹, ›Du‹ oder ›Ich‹ in der Gattung ›Prosa‹ so gut wie keine Ergebnisse zu Tage; zu den wenigen Ausnahmen zählen Joseph von Eichendorffs posthum erschienene und nicht von ihm selbst betitelte Satire *Auch ich war in Arkadien* und Franziska zu Reventlows »Wir Spione«, eine 1915 im *Simplicissimus* veröffentlichte Erzählung. Im Vergleich dazu werden bei den gleichen Suchstichwörtern in der Gattung ›Vers‹ über 3000 Ergebnisse angezeigt.

Für eine dritte Probebohrung eignet sich der Katalog der Deutschen Nationalbibliothek. Unter den als deutschsprachige Belletristik verschlagworteten Einträgen fördert eine Suche nach den bereits in den ersten beiden Recherchen verwendeten Titelwörtern zahlreiche Treffer zutage, die allerdings sämtlich aus dem 20. Jahrhundert stammen, und die Trefferquote wird erst ab den späten 1940er Jahren dichter. Im Werk einer Autorin, auf die man im Rahmen dieser Recherche bald stößt, finden sich allerdings außerordentlich viele Deixis-Titel: *Ich lasse dich nicht!* (1912), *Ich will* (1915), *Ich darf dich nicht lieben* (1921), *Willst du dein Herz mir schenken?* (1925), *Ich liebe dich, wer du auch bist* (1926), *Trotz allem lieb ich dich* (1930), *Ich hab dich lieb!* (1935) sind nur eine kleine Auswahl der Romane von Hedwig Courts-Mahlers, die mit Deiktika im Titel operieren.

Diese letzte Recherche scheint für die Literatur des frühen 20. Jahrhunderts das zu bestätigen, was Arnold Rothe im Rückgriff auf eine von Hans Jürgen Wulff vorgenommene Auswertung von Groschenromantiteln aus den 1970er Jahren feststellte. Adressierende Titel, wie sie häufig Gedichte tragen und in denen »ganz offenkundig nicht in erster Linie der Empfänger der Titel angesprochen wird«, kann selbiger trotzdem »auf sich beziehen, sich also mit dem tatsächlichen Adressaten identifizieren«, so Rothe.[18] »Diese Identifikationsmöglichkeit wird in etwa in 9 % bzw. – zählt man alle Nennungen eines Gegenübers zusammen – in über 12 % der Titel von heutigen deutschen Heimat- und Liebesromanen ausgeschlachtet.«[19] Die zweite Person Plural ist im Heftchenroman hingegen selten gesehen: »Dieser richtet sich eben an die individuelle Leserin, und in der Tat, welche würde sich nicht angesprochen fühlen durch *Geduld, er gibt auch Dir das Deine*; *Die ganze Welt sollst Du mir sein* usw.«[20]

Es haben sich also von Hedwig Courts-Mahler über die Groschen-Liebesromane der 1970er Jahren nicht nur romantische Klischees, sondern auch Titel-Klischees herausgebildet, die sich bis in die Gegenwart verfolgen lassen. So stellt Christine Lötscher mit Blick auf den aktuellen *New Adult Romance*-Trend fest: »Schon die Titel geben selbstbewusst zu verstehen, dass sich hier niemand für romantische Klischees schämt: *Save Me* (Mona Kasten), *Alles,*

18 Arnold Rothe: Der literarische Titel (Anm. 8), S. 88.

19 Ebd.

20 Ebd., S. 89.

was wir jemals waren (Kyra Groh), *You Make My Dreams* (Gabriella Santos de Lima), ist da zu lesen.«[21] Es ist dabei bezeichnend, dass alle drei von Lötscher herangezogenen Beispiele in ihren demonstrativ romantischen Titeln deiktische Prozeduren einsetzen.

4 Deixis in *Romance*-Titeln: Die *Jetzt*-Trilogie

Über die Geschichte der Deixis in Roman-Titeln und das Nachverfolgen von romantischen Klischees ist diese Betrachtung nun bei jenem Gegenwartsphänomen angelangt, das mit dem einleitenden Beispiel bereits antizipiert wurde: dem Trend der *New Adult Romance*-Literatur, der seit einigen Jahren den Buchmarkt prägt, von der Literaturwissenschaft – und von der die Literaturkritik bestimmenden bildungsbürgerlichen Öffentlichkeit – allerdings mit einiger Distanz beäugt wird.[22] Eine Ausnahme stellen hier die bereits erwähnten Arbeiten von Christine Lötscher dar, die sich unter anderem mit der genretypischen »spezifischen Immersion« befasst hat.[23] Dass es den Romanen gelingt, den Eindruck eines »Allein-und-doch-Verbunden-Sein[s]« zu evozieren, resultiert Lötscher zufolge aus ihrer großen »Nähe zur Lebenswelt der Leserinnen« und ihrer »Verflochtenheit in die unmittelbare digitale Gegenwart«, die sich auch massiv in der typographisch-materiellen Gestaltung der Bücher niederschlägt.[24]

Lötscher zufolge muss deshalb von einem transmedialen Phänomen gesprochen, die Immersion als ›transmediale Immersion‹ gedacht werden, wofür die typographische Gestaltung, etwa der Abdruck von Messenger-Chats, oder paratextuelle Praktiken, wie das Beilegen von Charakter-Karten und die Publikation von Spotify-Playlists[25] zum Buch, zentral sind. Auch Carolin Amlinger beschreibt die spezifische ästhetische Erlebniswelt, die durch sanfte Pastelltöne, Farbschnitt und glitzernden Goldsprenkeln evoziert wird: »Man will sie [die Bücher; JN] anfassen, in ihnen blättern, in ihnen aufgehen, verschwinden. Bereits die materielle Form forciert eine emotionale Intensität des Lesevorgangs«.[26]

21 Christine Lötscher: Feministin liebt Bad Boy. In: Neue Zürcher Zeitung, Nr. 203 (31. August 2024), S. 36.

22 So stellt es unter anderem Gerhard Lauer in einem Artikel für den *Merkur* dar: Gerhard Lauer: Die neue literarische Öffentlichkeit. In: Merkur 910 (2025), S. 26–39.

23 Christine Lötscher: Transmediale Immersion in New-Adult-Romanen. In: Buch&Maus 21.3 (2024), S. 19–21, hier S. 21.

24 Ebd.

25 Vgl. für das Phänomen der Playlist zum Roman auch Judith Niehaus: Soll das ein Soundtrack für das Buch sein? In: Pop-Zeitschrift (1. November 2022), https://pop-zeitschrift.de/2022/11/01/soll-das-ein-soundtrack-fuer-das-buch-sein-autorvon-judith-niehaus-autordatum01-11-2022/ (4. September 2025).

26 Carolin Amlinger: Softe Power. In: Berlin Review 1 (2024), https://blnreview.de/ausgaben/2024-02/carolin-amlinger-softe-power-tiktok-booktok-romance (4. September 2025).

Diese – auch und gerade – transmedial und paratextuell provozierte Immersion, die zu einer identifikatorischen Lektüre einlädt, beginnt also, so Lötscher und Amlinger, bereits auf der glitzernden, pastellfarbenen Außenseite. Die Frage, welche Rolle die Titel, die ja eben diese Außenseite prominent zieren, dabei spielen, liegt entsprechend auf der Hand – und deiktische Prozeduren scheinen dabei ein besonderes Potential zu bergen: Denn Deiktika wie ›Hier‹ oder ›Jetzt‹ versprechen genau diese Nähe, ›du‹ oder ›ich‹ laden zur Identifikation ein und ›wir‹ ist immersiv vereinnahmend. Die deiktischen Prozeduren fordern von den zukünftigen Leser:innen schon vor der Lektüre ein, sich das ›Hier‹, ›Jetzt‹ und ›Wir‹ zu eigen zu machen, nachzuvollziehen, sich zu versetzen.

Um diese Praktiken und Prozesse konkret nachzuvollziehen, werde ich nun anhand eines Beispiels den Einsatz deiktischer Prozeduren im Titel auf die Verfahren im weiteren Text beziehen und für die Frage nach der sich realisierenden Immersion auch auf Rezeptionseindrücke zurückgreifen. Diese Kombination aus text- und rezeptionsästhetischen Ansätzen ist nicht nur deshalb zentral, weil die in den Sozialen Medien kommunizierten Leseeindrücke intrinsischer Bestandteil des *New Adult Romance*-Phänomens sind, sondern auch aufgrund der strukturellen Adressiertheit deiktischer Prozeduren, durch die also stets die Rezeption in den Blick gerät. Als Textbeispiel dient im Folgenden der erste Band der auch von Lötscher angeführten ›*Jetzt*-Trilogie‹ von Gabriella Santos de Lima. *Jetzt sind wir echt,* erschienen im März 2023 im Loewe Imprint ›Loewe Intense‹, trägt schließlich gleich zwei Deiktika im Titel.

Dass das titelgebende ›Jetzt‹ nicht nur durch die Origo-Versetzung zum ›Jetzt‹ der Leser:innen wird, sondern sich die mit ›Jetzt‹ bezeichnete Gegenwart wirklich stark mit der Gegenwart der Leser:innen überlagert, wird in der Lektüre des Romans schnell deutlich. Die Handlung ist in Köln angesiedelt, und während darüber hinaus die lokale Verankerung vage bleibt, lässt sich der Zeitpunkt der Handlung umso eindeutiger rekonstruieren, und zwar – was kein Zufall, sondern elementarer Bestandteil der Ästhetik ist – über den Bezug auf die rezente Veröffentlichung von Taylor Swifts 10-Minuten Version ihres Songs »All Too Well«, die Lucy und Gregor sich zusammen anhören. ›Jetzt‹ ist also: November 2021. Neben Taylor Swift finden sich in der Playlist zum Buch viele deutschsprachige Indie-Songs – was, dem Leser:innen-Feedback zufolge, Immersion und Identifikation stark begünstigt: »Lucy war eine Protagonistin, mit der ich mich sehr stark identifizieren konnte«, wird auf dem Bookstagram-Account ›neues_kapitel‹ kommentiert, und nicht zuletzt das »deutsche Setting hat einen noch tiefer eintauchen lassen. Von Bahnverspätung bis deutsche Popkultur, ist alles dabei«.[27]

27 Vgl. https://www.instagram.com/p/CqxgXDjtASB/?img_index=1 (4. September 2025). Auch hier hält übrigens die *Instagram*-Userin das Buch frontal in die Kamera, jedoch mit einer zurückhaltenderen Gestik und in den weiteren Bildern des Beitrags ergänzt um *Moodboard*-artige Collagen, die den Inhalt des Romans aufgreifen.

Die im gleichen Post gerühmte »Greifbarkeit der Momente« lässt schon vermuten, dass die im Titel gesetzte Emphase auf das ›Jetzt‹ im Text eingelöst wird. Tatsächlich ist immer wieder vom ›Hier‹ und vor allem vom ›Jetzt‹ die Rede, in das die Figuren zurückgeholt werden, oder aus dem Heraus sie eine vergangene Situation betrachten.[28] Denn darum geht es ganz zentral in *Jetzt sind wir echt*: um ein ›Damals‹ und ein ›Jetzt‹. Das wird bereits in den Kapitelüberschriften deutlich, wo entsprechende Zusätze Orientierungshilfe geben, ob man in Rückblicken vom ersten Kennenlernen von Lucy und Gregor liest, oder in der Erzählgegenwart ihr erneutes Aufeinandertreffen verfolgt. Dabei wird die in einer serifenlosen Schrift gesetzten Kapitelüberschrift stets oberhalb durch die Benennung der Person, aus deren Perspektive erzählt wird, und bei einem Zeitebenenwechsel zusätzlich unterhalb durch die Angabe ›Damals‹ bzw. ›Jetzt‹, jeweils in einer Handlettering-Schriftart, ergänzt. Diese paratextuell vorweggenommene Spannung zwischen ›Damals‹ und ›Jetzt‹ spiegelt sich in Textstellen, in denen die zwei Zeitebenen zugleich kontrastiert und eng geführt werden. So wendet sich Lucy einmal mit den folgenden Worten an Gregor: »Ich will dich. Mit allem, was ich bin. Damals. Und jetzt.«[29] An anderer Stelle kommt sie zu dem Schluss »Jetzt war alles anders.«[30]

Diese Engführung und Kontrastierung von ›Jetzt‹ und ›Damals‹ verrät schon, auf welchem der klassischen *Romance-Tropes* der Roman aufgebaut ist: Es handelt sich um eine sogenannte *Second-Chance-Romance*. So legt es Santos de Lima auch selbst in einem Post auf *Instagram* offen, wo die Autorin, wie es für das Genre üblich ist, mit einem persönlich-professionellen Account stark in das Buchmarketing eingebunden ist. In dem betreffenden Beitrag wird neben dem »second chance« auch noch der sehr beliebte Trope »enemies to lovers« angeteasert und außerdem der Pärchenname »Lugor« preisgegeben. Diese Verschmelzung von ›Lucy‹ und ›Gregor‹ ist zugleich ein starkes Indiz dafür, wen das titelgebende ›Wir‹ meint – womit das zweite Deiktikon des Titels in den Blick gerät.

›Wir‹ ist ein komplexes Pronomen. Nicht nur ist sein Referent, wie bei allen Personaldeiktika, abhängig von der Äußerungsinstanz und -situation, es kann auch den Adressaten, und sogar den Sprecher selbst, ebenso gut ein- wie ausschließen.[31] Bezieht man das ›Wir‹ des Titels

28 Da werden vergangene Ereignisse neu und im »Hier und jetzt betrachtet« (S. 112), oder Lucy wird von der Stimme ihrer Mutter wieder »ins Hier und Jetzt« geholt (S. 421), ebenso wie Gregor aus Erinnerungen »zurück ins Jetzt« (S. 263) kommt. Weitere ›Jetzt‹-Emphasen finden sich etwa in Beschreibungen von Clubnächten, wo die Gäste »ganz im Beat und im Jetzt« sind (S. 19), und natürlich in Betonungen der erlebten Moments, wenn es heißt: »Manchmal war es einfach und manchmal war jetzt.« (S. 152); oder auch: »Und diese Weile war jetzt« (S. 385). Alle Zitate stammen aus Gabriella Santos de Lima: Jetzt sind wir echt. Bindlach: Loewe 2023.

29 Ebd., S. 244.

30 Ebd., S. 285.

31 Vgl. dazu beispielsweise und ausführlich Inke Du Bois: Grammatical, Pragmatic and Sociolinguistic Aspects of the First Person Plural Pronoun. In: Nicole Baumgarten/Inke Du Bois/Juliane House (Hg.): Subjectivity in Language and in Discourse. Bingley: Emerald 2012, S. 319–338.

Jetzt sind wir da auf Lucy und Gregor, schließt das die Leser:innen aus – und zwar weniger deshalb, weil es sich um eine romantische Paarbeziehung handelt, sondern vor allem, weil es ein ›Wir‹ fiktiver Instanzen ist. Denn obwohl Lucy und Gregor immer wieder metareflexiv und medienbewusst ihre eigene ›Echtheit‹ gegenüber romantischen Narrativen in Literatur und Film betonen – »Aber wir waren kein Film, das hier war echt.«[32] –, und auch obwohl Bookstagramer:innen Bilder von imaginierten Social Media-Profilen[33] für die Figuren anlegen, sind die beiden ja genau nicht echt.

Gerade vor der Lektüre aber – also wenn *ante textum* die Referenzmenge des ›Wir‹ noch nicht mit den fiktiven Figuren gefüllt ist – lädt es als inklusives ›Wir‹ auch die Leser:innen ein, die mitfühlen und sich, eben mit dem ›Wir‹ identifizieren können. Und wenn man als ›Wir‹ die Leser:innenschaft versteht, die sich über *Instagram*-Posts und *TikTok*-Videos miteinander vernetzt, dann ließe sich der Titel auch wie folgt lesen: *Jetzt*, bei der Lektüre, mit diesem Buch, sind *wir*, die Leser:innen, *echt* – denn die starken Emotionen, von denen die Posts zeugen, sind ja echt. So greift beispielsweise der Account ›bo0k_addicted‹ das titelgebende Adjektiv auf und lobt: »Demzufolge hat sich *Jetzt sind wir echt* wirklich sehr echt angefühlt.«[34]

Eines der Fotos zu diesem letztgenannten *Instagram*-Beitrag gibt außerdem Einblick in die interaktiven Lektürepraktiken, wie sie die Leser:innen von *New Adult Romance* ausüben und in den Sozialen Medien inszenieren. Mit – passend zur Buchgestaltung ausgewähltem – violettem Textmarker wurde ein Satz unterstrichen, der für den Titel des Buchs und die Konzeption der gesamten Reihe äußerst relevant ist: »Ich fühlte mich echt und eins und endlos.«[35] Da in diesem Genre Reihen schon vor Veröffentlichung des ersten Bands vollständig mit Titeln angekündigt werden, dürfte der Leserin mit ihrem Textmarker bewusst gewesen sein, dass sie hier einen intradiegetischen Verweis auf die Folgebände unterstrichen hat. Die beiden nachfolgenden Bände stellen jeweils eine der beiden engsten Freundinnen von Lucy ins Zentrum, die schon in *Jetzt sind wir echt* wichtige Rollen spielen. Somit wird nicht nur in der Handlung und im Selbstverständnis der Protagonistinnen, sondern auch durch den Aufbau der Trilogie Freundinnenschaft zu dem roten – oder pastell-goldenen – Faden, der die Reihe durchzieht: Mit ›Wir‹ sind womöglich also auch Lucy, Tillie und Manda gemeint.

Der letzte Band der Trilogie kann mit seinen Peri- und Epitexten noch einmal zusätzlich Aufschluss darüber geben, wer mit dem ›Wir‹ adressiert und identifiziert wird. Denn erstens hat *Jetzt sind wir endlos* eine Widmung, die nicht mehr, wie noch im ersten Band, an einen Namen gerichtet ist, sondern lautet: »Für alle, die kein Schaufenster passieren können, ohne sich selbst darin anzusehen.«[36] Und zweitens verrät die Autorin auf *TikTok*, dass sie selbst

32 Gabriella Santos de Lima: Jetzt sind wir echt (Anm. 28), S. 203.

33 Vgl. zum Beispiel einen Beitrag vom Account ›Headoverbooks‹: https://www.instagram.com/p/CpXwpKKtG7y/?img_index=2 (4. September 2025).

34 Vgl. https://www.instagram.com/p/CtopdZXNvXk/?img_index=4 (4. September 2025).

35 Gabriella Santos de Lima: Jetzt sind wir echt (Anm. 28), S. 203.

36 Gabriella Santos de Lima: Jetzt sind wir endlos. Bindlach: Loewe 2024, S. 7.

genau zu diesen ›allen‹ gehört, denn sie nennt *Jetzt sind wir endlos* eines der Bücher, die sie geschrieben habe, weil sie sie selbst gebraucht hätte.[37] ›Wir‹, das sind also Lucy und Gregor, Tillie und Manda, das sind die Leser:innen und die Autorin, das sind alle, die ihr Aussehen in Schaufenstern prüfen, und alle, für die sich Lesen ›echt‹ anfühlen soll.

5 Pragmatisches Potential: Das Versprechen der Deixis im Titel

Abschließend möchte ich den Blick noch einmal weiten und das generelle pragmatische Potential der Deixis in Romantiteln, und vor allem im Genre *(New Adult) Romance*, adressieren. Zunächst mag dieses Potential ein im alltagssprachlichen Sinne pragmatisch begründetes sein, schließlich eignen sich die Deiktika besonders gut für die genreübliche Reihenstruktur: In der Trilogie *Jetzt sind wir echt* bzw. *eins* bzw. *endlos* ändert sich von Titel zu Titel nur das Adjektiv, die Deiktika bleiben gleich. In der eingangs erwähnten *Maxton Hall*-Reihe ist es umgekehrt das Deiktikon, das die drei Bände unterscheidet: *Save Me* bzw. *You* bzw. *Us*. Der von Lötscher erwähnte Band *Alles, was wir jemals waren* ist der dritte Band einer Reihe, dessen Vorgänger-Titel ebenfalls erst um ein ›ich‹, dann um ein ›du‹ formuliert sind.[38] Die wie Grohs *Alles*- und Santos de Limas *Jetzt*-Reihe bei ›Loewe Intense‹ erschienene *Immer*-Trilogie[39] von Michelle Schrenk wird von Verlagsseite zwar nicht nach einem Deiktikon benannt, könnte allerdings genauso gut ›Wir-Trilogie‹ heißen, spielt doch die *Wen* bzw. *Wann* bzw. *Was immer wir*-Konstruktion mit der deiktisch-offenen, adressierenden und zur Identifikation einladenden Struktur.

Natürlich sind, auch wenn dies nur eine kleine Auswahl ist,[40] nicht alle Titel im Bereich *(New Adult) Romance* nach entsprechenden Prinzipien unter Verwendung von Deiktika gestaltet. Tatsächlich ist der Umfang der Veröffentlichungen in diesem Segment so groß und

37 Der Beitrag auf *TikTok* ist mit vier Slides gestaltet und mit Musik unterlegt: Das erste Bild ist ein Foto der Autorin selbst, versehen mit dem Text »pov: du bist Autorin und hast dieses Jahr 3 Bücher rausgebracht, weil du sie selbst gebraucht hättest«; auf dem zweiten Bild ist das Buch *Jetzt sind wir endlos* in der genretypischen Inszenierung (neutrale und pastellfarbene Töne, Wolldecke, Kerzen, manikürierte Frauenhand) zu sehen und eine Variation der Widmung zu lesen: »Für alle Girlies, die sich nie dünn und/oder schön genug fühlen«. Vgl. https://www.tiktok.com/@gabriellasantosdelima/photo/7451253960834370838 (4. September 2025).

38 Kyra Groh: Alles, was ich in dir sehe. Bindlach: Loewe 2022; Kyra Groh: Alles, was du von mir weißt. Bindlach: Loewe, 2022; Kyra Groh: Alles, was wir jemals waren. Bindlach: Loewe 2022.

39 Michelle Schrenk: Wen immer wir lieben. Bindlach: Loewe 2021; Michelle Schrenk: Wann immer wir träumen. Bindlach: Loewe 2022; Michelle Schrenk: Was immer wir hoffen. Bindlach: Loewe 2022.

40 Die Liste könnte ohne Weiteres fortgeführt werden, hier sei nur noch auf die neueste Trilogie von Gabriela Santos de Lima verwiesen, die als ›Fleur de Lavande‹-Reihe beworben wird und von der bisher nur der erste Band erschienen ist: Gabriela Santos de Lima: Fleur de Lavande. Wie du liebst. Bindlach: Loewe 2025. Für 2026 sind die Folgebände mit den Untertiteln ›Wie du strahlst‹ und ›Wie du träumst‹ angekündigt.

so rapide ansteigend, dass eine statistische Evidenz, wenigstens im Kontext dieses Beitrags, nicht quantitativ belegt werden kann. Dennoch offenbart sich hier ein pragmatischer und ökonomischer Anspruch an Titel, dem mit deiktischen Prozeduren besonders gut begegnet werden kann: Die Deixisformel verspricht dem Verlag eine Kombination aus minimaler Variation und maximalem Wiedererkennungswert. Und den Leser:innen verspricht die mittels varriierender Deiktika realisierte Struktur der Reihentitel zunächst ganz konkret eine Fortsetzung. Es ist aber auch und vor allem die Deixis selbst, die ein Versprechen beinhaltet, nämlich ein Versprechen geteilter Gegenwart, das – im linguistischen Sinne pragmatisch – zugleich gegeben und eingelöst wird: Weil Deixis, wie im ersten Abschnitt dieses Beitrags erläutert, einen geteilten Verweisraum voraussetzt, fordert die senderseitige Verwendung der Deixis ein Imaginieren dieses geteilten Verweisraums, dieser geteilten Gegenwart ein.

Ein zentraler Bestandteil dieser versprochenen geteilten Gegenwart ist das Wiedererkennen: Die mittels kontextabhängiger Personaldeiktika – identifizierendes ›Ich‹, doppelt deiktisches ›du‹ oder inkludierendes ›Wir‹ – involvierten Leser:innen dürfen erwarten, nicht nur die Erfahrungen und die Figuren wiederzuerkennen, sondern sich in diesen wiederzuerkennen. Dieses Wiedererkennen betont auch Carolin Amlinger in ihrem Argument dafür, *Romance-Fiction* mit einem dem Gegenstand angemessenen Urteilssystem zu untersuchen: »Denn Romance funktioniert nicht über formale Innovation, sondern über emotionale Anagnorisis, dem einkuschelnden Wiedererkennen der eigenen Gefühlswelt im Anderen.«[41]

Der Begriff der Anagnorisis ist an dieser Stelle problematisch, eröffnet genau deshalb aber den Blick auf die für *New Adult Romance* charakteristische Spielart des Wiedererkennens. Bei Anagnorisis geht es klassischerweise um ein Moment des (Wieder-)Erkennens *im* Text, das den Höhepunkt eines Spannungsbogens darstellt und dadurch einen starken Affekt in der Rezeption zeitigt.[42] Im Falle der ›einkuschelnden‹ Rezeption von *Romance*-Literatur ist

41 Statt einem »Close Reading, das einen Text als geschlossenes selbstreferentielles ästhetisches Objekt betrachtet«, schlägt Amlinger ein »Attachment Reading, das auf affektive Resonanz ausgerichtet ist«, vor. Carolin Amlinger: Softe Power (Anm. 26).

42 Eine ausführliche Betrachtung der Anagnorisis im Kontext der identifikatorischen Lektüre von *Romance*-Literatur kann hier, so lohnenswert sie erscheint, nicht geleistet werden. Ich verweise deshalb nur auf einen Beitrag von Eva Geulen, die in einer »kursorischen Sichtung« der Forschung zu Anagnorisis, ästhetischer Erfahrung und Rezeptionsphänomenen einen Fokus auf die »latent paradoxalen Mischungsverhältnisse[] von Ferne und Nähe, Distanz und Identifikation in allem Wiedererkennen« legt und sich (unter anderem) auf die Arbeiten von Terence Cave, Hans Robert Jauß, Gotthart Wunberg und Werner Hamacher bezieht (Eva Geulen: Anagnorisis statt Identifikation (Raabes *Altershausen*). In: Deutsche Vierteljahrsschrift für Literaturwissenschaft und Geistesgeschichte 82.3 (2008), S. 424–447, hier S. 429). Geulen schlägt vor, Anagnorisis als ›Urszene‹ zu betrachten, mit der »die Identifizierung derer möglich wird, mit denen man sich daraufhin, so oder anders, identifizieren kann«; die ›affektiven Reaktionen‹ in der Rezeption beschreibt Geulen als »eine Art Interpellationseffekt«, insofern nicht die Leser:innen sich »in den Figuren wiederkenne[n], sondern deren Wiedererkennen zunächst beobachtend beiwohne[n]«; Anagnorisis bzw. Wiedererkennen bleiben dabei ein Vorgang *im* Text, mithilfe dessen Geulen eine Alternative zu Identifikationsmodellen formuliert, »die den

das Wiedererkennen der geteilten Gegenwart hingegen von Anfang an vorprogrammiert – beginnend mit den Titeln.

Das Versprechen, die eigene Gegenwart und sich selbst in Texten wiederzuerkennen, schon im Buchtitel zu geben, hat eine Tradition, die lange vor den aktuellen Boom der *Romance*-Literatur und auch ihre Vorläufer zurückweist und an die unter anderem Eleanor Shevlin in einem Beitrag zur Frage des Verhältnisses von Buch und Titel erinnert. Schon im 16. Jahrhundert gab es eine Konjunktur von ›Spiegel-Titeln‹, die dem Publikum durch die Selbstbezeichnung als Spiegel nahelegen, einerseits den Inhalt als gezeigt oder eben gespiegelt zu verstehen, und andererseits sich selbst und andere im Kontext des Buches zu betrachten.[43] Allen offensichtlichen und eklatanten Unterschieden – hinsichtlich der historischen und ökonomischen Bedingungen des Buchmarkts bis zum Genre – zum Trotz sind hier im Vergleich mit den deiktischen Titeln zwei Aspekte bemerkenswert. Erstens wird in den Spiegel-Titeln, nicht zuletzt durch Bildelemente, die dekorative Rahmen von Spiegeln evozieren, die Buchaußenseite als Oberfläche betont, die auch für die deiktischen Titel im *Romance*-Genre bereits der Raum ist, in dem die Leser:innen sich selbst begegnen. Und zweitens lässt sich, so Shevlin, über die Konjunktur der Spiegeltitel auf spezifische zeitgenössische Vorstellungen von Wissen und Lektüre schließen[44] – eine Schlussfolgerung, die analog die Frage aufwirft, welcher Form und Vorstellung von Lektüre sich die deiktischen Titel attribuieren lassen.

Ein aktueller Ansatz, der sich für die Annäherung an diese Frage anbietet, stammt von Anna Kornbluh, die 2023 die These aufstellt, dass *Immediacy*, so das titelgebende Schlagwort ihrer Monographie, als Bedürfnis und Stil prägend für die Kultur der Gegenwart sei. Sich selbst in der Tradition von Theoretikern wie Frederic Jameson und Theodor W. Adorno verortend, unternimmt Kornbluh den Versuch, an ästhetischen Phänomenen gesellschaftstheoretische und zeitdiagnostische Einsichten zu gewinnen und die dazu analysierten

der Identifikation vorausliegenden Schritt der Identifizierung meist überspringen« (ebd., S. 428). In Bezug auf *Romance*-Literatur scheint der Begriff der Anagnorisis auf die identifikatorische Lektüre selbst also nicht recht anwendbar zu sein, auf die (meist erfolgreiche) Suche der Protagonistinnen nach ihrer eigenen Identität, der die Leser:innen beiwohnen, allerdings schon.

43 Eleanor Shevlin formuliert dies folgendermaßen: »By presenting the book-as-mirror, such titles asked readers to ›see‹ the contents – to consider the subject matter as something shown or reflected. Mirror-titles often heightened the sense of the readers' role as ›viewers‹ of a given text by asking readers to look at themselves and others in the context of its contents.« (Eleanor F. Shevlin: ›To Reconcile Book and Title, and Make 'em Kin to One Another‹. The Evolution of the Title's Contractual Functions. In: Book History 2.1 (1999), S. 42–77, hier S. 51). Shevlin nennt einige Beispiele, etwa das 1910 erschienene *A looking glasse for maried folkes. Wherein they may plainly see their deformities [...]* von Robert Snawsel, und greift dazu insbesondere auf die ausführliche Monographie und Materialsammlung von Herbert Grabes zurück (vgl. Herbert Grabes: Speculum, Mirror und Looking-Glass. Kontinuität und Originalität der Spiegelmetapher in den Buchtiteln des Mittelalters und der englischen Literatur des 13.–17. Jahrhunderts. Tübingen: Niemeyer 1973).

44 Vgl. Eleanor F. Shevlin: ›To Reconcile Book and Title‹ (Anm. 43), S. 51.

Gegenstände einer Ideologiekritik zu unterziehen. Als eine Ausprägung des prävalenten *Immediacy*-Stils identifiziert Kornbluh im Bereich der Literatur den Boom von autofiktionalen Texten und Memoirs. Ein Merkmal der ›Memoirization‹ in der Gegenwartsliteratur sei dabei die »solemn solicitation of readerly recognition, identification, and empathy«.[45] Auch hier taucht also der Aspekt des ›Wiedererkennens‹ auf, wobei gerade mit Blick auf den Trend der ›Erfahrungsliteratur‹ die zwischen ›*Wieder*erkennung‹ und ›*An*erkennung‹ oszillierende Bedeutung von ›recognition‹ betont werden muss. Ihr polemisches Fazit zieht sie mit den Worten: »[I]mmediacy writing collapses into self-identical emission: ›This!‹«[46]

Kornbluh beendet ihre Ausführungen zu *Immediacy* in der Literatur also mit einem Deiktikon. Ohne es explizit zu machen, zieht sie damit eine direkte Verbindung zwischen Identifikation, Erfahrung und Affekt in ›Unmittelbarkeits-Literatur‹ und dem sprachlichen Verfahren der Deixis. ›This!‹ ist das Titel-Deiktikon schlechthin, verkörpert es doch gerade die im zweiten Abschnitt erwähnte deiktische Dimension des Titels, zunächst einmal auf das Buch, das ihn trägt, zu verweisen. Entsprechend ist ›When you read this!‹ das deiktische Glücksversprechen, das in der *Immediacy*-Kultur omnipräsente Versprechen einer unmittelbaren Befriedigung – die dank entsprechender Tropes vorhersehbar und gesichert ist. *When You Read This* ist auch der Titel[47] eines weiteren mit Deixis und Adressierungsstrukturen operierenden romantischen Romans, der nebenbei beweist, dass es sich nicht um eine Titelkonvention allein auf dem deutschsprachigen Markt handelt. ›You‹, adressierte:r Leser:in, und ›This‹, das Buch, konstituieren die geteilte Gegenwart, auch schon vor der Lektüre. Der entscheidende Faktor dieser spezifischen Titelpraktik ist also das deiktische Evozieren eines Gegenwartsgefühls, das nötig dafür ist, damit ›wir‹ (in all seiner referentiellen Offenheit) uns für einen Text entscheiden, damit der Eindruck entsteht, dass genau ich genau diesen Text genau hier und jetzt lesen sollte.

45 Anna Kornbluh: Immediacy, or The Style of Too Late Capitalism. London: Spector 2023, S. 96.

46 Ebd., S. 112.

47 Mary Adkins: When You Read This. New York/NY: Harper 2019. Die deutsche Übersetzung von Martina Tichy ist 2019 bei der Rowohl-Tochter Kindler unter dem Titel *Wenn du das hier liest* erschienen.

Autor:innenverzeichnis

Philip Ajouri ist Professor am Gutenberg-Institut für Weltliteratur und schriftorientierte Medien, Johannes Gutenberg-Universität Mainz. 2002 Magister Artium, 2005 Promotion (Neuere deutsche Literatur) an der LMU München. 2016 Habilitation und venia legendi (Neuere deutsche Literatur) an der Universität Stuttgart. 2014–2018 Wissenschaftlicher Mitarbeiter am Deutschen Literaturarchiv Marbach. 2010 Feodor-Lynen-Stipendium der Alexander von Humboldt-Stiftung am King's College London. Arbeitsschwerpunkte: Buch- und Buchhandelsgeschichte des 18. bis 20. Jahrhunderts, insbesondere Werkausgaben, Kolportage, bildliche Darstellungen des Buchs.

David-Christopher Assmann arbeitet am Institut für Germanistik der Otto-Friedrich-Universität Bamberg und ist Mitherausgeber von *Kodex*. Forschungsschwerpunkte: Sozialität und Materialität literarischer Formen. Neueste Publikationen: Mehrdeutige Titel. Lektüren einer paratextuellen Praktik (Hg. zusammen mit Lorella Bosco; Metzler 2025); Name, Rock, Blickfang. Historische Semantiken und Praktiken des Titels (Hg. zusammen mit Lorella Bosco; de Gruyter 2026) (i. E.).

Thomas Boyken ist seit 2023 Professor für Kinder- und Jugendliteratur an der Carl von Ossietzky Universität Oldenburg. Seine Forschungsschwerpunkte liegen in der historischen Kinder- und Jugendliteratur, in der Narratologie und Medientheorie. Er ist Mitherausgeber des Jahrbuchs der Gesellschaft für Kinder- und Jugendliteraturforschung, Direktor der Oldenburger Forschungsstelle für Kinder- und Jugendliteraturforschung sowie Mitglied der Niedersächsischen Literaturkommission.

Raul Calzoni ist Professor für neuere deutsche Literaturwissenschaft an der Universität Bergamo. Forschungsschwerpunkte: Deutsche Klassik und Romantik sowie die deutsche Kultur des 20. Jahrhunderts mit besonderer Berücksichtigung der literarischen Darstellung des zweiten Weltkrieges, der Shoah und der Nazi-Zeit in der deutschen und österreichischen Gegenwartsliteratur; Literatur und Wissenschaft in der deutschen Frühromantik und in der deutschen experimentellen Literatur; Intermedialität zwischen deutschsprachiger Literatur, Musik und bildenden Künsten.

Ralf de Jong ist Professor für Typografie an der Folkwang Universität der Künste und typografischer Gestalter (Buchgestaltung, Unternehmenskommunikation, Ausstellungsgestaltung). Interessen in Forschung, Lehre und Praxis: gedruckte Schrift, insbesondere die Zusammenhänge zwischen Textinhalt und Textform. Neuere Publikationen: Kursbuch Typografie (Eigenverlag 2022); Typographische Gestaltungsebenen – Ein exemplarischer

Formgebungsprozess. In: Ursula Rautenberg/Anja Voeste (Hg.): Typographie. Theoretische Konzeptionen, historische Perspektiven, künstlerische Applikationen (Hiersemann 2022).

Jörg Döring ist Universitätsprofessor für Neuere deutsche Philologie, Medien- und Kulturwissenschaft an der Universität Siegen und Co-Sprecher von SFB 1472 »Transformationen des Populären«. Zuletzt erschienen: Als die Geisteswissenschaften populär waren. Westdeutsche Schreibweisen, Lektürepraktiken, Verlagspolitiken um 1970 (Hg. zusammen mit Morten Paul; Harrassowitz 2025).

Alessandra Goggio ist Ricercatrice in tenure track (wissenschaftliche Mitarbeiterin) für Neuere deutsche Literatur an der Universität Bergamo. Ihre Forschungsinteressen und -schwerpunkte umfassen die deutschsprachige Gegenwartsliteratur, die Soziologie der Literatur (Bourdieu), den Literaturbetrieb und dessen Darstellung in fiktionalen Erzähltexten sowie die Beziehungen zwischen Literatur und anderen Medien (insbesondere Comics und Theater).

Francesca Goll arbeitet am Dipartimento di Lingue, Letterature e Culture Straniere der Università di Bergamo. Forschungsschwerpunkte: DDR-Literatur und Frühaufklärung. Neueste Publikation zu Wahrnehmungspraktiken bei Seume und Delius: Sulla percezione del paesaggio in Johann Gottfried Seume e Friedrich Christian Delius. Due passeggiate a confronto. In: Fabio Scotto/Thomas Persico (Hg.): Paesaggi naturali e corporei della letteratura moderna e contemporanea (Cisalpino 2025).

Katharina Knorr ist wissenschaftliche Mitarbeiterin und Teilprojektleiterin im Projekt »Wissenschaft im bundesrepublikanischen Taschenbuch 1955–1980« des SFB 1472 »Transformationen des Populären« an der Universität Siegen. Von 2020 bis 2024 war sie wissenschaftliche Mitarbeiterin bei Ute Schneider am Institut für Buchwissenschaft der Johannes Gutenberg-Universität Mainz.

Sophie Modert ist wissenschaftliche Mitarbeiterin am DFG-Graduiertenkolleg 2291 *Gegenwart/Literatur* der Universität Bonn: https://www.grk-gegenwart.uni-bonn.de/de/personen/sophie-modert. Studium der Germanistik und Italianistik an der Universität Innsbruck und der Università degli Studi di Perugia. Dissertationsprojekt zu Kanonisierungsprozessen in deutschsprachigen Lesebüchern des 19. Jahrhunderts. Forschungsschwerpunkte: Geschichte der Bildung, Lesebuchforschung, Kanonforschung.

Judith Niehaus ist nach ihrer Promotion über *Verfremdete Schrift* (Wallstein 2023) und Stationen in Hamburg und am Graduiertenkolleg *Gegenwart/Literatur* (Universität Bonn) derzeit als Akademische Rätin a. Z. an der Universität Münster tätig. Ihre Forschungsschwerpunkte umfassen: Präsenz und Kopräsenz; Leseszenen, Leseradressierung und Leseforschung;

Filmtheorie und -geschichte; sowie Literatur und Materialität (insbesondere Schrift-/Buchmaterialität und Handarbeit).

Michael Pilz ist assoziierter Professor für neuere deutsche Literaturwissenschaft am Institut für Germanistik der Leopold-Franzens-Universität Innsbruck; Studium der Bibliotheks- und Informationswissenschaft in Leipzig und der Deutschen Philologie in Innsbruck; 2013 Dissertation über Ernst Toller und die Medien; 2020 Habilitation mit einer Arbeit über die Literaturgeschichte des Leipziger Messkatalogs; seit 2025 Mitglied im Vorstand der Annette-Kolb-Gesellschaft München und der Internationalen Buchwissenschaftlichen Gesellschaft (IBG). Jüngste Buchpublikationen: Dimensionen literarischer Mobilität. Theorie – Buchmarkt – Motiv – Genre (Hg. zusammen mit Peter C. Pohl; de Gruyter 2024); Praktiken der Verzeichnung. Bibliographie im literarischen Feld: Der Leipziger Messkatalog 1760–1860 (Metzler 2025).

Peter C. Pohl ist Privatdozent und Senior Scientist an der Leopold-Franzens-Universität Innsbruck: https://www.uibk.ac.at/de/germanistik/institut/personen/pohl_peter/. Studium der Germanistik, Kulturwissenschaft, Philosophie und Politologie in Heidelberg, Bremen und Avignon. Promotionsstipendium der Studienstiftung des deutschen Volkes. Habilitation 2023 mit der Arbeit *Kreativitäts-Szenen. Der Bildungsroman und die Geschichte freier Zeiten* (Fink 2025). Forschungsschwerpunkte: Literatur des 18. bis 21. Jahrhunderts, Kulturkontakte in die portugiesischsprachige Welt, Geschichte der Bildung, Gender und Diversity Studies.

Nora Ramtke ist Literaturwissenschaftlerin und hat sich nach ihrer Promotion über *Anonymität – Onymität. Autorname und Autorschaft in Wilhelm Meisters ›doppelten Wanderjahren‹* (Heidelberg 2016) als wissenschaftliche Mitarbeiterin und Teilprojektleiterin der DFG-Forschungsgruppe 2288 »Journalliteratur« der Zeitschriftenforschung an der Schnittstelle von Kultur-, Buch- und Literaturwissenschaft gewidmet. Ihr besonderes Interesse gilt Anthologien und anderen Sammlungsformaten sowie Praktiken der Nachahmung, des Plagiats und der Urheberrechtsgeschichte.

Alrun Schmidtke ist Wissenschaftshistorikerin und forscht zur Geschichte des wissenschaftlichen Verlagswesens. Nach ihrer Promotion arbeitete sie für die Stiftung Haus der Geschichte der Bundesrepublik Deutschland als wissenschaftliche Mitarbeiterin. Seit 2024 ist sie Forschungskoordinatorin der DFG-Kollegforschungsgruppe »Angewandte Geisteswissenschaften: Genealogie und Politik« an der Humboldt-Universität zu Berlin. Aktuelle Publikationen: Humanities in Action: Publishing (Hg. zusammen mit Niki Rhyner; intercom 2026).

Anke Vogel ist wissenschaftliche Mitarbeiterin im Arbeitsbereich Buchwissenschaft des Gutenberg-Instituts für Weltliteratur und schriftorientierte Medien an der Universität Mainz. Zu ihren Schwerpunkten in Forschung und Lehre gehören die digitale Transformation des Buchmarktes, Lesen und Leseförderung sowie Kinder- und Jugendbuchforschung. Aktuelle Publikationen: Beiträge zu ›Verlagsökonomie‹ und ›Verlagstypen und Verlagslandschaft‹. In: Alexander Nebrig/Corinna Norrick-Rühl/Erika Thomalla (Hg.): Handbuch Verlag: Geschichte – Aufgaben – Perspektiven (Metzler 2025); ›Verlagsgruppen‹. In: Julia Ingold/Christoph Jürgensen (Hg.): Handbuch Literaturvermittlung (Metzler 2025).

Thomas Wegmann ist Professor für Neuere deutsche Literatur an der Universität Innsbruck. Forschungsschwerpunkte: Theorie, Geschichte und Inszenierungen von Autorschaft; Literatur und Ökonomie; Wohnfiktionen; Paratextualität. Zuletzt erschienen: Formen und Funktionen auktorialer Epitexte im literarischen Feld der Gegenwart (Hg. zusammen mit Jörg Döring, Nora Manz, Max Mayr und Anna Obererlacher; de Gruyter 2024).

Wolfenbütteler Forschungen

Herausgegeben von der Herzog August Bibliothek

In preparation

181: Justyna Kiliańczyk-Zięba,
Mara R. Wade (Eds.)

Playing It by the Book

Printed and Manuscript Book Games
in Early Modern Europe

2026. 416 pages, 21 color ill., 103 black and white ill., hc
170x240 mm
ISBN 978-3-447-12522-2
ca. € 85,– (D)

Playing It by the Book addresses lacunae in existing scholarship by focusing on book game as a physical object – that is, manuscript and printed materials that served themselves as playthings. It explores games and gaming cultures in various social contexts throughout Europe, from Southeast and Central Europe to Scandinavia and from England to Italy and France, thus covering linguistic regions and cultural spheres which no longer correspond to today's political map. The book games underscore the permeability of political and social boundaries while also attesting to transformations and adaptations in political and cultural sensibilities. Through play, they reinforce various aspects of social discipline and reveal the mentalities that shaped many aspects of life from the beginning of book printing to the 17th century.
The volume provides a new framework for investigating games by studying book games through the lens of book history. The essays are also influenced by their authors' engagement with literary studies, textual research, art history, and the history of philosophy, ideas, and religion. It looks at the culture of early modern games, their printing, and their distribution in a more comprehensive fashion than has previously been attempted. Most importantly, the research material at the core of these essays is the books themselves.

182: Achim Ilchmann, Hole Rößler (Hg.)

Das Oval der Bücher

Die Wolfenbütteler Bibliotheksrotunde (1705–1887)

2025. 232 Seiten, 98 Abb, 1 Tabelle, gb
170x240 mm
ISBN 978-3-447-12470-6
€ 59,– (D)

Die sogenannte Rotunde war mehr als nur die architektonische Hülle einer der größten europäischen Büchersammlungen der Frühen Neuzeit. Die außergewöhnliche Form des 1711 fertiggestellten Gebäudes faszinierte schon die Zeitgenossen und gab der Nachwelt manche Rätsel auf.
Die Beiträge dieses Bandes betrachten das *Oval der Bücher* aus unterschiedlichen Blickwinkeln und zeichnen ein facettenreiches Bild – von der raffinierten Geometrie des Entwurfs und der Frage nach dem Erfinder über ihre zeitgenössische Wahrnehmung bis zum Abriss der Rotunde im Jahr 1887 und ihrem langen Nachleben.

VERLAG PUBLISHERS
HARRASSOWITZ

Bibliothek und Wissenschaft

Herausgegeben von Cornel Dora, Claudia Fabian, Monika Linder, Elmar Mittler, Wolfgang Schmitz und Antje Theise

56: Claude D. Conter, Jean-Marie Reding (Hg.)

Bibliothek und Wissenschaft 56 (2023–2024)

Verboten, beschlagnahmt, geraubt
NS-Bibliothekspolitik und -praxis in Europa

Banned, Confiscated, Looted
Nazi Library Policy and Practice in Europe

2024. X, 266 Seiten, 47 Abb., 3 Tabellen, br
170x240 mm
ISBN 978-3-447-18247-8 *€ 118,– (D)*
DOI: 10.13173/BuW.56

Bibliotheken sind wichtige Institutionen des kulturellen Gedächtnisses. Sie überliefern gedruckte und handschriftliche Dokumente und Medien aller Art und stellen sie der Wissenschaft als Quellenmaterial zur Verfügung. *Bibliothek und Wissenschaft* publiziert Untersuchungen zu Bibliotheksbeständen, Texten, Sammlungen und Quellengattungen sowie kultur- und wissenschaftshistorische Beiträge zur Geschichte und Methode der Bibliotheksarbeit.

Aus dem Inhalt (insgesamt 17 Beiträge):

Klaus Kempf & Susanne Wanninger, Die Erwerbungspraxis der Bayerischen Staatsbibliothek in der NS-Zeit unter besonderer Berücksichtigung von NS-Raubgut aus den besetzten Gebieten

Claude D. Conter, „Eine Ehrenstelle unter den geistigen Zentren des Reiches" – die Landesbibliothek Luxemburg während des Zweiten Weltkrieges

Martine Poulain, The spoliation of private libraries in France: an irreparable loss

Eva Semertzaki & Giorgos Glossiotis, National Socialists and library policy in praxis: the case of Greece, 1936–1944

Jean-Marie Reding, Die luxemburgische Bibliothekslandschaft 1940–1944

Lisa Kuitert, Between 'decency' and business. Libraries in the Netherlands During the Second World War

Viktoria Soloshenko, Ukrainian libraries, archives and museums and the Second World War

57: Annelen Ottermann (Hg.)

Bibliothek und Wissenschaft 57 (2025)

Defragmentierung von Wissensräumen

Die Rekonstruktion von Kloster- und Ordensbibliotheken

Eine Auswahl analoger und digitaler Projekte aus Deutschland, Österreich, Italien und der Schweiz

2025. XV, 350 Seiten, 66 Abb., 1 Tabelle, br
170x240 mm
ISBN 978-3-447-18331-4
E-Book: ISBN 978-3-447-39673-8 *je € 118,– (D)*

„Ex parte enim cognoscimus" – „Unser Wissen ist Stückwerk": Der Sammelband über die Defragmentierung klösterlicher Wissensräume greift auf dieses vielbemühte Motto zurück, das für die Rekonstruktion von historischen Bibliotheken, für die Defragmentierung des Zerrissenen, so passend wie kaum ein anderes ist. Öffnen sich doch die Wissensräume nirgends mehr zur Gänze, sondern geben nur umrisshafte Einblicke in den einstigen Kosmos von Wissenschaft und Spiritualität frei.

Im Wissen um diesen immanenten Teilcharakter forschender Bemühungen gehen die 18 Autorinnen und Autoren von BuW 57 Kloster- und Ordensbibliotheken als Kristallisationspunkten des Wissens nach: räumliche Mikrokosmen, die einen Makrokosmos an Wissen durch Vervielfältigen, Sammeln, Ordnen, Speichern und Rezipieren bargen, dynamische Wissenskatalysatoren, die in spirituellen und intellektuellen Interaktionen, Impulsen und Verflechtungen diesseits und jenseits der Klostermauern Wissen transportierten und transformierten.

Aus dem Inhalt (insgesamt 20 Beiträge):

Julia Becker, Rekonstruktion und Rezeption von Wissen im Frühmittelalter: Die Lorscher Klosterbibliothek als ›idealer‹ Wissensort

Angela Karasch, »Andere Räume«. Wissensordnung in der Virtuellen Bibliothek St. Peter im Schwarzwald